武汉大学百年名典
社会科学类编审委员会

陶德麟（1931—2020），著名马克思主义哲学家、教育家，武汉大学原校长、人文社会科学资深教授。1931年出生于上海。1949年至1953年在武汉大学经济系学习。1956年加入中国共产党。大学毕业后留校担任时任武大校长李达的学术研究助手，历任哲学系助教、讲师、副教授、教授，1984年被国务院评为博士生导师。1984年至1988年任武汉大学研究生院副院长兼哲学系主任，1988年至1992年任武汉大学副校长兼研究生院院长，1992年至1997年任武汉大学校长。2004年被遴选为武汉大学人文社会科学资深教授。先后担任《中国大百科全书·哲学卷》总论和辩证唯物主义部分副主编、国务院学位委员会哲学学科评议组召集人、教育部全国普通高等学校哲学教学指导委员会首届主任委员、教育部社会科学委员会委员和哲学学部召集人、国家社会科学规划哲学学科评审组副组长、全国博士后管理委员会哲学专家组召集人、教育部人文社会科学优秀成果奖励委员会委员、教育部全国普通高校优秀教学成果评审委员会委员、教育部邓小平理论研究中心副主任、中国学位与研究生教育学会副会长、全国

作者简介

高等学校社会科学科研管理研究会会长、中国社会科学院马克思主义研究院顾问、中国马克思主义研究基金会顾问、湖北省社会科学联合会主席、湖北省哲学学会会长和名誉会长、美国依阿华大学亚太研究中心国际顾问以及清华大学、复旦大学、南京大学、东南大学等多所高校的兼职教授或学术顾问，并先后担任中央马克思主义理论研究和建设工程重点教材编写组首席专家、国家社会科学基金重大项目首席专家、教育部人文社会科学研究重大项目首席专家。

武汉大学
百年名典

陶德麟自选集

 陶德麟 著

武汉大学出版社

WUHAN UNIVERSITY PRESS

图书在版编目(CIP)数据

陶德麟自选集/陶德麟著.—武汉：武汉大学出版社,2023.11
武汉大学百年名典
ISBN 978-7-307-24157-2

Ⅰ.陶… Ⅱ.陶… Ⅲ.社会科学—文集 Ⅳ.C53

中国国家版本馆 CIP 数据核字(2023)第 215462 号

责任编辑:李 琼 责任校对:鄢春梅 版式设计:马 佳

出版发行:**武汉大学出版社** (430072 武昌 珞珈山)
(电子邮箱：cbs22@whu.edu.cn 网址：www.wdp.com.cn)
印刷:武汉中远印务有限公司
开本:720×1000 1/16 印张:25 字数:356 千字 插页:4
版次:2023 年 11 月第 1 版 2023 年 11 月第 1 次印刷
ISBN 978-7-307-24157-2 定价:139.00 元

《武汉大学百年名典》出版前言

百年武汉大学，走过的是学术传承、学术发展和学术创新的辉煌路程；世纪珞珈山水，承沐的是学者大师们学术风范、学术精神和学术风格的润泽。在武汉大学发展的不同年代，一批批著名学者和学术大师在这里辛勤耕耘，教书育人，著书立说。他们在学术上精品、上品纷呈，有的在继承传统中开创新论，有的集众家之说而独成一派，也有的学贯中西而独领风骚，还有的因顺应时代发展潮流而开学术学科先河。所有这些，构成了武汉大学百年学府最深厚、最深刻的学术底蕴。

武汉大学历年累积的学术精品、上品，不仅凸现了武汉大学"自强、弘毅、求是、拓新"的学术风格和学术风范，而且也丰富了武汉大学"自强、弘毅、求是、拓新"的学术气派和学术精神；不仅深刻反映了武汉大学有过的人文社会科学和自然科学的辉煌的学术成就，而且也从多方面映现了20世纪中国人文社会科学和自然科学发展的最具代表性的学术成就。高等学府，自当以学者为敬，以学术为尊，以学风为重；自当在尊重不同学术成就中增进学术繁荣，在包容不同学术观点中提升学术品质。为此，我们纵览武汉大学百年学术源流，取其上品，掬其精华，结集出版，是为《武汉大学百年名典》。

"根深叶茂，实大声洪。山高水长，流风甚美。"这是董必武同志1963年11月为武汉大学校庆题写的诗句，长期以来为武汉大学师生传颂。我们以此诗句为《武汉大学百年名典》的封面题词，实是希望武汉大学留存的那些泽被当时、惠及后人的学术精品、上品，能在现时代得到更为广泛的发扬和传承；实是希望《武汉大学百年名典》这一恢宏的出版工程，能为中华优秀文化的积累和当代中国学术的繁荣有所建树。

《武汉大学百年名典》编审委员会

出 版 说 明

 《陶德麟自选集》于 2012 年 1 月由学习出版社出版。现根据该版本，将《陶德麟自选集》列入《武汉大学百年名典》出版以资纪念，此次出版在力求保持全文原貌的前提下，仅对一些文字标点符号的明显错误做了订正。

武汉大学出版社

2023 年 10 月

代序：在哲学探索之路上行走*

我走上哲学之路，并不是自我设计的结果。

我没有上过小学。12岁以前在家里读书，老师是我的父母，还有父亲的朋友陈炳文先生和杨相霖先生。除了学习英语和算术，我读完了"四书"，读了《诗经》、《左传》、《古文观止》的一部分和一些中国古典诗词，学了诗词格律，看过《三国演义》、《水浒传》和《聊斋志异》，爱好书法和京剧。抗日战争的中期，我在湖北的战时省会恩施考进了实验中学。那时生活条件极其艰苦，但校长和老师很强，教风学风很好。我对文学和自然科学课程兴趣很浓，想将来做文学家或科学家。抗战胜利后我随实验中学迁回武汉，升入高中，才开始接触一点哲学。这一方面是因为语文老师贺良璜先生教我们读了一些诸子百家的文章，要我们用文言文作文，我写过一些论孔孟荀韩哲学思想的短文；另一方面是因为对当时国民党统治下的社会状况不满，而听了胡适、张君劢等人的讲演又觉得非常失望。这时我和一些同学组织了读书会，读了艾思奇的《大众哲学》、胡绳的《思想方法论》和武汉大学地下党领导的社团秘密印刷的毛泽东的《辩证法唯物论提纲》，朦胧地知道了一点马克思主义哲学的常识，觉得这些新道理对观察现实大有帮助。1949年武汉解放时我正好高中毕业报考大学，被清华大学外文系、武汉大学经济系和华中大学外文系同时录取，进了武汉大学经济系。在学期间我选修或旁听了数学分析、普通物理、逻辑、中

---

　　* 原载2010年4月13日《光明日报》第11版。本书所载为作者1978年以来发表的部分论文。大体按所论问题归类，各类按发表时间先后为序。为体现作者的认识过程，各篇除必要的删节外均保持原貌；引用经典著作亦按当时版本。

国通史、西洋通史、文艺学、社会学。其中刘绪贻先生讲授的社会学用的教本是李达同志的名著《社会学大纲》，实际上就是马克思主义哲学。后来又相继学了毛泽东同志的《实践论》和《矛盾论》，对马克思主义哲学了解得稍多一些了，产生了兴趣。1953 年 2 月李达同志来武汉大学任校长，亲自讲授马克思主义哲学。那时我是四年级的学生，奉派为他整理讲课记录。他第一次同我谈话就以父辈的深情长谈了他为宣传马克思主义而奋斗的经历，谈到许多为人治学的道理，希望我终身从事马克思主义哲学的研究。不久我毕业留校，成了他的学术助手和学生，并在哲学系任教。从此哲学研究就成了我的终身职业。

我开始走进哲学领域时非常幼稚，对这个浩瀚的海洋懵然不知深浅。在李达同志的指导下，我努力弥补知识缺陷，自学了一些主要的马克思主义经典著作、中外哲学史和逻辑，有较快的长进。李达同志放手让年轻人讲课，我 25 岁时开始在哲学系任教，也开始发表论文。1961 年毛泽东主席请李达同志编著马克思主义哲学教科书时，李达同志指定我为主要执笔人，在 5 年的时间里我受到了强化锻炼，对马克思主义哲学的学理有了初步的掌握，信仰也更坚定了。

1966 年"文化大革命"的风暴突然到来，李达同志被迫害致死。我也在劫难逃，被送到农村劳动改造。10 年的惨苦经历迫使我不断地思考，精神上的痛苦远远超过肉体上的折磨。我被迫学习当时权威理论家们宣传的"最高最活的马克思主义"。但这种"马克思主义"却让我越学越无法理解：一方面讲"实事求是"，一方面又制造大批的冤案；一方面批英雄史观，一方面又狂热地鼓吹个人崇拜；一方面讲认识需要在实践中多次循环往复，一方面又说领袖能"洞察一切"，"句句是真理"；一方面说"马克思主义并没有结束真理"，一方面又说在我们这里已经到了"顶峰"；一方面说生产力是社会发展的最终决定力量，一方面又鼓吹精神万能论和上层建筑决定论；如此等等。我痛心地感到祖国正处在误入歧途的险境。但我相信中国不会就此沉沦。1974 年我偷偷写下的一首小诗就是这种心情的写照："临歧自古易彷徨，我到歧前不自伤。心境长随天上月，如环如玦总清光。"

1976年10月"四人帮"覆灭，但"两个凡是"等于宣布了"文化大革命"的理论基础和路线方针还是不能触动。1977年9月我应邀到北京参加了纪念毛泽东《实践论》和《矛盾论》发表40周年的研讨会。大家劫后重逢，说不尽千言万语。议论的中心集中到一点：荒谬绝伦的"文化大革命"为什么能持续10年之久？怎样才能防止畸形历史的重演？我们的共识是："文化大革命"是有理论支撑的，它的最深层的理论基础就是在检验真理的问题上以语录标准和权力标准偷换了实践标准，根本篡改了马克思主义哲学，搞乱了全国人民的思想。"两个凡是"就是这一谬误的继续。不从哲学上驳倒这种谬误，中国向何处去的问题就不可能正确解决。我从来没有如此痛感哲学与民族的兴衰、人民的祸福有这样密切的关系！但是，打破"两个凡是"的政治栅栏非常艰难。在一批同志坚忍不拔的努力下，1978年5月11日《光明日报》特约评论员的文章《实践是检验真理的唯一标准》发表了，打响了冲破"两个凡是"的第一炮。7月我又应中国社会科学院之邀赴北京参加了真理标准问题的讨论会，作了大会发言，并发表了几篇批驳"两个凡是"的论文。直到十一届三中全会高度评价真理标准大讨论的意义之后，才解除了政治上的巨大压力。

此后的30年，我把主要精力放在联系当代实际探讨马克思主义哲学的学理和马克思主义哲学中国化的问题上。我深感自己是一个平庸的探索者，在浩瀚无际波涛汹涌的哲学大海里乘桴而行，无异以蠡测海，所见之微自不待言。而今垂垂老矣，还常常自觉如童稚之无知。然而我并不怨悔。将近60年的生涯中我的主要体悟有如下几点：

（1）哲学的高度抽象性容易使人觉得它远离实际生活。中国传统哲学还因为"过分"关注人事而为某些西方哲学家所诟病。其实，哲学的根源还是实际生活。哲学家谈论的问题尽可以上干云霄，但还是摆不脱尘世的土壤。正是实际生活的需要推动着哲学问题的提出和解决。几十年的经历使我坚信，哲学不是自我封闭的精神运动，不是理性神坛的供品，而是源于生活而又高于生活的智慧，是人对自身处境的思索、理解和追求，是高耸云霄而又普照现实的阳光。哲学与人类的命运、民族的兴衰和人民的祸福息息相关。哲学对一个民族尤其重

3

要，它既是民族精神的升华物，又是民族精神的铸造者。没有哲学思想的民族是没有灵魂、没有脊梁的民族，是不能在文明史上留下伟大足迹的民族。"为天地立心，为生民立命，为往圣继绝学，为万世开太平"正是中国哲学的优秀传统。尽管任何哲学都不可能一劳永逸地"为万世开太平"，但哲学家不可无此情怀。有了这种情怀，才可能以"九死无悔"的精神去"爱智"。爱智求真与忧国忧民的统一，才是哲学家应有的境界，也是我督促自己的箴言。

（2）哲学是人类的共同的思想财富，没有国界；然而哲学又不能没有民族特点。不与民族特点融会契合的哲学不可能在这个民族生根。马克思主义哲学也必须与中国特殊实际相结合，也就是实现中国化，才能成为中华民族自己的哲学。黑格尔当年说过，"一个民族除非用自己的语言来习知那最优秀的东西，那么这东西就不会真正成为它的财富，它还将是野蛮的"，"我也在力求教给哲学说德语"。① 我们也必须"教给哲学说中国话"。正因为八十多年来我们致力于教给马克思主义哲学说中国话，以新的内容丰富和发展了马克思主义哲学，形成了中国化的马克思主义哲学，它才成为中国人自己的哲学，才在中国的救亡图存和民族复兴的伟大事业中发挥了如此巨大的作用。

（3）学风和文风至关重要。创新是一切学问的生命，但创新必须与实事求是相统一。哲学不是实证科学，最易流于空泛，然而也最忌空泛。在哲学领域里，要分析清楚一个问题，把理论向前推进哪怕是一小步，都是非常艰难的精神劳作。许多大哲学家用了毕生的精力也只回答了几个哲学问题。大言空论则非常容易。故弄玄虚，故作高深，用一大堆抄来的或生造的语词来"讲"自己也没有弄清楚的问题，把症结蒙混过去，尽快地构成体系，我以为不可取。文风上也要力求精密显豁。个人当然应该有各自的风格，不能规定模式，强求一律；何况语言本身也在发展，并无一成不变的定格。但中国语言毕竟有相

---

① 苗力田编译：《黑格尔通信百封》，上海人民出版社1981年版，第202页。

对恒定的因素，不宜置之不顾。中国人写文章还是应该说中国人喜闻乐见的话。恕我直言，现在有的文章很像用汉字写的洋文，艰深晦涩，佶屈聱牙，不知所云。我以为也不可取。苏轼当年曾批评扬雄"以艰深文浅陋"，认为"若正言之则人人知之矣"，语虽尖刻，却有至理。把深刻的道理表述得准确晓畅，才是高手。马克思主义哲学的中国化、时代化、大众化都离不开优良的学风和文风。

（4）马克思主义哲学能站在思维的制高点，正因为它吸纳和消化了人类文明的一切优秀成果而又有所超越。今后要发展，仍需如此。要有自己的立场，但却不可褊狭。海纳百川，有容乃大。对中国传统哲学和现代西方哲学，都要精细地分析总结，既不可盲目崇拜，也不可盲目拒斥。

（5）哲学和任何其他学问都不能互相代替，也都不是万能的。哲学要做自己应该做和做得到的事情，不可越俎代庖，不可自以为至高无上，也不必因为受到冷遇而自惭形秽或愤愤不平。哲学的性质注定了它难免做黄昏起飞的枭鸟，也就是"事后诸葛亮"；但它一旦产生又可以成为社会变革的先导，做高鸣报晓的雄鸡，做"事前诸葛亮"。要做好"事前诸葛亮"，先得老老实实地做好"事后诸葛亮"，否则就不免流于空谈，热闹一阵也就烟消云散了。

目　录

关于真理标准的几个问题[*]

"实践是检验真理的唯一标准"是马克思主义的基本原理，是马克思主义经典作家作过多次明确论述的，本来大家都很熟悉。但是经过十年"文化大革命"，在广大干部群众中却成了陌生的命题，甚至被有些人说成反马克思主义、反毛泽东思想的言论。语录标准和权力标准取代了实践标准。这个根本性的理论问题如不解决，纠正"文化大革命"的错误就将无从起步。这是关系到恢复实事求是的思想路线的问题，是关系到祖国前途命运的问题。现在还有如此重大的分歧，当然不能不通过讨论正本清源，分清是非，求得共识。本文仅就几个问题谈谈个人的看法。

一、在实践标准之外另立真理标准是理论上的倒退

真理问题是最古老的哲学问题之一。古今中外各派哲学都有关于真理的学说，可谓千姿百态。但有两大问题是各派哲学都不能回避的：真理的定义问题和判定（即检验）真理的标准问题。前者是后者的前提。只有弄清了某派哲学对真理所下的定义，才可能懂得它讲的真理标准是什么涵义。各派哲学的真理定义各持其说，如符合说、融贯说、效用说等等。与此相应，检验真理的标准也有多种说法，例如

---

* 本文是作者 1978 年 7 月 23 日在中国社会科学院召开的全国真理标准问题讨论会上的大会发言。由于当时的特殊情况，1978 年《哲学研究》第 10 期只发表了此文的第三部分，题为《关于真理标准的几个问题》。此次收入本书时恢复了全文。

以圣人之言为标准，以大多数人的同意为标准，以已有的理论为标准，还有根本否认任何标准的，这里无须——列举。各派唯物主义都把真理定义为认识与客观对象的符合，在真理定义问题上没有分歧。我们现在的分歧也不在真理的定义问题上而在检验真理的标准问题上。以什么为标准来判定认识与客观对象的符合。这就是我们今天讨论的中心。

马克思主义产生以前，虽然有的唯物主义者也接触到以实践为检验真理的标准的思想，但那只是偶然的、带有猜测性质的思想火花，并没有上升为哲学的基本命题。其根本原因是旧唯物主义者根本没有科学的实践观，对实践本身的理解是片面的、狭隘的，甚至也不理解检验真理是一种什么过程。他们离开了人的社会性和历史性来理解实践，无法了解认识对实践的依赖关系，不了解实践在整个认识过程中的作用，当然也包括实践作为检验认识真理性的标准的作用。他们甚至还没有意识到真理标准问题的理论症结和真正困难。因此，他们在精巧的唯心主义面前软弱无力，留下了可乘之隙。马克思主义哲学提出了科学的实践观，把科学地界定了的实践作为全部人类生活的基础，才第一次彻底解决了真理标准问题。马克思1845年在《关于费尔巴哈的提纲》中说得极其明确：

> 人的思维是否具有客观的［gegenständliche］真理性，这不是一个理论的问题，而是一个实践的问题。人应该在实践中证明自己思维的真理性，即自己思维的现实性和力量，自己思维的此岸性。关于思维——离开实践的思维——的现实性或非现实性的争论，是一个纯粹经院哲学的问题。①

经过了47年之后，恩格斯对马克思的上述观点不仅没有作任何"修正"，而且作了更详细的发挥。他指出：

---

① 马克思：《关于费尔巴哈的提纲》。《马克思恩格斯选集》第1卷，人民出版社1995年版，第55页。

我们的不可知论者也承认，我们的全部知识是以我们的感官向我们提供的报告为基础的。可是他又说：我们怎么知道我们的感官所给予我们的是感官所感知的事物的正确反映呢？然后他告诉我们：当他讲到事物或事物的特性时，他实际上所指的并不是这些他也不能确实知道的事物及其特性，而是它们对他的感官所产生的印象而已。这种论点，看来的确很难只凭论证予以驳倒。但是人们在论证之前，已经先有了行动。"起初是行动"。在人类的才智虚构出这个难题以前，人类的行动早就解决了这个难题。布丁的滋味一尝便知。当我们按照我们所感知的事物的特性来利用这些事物的时候，我们的感性知觉是否正确便受到准确无误的检验。如果这些知觉是错误的，我们关于能否利用这个事物的判断必然也是错误的，要想利用也决不会成功。可是，如果我们达到了我们的目的，发现事物符合我们关于该事物的观念，并产生我们所预期的效果，这就肯定地证明，到此时为止，我们对事物及其特性的知觉符合存在于我们之外的现实。我们一旦发现失误，总是不需要很久就能找出失误的原因；我们会发现，我们的行动所依据的知觉，或者本身就是不完全的、肤浅的，或者是与其他知觉的结果不合理地混在一起——我们把这叫作有缺陷的推理。只要我们正确地训练和运用我们的感官，使我们的行动只限于正确地形成的和正确运用的知觉所规定的范围，我们就会发现，我们行动的结果证明我们的知觉符合所感知的事物的客观本性。到目前为止，还没有一个例子迫使我们做出这样的结论：我们的经过科学检验的感性知觉，会在我们的头脑中造成一些在本性上违背现实的关于外部世界的观念；或者，在外部世界和我们关于外部世界的感性知觉之间，存在着天生的不一致。①

恩格斯在这里告诉了我们为什么离开实践来谈论如何判定认识的

---

① 恩格斯：《社会主义从空想到科学的发展》。《马克思恩格斯选集》第3卷，人民出版社1995年版，第702~703页。

真理性行不通，驳不倒唯心主义和不可知论；也告诉了我们实践确能检验认识的真理性的道理。

马克思、恩格斯的这些思想，列宁和毛泽东又在不同的时期、不同的著作中作了反复的阐发。毛泽东说得极其明确："马克思主义者认为，只有人们的社会实践，才是人们对于外界认识的真理性的标准。"①他还说："只有千百万人民的革命实践，才是检验真理的尺度。"②"真理的标准只能是社会的实践。"③

这些论述充分地表明，以实践为检验认识真理性的唯一标准，是对真理标准问题的最科学的结论。如果抛开这个科学结论而另立标准，只能是重复以往各派哲学的错误，在理论上不是前进，而是倒退。

二、理论不是检验真理的标准

有的同志并不否认实践是检验真理的标准，但认为经过实践检验并证明为正确的理论也是检验真理的标准。我认为这是似是而非的。这里仅从普遍与特殊的关系的角度作一点分析。

客观规律有普遍与特殊之分（当然是相对的），作为客观规律的反映的理论也有普遍与特殊之分。以理论为标准来检验认识，不外三种情况：一是以普遍检验特殊；一是以特殊检验普遍；一是同等普遍程度的理论互相检验。这三者都是行不通的。

（一）以普遍检验特殊

普遍只能大致地包括特殊，特殊不可能完全进入普遍。一种认识

---

① 毛泽东：《实践论》。《毛泽东选集》第 1 卷，人民出版社 1991 年版，第284 页。

② 毛泽东：《新民主主义论》。《毛泽东选集》第 2 卷，人民出版社 1991 年版，第 663 页。

③ 毛泽东：《实践论》。《毛泽东选集》第 1 卷，人民出版社 1991 年版，第284 页。

即使并不违反普遍规律，也未必符合它所反映的特殊对象的实际。如果把反映普遍规律的理论当做"标准"，就可能把错误当成真理。

以唯物辩证法为例。它是最普遍的规律的反映，而且是经过全人类亿万次的实践检验证实了的正确理论。但是仍然不能说它是检验真理的标准，因为并非凡符合辩证法的认识都一定符合这一认识所反映的具体对象。

先看自然科学。康德的星云说无疑符合辩证法，所以恩格斯才赞扬它把当时占统治地位的形而上学自然观"打开了第一个缺口"①。但是，作为一种自然科学理论是不是符合天体演化的实际情况，恩格斯对这一点的评价是很慎重的。他明确地指出："当然，严格地说，康德的学说直到现在还只是一个假说。"②这就是说它的真理性还有待天文学实践的检验。事实上，后来的天文学实践就暴露了星云说的许多错误。例如星云说认为距太阳越远的行星密度越小，这是符合当时已发现的六大行星的情况的。可是 1781 年、1846 年、1930 年先后发现天王星、海王星、冥王星，它们的密度都比距太阳更近的木星和土星大，而且这三颗星距太阳越远的密度越大。这样康德的星云说就不能成立了。如果以辩证法为标准，能检验出什么结果来呢？难道能说康德的星云说违反了辩证法吗？康德以后的两百多年里，又出现了许多天体演化学说，可以说无一不是符合辩证法的。然而究竟哪一种符合天体演化的实际，还是只有由天文学的实践才能判定。又例如，在光的波动说出现后的一段时间里，科学家们认为光波与弹性波相仿，也需要媒质才能传播，于是假定了"以太"的存在，并认为"以太"是充满宇宙、渗透一切的特殊物质。这个假定是真理还是谬误，以辩证法为标准也是无法判定的，因为无论"以太"是否存在都不违反辩证法。正因为如此，恩格斯在《自然辩证法》中提到"以太"时也是很慎

---

① 恩格斯：《反杜林论》。《马克思恩格斯选集》第 3 卷，人民出版社 1995 年版，第 397 页。

② 恩格斯：《自然辩证法》。《马克思恩格斯选集》第 4 卷，人民出版社 1995 年版，第 397 页。

重的，他只说"如果我们承认以太粒子存在的话"①。事实上，最后"以太"的假设被否定了，而否定它的并不是辩证法理论或别的理论，而是实践，即 1887 年迈克尔逊-莫雷的著名实验。

再看社会科学。正确反映社会历史过程的认识只能建立在实际材料的基础之上，它的真理性也只有在相应的具体社会实践中才能得到检验。以普遍性更高的理论为标准是不可能检验的。杜林在 1875 年、米海洛夫斯基在 1894 年以同样的调子攻击马克思，硬说马克思的经济理论是靠否定之否定这个"助产婆"产生的，是靠辩证法证明的。恩格斯和列宁驳斥这种诬蔑时都指出，马克思只是探究了现实过程，每一步都用巨量的实际材料来检验，只是在揭露了客观规律之后才"顺便指出"这个历史过程也是辩证法的过程，何尝用辩证法来"证明"过自己的经济理论？另一方面，符合辩证法的社会历史理论也未必就是真理性的理论。恩格斯在驳斥杜林时曾举卢梭的社会历史理论为例，说"我们在卢梭那里不仅已经可以看到那种和马克思《资本论》中所遵循的完全相同的思想进程，而且还在他的详细叙述中可以看到和马克思所使用的完全相同的整整一系列辩证的说法"。② 但这并不表明卢梭的理论是符合社会发展实际情况的真理。

凡是以普遍程度更高的理论为标准来检验某种理论的做法，都会遇到不可克服的困难，而且会导致荒谬的结论。例如，有人以为只要懂得了比较普遍的理论，就可以直接在一切具体领域里充当裁判，而无须以具体领域中的实践去检验某一具体认识的真理性。按照这种理解，只要不违背马克思主义的普遍原理，就不管与具体对象是否符合，都是正确的理论了。果真如此，那么教条主义就非常正确，而马克思主义的普遍真理与各国的具体实际相结合倒是多余的了。

① 恩格斯：《自然辩证法》。《马克思恩格斯选集》第 4 卷，人民出版社 1995 年版，第 347 页。

② 恩格斯：《反杜林论》。《马克思恩格斯选集》第 3 卷，人民出版社 1995 年版，第 483 页。

(二) 以特殊检验普遍

这种检验也不可行。因为这种"检验"实际上并不是本来意义上的检验，而是由个别的特殊命题的真"推出"普遍命题的真，这是过度概括，是不可靠的。普遍命题本来是从大量的经过实践检验的特殊命题中抽象得来的，这种抽象是否正确本身就是一大问题，就需要回到实践中去才能得到检验。如果竟把进行抽象的来源当成了检验的"标准"，岂不等于肯定了只要来源正确，抽象就一定正确，这岂不等于不要检验了吗？

多年来在这个问题上的教训是很多的。某一局部(地区、部门、行业、战线等等)的具体经验都是特殊的。如果是成功的经验，当然包括着普遍的内容，这些普遍的东西对全局也有指导意义。但是，哪些是普遍的东西，哪些是仅仅适用于局部的东西，并不容易区分，在概括的时候是可能出错的。把仅仅适用于某一局部的东西误认为普遍的东西，加以"推广"，那就非犯错误不可。以特殊"检验"普遍，就是认可把仅仅适用于局部的东西误认为适用于全局的东西，这在理论上不通，在实际上也有害。再加上如果这个局部的特殊经验本来就并非正确的东西，其危害性就更大。我们如果也相信局部的特殊的经验就可以作为检验更普遍的理论的标准，就会犯以偏赅全的错误。

(三) 同等普遍程度的理论互相检验

如果说的是关于不同对象的两种理论的互相检验，例如用力学理论去检验遗传学理论，用俄国革命的理论去检验中国革命的理论，显然不可能。如果说的是关于同一对象的两种理论互相检验，又等于自己检验自己，等于没有检验。这是非常简单的道理。

总之，以理论为检验真理的标准是行不通的。

有的同志认为，肯定了实践是检验真理的唯一标准，就会否认或者贬低理论的指导作用，包括马克思主义、毛泽东思想的指导作用。这是极大的误解。误解的原因是把指导作用和检验真理的标准混为一谈了。理论本身的真理性是靠实践来证明的。我们之所以有根据认为马克思主义、毛泽东思想是真理，正因为，也仅因为它是经过实践的反复检验并证明为符合客观实际的理论。毫无疑问，这样的理论对我们的指导作用是极为重要的。然而指导作用的涵义是指以这种理论所提供的普遍的原理原则为向导，去研究那些尚未研究，或者尚未深入研究过的新事物新现象，去发现那些事物或现象的特殊的性质和规律，而不是把这些普遍的原理原则往新的事物或现象上硬搬硬套，去剪裁新的研究对象。在马克思主义、毛泽东思想指导下研究新对象所得出的结论是否具有真理性，也还要经过实践的检验才能判定。如果把马克思主义、毛泽东思想本身当成了检验真理的标准，那就必然误认为只要符合马克思主义、毛泽东思想的普遍原理的就是真理，哪里还有研究新事物的任务，又怎么能丰富和发展马克思主义、毛泽东思想呢？至于把马克思主义经典著作中针对某时某地的特殊情况作出的个别论断作为检验真理的标准，甚至把革命领袖的语录作为检验真理的标准，后果就更为严重了。这种理论上的错误，我们党在历史上有过惨痛的教训；"文化大革命"中的灾难也与这种理论上的谬误有极密切的关系。现在是彻底澄清的时候了。只有确立了实践是检验真理的唯一标准，才能把理论的指导作用放在坚实可靠的基础之上，得到符合客观实际的真理性的认识。

(四) 回答几个诘难

有的同志说：在实际生活中我们用来鉴别是非的标准很多，例如我们非常熟悉的区分香花毒草的标准、区分革命反革命的标准、无产阶级革命事业接班人的标准，等等，这些标准虽然是从实践中总结出来的，但本身并不是实践，而是主观范围的东西，它们不是在实际上起着检验真理标准的作用吗？

我认为，这是把用同一语词表达的不同概念混淆起来了。

首先，"标准"这个词可以在不同的意义上使用。比如说可以有政治标准、道德标准、艺术标准，还可以有物体的重量标准、长度标准，有商品的价格标准、职工的工资标准，有产品的质量标准、成本标准，等等。这些都不是认识论的范畴。我们讨论的不是任何别的标准，而仅仅是检验真理的标准，这个标准的唯一作用，就是能够根据它来判定认识同对象是否符合。这是一个认识论的范畴。一切其他涵义的"标准"，都不是我们在这里讨论的论题。列宁曾经指出过，像"利己主义"这样的范畴就"根本不是认识论的范畴"，在讨论认识论的问题时说到"利己主义"是"牛头不对马嘴"①。把检验真理的标准和其他意义上的标准混为一谈，也同样是离开了论题。

其次，上面列举的那些标准，是不是能起检验真理的作用呢？不能。那些标准无非是区别事物性质的标志。它只是说明，如果某物具有如此这般的特征或属性，它就是某物而不是别物，如此而已。至于某物是否具有这些属性或特征，我们关于某物是什么的判断是否真理，并不能靠它来回答，而只能靠实践来回答。例如，尽管我们知道凡由两个氢原子和一个氧原子构成一个分子的东西就是水（这是鉴别水之所以为水的"标准"），仍然不能判定摆在我们面前的这杯无色无味无臭的液体究竟是不是水，也不能检验"这杯液体是水"的判断是不是真理。要检验这个认识是不是真理，还是只有通过物理或化学的实验（比如把这杯液体电解一下），才能得到可靠的答案。检验真理的标准只能是实践。

有的同志说：有些论断只要违反了正确理论，我们就可以直接断定它是错误的，用不着经过实践检验。例如有人"设计"永动机，我们就可以根据他违反了热力学第二定律而断定这种"设计"的错误。这种情况难道不是表明正确理论可以作为检验真理的标准吗？

这里显然存在着对真理标准的误解。

排除谬误和确定真理并不是一回事。当然，确定了一个命题为真，同时也就确定了它的矛盾命题和反对命题为假。就这个意义说，确定了真理同时也就排除了无数的谬误；但是排除了谬误并不一定就能确定真理。从两个否定性的前提得不出肯定性的结论。应当承认，

① 列宁：《唯物主义与经验批判主义》。《列宁全集》第 18 卷，人民出版社 1988 年版，第 141 页。

排除谬误在认识史上的意义不可低估，它可以使人们在认识的长途中少走弯路。但是，作为认识的目的和成果的东西主要的毕竟不是否定性的认识而是肯定性的认识。为了在改造世界的斗争中实现预期的目的，我们的任务毕竟是获得真理，而不能只限于排除谬误。例如，医生给病人看病的时候，即使他确有根据地断言这位病人患的不是疟疾，不是伤寒，不是霍乱，不是其他疾病，他还是拿不出治疗方案的。只有他正确地判定了病人患的是什么病，他才能开出有效的处方。因此，作为检验真理的标准的东西，必须具有双重的功能：一方面要能够根据它排除谬误，另一方面要能够根据它确定真理。如果一种方法或手段只能排除谬误而不能确定真理，就不能作为检验真理的标准。违反了正确的理论就是错误的，这只能说明它能帮助我们排除谬误，并不能说明它同时也能确定真理。违反热力学第二定律去"设计"永动机当然是错误的，但是能不能断言凡是不违反热力学第二定律的设计一定是正确的呢？显然不能。因为这种设计仍然可能同它所反映的具体对象并不符合。究竟是否符合，还得由实践来判定。因此，像热力学第二定律这样的正确理论也还是不能作为检验真理的标准。

何况，"凡是违反正确理论的论断就是错误的"这句话本身的真理性也是有条件的，它只有在这个理论的适用范围内才是对的，超出这个范围就不对了。就拿热力学第二定律来说吧，它也只适用于热力学中所说的"孤立系统"（即外界对它影响较弱的有限系统），而不适用于无限的宇宙。因此，只有在"孤立系统"这个范围内我们才可以说，凡是违反了热力学第二定律的论断都是错误的。如果在讨论整个宇宙的问题时仍然坚持这句话，岂不是要断言辩证唯物主义关于物质运动不灭的原理是错误的，而"宇宙热寂说"倒是正确的吗？可见，正确理论即使只作为排除谬误的手段，它的作用也是有限度的，更不用说用它来确定真理了。

有的同志说：要量物体的长度，可以拿尺子做标准，也可以拿一根用尺子量过的绳子做标准。经过实践检验的正确理论就好比用尺子量过的绳子，为什么不能代替实践来作为检验真理的标准呢？

这里无非是把检验认识的真理性比做衡量物体的长度。但这是一个不恰当的类比。认识是客观对象在人脑中的反映，检验认识的真理性就是检验认识同它所反映的对象是否符合，而不是检验任何别的东西，这同检验照片同对象是否符合是相似的过程，把这两者加以类比倒是合理的。可是物体的长度却并不是什么"对象"的"反映"，不存在它同什么"对象"符合不符合的问题；我们去量物体的长度也并不是去检验它的长度同什么"对象"是否符合。这同检验认识的真理性是完全不同性质的两回事，没有可以类比的共同点。这是一。其次，即使把这个类比的不恰当略而不论，也还有第二个问题：尺子和绳子两者都是客观的东西，用绳子或尺子去量物体的长度，都是用客观的东西做标准，并没有原则的区别。正因为这一点，绳子才能代替尺子。如果不是用一根实实在在的绳子来代替尺子，而是用尺子的观念来代替绳子作为"标准"，那么，即使这个观念再精确些，能够用它来量物体的长度吗？理论即使再正确些，也还是主观领域的东西，它之所以不能代替实践（严格地说，是实践的结果）作为检验真理的标准，也正如尺子的观念不能代替现实的尺子作为测量物体长度的标准一样。可见，这个类比不但没有说明理论可以成为检验真理的标准，而且恰好说明了相反的东西。

逻辑证明与真理标准 *

　　两年前开始的真理标准问题的讨论，对于破除反马克思主义的现代迷信、冲决思想网罗，起了振聋发聩的作用。但是，对"实践是检验真理的唯一标准"这个命题的理解，在学术界至今还并不一致，甚至有不小的分歧。例如：有的同志认为经实践检验过的正确理论也可以是检验真理的标准；有的同志认为逻辑证明也可以是检验真理的标准；有的同志认为检验真理的标准不是实践而是客观对象。总之，在这些同志看来，"唯一"标准的说法至少是绝对化、简单化了，不能成立。我个人是同意"唯一"论的。本文只先就"逻辑标准"问题谈一点粗浅的看法。①

　　为了避免"假争论"，需要先明确语词的涵义和论题的意义。第一，这里说的"真理"（truth）是指认识与客观对象的符合，"检验真理的标准"（准确些说，是检验认识的真理性的标准）是指判定认识与客观对象是否符合的标准。第二，这里说的"逻辑"是专指传统的和现代的演绎逻辑。因为归纳推理的结论并没有必然性，辩证逻辑则还没有形成一套严密的推理规则，它们之不能作为检验真理的标准现在并无争议，没有特别讨论的必要。第三，这里不是一般地讨论逻辑在认识过程中的作用问题，而是仅仅涉及逻辑的证明作用问题（后者比前

---

　　* 原载《哲学研究》1981 年第 1 期。《中国哲学年鉴》1982 年专文介绍。1995年获国家教育委员会首届人文社会科学优秀成果一等奖。

　　① 关于认识的对象能否成为真理标准的问题，作者在《认识的对象是检验真理的标准吗?》一文中论证了自己的观点，载《江汉论坛》1981 年第 1 期。本书也收入了此文。

者的范围狭窄得多）。一句话，我们要讨论的问题是：作为演绎推理的逻辑证明是不是判定认识与对象符合的标准？

一

除了非理性主义者，谁也不会公然否认逻辑有证明的作用。在现代逻辑的研究和应用取得了巨大成就的今天，否认逻辑的证明作用更是荒谬的。问题不在于逻辑有没有证明的作用，而在于它证明的是什么，能不能由它的证明作用得出它是检验真理的标准的结论。而这就需要对逻辑证明的实质和功能作一点考察。

逻辑证明是以确定论题的真实性为目的的演绎推理（反驳是证明的特殊情况，不另讨论）。无论多么复杂冗长的证明，总是由论据、推论和论题组成的演绎推理。论题是待证的命题，是推理的结论，这里无须分析。论据是推理的前提，论证则是按照逻辑规则（即普遍有效的推理形式）由前提过渡到结论的思维活动，这两者是需要分析的。

先看论据。论据可以是一个命题，也可以是若干命题。要使演绎推理成为逻辑证明（逻辑证明是演绎推理，但并非一切演绎推理都是逻辑证明），第一个必要条件就是论据全部是真命题，即作为论据的每一命题都与它所反映的对象符合。如果论据全部假、部分假或真假不定，即使推理形式是普遍有效的，结论在事实上也是真的，仍然不成其为逻辑证明。

那么，论据的真能不能由逻辑证明来确定呢？回答是否定的。

作为论据的命题不外以下几类：

（一）陈述经验事实的命题，亦称经验命题或知觉命题

这类命题反映的是可感知的事实，其真假取决于命题的陈述与事实是否符合。要判定这一点，逻辑显然无能为力。符合逻辑和符合事实并不是一回事。说"猫是吃老鼠的"固然符合逻辑，说"老鼠是吃猫的"也决不违反逻辑。我们设想一个逻辑推理能力很强，但对地球上

13

的事物(包括猫鼠的生活习性)毫无所知的"外星人"忽然来到我们这里，我们请他用逻辑的方法来判定这两个命题的真假，事情会怎样呢？他一定会束手无策。因为在他看来，这两个命题在形式上是完全一样的，他怎么能根据"逻辑"来判定孰真孰假？这类命题的真假是只有实践(包括观察和调查)才能作出"裁决"的。

或曰不然。有些命题也是陈述经验事实的，我们却可以从逻辑上判定其真假。例如"这个老年人是人"必真，"这个等边三角形是六边形"必假，又当作何解释？其实，这样的命题并不是陈述经验事实的命题。前者是分析命题，谓词包含在主词之中，相当于说"A 集的某一元素属于 A 集"，其逻辑形式是永真；后者是矛盾命题，谓词与主词互相排斥，相当于说"A 集的某一元素属于 A 集的补集"，其逻辑形式是永假。这两种命题的真假与它们的经验内容无关，而只取决于它们的逻辑形式，当然可以依据逻辑公理来判定。就是说，只要肯定了公理，它们的真假就是必然的了，无须援引具体经验。至于公理的真实性靠什么来证明，正是下面要讨论的。

(二)公理

像逻辑和数学这样的纯演绎科学是以公理为原始论据的。这类科学是公理系统。公理的真实性能不能靠逻辑来证明？不能。有人想去证明欧氏几何第五公设，结果只是徒劳。这是为什么呢？因为任何演绎系统的基本要求就是自洽，也就是不允许自相矛盾；而要不自相矛盾，就会至少有一个命题在本系统中得不到证明(也得不到否证)。假如我们在某一演绎系统中用 A_0 证明 A_1，用 A_1 证明 A_2，用 A_2 证明 A_3……一直到用 A_{n-1} 证明 A_n，那么用什么来证明 A_0 呢？用从 A_0 到 A_n 的任何命题来证明，都陷入了循环证明，等于不证明。可见像 A_0 这样的命题在本系统中是不可能被证明的，它只能作为不证自明的公理。

那么，在本系统中得不到证明的命题不能在别的系统中得到证明吗？那要看两个系统的关系怎样。(1)如果 A 系统与 B 系统的命题不相干，显然不能证明。(2)如果 A 系统与 B 系统的命题互相矛盾，也不能证明。例如"平行线不相交"在欧氏几何里是真命题，在非欧几何里却是假命题；"全体大于部分"在有穷集合里是真命题，在无穷集合里却是假命题；这样矛盾的系统当然不可能互相证明。（3）如果A系统与B系统不相矛盾并且有某种关系，那么在A系统中得不到证明的命题在B系统中是可能得到证明的，但B系统又会有命题在本系统中得不到证明，又得求助于别的系统。这样一直推下去，公理的证明问题还是不能在逻辑的范围内解决。

这并不是说公理是不反映客观实际的人为约定和任意假设，无所谓真实性，而是说它们的真实性不能由逻辑来判定。欧氏几何和非欧几何的公理当然都是一定的现实空间的特性的正确反映，有客观的真实性，是真理。但逻辑是无法证明这一点的。只有当由这些公理推导出来的结论被应用于特定领域的实践并得到了预期的结果时，公理的真实性才得到了证实。

（三）定理

在纯演绎科学中，定理是以公理为原始论据推论出来的，定理的真实性靠公理的真实性来保证。既然公理的真实性不能由逻辑证明来检验，定理的真实性当然也不能由逻辑证明来检验。定理是否与客观现实符合，与什么客观现实符合，只有实践才能判定。

至于在经验科学中，定理（或原理）一般说来并不是从公理演绎出来的，而是从经验事实中概括出来的普遍命题。这些经验事实是从实践中得到的（通过观察、实验、调查等等），因而普遍命题是否真实也只有由实践来确定。这是显然的。不错，现代的经验科学有许多部门采用的已经不是早期实验科学所采用的纯粹经验的方法，"而是研究人员受到经验数据的启发而建立起一个思想体系；一般来说，这个思想体系在逻辑上是用少数的基本假定，即所谓公理，建立起来的"①。例如爱因斯坦的狭义相对论就是从两个被视为公理的命题出

① 爱因斯坦：《狭义与广义相对论浅说》，中译本，上海科技出版社1979年版，第102页。

15

发的(光在真空中速度不变，与光源的运动无关；在相对作匀速而无
转动的直线运动的诸坐标系中一切物理定律等效)。但是，第一，这
些公理之所以能被提出，首先还是由于研究人员"受到经验数据的启
发"，并不是离开经验凭空构想出来的。第二，这些公理的真实性要
在实践中受到检验。例如相对论的第一个公理就是在迈克尔逊-莫雷
的著名实验中得到证实的。第三，这样建立起来的理论体系(它由一
系列相互联系的命题组成)究竟是否符合实际，是否真实，逻辑并不
能回答，只有实践才能回答。例如广义相对论是得到了水星近日点的
移动、光线在引力场中的偏转、光谱线的红向移动的观测证实的。在
得到证实以前，爱因斯坦本人也并不认为他的理论就一定符合实际。
他在 1916 年还写道："无论如何在未来的几年中将会得出一个确定的
结论。如果引力势导致的光谱线红向移动并不存在，那么广义相对论
就不能成立。另一方面，如果光谱线的位移确实是引力势引起的，那
么对于此种位移的研究将会为我们提供关于天体的质量的重要情
报。"①亚当斯(Adams)通过对天狼星的伴星的观测证实了谱线红移，
这才使广义相对论的真实性得到了一个实践上的验证。爱因斯坦完全
理解，"理论有存在的必要的理由乃在于它能把大量的个别观察联系
起来，而理论的'真实性'也正在于此"②。至于在化学、生物学、人
类学等等经验自然科学和各门社会科学中的定理和原理的真实性只有
实践才能判定，就无须一一说到了。

(四)定义

以定义为论据是常见的。定义有语词定义和实质定义的区别。

语词定义是对语言符号的意义的规定，被定义的东西不是客观对
象而是语词。它无非是说明我们用某一语词去指称某一对象，以便使

---

① 爱因斯坦：《狭义与广义相对论浅说》，中译本，上海科技出版社 1979
年版，第 102 页。

② 爱因斯坦：《狭义与广义相对论浅说》，中译本，上海科技出版社 1979
年版，第 102 页。

人们了解我们的陈述，相当于给一个对象取名字。这种定义是约定的，无所谓真假，至多不过要求下定义的时候遵守日常用语或科学用语的习惯而已。我们把"圆"定义为与平面上一定点等距离的点的轨迹，就等于给具有如此这般特性的几何图形命名为"圆"，这就无所谓与客观对象是否符合，无所谓真假。如果有人不愿遵守这个约定，偏要把"圆"定义为别的什么，那么，只要他交待清楚，也不能说他的定义是假的；至于他在此后的议论中是否首尾一贯，不自相矛盾，那是另一个问题，与定义的真假无关。语词定义既然无所谓真假，当然也就无所谓以什么为标准来检验其真假的问题。

实质定义与此不同，被定义的东西是客观对象。实质定义是对事物的本质或本质属性的断定和陈述，是有真假之分的。与事物的本质或本质属性相符合的断定和陈述是真的，反之就是假的。那么，逻辑能否判定一个实质定义与它所反映的对象是否符合呢？不能，道理同前述的公理或定理的真假不能由逻辑判定一样。例如"国家是全民利益的代表"和"国家是阶级矛盾不可调和的产物"这两个定义哪一个符合国家这个客观事物的本质，从逻辑上是不能判定的，因为两者都符合逻辑；只有阶级社会中的实践才能回答这个问题。

可见，无论哪一类论据的真实性都不能由逻辑证明来确定。逻辑证明的第一个必要条件，它自身就不能保证，它怎么能成为检验真理的标准？

二

再看论证。

逻辑证明的另一个必要条件，是论证的每一个步骤都合乎演绎推理的规则，即遵守正确的推理形式。那么，正确的推理形式能不能成为检验真理的标准呢？回答也是否定的。

第一，推理的形式本身正确与否靠什么来检验？这就是一大问题。为什么我们恰恰把如此这般的推理形式看做"正确"的，而把另一些推理形式看做"不正确"的呢？推理形式的正确性靠什么来证明呢？如果用逻辑来证明，那么在一开始证明的时候就不可能不运用这些推理形式本身，就等于把待证明的东西当成已证明的东西，这就违反了逻辑。当然，在证明某种特定推理形式时可以设法避免运用它自身，而只用别的推理形式，但这时别的推理形式是否正确又还是没有证明。就推理形式的总体看，谁要想从逻辑上去证明推理形式，就无法避免由推理形式自己证明自己，而这也就等于什么也没有证明。可见，推理形式的正确性是不可能由逻辑来证明的，它只能被当做"当然如此"和"无须证明"的规则来采用。这种"当然如此"和"无须证明"，正是因为它已被亿万次的实践证明过了的缘故。例如，为什么我们在推论时都得遵守同一律呢？因为人类亿万次的实践证明了它。原始人在追捕一头野牛的时候，他们将发现这头野牛在整个追捕过程中始终是一头野牛，具有野牛的一切属性；他们只有始终认定它是一头野牛，采取捕野牛的特殊办法追捕它，才可能达到预期的目的。假如他们一方面认定那是一头野牛，另一方面又认定那不是一头野牛，而是一块石头或一棵树，试问他们将如何行动，他们的狩猎还要不要进行呢？可见，若不遵守"如果 X 是 A，那么 X 是 A"这样的推理形式，人们就无法行动，无法生活。这种推理形式的"正确性"就是这样经过无数次的实践反映到人的头脑中来、被无数次的实践所证明，而不是被推理形式自己证明的。列宁说得很精辟："人的实践经过亿万次的重复，在人的意识中以逻辑的式固定下来。这些式正是（而且只是）由于亿万次的重复才有着先入之见的巩固性和公理的性质。"①"人的实践活动必须亿万次地使人的意识去重复不同的逻辑的式，以便这些式能够获得公理的意义。"②

第二，即使把正确推理形式本身如何形成、如何证明的问题存而不论，仅就它形成以后的作用来说，它能不能充当检验真理的标准

① 列宁：《黑格尔〈逻辑学〉一书摘要》。《列宁全集》第 55 卷，人民出版社 1990 年版，第 186 页。

② 列宁：《黑格尔〈逻辑学〉一书摘要》。《列宁全集》第 55 卷，人民出版社 1990 年版，第 160 页。

呢？也不能。正确的推理形式无非是指这样的推理形式：它可以被归结为一个蕴涵式，而这个蕴涵式又是一个重言式，即永真式。检查一种推理形式是否正确，就是看它的相当的蕴涵式是不是永真式。如果把前提和结论的关系归结为 A→B 的命题形式，而 A→B 又是永真式，则推理形式是正确的，否则是不正确的。永真式是什么意思呢？它是指这样的命题形式：无论把具有什么具体内容的名词（或命题）代入它的变项，也无论被代入的命题（如果不是名词而是命题的话）是真是假，得到的命题总是真的。例如"如果 P，那么 P"（$P \equiv P$），"不可能 P 并且非 P"（$\neg[P \wedge \neg P]$），"P 或者非 P"（$P \vee \neg P$）等等，就是常见的永真式。一个揭示了前提和结论的关系的蕴涵式是永真式，这表明了什么呢？表明了前提和结论的必然关系是不以前提和结论的具体内容及其真假为转移的。可见，正确的推理形式的实质和功能正在于，也仅在于撇开了前提和结论的具体内容，不管前提和结论在事实上真不真，而单从思维的形式结构方面揭示命题间的必然关系。换句话说，推理形式所涉及的只是思维本身的形式结构问题，而不是前提或结论与客观对象是否符合即是否真理的问题。如果问：正确的推理形式能证明什么？回答只能是：能证明前提和结论在命题形式方面的关系，再没有别的。至于前提和结论是不是正确地反映了客观实际，是不是真理，它是不去"管"，也管不了的。

正确的推理形式所能证明的仅仅是逻辑上的蕴涵，即命题形式上的蕴涵，而不包括事实上的蕴涵。例如客观世界里的对象或事件之间的因果关系、函数关系等等，是不能由推理形式来证明的。在这一点上，休谟说对了。要想从原因中"演绎"出结果来，是做不到的。同样，演绎也证明不了函数关系。例如，假定我们已知 A 物体的质量为 B 物体质量的两倍，又知道加在 A、B 两物上的力相等，我们也就可以断定 A 的加速度必为 B 的加速度之半。这个断定是不是从两个已知条件"演绎"出来的呢？很像是，其实不是。因为这两个已知条件与我们的断定之间在命题形式上并无必然联系，或者说，虽有必然联系，但只是物理的必然而非逻辑的必然。即使我们作出与此不同的断定，也并不违反逻辑。为什么我们认为只有这样的断定才是正确的呢？是因为我们依据了 F＝ma 的经典力学公式。这并不是什么逻辑规则，而是力学公式；它反映的是力、质量、加速度这三个物理量之间的事实上的必然关系（函数关系），而不是三个概念之间的逻辑上的必然关系。这种事实上的必然关系的普遍性是不可能由逻辑推理来证明，而只能由亿万次的实践来证明的。

我国 20 世纪 50 年代讨论逻辑问题时有的同志主张把"正确性"和"真实性"加以区别，我认为这种意见是很对的，对我们当前的讨论仍有意义。卡尔纳普（R. Carnap）把"逻辑上有效"（L-valid）和"物理上有效"（P-valid）加以区别的说法也不无合理的成分。所谓"正确"或"逻辑上有效"相当于通常说的"合乎逻辑"，是指推理形式正确（前提蕴涵结论）；"真实性"或"物理上有效"，则相当于通常说的"合乎实际"，这才是指命题是真理。逻辑只能证明前者而不能证明后者。人们常常在说到逻辑证明的场合叫"证明"（proof），而在说到实践证明的场合则叫"证实"（verification）或"确证"（confirmation），这并不是无意义的咬文嚼字，而是为了表示两者在性质和功能上的区别。当然，问题不在于用语，"实践证明"并非不可以说，而在于"实践证明"和"逻辑证明"所解决的问题确实是不同的，不应该混为一谈。

或许有的同志会说：如果前提的真实性已被实践证明，不就可以推出结论的真实性吗？在这种情况下，结论的真实性不就是由正确的推理形式确定的吗？看来很像是这样，但实际上并不是这样。在这种情况下，结论的真实性本来就被蕴涵在前提之中，早就同前提一起被实践证明过了。推理的作用不过是把已被实践证明了的真实性揭示出来而已。打一个不完全恰当的比喻：一个进行了犯罪活动的人，他的犯罪性质在他作案完成的时候就已经在客观上确定了（即使当时没有任何人知道也一样），法庭宣判时所作的推论不过是依据他的作案事实把他的犯罪性质揭示出来而已。证明此人是罪犯的并不是逻辑推论，而是此人的犯罪活动的事实。

第三，正确的推理形式之不能检验真理，在前提为假的情况下显示得更清楚。从假前提出发，按照同样的正确推理形式，既可以推出假结论，也可以推出真结论（假前提不仅蕴涵假结论，也蕴涵真结论）。试看下面的两个推理：

（甲）所有的鸟都是植物　　　　（假）
　　　所有的狗都是鸟　　　　　（假）
　　　────────────
　　　所有的狗都是植物　　　　（假）

（乙）所有的鸟都是哺乳动物　　（假）
　　　所有的狗都是鸟　　　　　（假）
　　　────────────
　　　所有的狗都是哺乳动物　（真）

这两个推理的前提都假，在这一点上没有区别；推理形式都正确，而且是同一个推理形式（"所有的 M 是 P"，"所有的 S 是 M"，所以"所有的 S 是 P"），在这一点上也没有区别。可是得出的结论却一个假，一个真，截然相反。如果一个人根本没有生物学的知识，仅以推理形式为标准，能检验得出究竟哪一个结论是假的，哪一个结论是真的吗？显然不能。这就表明了正确的推理形式只能揭示前提和结论的逻辑蕴涵关系，而不能判定结论的真假。

三

有的同志说，上面这些道理至多不过说明逻辑不是检验真理的最终标准罢了，这一点我们并不反对。可是不管怎么说，如果前提真并且推理形式正确，则结论必真，这总是无可否认的吧，而这就是逻辑证明的威力所在。我们说逻辑证明也是检验真理的一种标准，也无非就是这个意思。这又有什么不对呢？

是的，逻辑证明作为演绎推理，有它的必然性、强制性。否认了这一点就等于否认了逻辑证明的存在权，连这个名词都该取消了。这当然很荒谬。可是，只要哪怕是极粗略地考察一下人类认识的历史，就不难发现这样的事实：尽管人们从自认为(而且公认为)千真万确的前提出发，极严格地遵循演绎推理的规则去进行推理，因而极自信地认为得出的结论必定为真，但实际的结果还是常常(虽然不是每次如此)出乎意料地错误，使自己大吃一惊。这是为什么呢？是因为实践已经超出了前提的有效范围。这并不表明演绎推理的规则不灵了，而是表明原来被人们当做"千真万确"的前提并不是在任何范围内都是千真万确的。那么，难道我们不可以对某种真前提的有效范围一劳永逸地作一个完全正确的规定吗？可惜，这是做不到的。人们的认识不可能超越具体的历史条件。任何时代的人们都只能根据当时的实践所揭示、所证实的情况对某一真命题的有效范围作出规定——这是应当和可能要求于人们的一切。这个规定与这个真命题的实际有效范围是否一致呢？可能一致，也可能不一致。如果不一致，也并不是在任何情况下都可以发现的。只有当实践的触角伸进了以前没有估计到的新领域时，才可能发现原来的规定与实际情况不符。而在此之前，人们还是可以心安理得地把某个真命题连同人们对它的有效范围的规定一起当做"千真万确"的前提来进行推理，得出仿佛"万无一失"的结论的。这正如在篮球场上奔跑的运动员如果事实上没有出界，即使"忘记"了球场的界线也无关紧要一样。可是"界线"毕竟客观存在，并不因为忘记了它而消失掉。如果不估计到它，运动员闯出了"界线"之外的时候就会大吃一惊，觉得不可理解。列宁说："每一科学原理的真理的界限都是相对的，它随着知识的增加时而扩张、时而缩小。"[1]说的正是这种情况。例如，实践证实了经典力学的公式是真命题。在什么范围内真呢？人们长期没有想到这个问题(因为实践还没有提出这个问题)，于是按照当时的认识水平对它的有效范围作了一个规定，然后以它为前提进行推理。这种推理也许进行过亿万次，每

---

① 列宁：《唯物主义与经验批判主义》，《列宁全集》第18卷，人民出版社1990年版，第135页。

次的结论都没有超出经典力学公式的实际有效范围，事实上都是真的，因而也就没有发现这里面还有什么问题。可是，当实践的触角伸进了前所未知的微观现象和宏观高速（接近光速）现象时，以经典力学的公式为前提推出的结论就不是真命题，这就表明了经典力学的公式在这个领域里并不是真命题。只有在这个时候人们才可能认识到经典力学公式的真理性的界限，才可能知道原先对它的有效范围的规定超出了它的实际有效范围，因而以此为前提推出的结论并非在任何范围内都必然是真的。像这种由于推理的前提超出了实际有效范围，因而推出了错误结论，终于被新的实践所揭露、所修正的情况，在科学史以至整个认识史上是屡见不鲜的。可以说，没有这种"超出"和"修正"就没有科学的发展和认识的进步。试想，如果认定从经典力学公式合乎逻辑地推出的结论无论在什么范围里都无可怀疑地是真理，无须实践的检验，相对论和量子力学还有出世的权利吗？

有的同志反驳说：你这里说的实际上并不是由真前提合乎逻辑地推出的结论，而仅仅是由被误认为真而实际上假的前提合乎逻辑地推出的结论，这样的结论真不真当然不能由逻辑来判定。可是，如果我从被实践充分证实了的、确凿无疑的真前提出发来进行推理，那么我就可以仅仅根据推理形式正确这一点来断定结论的真，不需要再诉诸实践。如果还说要诉诸实践，那在理论上就是否认了演绎推理的必然性，在行动上就是迂腐可笑了。

我认为这种说法是似是而非的。如果不作脱离人类认识的实际历史进程的抽象议论，恐怕很难否认：在任何特定历史条件下被一切严谨的科学家、思想家当做前提来进行推论的命题，总是被当时的实践所充分证实，因而有理由被认为是确凿无疑的命题。然而进一步发展了的实践往往会揭示出这样的情况：人们当时对这个或这些命题的有效范围的规定并不符合实际，因而包括有效范围的规定在内的整个命题并不是真命题。但是，我们在这个问题上只能是"事后诸葛亮"。我们只有在新的实践"教训"了我们之后才可能由结论的错误反推出前提的错误。我们今天之所以能傲然地说 17 世纪、18 世纪、19 世纪的物理学家进行推论的前提不过是被"误认"为真而实际上假的前提，那是因为我们生活在相对论和量子力学诞生之后，否则我们也不可避免地会这样"误认"的。不宁唯是，我们今天认为确凿无疑的命题，会不会被实践的进一步发展表明也是一种被"误认"为真的命题呢？我看，"后之视今，亦犹今之视昔"，我们这一代人也并没有绝对免除错误的专利权。可见，要想一劳永逸地找到连有效范围的规定都绝对不会错误的科学定律作为推论的前提，那只是违反认识规律的幻想。如果以为只有这样的命题才有资格充当推论的前提，我们就只有停止推论；而停止推论也就是停止思维，停止认识，科学的发展也就完结了。人类认识的实际进程完全不是这样的。人们总是以被当时的实践证实了的真命题为前提来进行推论，同时又估计到此时此地对这个或这些命题的有效范围的规定可能有错，因而并不迷信推论的结论；而当推论的结论与新的实践所揭示的事实发生矛盾的时候，不是用裁剪事实的办法来固守结论，而是以尊重事实的态度来修改结论，修改原先对前提的有效范围所作的不符合实际的规定。这是科学发展的必由之路。显然，在这里起着检验标准作用的正是不断发展着的实践，而不是逻辑推理。

还有一种诘难说：数学定理难道不是真理吗？它们不是由推导来证明，并且仅仅是由推导来证明的吗？

数学的来源、对象和本质是很复杂的问题，直到今天也还在激烈争论。这些争论在这里不必赘述。这里需要指出的是：在什么意义上我们说数学定理是真理？我们认为，说数学定理是真理（truth），除了指它们与客观世界的量的关系或空间关系相符合以外，没有别的意义。那么，数学定理是不是正确地反映了这种客观的关系呢？这恰恰是推导所不能证明的。为什么？因为数学的原始论据是公理，推导所遵循的是逻辑规则。公理本身是否与客观现实符合，逻辑规则本身是否普遍有效，推导尚且不能证明，它又怎么能证明由公理推导出来的定理是否与客观现实符合呢？爱因斯坦说过："'真实'这一概念与纯几何学的论点是不相符的，因为'真实'一词我们在习惯上总是指与一个'实在的'客体相当的意思；然而几何学并不涉及其中所包含的观念与经验客体之间的关系，而只是涉及这些观念本身之间的逻辑联系。"①又说："几何观念大体上对应于自然界中具有正确形状的客体，而这些客体无疑是产生这些观念的唯一渊源。"②这些话是对的，不仅适用于几何学，而且原则上也适用于其他门类的数学。数学推导所证明的，只是数学概念之间的逻辑联系，公理和定理之间以及定理和定理之间的逻辑联系。至于这些概念、公理和定理与客观世界的客体(或关系)是否符合，即是否真理，数学推导是没有证明，也不能证明的。只有把这些概念、公理、定理应用于各门经验科学，通过亿万次的实践，才能解决这个问题。

四

这样说来，逻辑证明对检验真理岂不是没有任何作用了吗？

不，并不是这样。我们说逻辑证明本身不是检验真理的标准，并不是说它在检验真理的过程中没有作用。相反，它的作用是巨大的，不可缺少的，而且是不可代替的。③

第一，结论的真实性虽然已被蕴涵在前提之中，在前提被实践证明的同时就已被实践证明，但前提与结论的蕴涵关系并不是可以一望而知的。当它还没有明晰化的时候，人们并不容易认识到这种关系的存在。即使知道了前提真，也未必就知道结论真。在欧氏几何中"平行线内错角相等"的命题蕴涵着"三角形三内角之和等于两直角"，但是如不经过一番推导，即使知道了前一命题的真，也未必知道后一命题的真。同样，即使知道了方程式 $x^2-7x+12=0$ 正确地反映了某种客体间的关系，是真的，但是如不经过一番演算，也未必能一眼看出

---

① 爱因斯坦：《狭义与广义相对论浅说》，中译本，上海科技出版社1979年版，第3页。

② 爱因斯坦：《狭义与广义相对论浅说》，中译本，上海科技出版社1979年版，第3页。

③ 关于这个问题，作者在《实践怎样检验认识？》一文中论证了自己的观点，本书收入了此文。

x=3或 x=4 是真的。像这样极简单的蕴涵关系尚且如此，复杂的蕴涵关系就更不用说了(有的蕴涵关系甚至需要经过若干亿次的推论才能揭示出来)。逻辑能够把前提和结论的蕴涵关系明晰地揭示出来，把虽然已被实践证实但还不为人们所知道的真理确切地陈述出来，这对于达到检验真理的目的来说就决不是可有可无的。没有它的辅助，已被实践证实了的真理也往往不为人们所知道和确认。正如一个人的犯罪行为虽已发生，但如不经过调查核实并作出合乎逻辑的推论就不能确认此人是罪犯一样。

这里顺便说到，有的同志认为逻辑证明根本不能提供任何新知识。此说未免失之偏颇，我未敢苟同。诚然，演绎推理(包括逻辑证明)的结论是被前提所蕴涵的，从这一点说，演绎推理确是同义反复(tautology)。但是，关于前提的知识并不等于关于结论的知识。演绎推理能把蕴涵在前提中的结论揭示出来，使人们知道前所未知的东西，这也就是提供了新知识。如果不能提供新知识，那就无异乎说只要承认了为数不多的几条公理就等于精通了某门演绎科学，一切演绎科学的著作就都成了废话集了。

第二，在如何组织实践的检验上，逻辑的辅助作用也不可缺少。如果我们要用实践来检验一个命题的真假，就不能不碰到这样的问题：用什么实践来检验？通过什么途径来检验？是直接检验这个命题还是通过检验别的命题来检验它？这就需要进行一番"设计"。要使"设计"能达到有效地检验命题的目的，除了借助于已有的经验知识以外，还少不了运用逻辑。即使检验最简单的经验命题，也必须如此。例如我们要检验"这只梨是甜的"这个命题真不真，是怎样检验的呢？当然，吃一口就是了。但是，我们怎么知道恰恰是用"吃"这种实践去检验这个命题，而不是用别的实践(例如把梨砸碎、把梨扔到水里等等)去检验呢？这是因为我们从以往的实践经验知道了这样一种必然关系的存在："X 是甜的，当且仅当 X 被人吃并且人产生甜的味觉。"把这个关系式用于这只梨味的检验，就得到："如果我吃这只梨并且我尝到甜味(前件)，那么这只梨是甜的(后件)。"于是我们的任务就变成了去检验"如果我吃这只梨并且我尝到甜味"这个前件是否真。而这个前件又是"我吃这只梨"和"我尝到甜味"这两个命题的合取；只有这两个命题都真，前件才真。于是我们的任务又变成了分别去检验这两个命题的真假。首先，我们用行动保证"我吃这只梨"是真的。然后，如果我的味觉没有毛病，因而可以确定"我尝到甜味"也是真的，那么"我吃这只梨并且我尝到甜味"就是真的。前件既然真，后件也必真。这样，"这只梨是甜的"的真实性就被证实了。像这样最简单的经验命题的检验尚且如此，复杂的就更是如此。如果要用实践来检验一个普遍命题的真假，其"设计"的复杂，需要调动的逻辑手段之多，就更不用说了。很显然，没有逻辑的辅助，一个待检验的命题摆在我们面前，我们也会不知道用什么实践、通过什么途径来检验它。

第三，在如何确定实践结果对检验真理的意义上，逻辑的辅助作用也是显然的。实践的结果总是某种经验事实。这种经验事实说明了什么呢？它是不是确实证实了我们想要证实的命题呢？要确定这一点，一方面要检查我们的检验"设计"是否合乎逻辑，一方面还要对实践结果进行逻辑的分析，也就是说，要仔细检查表述实践结果的命题与待检验的命题之间是否确有逻辑联系，以及这种联系的意义如何。常常有这样的情况：我们想用实践来证明命题 P，实践的结果 Q 所实际证明的并不是 P 而是 P'，而我们却认为 P 已经由 Q 得证。这就弄错了。这种错误，有时大科学家也不能免。巴斯德的著名实验本来并没有证明生命在任何条件下都不能由无生命的东西产生，而他却误认为证明了，就是一例。

总之，逻辑证明在检验真理过程中不是不起作用，而是起着不可缺少的重大作用。这种作用必须充分估计。我想说明的只有一点，就是：不管它的作用多么重大，就其性质来说也还是一种辅助作用，它不是，也不能是检验真理的标准，因为在确定认识与对象是否符合这一点上，实际的"判决"者并不是逻辑，而是实践。我们说逻辑证明不是检验真理的标准，其意义正在于此，也仅在于此。

实践怎样检验认识？[*]

真理标准问题的全国大讨论到现在三年了。"两个凡是"的错误已被越来越多的同志所认识，"实践是检验真理的唯一标准"这个马克思主义哲学的根本命题也逐渐为越来越多的同志所接受。但是，对后一个问题的具体理解到现在也还有许多不一致。我认为这是正常的情况。这种理论问题本来就不是一下子就可以"统一思想"的，应该进行深入的研究和从容的讨论。老师们提出的问题之一是"实践是怎样检验认识的？"也就是实践检验认识的具体机制问题。我认为这个问题提得很好。应该说，马克思主义经典作家对这个问题已经作了原则的回答。① 这些回答至今也还是完全正确的，但是确实需要具体化和精确化。我试图作一些努力提出一些设想供老师们参考。

一、几个出发点

(一) 对认识的检验要落实到对命题的检验

认识的基本内容是对对象的判断。表述判断的语句是命题。即使是很肤浅的感性认识也要通过命题的形式才能表述出来，才能去检验

＊ 本文是作者 1981 年 8 月 1 日应教育部政治理论教育司之邀在全国政治理论课教师研习班作的报告。原载中国人民大学《辩证唯物主义原理》讲习班材料（9）。

① 例如恩格斯在《社会主义从空想到科学的发展》1892 年英文版导言中批评不可知论时的论述。见《马克思恩格斯选集》第 3 卷，人民出版社 1995 年版，第 702 页。

它的真假。至于理性认识离不开命题就更不用说了。我们的认识总是由一个或一组命题来表达的，理论总是由许多命题组成的系统。所以，检验认识的真理性，包括检验理论的真理性，可以落实为检验一个或一组命题的真假。这样就不会有笼统含糊的毛病。比如我们说某某理论或认识是真理，某某理论或认识是谬误，当然也未尝不可，但这种说法不够清晰、不够严格，检验起来也不好落实。如果把这种理论认识具体化为一组命题，然后去判定哪些命题是真的，哪些命题是假的，问题就清晰了。

(二) 对命题检验要落实到经验的事实

有许多命题所陈述的内容并不是经验的事实，这就需要通过"设计"把它同陈述经验事实的命题在逻辑关系上联系起来，通过检验陈述经验事实的命题的办法来检验它。自然科学家做实验就是这样做的，社会科学家引用事实材料来证明某种观点实际上也是同样的道理。而"设计"的优劣对于检验命题真假的效果有很大的关系。马克思和恩格斯在《德意志意识形态》里说过："只要这样按照事物的真实面目及其产生情况来理解事物，任何深奥的哲学问题——后面将对这一点作更清楚的说明——都可以十分简单地归结为某种经验的事实。"[1]要检验命题的真假，就得把它归结为某种经验的事实，也就是可以观察的事实。这里的所谓观察，当然也包括借助于科学仪器或其他物质工具的观察。如果命题所陈述的内容同经验事实相符，就是真的，否则就是假的。实践的检验如果不落实到同经验的事实相对照，就是空洞的。

(三) 实践检验的"设计"必须有逻辑推理的辅助

我认为逻辑证明并不是检验真理的标准。关于这一点，我在今年《哲学研究》第 1 期上发表的《逻辑证明与真理标准》一文中详细说明过自己的看法，这里就不再说它了。但是我在那篇文章里同时也说

---

[1] 《马克思恩格斯选集》第 1 卷，人民出版社 1995 年版，第 76 页。

过，逻辑推理在实践检验认识的过程中是不可缺少的、不可代替的手段。要把一个不直接陈述经验事实的命题归结为陈述经验事实的命题，就必须经过若干步骤的逻辑推理，使待检验的命题与某种陈述经验事实的命题具有蕴涵关系。这样的检验才是有效的、可操作的。

(四) 在"设计"的过程中，还必须引进被以往的实践证明了的科学定律

要完成一种检验设计，仅仅运用逻辑推理还是不够的，还必须引进科学定律。这里谈的科学定律是广义的，不仅指自然科学上的定律，而且也指一切被以往的实践证明了的认识成果。这并不奇怪。因为一切实践和认识实际上总是再实践和再认识，不能完全撇开以往的实践和认识的成果，正如一切现实的生产实际上总是再生产，不能撇开以往的生产成果一样。

这四点就是我考虑实践怎样检验认识的出发点，我就沿着这个思路谈到本题：

二、逻辑命题和实在命题的区别

为什么讲到实践怎样检验认识的时候要谈谈这两类命题的区别呢？因为这对我们所讨论的问题关系很大。

为了说明这两类命题的区别，先得分析一下命题的形式结构。

不论什么命题，如果把它的具体内容抽掉，专看它的形式，就可以看出它总是由两类符号 (Sign) 构成的：常项 (Constant) 和变项 (Variable)。举一个最简单的命题为例："所有的松树是植物。"如果抽掉它的具体内容，它的形式就是：

所有的 s 是 p。

这里的"所有的"和"是"就是常项。常项是有固定意义的符号。它的功能在于表示各变项之间的特定的关系，相当于数学里的加减乘除号、等号、根号等等。

这里的 s 和 p 是变项。变项是没有固定意义的符号，它可以代表任何语词,也可以代表命题。相当于数学里的 a,b,c,x,y,z 或 f(x)等等。一个命题形式,只有把具体的语词或命题代入变项,才成为一个反映特定对象,并有特定意义的命题。比如把"松树"和"植物"代入上式中的 s 和 p,它就成为一个命题;把"鸟"和"动物"代入上式中的 s 和 p,它就成为另一个命题。

那么,逻辑命题和实在命题的区别在什么地方呢?

逻辑命题就是仅仅从命题的形式结构就可以判定它的真假的命题,并不需要考虑它的变项代表的什么,并不需要考虑它的具体内容,也并不需要去对照具体的经验事实。

逻辑命题有分析命题和矛盾命题两种。

什么是分析命题?哲学史上对分析命题有许多种解释,说法并不一致,这些我们可以不去多说它。但是不管怎么解释,有一点是共同的,那就是分析命题是仅仅从形式结构就可以判断它为真的命题。因为无论你把什么语词或命题代入它的变项,得到的总是真命题。所以它叫做永真式、重言式或同语反复(tautology)。这里只举最简单的例子:

(1)如果 p,那么 p   即 p→p

(2)不可能 p 并且非 p   即 $\neg(p \wedge \neg p)$

(3)p 或者非 p   即 $p \vee \neg p$

如果发现一个命题具有这样的形式,你就不需要考虑它陈述的是什么具体内容,它的语词指称的是什么对象,也不需要去援引什么具体经验事实,就可以断定它是真的。比如说,我们都不知道在银河系的某个遥远的天体上有没有生命,我们都没有这个具体知识。但是如果有人说,"如果这个天体上有生命,那么这个天体上就有生命","这个天体上不可能有生命并且没有生命","这个天体上或者有生命,或者没有生命"。我们可以断定这些命题都是真的。因为它的命题形式是永真式。

永真式并不都是像上面那样简单,可以一望而知的。有的很复杂。纯演绎科学(数学、逻辑)的前提是公理,公理是永真的,由公理演绎出来的定理也是永真式。有的永真式要从公理经过几十步、几百步甚至上亿步的演绎才能得出来。逻辑证明的作用并不能断定一个具体命题是否与具体的客观对象符合，而只能证明永真式。它只是在永真式不容易识别的场合用来证明某一命题是永真式的一种手段。所以我们才说它不是检验真理的标准。

为什么会有永真式这种东西？它有没有客观基础？它同客观世界、同人类实践有什么关系？康德认为分析命题是先天的(当然，他还认为有"先天综合判断"，这里不去说它了)。康德以后直到现在的唯心主义者、经验主义者也是这样看的。我们不同意这种看法。我们认为分析命题或永真式是一切客观事物的质的相对稳定性在人们头脑中的反映。这种反映是在人类亿万次的接触外界事物、改造外界事物的实践历史过程中实现的，所以它成了逻辑的"式"。如果事物没有质的相对稳定性，世界就不成为世界，人类就一天也不能存在，更不用说发展了。比如说，为什么凡是具有"如果 p，那么 p"的形式的命题一定是真的呢？就是因为它反映了客观事物的质的相对稳定性。原始人在追捕一头野牛的时候，这头野牛的质是稳定的。如果他们正在追捕的时候这头野牛忽然不是一头野牛，而是一块石头了，他们能打猎吗？这种情况反映在他们头脑里，形成的命题就是"野牛是野牛"，或者"如果这是野牛，那么这是野牛"，就是只有一瞬间的质的相对稳定性的东西。再比如说某些"基本"粒子，只有几亿亿分之一秒的寿命，它毕竟总有一瞬间的质的相对稳定性，否则它就不能成为认识和改造的对象。在这一瞬间，"某粒子是某粒子"。我们吃馒头的时候，"馒头是馒头"一定是真的，否则就没法吃了。这种情况亿万次地反映到人类头脑中来，才形成了"如果 p，那么 p"这样的永真式。

说清楚了什么是分析命题或永真式，什么是矛盾命题就很容易理解了。

矛盾命题就是同分析命题有矛盾关系的命题。如果甲是一个分析命题，那么非甲就是矛盾命题。比如说：$p \rightarrow \neg p$，$p \wedge \neg p$，$\neg(p \vee \neg p)$ 就是矛盾命题，是永假的。无论把什么语词或命题代入它的变项，得到的都是假命题。比如有人断言，"如果某个天体上有生命，那么这个天体上就没有生命"，"这个天体上有生命并且没有生命"，

"这个天体上不可能或者有生命或者没有生命"，这些命题就都是假的，你也就可以断定他说错了。

矛盾命题的客观基础可以同分析命题一样得到证明。因为客观世界不可能出现矛盾命题所陈述的情况，人类在亿万次的实践中从来没有遇到过这种情况，而且如果任何人要按照矛盾命题去指导自己的行动，每一次无例外地要碰壁。这些"永假式"就是这么来的。

分析命题叫做逻辑上有效的，矛盾命题叫做逻辑上反有效的，两者都是逻辑上确定的。

从以上的分析里我们可以得出两条结论：

第一，逻辑命题的存在并不与实践是检验真理的唯一标准的提法相抵触。恰恰相反，逻辑命题之所以存在，正因为它来自人类亿万次的实践、被亿万次的实践检验过，而且今后还一直要被亿万次的实践继续检验。

第二，逻辑命题确实不容易用某一次、某几次具体实践去检验。因此，我们在研究实践怎样检验认识的时候，不必去研究逻辑命题怎样检验的问题，我们要研究的只是实在命题怎样检验的问题。

什么是实在命题呢？

实在命题就是不可能仅仅从命题的形式结构判定其真假的命题。它既不是分析的，又不是矛盾的，而是综合的。

例如：　　　s　　是　　p

具有这种形式的命题是真的还是假的？从形式上是无法看出来的。因为具有这种形式的命题的意义，取决于用什么语词或命题代入它的变项。用不同的语词或命题代入它的变项，得到的命题的真假可以截然相反。例如：

（1）猫是吃老鼠的动物。

（2）老鼠是吃猫的动物。

这两个命题的形式结构都是"s 是 p"，完全一样，都不违反逻辑。怎么能从逻辑上、符号上、形式结构上判定它们的真假呢？设想一个从外星球来的人，或者一个对猫和鼠的生活习性没有任何知识的人，他能够从逻辑上判定哪个命题是真的，哪个命题是假的吗？显然是不能的。要判定这类命题的真假，只有靠具体的实践、具体的经验。

把经验科学的定律同演绎科学的定律看成一回事，是不对的。例如有的同志在论证逻辑证明也可以作为检验真理的标准时，就举数学上的证明为例。这是把两类命题的证明搞混了。数学是演绎科学。数学上的证明是证明什么呢？是证明永真式，而不是证明一个以具体的客观事物为对象的实在命题。比如你从"平行线内错角相等"演绎出"三角形三内角之和等于两直角"，这是一种逻辑证明。但其实这两个命题是前一个蕴涵着后一个，当你说前一个命题真时，就已经蕴涵着说后一个命题真。这其实是同语反复，不过是当你认识到前一个命题真的时候还未必认识到了后一个命题也必然真而已。又比如你解一个方程式，经过若干步骤的演算，最后求得了未知数的值，比如说 $x = 3$ 吧，这也是逻辑证明。而其实 $x = 3$ 这个命题同作为方程式的那个命题是等值的（等值就是互相蕴涵），说的是一码事。不管怎么复杂的逻辑证明，实质上都是一连串的同语反复。它所证明的东西就是前提和结论之间具有蕴涵关系。至于前提和结论同什么具体的客观对象符合？是不是符合？逻辑是不去管，也管不了的。比如老师给学生评数学考卷，认定某题做错了，这意思并不是说答案不符合某个事实，而是说推导不符合逻辑。

经验科学中的命题就不同了，它是反映具体对象的，是实在命题，并不是永真式。这种命题是不是真的，完全看它符合不符合具体对象，从逻辑上是看不出来的。合乎逻辑不一定合乎事实，不合乎逻辑也不一定不合乎事实。例如："所有的国家都是 1776 年成立的，中华人民共和国是一个国家，所以中华人民共和国是 1776 年成立的。"这个推理完全合乎逻辑，可是结论不合乎事实。"有的国家是 1949 年成立的，中华人民共和国是一个国家，所以中华人民共和国是 1949 年成立的。"这个推理不合乎逻辑，可是结论合乎事实。对于这种实在命题，只有实际地考察经验事实，才能判定它的真假。老师批阅一个学生的历史试卷，即使这个学生写了一大篇，步步推理都合乎逻辑，但只要他的结论不合乎事实，老师就不会认为他做对了。不仅历史、地理的知识是这样，物理学、化学、生物学等等一切以反映具体对象为任务的知识，它们的命题都是这样。一个公式、一个论断是不是真的，唯一的涵义就是指与对象的实际情况是否一致。而这只有靠实验的、观察的结果来定，也就是靠实践的结果来定。比如中微子到底有没有这个东西？开始只是一个假说，后来就被证实了。当年的苏联批摩尔根的遗传理论，说"基因"是虚构的东西，可是后来实践证明它是真实存在的。勒柏辛斯卡娅说她发现了"活质"，解决了生命起源的问题，苏联一度把这个"发现"吹得了不起，可是终究经不起实践的检验。据说柏拉图为了证明他的"回忆说"，找了个没有几何学知识，但脑子很聪明的奴隶来。他不直接告诉这个奴隶某个几何命题，而是用另一些话来"启发"他。结果这个奴隶果然说出了这个几何命题。其实，这并不能表明真理不依赖实践检验，不需要实践检验。假如柏拉图问的不是几何命题，而是实在命题，又假定这个奴隶没有与这个命题相关的具体知识、具体经验，无论如何"启发"他也是回答不出来的。

从上面的分析可以看出，逻辑命题和实在命题是不同的。逻辑命题所反映的是逻辑项（名词或命题）之间在形式结构上的关系，并不涉及命题与具体对象符合与否的问题，判定它的真假并不依赖于某种特殊的、具体的实践，并不需要去对照某种特定的、具体的经验事实，因此也就无所谓用什么具体实践去检验它的问题。而实在命题就不同了。它所反映的是特定的、具体的对象，它的真假就取决于它与特定的、具体的对象符合或不符合。要检验它的真假，就只能依靠某种或某些特定的、具体的实践，只能同特定的、具体的经验事实相对照。正因为这样，我们在下面讨论实践怎样检验认识的问题的时候，就不去讨论逻辑命题怎样检验了，我们的讨论只涉及实在命题怎样检验的问题。

三、知觉命题的检验

在实在命题中，又有知觉命题和普遍命题之分。

知觉命题所陈述的内容是感性认识，它反映的是可感知的（sensible）经验事实，即事物的现象方面。这种命题有：（1）对事物的可感知的存在的断定（例如"这是一块黑板"）。（2）对事物的可感知性质的断定（例如"这块黑板是方的"，"这只梨是甜的"）。（3）对事物的可感知的关系的断定（例如"张三比李四高"，"中国人民大学在北京火车站的西边"）。（4）对事物的可感知的状态的断定（例如"这根蜡烛在燃烧"）。总之，这类命题是不能用逻辑来证实或否证的，因为它和它的矛盾命题（或反对命题）都不违反逻辑。但这种命题可以由经验、由观察来证实或否证的（包括借助于工具、仪器等等物质手段）。

对知觉命题的检验，是对普遍命题检验的基础，普遍命题的证实或否证，最后总得落脚到对知觉命题的检验。所以我们首先要分析一下对知觉命题如何验检的问题。

初看起来，似乎对知觉命题不存在如何检验的问题，不需要"设计"。比如"这只梨是甜的"，吃一口不就检验了吗？可是事情仔细分析起来并不那么简单。问题在于：你怎么知道恰恰是用"吃"这种行动（即实践）去检验它，而不是用别的行动（比如说把梨扔在水里，把梨砸碎等等）去检验它呢？是从这个命题本身知道的吗？显然不是。因为这个命题并没有告诉我们用什么行动去检验它，就是说，它不包括任何"行动指令"。只告诉了我们"x 是什么"，而没有告诉我们为了验检"x 是什么"必须"如何做"。而如果没有这种"行动指令"，我们就不知道用什么行动去检验它。因此，为了要检验这个命题，就必须找到一个辅助命题（auxiliary proposition）p'，使这个命题 p' 蕴涵着待验命题 p，同时它本身又包含着"行动指令"。这样，只要证实了 p'，也就证实了 p。

那么，怎样才能找到这样的辅助命题呢？第一，要运用逻辑规律；第二，要引进物理规律。这里说的物理规律是广义的，不是仅指"物理学"的定律，而是泛指一切自然和社会的规律，甚至包括"经验规律"（例如酿酒的规律、做馒头的规律等等）。

拿上例来说，我们根据以往千百万次的实践，知道下列的必然的物理关系是真实地存在的：这只梨是甜的，当且仅当我吃这只梨（p_1）并且我产生甜的味觉（p_2）。

于是，"我吃这只梨并且产生甜的味觉"，就是我们需要的辅助命题 p'。为什么呢?

因为这个命题本身是两个命题（p_1 和 p_2）组成的，是这两个命题的"合取"。而其中的 p_1 恰好是一个"行动的指令"（"我吃这只梨"），而 p_2 则是可以由感知来判定其真假的命题。如果 p_1 和 p_2 都真，则整个辅助命题 p' 真，待验命题 p 真。p_1 真不真呢? 我可以用行动保证它真。我吃梨就是了。p_2 真不真? 那就要看事实。如果我尝到了甜味，就真；如果没尝到，就假。

从这个特例可以看出检验知觉命题的一般程序：根据逻辑规律和物理规律，找到一个辅助命题，使它蕴涵着待验命题。这个辅助命题应当具备这样的特点，即它本身要包含着行动的指令，而且行动的结果（即预期目的）是可感知的经验事实。

也许有的同志觉得这种分析是多余的，要检验"这只梨是甜的"还有这么多程序? 不，这不是多余的。我这里举的只是日常生活中最简单的例子。事实上，即使是知觉命题，有些检验起来也是很麻烦的，不经过一番"设计"就不能达到检验的目的。比如说，对"月球的背面是什么样子?"这个问题无论作出什么回答，陈述的总会是原则上可观察、可感知的事实。回答是否正确，是要由实践来检验的。但是，究竟用什么样的实践才能实际地"看到"月球的背面，可不像吃梨子那么简单。为了"看到"月球背面的情况，需要很复杂的"设计"。但无论"设计"如何复杂，总要符合上述程序。又比方说，如何"看到"病毒的形状、粒子的行为等等，也是如此。

四、普遍命题的检验

现在再说普遍命题如何检验。

普遍命题（universal proposition）所陈述的内容并不是可感知的经验事实，而是事物的规律、本质、必然性。因此，要直接用检验知觉命题的办法去检验它，是不可能的。这类命题只能间接地证实。

间接证实的基本途径是什么呢？概括地说，就是运用逻辑规律和物理规律，通过若干推理步骤，一步一步地演绎出一个或若干个知觉命题，然后证实知觉命题。我们通常讲的"实践证明"，分析起来就是这样一种机制。

从待验命题和辅助命题的关系看，这种检验方式可以分成两种基本类型：

第一种类型是待验命题被辅助命题所蕴涵。

设 p 为待验命题（即我们需要检验的普遍命题）。检验的办法就是依靠逻辑规律和物理规律，找出一个辅助命题 p_1，使 p_1 更接近于知觉命题，同时有下列关系：

$$p_1 \rightarrow p$$

这样，只要能证实辅助命题 p_1 是真的，那么也就证实了经验命题 p 是真的。

如果 p_1 本身还不是知觉命题，怎么办呢？那就再找一个辅助命题 p_2。就这样一步一步地朝着越来越接近知觉命题的方向找下去，一直找到知觉命题为止。如果写成公式，就是：

$$p_n \rightarrow p_{n-1} \rightarrow p_{n-2} \cdots\cdots\cdots\cdots p_2 \rightarrow p_1 \rightarrow p$$

如果 p_n 是知觉命题，目的就达到了。这时就只需要检验 p_n。如果检验的结果 p_n 是真的，那么 p 就一定真。

这里举一个实例：

"地球是经历了巨大变化的。"（成语说的"沧海桑田"）这个命题 p 不是知觉命题，无法直接检验。怎么办呢？我们可以找到一个更接近知觉命题的辅助命题，例如："有的高山曾是海底"。显然，如果这个命题真，待证命题也就一定真了。

但是，"有的高山曾是海底"也还不是知觉命题，还得再找下去。比如说，我们找到了这样一个命题："有的高山上有海生动物的化石。"这就是知觉命题了。到了这一步，"检验设计"就满足了我们的要求。问题就在于用实践去证实这个知觉命题了。只要这个知觉命题得到了证实，就等于那个待证的命题被证实了。我记得沈括的《梦溪笔谈》里讲过他在远离大海的山上发现了贝壳。后来，人们又在喜马拉雅山上发现了鱼龙的化石。于是，"地壳经历过巨大变化"这个命题就得到了证实。

这种类型的检验应该说是一种最理想的检验方式。为什么最理想呢？因为在这种情况下，只要最后找到的那个知觉命题被证实，那么待验的命题的被证实就是确凿无疑的了。理由是：如果一个命题真，那么被它蕴涵的命题就一定真，不可能假。否则不成其为蕴涵关系了。自然科学上有所谓"判决性实验"，有些就属于这种情况。社会科学和一般社会生活里也有这种情况。

但是，这种类型的检验方式有没有问题呢？至少有两个问题：

第一，这种方式能够行得通的机会并不多。因为一般地说，要找到一个蕴涵着普遍命题而又更接近知觉命题的命题是比较困难的。更大量的情况是蕴涵着普遍命题的命题更普遍，更远离知觉命题。所以，这种检验方式并不是在任何情况下都可以用的。从上面的例子不难看出：用这种方式检验的命题虽然也是普遍命题，内容是带规律性的，但它所断定的还是有限的个体。如"地球经历过变化"，断定的是地球，宇宙间就这么一个。如果是 F＝ma 这样的普遍命题，就没有什么知觉命题蕴涵它，这种检验方式就行不通了。

第二，即使在行得通的场合，也还有一个问题：如果知觉命题被证实了当然很理想，可是某些知觉命题因为受当时技术条件的限制，一时既不能证实也不能否证，在这种情况下普遍命题的真假就不能确定了。

现在再说到第二种类型的检验方式。它与第一种方式的途径刚好相反。就是找出一个辅助命题 p_1，使 $p \rightarrow p_1$，换言之，就是从待验的普遍命题演绎出知觉命题 p_1，然后用检验 p_1 的办法来检验 p。用公式表示，就是：

$$p \rightarrow p_1 \rightarrow p_2 \rightarrow \cdots\cdots p_{n-1} \rightarrow p_n$$

这种检验方式的适用范围比第一种类型的检验宽广得多，因为所有的普遍命题都可以通过若干步骤演绎出知觉命题（像"道德是绿色的"、"桌子是聪明的"之类的"伪命题"除外）。事实上，人们在自然科学和社会科学中运用的，绝大部分是这种类型的检验。即为了要证实某个普遍命题，就从它一步一步地演绎出被它蕴涵的知觉命题，然后去检验这个知觉命题真不真。例如，要证实自由落体定律、牛顿三大定律，都是用的此法。

但是，这种方法有没有问题呢？也有。主要的就是它的检验结果的确实性大大不如第一种类型的检验。原因很简单，就是逻辑后件真时前件不一定真。例如从"所有的天鹅都是白色的"可以演绎出"有的天鹅是白色的"，但如果"有的天鹅是白色的"被证实了，是否等于"所有的天鹅都是白色的"也被证实了呢？不，因为这并不能排除发现非白色天鹅的可能性。而只要发现了一只非白色的天鹅，这个普遍命题就不能成立了。事实上黑天鹅已经被发现，有的都进动物园了。

波普尔（K. Popper）看到了这种检验模式的缺点，于是提出了他的证伪主义，认为一切科学原理（普遍命题）都不可能证实，而只能证伪。照这种说法，实践就根本不能起真理标准的作用，这种检验方式就根本没有用了。我认为这种理论是偏颇的。上述的检验模式的缺点，至少可以由以下几个因素弥补：

第一，一个普遍命题演绎出来的数目是无限多的。因此，这种检验可以从无限多的侧面进行，而且可以无限多次地进行下去。逻辑后件真固然前件未必真，但如果从一个普遍命题演绎出来的各种不同的知觉命题都被证实，没有一个被证伪，而这个普遍命题本身却是假的，这种可能性是极小极小的。罗素曾举过一个例子："天狗吃月是月蚀的原因"是一个假命题，可是由它演绎出来的命题——"如果敲锣打鼓或放鞭炮，那么天狗就会吐出月亮，月亮就会复明"——却是每一次都可以被"证实"的。罗素的本意是说明单个的实例并不能证实什么。可是，我们知道，从"天狗吃月"这个命题不仅可以演绎出上述命题，还可以演绎出无限多的别的命题，难道这些命题都可以一一被证实吗？显然不能。何况即使不敲锣打鼓放鞭炮，月亮也会复明，这也就从另一个方面证明了敲锣打鼓放鞭炮与月亮复明并没有关系。

第二，客观世界是有规律性、同一性的。自然科学家喜欢叫自然规律的普适性。例如，所有同类的原子的构造和性质都相同，都能吸收和发射出具有特定波长的电磁波。其他同类粒子的构造和性质也相同，不管是在地球上、别的天体上或宇宙空间里都一样。现在发现的动物有一百多万种，植物有几十万种，微生物的种类更多。但不管是什么生物，都是由蛋白质和核酸组成的。世界的这种同一性可以说是宇宙的第一条公理，没有它，人类认识世界就不可能，一切科学就没有存在的余地。如果问：这件事怎么证明？我们目前的回答只能是：通过人类亿万次的实践。假如世界没有规律性、同一性或普遍性，人类的生存和延续就根本不可能。试想：假如万有引力一会儿起作用，一会儿又不起作用；H_2O 一会儿是水，一会儿又成了硫酸；$NaCl$ 一会儿是食盐，一会儿又成了砒霜；人还能生存下去吗？人类不但生存到现在，而且创造出了越来越高的文明，这本身就是对世界存在着同一性的证明。正因为如此，我们有理由把它作为不言而喻的公理，作为认识活动的当然前提。也正因为如此，我们就可以用"分析"的方法来弥补用一个一个的具体实例证实普遍命题的缺陷。所谓"分析"，在这里就是"分析典型"的意思。恩格斯说的"十万部蒸汽机并不比一部蒸汽机更能证明热能和机械能的转化"，毛泽东说的"解剖麻雀"，都是这个意思。我们把一部蒸汽机的道理分析清楚了，把一个麻雀的生理构造的道理分析清楚了，也就不必去考察所有的蒸汽机和麻雀了，因为我们根据世界上的事物具有同一性的公理，相信所有的蒸汽机或麻雀的"道理"是相同的。科学实验只要设计得合理，做几次、几十次也就够了，没有必要亿万次地做下去。正因为如此，"理想实验"、"模型实验"都是有效的。当然，这里的条件是要找出"道理"，即规律性的东西。对于一时还说不清道理的事物，这种方法不适用。比如，你不能说我"分析"过一只天鹅，它是白的，所以这就证明了一切天鹅都是白的。这并没有证明。因为你对天鹅为什么是白的并没有"分析"出什么"道理"来，并没有找出它之所以是白的的必然性，并没有说明为什么天鹅不可能不是白的。

第三，当我们要检验的命题所陈述的内容只有两种可能性的时候，这种检验方式是很适用的。比如说，"以太是否存在？"只有两种可能。如果你能证明其中一个可能性是假的，那么同它相矛盾的论断就必然是真的了。从"以太是存在的"（p），可以演绎出"从一个运动着的光源发出来的光在不同的方向上速度是不同的"。（p_n）通过迈克尔逊——莫雷的实验，证明了 p_n 是假的。p_n 既假，p 就必假；p 假，则非 p 必真，因而"以太是不存在的"这个命题的真实性就得到了证明。

因此，这种检验方式是可行的。事实上直到现在自然科学的实验检验还是用的这种方法。普波的证伪主义的合理因素，就在于抓住了一个事实，即实践证明中确实存在着不确定的一面。实践本身也是历史的、具体的，也总会有它的局限性。列宁说："在这里不要忘记，实践标准实质上决不能完全地证实或驳倒人类的任何表象。这个标准也是这样的'不确定'，以便不让人的知识变成'绝对'，同时它又是这样的确定，以便同唯心主义和不可知论的一切变种进行无情的斗争。"①这段话是很深刻的。全称命题如果它的主语是有穷集，当然可以完全证实；但如果是无穷集，就确实不能排除出现反例的可能。同样，存在命题（特称或单称的）也很难绝对否证，完全驳倒。因此，对于无论以何种方式检验过的命题，都还要由发展着的实践继续检验，加深它的内容，或者修改理论的适用范围，把它作为特例包括到更普遍的理论中去，这种情况在科学史和一般人类认识史上都是经常出现的事。

---

① 列宁：《唯物主义与经验批判主义》。《列宁全集》第 18 卷，人民出版社1990 年版，第 144 页。

认识的对象是检验真理的标准吗？*

——答客问

客：在真理标准问题的讨论中，有的同志提出检验真理的标准不是实践，而是认识的对象。我觉得这种看法很有道理。我们唯物主义者理解的真理就是认识同认识对象的符合。既然如此，检验认识是不是真理当然要看它同对象是不是符合了。这不就说明了认识的对象是检验真理的标准吗？不错，马克思主义经典作家说过实践是检验认识的标准。可是我觉得他们说的"标准"实际上是指的途径、方法或手段，并不是通常意义上的"标准"。比如说，我们说尺子是长度的标准而不说"用尺子去量"是长度的标准，说砝码是重量的标准而不说"用天平去称"是重量的标准，为什么说到检验认识的时候就不说对象是标准而偏说实践是标准呢？依我看，说认识的对象是检验真理的标准更符合"标准"这个词的习惯用法，可以免除许多误会，是很可取的。

陶：你的意思是不是说，"实践标准论"和"对象标准论"之争不过是语词之争？

客：可以这么说。不过语词之争也有是非之分，我认为"实践标准论"的用语是不确切的，会造成混乱。

陶：我认为这不是语词之争，而是实质之争。

客：你认为"认识的对象是检验真理的标准"这个命题是错误的吗？

---

　　* 原载《江汉论坛》1981 年第 5 期。本文为对话体，其中的"陶"代表本文作者。

陶：不能撇开我们现在讨论的论题来孤立地评判这个命题，因为如果不首先弄清楚这个命题是在讨论什么论题的时候提出的，我们就不知道这个命题的具体意义是什么。所以我想先明确一下论题。可以吗？

客：当然应该这样。

陶：我想有必要分清两个问题。一个是：什么是真理？这是真理的定义问题。一个是：以什么为标准来判定认识是否真理？这是真理的标准问题。这两个问题当然是有关系的，可是毕竟是不同的问题。你同意吗？

客：同意。

陶：那么，你认为我们现在讨论的是哪一个问题呢？

客：当然是后一个问题。对前一个问题的看法我们完全一致，有什么好讨论的？不过我不明白你说的这些跟我刚才向你提的问题有什么关系。你好像是在兜圈子，不回答我的问题。

陶：正是为了回答你的问题才不能不兜这个圈子。因为你的毛病恰好出在把真理的定义问题同真理的标准问题混在一块儿了。

客：我怎么混在一块儿了？刚才我不是明明白白地告诉过我同意分清这两个问题吗？

陶：可你实际上混在一块儿了。我问你：什么是真理？

客：真理就是认识同认识对象的符合。

陶：我再问你：什么是检验真理的标准？

客：认识的对象是检验真理的标准。

陶：这句话是什么意思？

客：就是说，要判定认识是不是真理，就要看它是不是同对象相符合。

陶：你这两句话可以合并成一句话，就是：要判定认识是不是同对象相符合，就要看它是不是同对象相符合！

这样的同语反复能算是真理标准问题的答案吗？

客：这好像是有点问题。这点我倒没想到。

陶：所以我说你把真理的定义问题和真理的标准问题搞混了。你自以为是在回答真理标准问题，其实你还在真理定义里面没走出来呢！

客：可是认识的对象是检验真理的标准这句话究竟是对是错，你还是没回答呀！

陶：那要看它是对什么问题的答案。这句话里面虽然也有"检验真理的标准"的词组，可是就它的内容来说不过是对唯物主义真理定义的变相复述。所以，如果作为真理定义的另一种说法，它并不错。可是，如果作为真理标准问题的答案，那就是错的，因为它答非所问，不仅没有解决问题，甚至也还没有触及问题。我看这是倒退。

客：倒退？你是说退到旧唯物主义那里去了吗？

陶：也许还不止呢。

客：我不明白你的意思。你过甚其词了吧！

陶：我的意思是这样的。马克思以前的唯物主义者虽然都没有真正解决真理标准问题，可是他们当中有不少的人或多或少看到了真理定义和真理标准的区别，或多或少看到了以认识的对象为标准来检验真理行不通。这些人已经触及了实践是检验真理的标准的问题，提出了一些合理的思想。例如弗兰西斯·培根就明确地提出，通过归纳得来的知识还必须用实践来检验，他说过："真理之被发现和确立是由于实践（主要指科学实验）的证明而不是由于逻辑或者甚至于观察的证明的。"费尔巴哈也说过："理论所不能解决的问题，实践会给你解决"。列宁甚至直截了当地说过："费尔巴哈把人类实践的总和当做认识论的基础。"至于那些跟自然科学有密切联系的哲学家，或者自然科学家兼哲学家，他们当中许多人发表的关于实践是检验真理的标准的言论就更多了。我们中国的哲学家提出这种思想似乎比西方还早。比如荀子就很强调论断要有"符验"。韩非说得更干脆："无参验而必之者，愚也，弗能必而据之者，诬也"（《显学》）。当然，所有这些人对实践的理解都是狭隘的、残缺的，他们不可能把实践是检验真理的标准作为一种科学理论提出来。可是也不能否认，他们正是多少看到了以认识的对象为标准解决不了真理标准问题，才另找出路的。如果我们今天还去走他们都知道走不通的老路，不是倒退得太远了吗？

客：我不懂为什么这条路走不通。马克思主义的经典作家不是常常把认识比作摄影吗？要检验照片与对象是否符合，只要把照片与对象对照一下就解决了。那么，要检验认识与对象是否符合，把认识与对象对照一下也应该同样可以解决。有什么走不通的呢？

陶：类比总是有条件的，两个类比的对象不会在一切方面都相似。在反对唯心主义和不可知论、坚持唯物主义反映论的意义上，把认识比作摄影是适当的。因为认识的泉源是物质世界而不是脱离物质的精神，认识能够提供物质世界的正确映象而不是提供一些"符号"或"象形文字"之类的东西，在这一点上，认识与摄影确有相似之处。可是，如果超出这个范围，无限制地使用这个类比，竟以为认识与摄影在一切方面都相似，那就错了。比如说，你会误认为认识是消极的被动的反映，是一次完成的机械动作，如此等等。就我们眼下讨论的这个问题来说，这个类比也不适当。

客：为什么？

陶：照片和对象都是客观的东西，当然可以通过直接对照来检验是否符合。如果我观察了对象，又观察了照片，得到的两个表象是符合的，那就表明了照片与对象是符合的，我们的检验任务就完成了。我们到照相馆去取照片的时候不是都干过这种检验工作吗？可是，认识和对象的关系与此不同。对象是客观的，认识却是主观的。主观的东西在我们的脑子里面，怎么能像照片一样同客观对象直接对照呢？这就是检验认识的一个关键性的困难，请你不要忽视了这一点。

客：我不明白，为什么主观的东西就不能同客观的东西直接对照。假定有一个客观对象 Ao，我有一个对 Ao 的认识 As，不知道是不是同 Ao 符合。那么我观察一下 Ao 不就解决了吗？这不就是拿对象同认识对照吗？

陶：请问，当你观察 Ao 的时候，你得到的是什么？

客：当然是 Ao 的表象。

陶：Ao 的表象是什么？

客：当然是 As。

陶：问题就在这里。你自以为是在拿 Ao 同 As 对照，而实际上你却是在拿 As 同 As 对照！

客：不管你怎么说，反正我这样做就达到了检验认识的目的，知道了认识同对象是不是符合，而这就足够了。

陶：不，你没有达到检验认识的目的。因为你做的事情不过是拿 As 同 As 相"对照"，而这种"对照"的结果当然是"符合"的！即使 As 同 Ao 一点也不符合，错得一塌糊涂，As 同 As 也一定还是"符合"的。怎么能用 As 同 As 的"自我符合"来证明 As 同 Ao 的符合呢？请允许我举个极端一点的例子吧。一位红绿色盲患者看到一块红绿混杂的色板，他得到的表象是没有红绿区别，这就是他对这块色板的认识。如果用你说的办法去检验这种认识同对象是否符合，他就会再一次观察这块色板，他确信这样做是以客观对象为标准，拿认识同对象"对照"。可是他观察所得的是什么呢？还是原来的那个表象，也就是没有红绿区别的表象！这两次得到的表象当然非常"符合"。于是他就满怀信心地断言他对色板的认识是符合色板的实际的。可是他错了。恕我说得不客气一点，如果按照你说的那样去"对照"，我们都难免陷入这位色盲患者的境地！

客：你这是假定作这种对照的仅仅是一个人，而且是感觉器官不正常的人。如果不是这样，而是由许多正常的人来作这种对照，我想并不会发生你说的问题。

陶：不，我的论断并不依赖这个"假定"。即使是许多正常的人，甚至全人类都来作这种对照，也丝毫没有改变问题的实质。因为当每个人把自己的表象同对象对照的时候，实际上都是在把同一个表象作"自我对照"，这样对照的结果当然都是"完全符合"，于是每个人就都会确信自己的表象同对象也"完全符合"。可是实际上是不是符合呢？问题并没有解决。我们可以设想三种可能的情况。第一种情况：大家的表象一致正确，这当然很好，可是并没有被证明。第二种情况：大家的表象一致错误，也不能靠这种办法发现错误。例如在很长的历史时期里全人类都认为大地是不动的，这个错误的表象是无论怎样同客观对象"对照"也检查不出来的。第三种情况：一部分人同另一部分人对同一个对象时表象不一致，发生了争论，怎么办呢？按照你说的办法，那就只好各自再去同对象"对照"，也就是各自再去观察对象。观察的结果怎样呢？必定是各人都更加坚信自己的表象是"符合"对象的，而对方的表象是"完全错误"的。于是争论只好更激烈地进行下去，"对照"也一直重复下去，究竟谁是谁非还是无法解决。所以我认为，以认识的对象为标准来检验认识，实行起来不过是以表象为标准，也就是以认识为标准，这是根本不能解决问题的。"十年动乱"的时候大家确实被那一套"语录标准"、"权力标准"害得够苦了，所以对一切带有"主观"色彩的真理标准论都深恶痛绝，这是完全可以理解的。也许你的本意是想找到一个最客观的标准吧？可是适得其反，找到的恰恰是一个很不客观的标准。是吗？

客：请等一等。我听你说到认识的时候，老是只说表象，可是认识并不限于表象呵。你为什么不谈理性认识呢？是有意回避吗？

陶：不。我之所以到目前为止还只谈到表象，是为了在不影响事情的实质的前提下把问题尽可能简化，使我们讨论的问题的主要之点突现出来。这在方法上不但是允许的，而且是必要的。问题总得一层一层地讨论吧。你认为一涉及理性认识，"对象标准论"就可以成立了吗？

客：也许。

陶：我说也不能成立，甚至可以说更不能成立。

客：何以见得？

陶：表象的对象总还是可感知的事物或事件、属性或关系，例如"这只无色透明的玻璃杯放在这张黄色的有四条腿的茶几上"就是一个表象的对象。正由于它是可感知的，你总还可以"自以为"在拿它同表象相对照（虽然这种"自以为"其实是错的）。而理性认识的对象是什么呢？是事物的内部联系，是事物的本质或规律，是不包含任何"感性原子"的东西，是根本不可能感知的东西。请问你怎么可能把这样的对象同反映它的理性认识"对照"呢？例如，我们对我国社会主义的经济规律的认识正确不正确，怎么检验？如果以认识对象为标准来检验，那就得以我国社会主义的经济规律为标准，拿这些规律同我们的认识相对照。可是请问你怎么对照？你所谓的"对照"，还不是把这些规律再认识一遍，然后把这一次的认识同上一次的认识"对照"？可是这样一来，一切在检验表象时发生的困难在这里都会同样发生。结果还是"客观"标准成了主观标准，有标准成了无标准。

客：以实践为标准就能消除这种恼人的困难吗？

陶：正是这样。让我先举个最简单的例子。这张桌子上有个茶杯，它反映到我脑子里来形成了一个表象，可我不知道这个表象对不对头。怎么办呢？刚才说了，拿这个茶杯做标准是不能解决问题的。可是，如果我照着我的表象做出一个茶杯来，问题就好解决了。我可以拿这个做出来的茶杯(它是实践的结果，是客观的东西)同桌上的那个茶杯(它是认识的对象，也是客观的东西)对照，如果二者一致，就证明了我的表象同对象是符合的。为什么呢？因为只要我没有技术上的障碍，我做出来的茶杯同我的表象的一致是可以保证的。如果现在又证实了这只茶杯同桌上的那只茶杯一致，岂不就证明我的表象同桌上的茶杯一致吗？你看，检验真理的标准正是实践的结果。

客：你这个例子确实太简单了。请问，如果认识对象不是一个茶杯，而是一条规律，又该怎么解释呢？你能"做"出一条规律出来同原来那条规律"对照"吗？

陶：这当然不能。看来你有点性急了，没听懂我的意思。我举这个简单的例子无非是想说明，即使是最简单的认识也得以实践的结果为标准才能判定它是否同对象符合。我可并没有说不管什么认识都只能用"复制对象"的办法来检验。说实在的，检验认识的程序问题是个很繁难的课题，世界上许多学者研究了多年还没有完全搞清楚，马克思主义经典作家也没有在细节上给我们留下现成的答案，哪里是三言两语说得清楚的！不过我们今天的讨论并不需要详细说明这个问题，可以留待下次再谈。现在我只想说，对复杂的认识的检验也是以实践的结果为标准的。

客：愿闻其说。

陶：你一定读过恩格斯在《社会主义从空想到科学的发展》英文版导言里反驳不可知论的那一段很长的话吧。就在《马克思恩格斯选集》第 3 卷里,① 我就不念了,咱俩还可以再仔细琢磨琢磨。我觉得这段精彩的论述已经从原则上把问题解决了。

客:能谈得具体一点吗?

陶:请拿张纸来,咱们边写边谈吧。

假定认识的对象是 Ao, 对 Ao 的认识是 As, 要检验 As 同 Ao 是否符合,一般的步骤应该是:

(1)根据 As, 设计一个行动(即实践)计划 Ps;

(2)根据已有的知识作出预计:如果按 Ps 行动,将造成结果 Es (这就是恩格斯说的"预期的目的");

(3)按 Ps 行动,造成客观的结果 Eo(这就是恩格斯说的"行动的结果");

(4)观察 Eo, 得到知觉 Es;

(5)对照 As 和 Es, 看二者是否符合。

如果 As 同 Es 符合,就表明 Es 和 Eo 符合,就表明达到了预期的目的,就表明 As 同 Ao 符合,即我们对 Ao 的认识是真理。你看,在这里起着检验标准的作用的,正是 Eo(行动的结果或实践的结果),而不是 Ao(认识的对象)。这实践的结果好像法官一样,判决权在它手里。

客:这样的检验有效吗?

陶:也是有条件的。

拿第一条和第二条来说,"设计行动计划"和"预期行动结果"都要经过一定的演绎程序。在进行演绎的时候要运用逻辑规则,要运用有关的科学定律,要运用已有的知识或经验。只有演绎过程的每一环节都不出错,你设计出来的计划和预期的目的才同你所要检验的认识具有必然关系,才能使检验有效。否则是无效的。

拿第三条来说,你的行动必须是严格地按照设计的计划进行的。如果行动违反了原定的计划,那么即使计划的设计和结果的估计不错,检验也无效。

---

① 《马克思恩格斯选集》第 3 卷,人民出版社 1995 年版,第 102~103 页。

拿第四条来说，你的知觉必须是正确的。否则检验也无效。这也许就是恩格斯为什么要强调"正确地训练和运用我们的感官"的缘故吧。

客：这些条件每次都能满足吗？

陶：那可不一定。常常有这样的事：由于在某一个环节上出了错误，使整个检验都无效了。在这种情况下，达到了预期的目的也未必证实了认识的正确，没有达到预期的目的也未必证实了认识的错误。

客：照这么说，以实践的结果为标准岂不是也并不可靠了吗？

陶：我想，你对"可靠"这个词的了解太死板了。你是要求有这样一种标准，无论人们在运用它的时候采取多么错误的方法都能得出正确无误的结果，才算"可靠"，否则就说这个标准不可靠，这样的要求合理吗？能够因为某人某次在使用天平或温度计的时候发生了技术上的错误，因而对重量或温度测量得不正确，就得出结论说砝码或水银柱不是测量重量或温度的可靠标准吗？何况，在那些可能出错的环节上是可以事先尽量防止出错的，出了错也是可以通过检查找到原因并加以纠正的。不过，这确实不是轻而易举的事情。一个认识，特别是关于规律的认识，往往要经过许多次的实践才能判定真谬，科学上的许多定理、学说甚至要经过上千百年的多次实践才能得到证实或证伪，其重要原因之一就在于此。可是，不管道路多么曲折，最后出来作出可靠的"判决"的还是实践的结果，而且只能是实践的结果。所以我还是坚持说，只有实践的结果才是检验真理的标准。

客：且慢！你为什么不说实践是检验真理的标准，而说实践的结果是检验真理的标准呢？

陶：我认为马克思主义经典作家讲实践是检验真理的标准时，就是指实践的结果而言的。恩格斯在上面提到的那段论述里说得很明确："我们的行动的结果证明我们的知觉符合所感知的事物的客观本性。"[①] 列宁在《哲学笔记》里也说得同样明确："活动的结果是对主观

---

① 《马克思恩格斯选集》第3卷，人民出版社1995年版，第703页。

认识的检验和真实存在着的客观性的标准。"①这样的话还可以引出很多很多。

客：可是实践是包含着主观因素的，以实践的结果为标准会不会在标准里掺进主观因素，影响真理标准的客观性呢？

陶：有的同志是有这种担心。主张以认识对象为标准的同志也许就是出于这种担心，才认为有必要找一个更"客观"的标准。还有的同志也是出于这种担心，主张干脆把目的、意识之类的主观因素从实践的概念中排除出去，使这个概念"净化"。可是我认为这种担心是多余的。理由很简单：实践虽然是有目的有意识地改造世界的活动，是主观见之于客观的活动，可是实践的结果却完全是客观的。马克思在《资本论》第一卷第 202 页讲劳动过程时指出："他不仅使自然物发生形式变化，同时也还在自然物中实现自己的目的，这个目的是他所知道的，是作为规律决定着他的活动的方式和方法的，他必须使他的意志服从于这个目的。"可见他并没有把目的从"劳动"的概念中排除出去(劳动当然是实践)；可是，劳动的结果是不是因此就带上了"主观"色彩，不够客观了呢？决不是。因为人的目的一旦在自然物中得到了"实现"，它就"物化"了，或者说把自己的主观性"扬弃"了，因而作为劳动结果的东西就完全是客观的了。例如一位木工师傅在做桌子的全过程中都不能不抱有明确的目的，比如说是做一张八仙桌还是做一张写字台，做成什么样子，多大尺寸，这个目的每时每刻都支配着他的动作，要是把这个目的一"排除"，他的动作就乱套了，成了无意义的动作，那能叫劳动，叫实践？那还能做出桌子来？可是，当他把桌子做成了的时候，他的目的可就"物化"在这张桌子里了，这张作为"实践的结果"的桌子就完全是客观的东西了，它的客观性并不比太阳或月亮的客观性少一分一毫！所以我说，认为以实践的结果为标准就会导致真理标准"主观化"，是不能成立的。恰恰相反，正因为实践的结果是目的的"物化"，才有可能用它做标准来检验目的

---

① 列宁：《黑格尔〈逻辑学〉一书摘要》。《列宁全集》第 55 卷，人民出版社 1990 年版，第 188 页。

是否得到实现，从而客观地判定认识与对象是否符合。

　　主张以认识对象为标准的同志也许觉得认识对象总比实践结果更客观些。其实，如果因为实践当中包含着目的一类主观因素就认为实践的结果不够"客观"的话，那么就得承认，认识的对象也同样不够"客观"。为什么呢？因为认识对象（至少其中的绝大部分）也是打上了人类意志的印记的，有的甚至就是实践的产物、实践的结果。田野、村庄、城市，轮船、铁路、飞机，人造卫星、高能加速器……难道不是认识对象吗？人类社会难道不是认识对象吗？可是它们都是打上了人类意志印记的东西，有的简直就是实践的产物或结果。它们岂不也不够"客观"了吗？实际上，它们也是客观的，因为人类的意志在这里面也已经"物化"了。

真理阶级性讨论中的
一个方法问题 *

真理有无阶级性的问题争论至今仍相持不下，原因何在？我想从方法的角度谈些看法。

一、争论的由来和"困境"的实质

真理有无阶级性的问题在 20 世纪 50 年代就争论过。大概是因为"动力"不足，不久就冷却了。热烈而比较持久的争论发生在粉碎"四人帮"之后。原因很明显："文化大革命"初期著名的"五一六通知"断然宣布了"真理是有阶级性的"，并根据这个"原理"，"彻底粉碎"了"在真理面前人人平等"的"反革命修正主义谬论"，横扫了成千成万的"牛鬼蛇神"。人们劫后沉思，痛感"真理有阶级性"这种说法实在是林彪、"四人帮"推行文化专制主义的理论基石之一。若不驳倒这种说法，不仅过去的事说不清楚，而且后患无穷。理论界的许多同志正是怀着强烈的政治热情和对祖国命运的责任感来批驳这种说法的。为了驳倒这种说法，就努力论证真理无阶级性；而且为了不留尾巴，还特别说明这里的真理是指一切真理，无一例外。稍后，另一些同志提出异议了，他们认为断言一切真理均无阶级性，或者是不顾起码的事实（例如不顾马克思主义这种真理有无产阶级的阶级性的事实），

＊ 本文是作者 1982 年 3 月 1 日至 15 日在教育部举办的全国哲学公共课教师讲习班上报告的一部分。1983 年 12 月 6 日在中山大学以此题作过讲演。载陶德麟：《中国当代哲学问题探索》，武汉大学出版社 1989 年版，第 168 页。

或者是不顾起码的逻辑规则(例如既肯定一切真理均无阶级性,又肯定马克思主义这种真理有阶级性),或者是将导出错误而有害的结论(例如马克思主义不是真理,或马克思主义是真理但无阶级性),总之不能成立。他们认为应该承认至少在阶级社会里陈述社会关系,特别是阶级关系的真理是有阶级性的。可是问题又来了:《通知》断言真理有阶级性,恰恰主要是指陈述社会关系,特别是阶级关系的真理有阶级性;如果我们也肯定这种说法,驳倒林彪、"四人帮"理论基石的目的岂不落空了?于是大家好像都陷入了困境:只能在"一切真理均无阶级性"和"有的真理有阶级性,有的真理无阶级性"这两种说法中肯定一种(否定另一种),而无论肯定哪一种都有困难——或者不能成立,或者无助于驳倒林彪、"四人帮"的理论基石。事情的症结就在这里。

我认为,如果沿着这样的思路争论下去,只能是一场旷日持久的混战,永远摆脱不了困境。

二、"真的理论"与"理论的真"不可混为一谈

出路何在呢?出路就在于指出这并不是真正的困境,而是虚假的"困境"。这种"困境"的根源是方法不对,不对的关键在于把"真的理论"与"理论的真"混为一谈,正如把"白的天鹅"与"天鹅的白"混为一谈一样。"真理"这个汉语名词是 truth 的译文。truth 在西方哲学中有两种涵义:一指认识(理论、陈述、命题、论断等等)与对象的符合关系(或认识之与对象相符合的性质)①(涵义Ⅰ),一指与对象相符合的认识(理论、陈述、命题、论断等等)(涵义Ⅱ)。两者判然有别,不可混同。汉语译 truth 为"真理",极易使人误认为 truth 仅指"真的理论"或"真的道理",实际上只取了涵义Ⅱ,取消了涵义Ⅰ。

---

① 对 truth 的理解还有"融贯说"、"效用说"等等。唯物主义取"符合说",故此处不论及他说,著名数学家和逻辑学家塔斯基(Alfred Tarski)对形式语言的真值作了论证,有助于理解 truth 的"符合说"。

我想倘译涵义 I 的 truth 为"真"，译涵义 II 的 truth 为"真理"，或可省却许多麻烦。但译法既已通行，亦无更改的必要与可能，只要注意不忘"真理"一词有两种涵义，不加混淆，也不碍事。但问题就出在常常把两者混淆了。

关于"真理"有无阶级性的争论中，"真理"一词究竟是取的涵义 I 还是涵义 II？这场争论的问题是"理论的真"有无阶级性，还是"真的理论"有无阶级性？这是必须首先澄清的。

这场争论的问题是"真的理论"有无阶级性吗？显然不是。因为第一，有些"真的理论"有阶级性是大家都承认的（至少在马克思主义者看来是这样），不可能发生争论。第二，不仅有些"真的理论"有阶级性是明显的事实（例如马克思主义），而且有些"假的理论"有阶级性也是明显的事实（例如希特勒的法西斯主义）。不争论"假的理论"有无阶级性而偏偏专门去争论"真的理论"有无阶级性，也说不出任何理由。第三，有些"真的理论"有阶级性这种论断早在马克思主义经典文献中以各种不同的方式表述过不知多少次，说这种论断是林彪、"四人帮"的理论基石，是显然荒唐的；在争论中也没有人为了清除林彪、"四人帮"的流毒而去否定这个马克思主义的论断。所以很显然，这场争论的问题实际上并不是"真的理论"有无阶级性。

那么，这场争论的问题是不是"理论的真"有无阶级性呢？我认为正是如此。争论的各方尽管分歧很多，但有一点是完全一致的，就是都想驳倒林彪、"四人帮"在真理阶级性问题上的谬论，摧毁他们的理论基石。而他们鼓吹的真理有阶级性这种说法中的"真理"是什么涵义呢？正是指"理论的真"，而非"真的理论"。因为倘指后者，则至多不过是不够全面而已，并不能由此引申出法西斯专政所需要的结论。倘指前者，则完全不同：如果"理论的真"有阶级性，那么判定理论（或陈述、论断等等）的真假就无须通过实践来检验它是否与客观情况相符合，只要看它出自什么"阶级"之口就够了。林彪、"四人帮"他们既是当然的"无产阶级"，他们的一切言论哪怕荒谬绝伦也当然是"真"的；他们要打倒的人既是当然的"资产阶级"，这些人的言论哪怕千真万确也当然是"假"的。这就是此说的要害所在。要驳倒他们的理论基石，就应该去驳倒"理论的真"有阶级性的说法，即驳倒"真"有阶级性的说法。事实上争论的各方想做的正是这件事，只不过由于用语的不精确，把事情的实质弄模糊了而已。

问题在于怎样驳倒"真"有阶级性的说法。

有的同志为了驳倒"真"有阶级性的说法，就努力论证"真"没有阶级性。我以为这并不成功。在争论的过程中已经暴露了这种做法的不成功。正确的做法应该是指出"真"有阶级性是一个伪命题（pseudo proposition），也就是一句在科学上、逻辑上无意义的话，即根本不成其为命题，因而也无所谓真假的"废话"。没有必要，也不应该去肯定一个表面上好像与此相矛盾的说法——"真"没有阶级性，因为这同样也是伪命题。

为什么说"真"有阶级性和"真"无阶级性都是伪命题呢？

"真"和"假"是命题的真值，它标志的是认识（表现为命题、陈述、理论等等，这些词的区别在此处无关紧要）的内容与对象（事实）符合与不符合的性质，而不标志任何其他的性质。"阶级性"这个概念如果也用于认识的话，只能是指某种认识的内容反映某阶级的利益或要求。这当然也是认识可能具有的一种性质，但这是与"真"、"假"不同的另一类性质。如果我们说某种认识一方面具有"真"这种性质（指这种认识与对象相符合），一方面具有"阶级性"这种性质（指这种认识反映了某阶级的利益或要求），那么，不论这个论断是否符合实际，它都是有意义的陈述，即都是有真假可言的命题。例如我们可以指出"爱因斯坦的相对论是真理，又是有阶级性的"是一个假命题（false proposition），但我们必须承认它是一个命题，而不可以说它是一个伪命题（pseudo proposition），不可以说它没有意义。但是，如果我们说"真"这种性质具有"阶级性"这种性质，那就是一个伪命题（即貌似命题而并非命题的"废话"），它没有意义，无所谓真假，也不应该去争论它是真是假。这同我们不应该去争论"硬"是"白的"还是"不白的"，"方"是"重的"还是"不重的"，"甜"是"脆的"还是"不脆的"等等完全一样。

在这里我得赶紧申明，我说"真"有阶级性和"真"无阶级性都是无意义的伪命题，是指它们在科学上、逻辑上无意义，不是指它们不能造成一定的社会心理效果。事实上，一个伪命题，当人们没有看出它是伪命题的时候，当人们把它误认为命题的时候，是能够产生一定的甚至巨大的社会心理效果的。"真"有阶级性这个伪命题确实产生过"威力无比"的社会心理效果。林彪、"四人帮"正是利用这句"废话"做"前提"（这在逻辑上是不允许的，作为前提的只能是命题），"推"出一系列推行法西斯专政所需要的"结论"的；而这些"结论"又确实迷惑了许多群众，特别是天真的年轻人，造成了大灾难。如果没有这样的"效果"，我们有什么必要花费偌大的气力去批判这句"废话"呢？同样，"真"没有阶级性这种说法也产生了很大的解放思想、振奋人心的效果，因为这至少被许多同志看成是对文化专制主义的理论基石的摧毁性的打击，对"在真理面前人人平等"这一神圣原则的无懈可击的辩护。因此，我并不认为"真"有无阶级性的争论是无谓之举。相反，这场争论的社会意义和政治意义还是应当充分肯定的（这里的"意义"一词与前面说的"意义"涵义不同，指的是效果）。但是，我们不能为了取得某种一时看来非常良好的政治效果而牺牲理论的科学性，不能以社会心理的效果作为评判真假的标准。为了"驳倒""真"有阶级性的说法，就去肯定"真"无阶级性。就如同为了"驳倒""肥胖是聪明的"，就去肯定"肥胖不是聪明的"一样，在方法上是错误的。在理论上站不住脚的说法，终究不会对我们的事业有利。在这方面的教训是够多的了。我们甘冒"咬文嚼字"之讥而不惜细加分辨，原因在此。

三、回答两个问题

第一个问题：有的同志认为，"一切真理都有阶级性"的说法固然错误而且有害，但"有的真理有阶级性"的说法却正确而且无害。他们举出一些三段论来证明。例如：

$$马克思主义是真理(P_1)$$
$$马克思主义是有阶级性的(P_2)$$

$$有的真理是有阶级性的(P_3)$$

这似乎无可置疑。但仔细分析起来就有问题了。问题在于 P_1 中的"真理"的涵义是什么。如果是指"真的理论"，那么 P_3 中的"真理"也必须取同一涵义，否则推论不成立。但如果 P_1 和 P_3 中的"真理"都是指"真的理论"，那么这本来就没有分歧，无须争论，因为并没有人在这场争论中否认有的"真的理论"有阶级性，举出这个三段论就是无的放矢。如果 P_1 中的"真理"是指"理论的真"(简言之就是指"真")，那么举出这个三段论倒是有的放矢的，因为这是企图得出"真"有阶级性的结论。可是，能不能得出这样的结论呢？从"形式"上看好像没有问题，而实际上却大有问题，而且问题恰恰出在"形式"上。

上面的推理形式是：X 是 A，X 是 B，所以，有的 A 是 B。这种推理形式中的"是"是什么意思呢？无非是以下三种情形之一：一是"等同"，二是"属于"，三是"包含于"。只有当命题的主项和谓项在外延上有上述三种关系之一时，这种推理形式才有效。可是，并非所有以"X 是 A"的形式出现的命题都表示 X 与 A 有上述三种关系之一。例如有些命题以 X 是 A 的形式出现，只不过表示 X 具有 A 这种属性，或具有 A 这种关系，并不表示 X 与 A 在外延上有等同(重合)、属于或包含于的关系。在这种情况下套用上述推理形式就行不通。"马克思主义是真理"这句话，如果是指"马克思主义是真的理论"，那么主项与谓项在外延上是有属于关系的。但如果是指"马克思主义是真的"，那么主项与谓项在外延上就并没有这种关系，这句话不过表示马克思主义具有"真"这种属性，或者马克思主义与它的对象之间具有符合关系而已。上面的"三段论"是无效的。

有的同志举出这样一个推理为上述"三段论"辩护："鸭梨是甜的，鸭梨是脆的，所以，有些甜的是脆的。"这个辩护并不成功。这个推理之所以貌似有效，是因为汉语常把"甜的"、"脆的"与"甜的东西"、"脆的东西"混用。其实是不可混用的。若说"鸭梨是甜的东西，鸭梨是脆的东西，所以，有些甜的东西是脆的东西"，这完全正确，因为鸭梨是"甜的东西"这个集的子集，又是"脆的东西"这个集的子集，是这两个集的交集。但若说"鸭梨是甜的，鸭梨是脆的，所以，有些甜的是脆的"，则不能成立，因为"甜的"和"脆的"都只是鸭梨的属性，它们与鸭梨之间并不存在子集与集的关系。事实上，"甜"不"脆"，"脆"也不"甜"。正如从"石坚，石白"推不出"有坚为白"一样。

第二个问题：有的同志还举出哥白尼、布鲁诺、伽利略等人的理论受到宗教裁判所迫害的事实来证明真理有阶级性(指"真"有阶级性)。我认为这也是混淆了不同的问题。

说某种理论有阶级性是什么意思呢？无非是这种理论的内容代表了一定阶级的利益，因而为这个(或这些)阶级所支持(同时当然也就为另一个或另一些阶级所拒斥)。这是某些理论的一种社会属性，这种属性与这种理论的真假(即是否与该理论所描述的对象相符合)是不同的两回事，不应混为一谈。某些阶级之所以反对某种真的理论，并不是因为它真，而是因为这种理论触犯了他们的利益。如果并不触犯，他们就不会反对；反过来说，如果触犯了，他们就会反对。

哥白尼等人的理论受到当时宗教裁判所的迫害是怎么一回事呢？哥白尼等人的理论(指日心说)本身是自然科学理论，它陈述的是自然规律，本来并不代表什么阶级的利益，没有什么阶级性。可是在当时的具体历史条件下，从这个理论必然引申出来的哲学结论却与代表封建统治阶级利益的宗教教条相抵触，在这一点上它就严重地触犯了封建统治阶级的利益，他们就不能不把它视为洪水猛兽，非置之于死地不可。至于这个理论的真或不真，倒是与封建统治阶级反对与否没有关系的。事实上，在现代条件下宗教当局已经不反对哥白尼学说，也一般地不反对科学了。他们已认识到与科学为敌对他们非常不利，而与科学讲和倒是势在必行的事。所以 1979 年梵蒂冈教皇约翰-保罗二世就发表讲话，说科学与宗教之间并无不可调和的分歧，1980 年还组织专门委员会"重新审查"了 1663 年天主教宗教裁判所对伽利略的判决，为伽利略（当然也就是为哥白尼的学说）"平反"了。这不就表明了 350 多年前宗教裁判所反对哥白尼的学说并不是因为它"真"，而是因为它在那时的条件下对它们有害吗？条件变了，不再有害了，尽管还是一样地"真"，他们也不反对了。可见，引起他们反对的正是从理论的内容引出的政治的、宗教的、哲学的、伦理的结论与阶级利益的关系，而与理论的真假无关。

有的同志还引用列宁的一句名言——"如果几何学的公理触犯了人们的利益，人们也会把它推翻的。"——来证明真理有阶级性。这也站不住脚。列宁这句话的意思无非是强调人们的利益对人们承认真理和把握真理的巨大作用而已。事实上几何学的公理并没有触犯什么人的利益，也没有什么人为了捍卫自己的利益而去从事推翻几何学公理的活动。即使真的出现了这种情况，那也只是因为几何学的公理在某种奇特的条件下触犯了人们的利益，而并不是因为它"真"。

参加 1978 年真理标准
讨论的前前后后*

2008 年是真理标准大讨论和党的十一届三中全会 30 周年。30 年不过是历史的一瞬，然而这 30 年改革开放实践引起的变化对我们祖国前途和民族命运具有决定意义。这一变化的发端就是真理标准大讨论。这场大讨论的历史是不能淡忘的。许多当事人已经发表了不少回忆文章，从不同的角度介绍了这场讨论。我只是参与这场讨论的普通一兵，同理论界的一批同志一起尽了一点微薄之力。10 年前我在一个会议上介绍过一些亲身经历的情况①，但没有见诸文字。今年有两家报纸要来就这次讨论的情况采访我，这才又一次引发了我的回忆。除了回答采访的问题外②，我想借此机会提供一些并非众所周知的情况，算是对其他的文章的补充吧。

灾难·沉思·觉醒

我参加真理标准大讨论可以说是历史的安排，这与我的经历有关。

"文化大革命"前我是武汉大学哲学系的青年讲师，同时也是李

---

* 载《马克思主义哲学研究》2008 年辑。

① 指 1998 年 5 月 14 日在南京大学举行的全国高校纪念真理标准讨论 20 周年学术研讨会。

② 见《楚天都市报》2008 年 1 月 9 日 T2~T3 版《纪念改革开放 30 周年大型系列报道之一——凝思》载《穿越丛林的响箭》一文。

达同志的科研助手。1961 年毛主席委托李达同志编著《马克思主义哲学大纲》时，我被李达同志指定为主要执笔人，与其他几位青年教师在李达同志指导下兢兢业业地工作，总想尽最大的努力完成好毛主席委托的任务。可是，正当上卷送审稿完成的时候，"文化大革命"突然爆发了。由于错综复杂的政治原因，李达同志竟被打成"武汉大学三家村黑帮总头目"，遭到残酷批斗，两个多月就含冤去世了。他领导的毛泽东思想研究室被打成"反毛泽东思想的黑窝"，他重新创办的武大哲学系有 12 位教师被打成"黑帮分子"。我作为他的助手，当然在劫难逃，年仅 35 岁就被打成了重要的"黑帮分子"，运动一开始就被日夜批斗，勒令交代"罪行"，与武大的 180 多名"李达三家村黑帮分子"一起被押送到武汉附近的东升公社去监督劳动改造。1967 年年初，武大的部分师生对李达"三家村"案提出了质疑，发动了翻案活动，我和哲学系的余志宏、李其驹、萧萐父、康宏逵几位干部和教师也参加了为李达同志翻案的活动，随后就背上为"反革命"翻案的罪名受到更残酷的打击，全家老小都受到牵连，惨苦不堪。我在农村劳动改造了 8 年，坐过单身牢房，干过各式各样摧残性的体力劳动，有几次险些丧命。直到 1974 年李达同志的冤案在毛主席和周总理干预下平反后，我才因病调回学校，被安排在政治理论教研室给工人理论班讲课。但我在当时学校军工宣队领导人心目中仍然是有严重问题的人，讲课不过是另一种监督改造的形式，是不能表扬的。这种处境一直延续到粉碎"四人帮"两年以后。

在十年"文化大革命"的惨苦环境中我在想什么呢？起初我是被打懵了，只觉得昏天黑地，看不到光明。我不服，但想不清楚到底是怎么回事。我想，李达同志在那样艰难困苦的环境中为坚持马克思主义战斗了几十年，他是"坏人"吗？成千成万的老革命，成千成万对祖国人民做出巨大贡献的各界人士，成千成万的善良的老百姓，都是"坏人"吗？我自己是"坏人"吗？我无论如何也接受不了。在人们高唱"全国山河一片红"的声浪中，我感受到的却是人民的苦难和祖国的沉沦。我精神上的痛苦远远超过肉体上的痛苦。我被迫一边劳动改造，一边学习当时权威理论家们宣传的"最高最活的马克思主义"。

但这种"马克思主义"却让我越学越无法理解。一方面讲"实事求是",一方面又大搞假材料,制造大批的冤案;一方面批英雄史观,一方面又狂热地鼓吹个人崇拜;一方面讲认识需要在实践中多次循环往复,认识过程中错误难免,一方面又说领袖能"洞察一切",领袖的话"句句是真理";一方面说"马克思主义并没有结束真理",一方面又说在我们这里已经到了"顶峰";一方面说生产力是社会发展的最终决定力量,一方面又猛批"唯生产力论",鼓吹精神万能论和上层建筑决定论;如此等等,不一而足。我怀疑了,愤怒了,感到受了极大的欺骗,人们也正在受着欺骗。这样下去,不仅我个人"永世不得翻身",整个中国的前途也将不堪设想。我当时虽然不敢吭声,但心里却逐渐明白了:也许中国正在歧路上彷徨。我从迷惘和绝望中逐渐甦醒过来,朦胧地看到了希望,相信中国人民不会听任国家就此沉沦,中国的局面总有一天会改变。我在1974年偷偷写下的一首小诗可以代表当时的心情:

> 临歧自古易彷徨,我到歧前不自伤。心境长随天上月,如环如玦总清光。

1976年10月粉碎了"四人帮",举国一片欢腾,我自然也兴奋了一阵,但很快就被闷进闷葫芦里了。一则我自己的处境并没有实质性的改善,学校领导还是"文化大革命"中的原班人马,他们还是把我当做异类。二则过了不到4个月(1977年2月7日),《人民日报》、《红旗》杂志和《解放军报》就发表了社论,宣布了著名的"两个凡是",等于说"文化大革命"并没有错,错的只是林彪、"四人帮"歪曲了"文化大革命"。"文化大革命"的运动是"结束"了,但它的理论基础、路线方针还是不能触动,还要继续贯彻,乃至"文化大革命"造成的冤假错案也不能平反。可是,按这样的老路走下去,中国还有希望实现周总理生前提出的四个现代化吗?还有光明的前途吗?我的心情郁闷依然,不能不进一步思考问题的症结究竟何在。

1977年9月,中国社会科学院忽然给我发来了请柬,要我去北京参加纪念毛主席的《实践论》和《矛盾论》发表40周年的理论讨论会。我整整11年没有跟外界发生联系，以我的处境，收到这样的请柬自然非常惊喜。可是当时学校的领导不同意我去。经过抗争，他们因为毕竟拿不出站得住脚的理由，只好勉强同意，但特地派一位"可靠"的教师跟我一道去，这意义不说自明。

9月20日我到了阔别多年的首都，下午2时到《红旗》杂志隔壁的会场参加大会。我迟到了一天，会议已经开始。可是到会的师友们看到我来了都极其热烈地鼓掌欢迎，有的同志噙着热泪紧握我的手说："你受苦了！""想不到我们还能见面！"那种劫后重逢的感人场面是我终身不能忘记的。哲学界的许多知名人士都到会了，还有部队的同志、大庆油田的同志、新华社、各大报社、杂志社、出版社、北京市委宣传部、教育部的同志共300多人。军事科学院副院长郭化若同志在发言中特别讲到，他在延安的时候毛主席对他说过，李达同志的《社会学大纲》毛主席读了十遍，称赞这是中国人自己写的第一本马克思主义哲学教科书；李达同志的《经济学大纲》毛主席也读了三遍半，也准备读十遍。奉命"陪同"我去的那位教师后来也主动地对我说，他见到那种场面也非常感动，受到很大的教育。

会议期间，我与邢贲思、赵凤岐、陈筠泉、陈中立等同志交流了思想，看法完全一致。那时邓小平同志刚刚恢复党内外一切职务①，我们还不知道他在两个月前就尖锐地批评了"两个凡是"②，但我们对"两个凡是"的错误是有认识的。我们谈到，给全民族造成浩劫的"文化大革命"怎么竟然会在一个10亿人口的大国里形成骇人听闻的狂热，持续10年之久？为什么中央主要领导人现在还不觉悟？"文化大革命"的畸形的历史会不会重演？怎样才能防止重演？我们认

---

① 1977年7月中共十届三中全会通过决议恢复邓小平同志党内外一切职务。

② 1977年5月24日，邓小平同志在同中央两位同志谈话时批评了"两个凡是"，见《邓小平文选》第2卷，人民出版社1983年版，第35页。

为，造成"文化大革命"的原因虽然非常复杂，不止一端，一时也说不清楚，但有一点是清楚的，那就是"文化大革命"的一套"理论"所起的误导作用。这套理论以超等"革命"的面貌把广大群众特别是毫无经验的青年学生的思想完全搞乱了，成了把人们引入迷途的符咒。不从根本上驳倒这套"理论"，就谈不上纠正"文化大革命"的错误，防止"文化大革命"的重演或变相重演。而这套错误"理论"的根子正在哲学，正如民主革命时期"左"右倾错误路线的根子在哲学一样。要驳倒"文化大革命"的错误理论，就必须从哲学入手。我们当时认为，影响最大的错误哲学观点有两个：一个观点是"五一六通知"提出的在真理问题上无产阶级与资产阶级没有平等可言。按照这种观点，一个判断是不是真理，不看它是否符合实际，而看它是出自"无产阶级"之口还是出自"资产阶级"之口；而谁是无产阶级和资产阶级，又是由"中央文革小组"钦定的。这就根本取消了马克思主义关于真理的科学概念，可以由掌权者任意妄断了。另一个观点是检验真理的标准不是实践，而是领袖的"最高指示"。这就根本窜改了马克思主义关于真理标准的科学论断，实际上没有标准了。只要认可了这两个哲学观点，"文化大革命"的全部"理论"都可以顺理成章地炮制出来，甚至要炮制更荒谬的"理论"也毫无困难。所以，我们痛切地感到，只有下工夫驳倒这两个荒谬的哲学观点，摧毁"文化大革命"全套理论的哲学基础，才能从根本上挣脱"两个凡是"的枷锁。我也就是在那时打下了思想基础，下决心为祖国和人民的利益而斗争，再一次受到打击也在所不惜。但是，"两个凡是"是当时中央的最高领导人坚持的，几乎成了不可逾越的政治栅栏。在那种气候下，要找到突破这一禁区的方法，真是谈何容易！

参加真理标准讨论会：登上破冰之船

1978 年 5 月 11 日，《光明日报》特约评论员的文章《实践是检验真理的唯一标准》发表了。我当时并不了解这篇文章的写作由来和背景，但我意识到这是在向"两个凡是"开炮了。我接触的教师在私下谈话中有的偷偷地表示赞成和高兴，有的表示反对，多数人则非常谨慎，三缄其口，讳莫如深。后来北京的朋友们也传来各种各样的信息，说这篇文章引起了轩然大波，有热烈赞同的，也有愤怒指责的，指责的人当中有人说一看到这篇文章的标题就知道作者的"狼子野心"，认为作者应该判刑。但无论如何，我感到这场期盼已久的斗争已经拉开序幕，再也捂不住了。

过了一个多月，1978 年 7 月 4 日，我收到中国社会科学院发给我的请柬，说 7 月 17 日至 23 日在北京举行"理论与实践问题哲学讨论会"（这是当时为了避免受阻而用的一个比较含糊的名称，实际上就是真理标准讨论会），请我出席并准备论文，论文先打印 200 份。在请柬后面附了几句话，说在武汉大学只点名邀请了我一个人，另外给哲学系一个名额。当时中国社科院的领导已经知道当时我所在的单位领导对我的压制，所以这份请柬是直接发给我个人的。当时我在政治理论教研室当教师，经过考虑，还是在 7 月 8 日把这份请柬给教研室陈主任看了，意思是告诉他有这么回事。陈主任说这事必须请示党委，要我等着，但就是不回信。我向教研室另一位负责人提出：如果党委不同意，就请告诉我是谁不同意，为什么不同意；再者，参加这个会是我的权利，无论党委同意不同意我都是要去的。后来他们托一位老教师向我"转达"党委的意见：（1）同意我去开会；（2）要我填一张表，由党委盖章；（3）我的论文写好后要经过党委"看一看"，党委同意后可以帮我打印。我说，中国社科院的请柬是发给我个人的，我不代表学校，没有必要填表，也无须党委盖章；我也没有论文，无须打印。但党委一直拖着不表态。社科院估计我肯定是受阻了，又特地在 7 月 10 日给我发来电报说："请准备专题发言。哲学问题讨论会秘书组"。这封电报是发给武大党委转我的，党委也就不好再正面阻挠，算是勉强同意了。我 14 日就去了北京，同去的还有武大哲学系的朱传棨老师。他在"文化大革命"中也是因为参加为李达同志翻案而挨整的。16 日我们到了开会的地点：北京左家庄朝阳区委党校。

到会的同志表情都有点神秘，相互交谈都非常谨慎。有位从某省来的与会者悄悄对我说，他来的时候省委领导打了招呼，说中央对这个会的态度不明确，叫他不要发言，听听就是了。

当天晚上，哲学所的邢贲思同志找我去开了领导小组的会，参加的有哲学所的汝信、赵凤岐、陈筼泉、陈中立等同志，还有《光明日报》评论员文章《实践是检验真理的唯一标准》的最初作者、南京大学的胡福明同志（我们是第一次见面）。这个小会把这次讨论会的来历和主题点明了，分了6个组，胡福明同志和我在一个组，他是组长，我是副组长。第二天(17日)先开全体大会，孙耕夫同志主持，社科院副院长邓力群同志作了一个很好的报告。下午分组讨论，空气就有点紧张了。有几位代表发言之后，忽然有位代表站起来很气愤地说："这是个什么会？想干什么？是举旗还是砍旗？我不参加了！"说完就悻悻而去。但讨论还是继续进行，并没有受影响。以后几天都是大会发言和小组讨论交叉进行，大会的会场变换了几次。大家发言的观点虽有差异，讨论的气氛还是正常的，没有剑拔弩张的争吵。这当中忽然传来了小道消息，说党中央不支持这个会，一位主要领导同志还大发脾气，空气又紧张了。但会议领导小组并没有受影响，继续坚持开会。我记得中央党校的吴江、人民日报的汪子嵩、光明日报的马沛文、南京大学的胡福明、社科院的邢贲思等同志的大会发言都是旗帜鲜明地坚持实践是检验真理的唯一标准的，有些同志也赞成实践标准，但有些保留和疑问。23日下午我作了大会发言，题目是《关于真理标准的几个问题》，陈述了三个问题：(1)"实践是检验真理的唯一标准"是马克思主义哲学的根本原理，在实践标准之外另立真理标准是理论上的倒退。林彪、"四人帮"在"文化大革命"中造成灾难的理论基础就是在真理标准问题上以"语录标准"和"权力标准"取代了实践标准。(2)理论不是检验真理的标准，正确的理论也要经过实践检验才能证明它的正确性。(3)回答几个诘难。23日闭幕式，周扬、冯定、温济泽几位老同志发言后就散会了。我的大会发言得到了多数同志的肯定，同年《哲学研究》第10期发表了。但是由于当时的政治气候，发表时不得不把前两部分删去了。①

我参加这次讨论会后感受到的精神解放的喜悦是很难以言语形容的，仿佛从阴暗狭窄的囚笼里一下跨到了晴明宽阔的原野。我当时写了一首《西江月》的词来抒发这种感情：

> 山外骄阳暗下，林间好月初悬。微风过处听鸣蝉，一派清光如鉴。
>
> 回首人间颠倒，消磨多少华年。凭他沧海起狂澜，我自冰心一片。

我从北京回来后，日子并不好过。当时我所在单位的领导对真理标准问题的态度还是暧昧的，实际上是抵制。他们要我去汇报，但对汇报的内容不表态，根本不提要我传达这次讨论会的事。1978 年提副教授也仍然没有我的份。李达同志生前受毛主席委托主编的《马克思主义哲学大纲》因"文化大革命"初期李达同志被迫害致死而未能出版，1978 年人民出版社派金春峰同志找我，委托我修订出版，他们也一再阻挠②。但当时的省委书记陈丕显同志是支持这次讨论的。湖北省、武汉市有好几个单位请我去作报告，我讲了好几场。那时许多干部群众受"两个凡是"的影响很深，我讲的内容与他们在"文化大革

① 这两部分的内容见《关于真理标准的几个问题》一文，载《陶德麟文集》，武汉大学出版社 2007 年 9 月出版，第 140~150 页。此次收入本书的是当时发言的全文。

② 李达同志受毛主席委托主编的《马克思主义哲学大纲》上卷唯物辩证法部分完成于 1965 年冬，送毛主席和其他中央领导同志审阅，拟俟下卷唯物史观部分完成后一并出版。1966 年"文化大革命"开始，这本书被打成"黑书"，上卷送审稿和下卷未完稿被抄家时洗劫一空。1974 年李达同志平反后，原在武大哲学系资料室工作的刘善应同志把他偷藏的一本送审稿秘密地送给了我。1974 年人民出版社社长薛德震同志要我将此书修订出版。此书上卷在 1978 年 6 月以《唯物辩证法大纲》的书名出版，并注明了我根据李达同志生前的委托对原稿做了必要的修订。至于下卷唯物史观的部分书稿则始终找不到，只好付诸阙如。

命"中习惯了的一套大不相同，他们好像闻所未闻。虽然鼓掌的人不少，但面露惊讶之色的也大有人在。下面递了一些条子，有热烈赞同的，也有质疑的，质疑的中心问题就是毛泽东思想和毛主席的话是不是检验真理的标准，我只好耐心解释。有一次，一位主持报告会的同志在我报告结束后好意地提醒我，说如果不把毛主席的话作为检验真理的标准，恐怕会犯错误。我只好对他说，实践是检验真理的唯一标准这句话本身就是毛主席的话，你看看《实践论》和《人的正确思想是从哪里来的》就知道了。他还不放心。我当场拿出书来把原话找给他看了，他才高兴地说："原来这话真是毛主席说的，那没错，我放心了!"可见当时人们的迷醉到了什么程度，要回到正确观点有多么艰难! 后来各个省市自治区的负责人或先或后地表态支持实践是检验真理的唯一标准的观点，陈丕显书记又以湖北省委的名义请邢贲思、汪子嵩、马沛文三位同志到湖北来作报告，旗帜鲜明地宣传实践标准，空气才逐渐转变了。12 月 13 日，邓小平同志在中共中央工作会议闭幕会上讲话明确地肯定了真理标准讨论"很有必要，意义很大"，"从争论的情况看，越看越重要"，并指出这场争论"的确是个思想路线问题，是个政治问题，是个关系到党和国家的前途和命运的问题"。接着就是党的十一届三中全会的胜利召开。这才在政治上"乾坤定矣"，我们这些人再也不怕扣"砍旗"的帽子了。三中全会公报发表的当晚，我又情不自禁地写了一首《水调歌头》的词来表达我的心情：

　　一夜欢声动，袅袅上青天。嫦娥梦里惊问："底事闹纷喧?"我笑嫦娥贪睡，一觉醒来迟了，错过好机缘。月里方一宿，世上已千年。

　　卿云烂，浓虹散，净尘寰。东方乍白，朝霞冉冉出天边。想见桃娇柳宠，一扫园林萧索，人面比花妍。翘首长空外，好信借风传!

发表毛泽东给李达的三封信：一个插曲

在参加真理标准讨论的期间，还有一个插曲，那就是发表毛主席给李达同志三封信的事。这三封信是毛主席在 20 世纪 50 年代李达同志撰写《〈实践论〉解说》、《〈矛盾论〉解说》和《胡适思想批判》的时候写给李达同志的，"文化大革命"被工作组连同毛主席亲笔修改的《〈实践论〉解说》手稿一起从李达同志家里抄去。1967 年有几位为李达翻案的干部和学生把这三封信和手稿送给了中共中央办公厅。1974 年李达同志平反后，中共中央办公厅把这三封信和手稿的复印件送给了李达同志的夫人石曼华同志，她又复印了一份给我。

毛主席在 1950 年 3 月 27 日的信里提到："实践论中将太平天国放在排外主义一起说不妥，出选集时拟加修改，此处暂仍照原。"在 1952 年 9 月 17 日的信里提到："矛盾论第四章第十段第三行'无论什么矛盾，也无论在什么时候，矛盾着的诸方面，其发展是不平衡的'，这里'无论在什么时候'八字应删，在选集第一卷第二版时，已将这八个字删去。你写解说时，请加注意为盼!"这就确凿地说明了毛主席本人从来不搞什么"凡是"，从来不认为他说的话"句句是真理"，一句也不能动；恰恰相反，他认为自己的论断也会有"不妥"和需要"修改"之处。这些信如能公开发表，对"两个凡是"将是一个多么有力的驳斥！于是我在真理标准讨论会结束的第二天就把这三封信送给了《人民日报》理论部和《哲学研究》编辑部。他们非常重视，说一定要想办法发表出来。

中国社科院党组经过精心研究，在 10 月 12 日以《哲学研究》编辑部的名义写了报告给中国社科院党组转呈华主席、党中央，报告说："今年七月，中国社会科学院哲学研究所、《哲学研究》编辑部在北京召开理论和实践问题讨论会时，前来参加会议的武汉大学哲学系教师、李达同志生前的助手陶德麟同志特将毛主席一九五一年三月二十七日、一九五二年九月十七日、一九五四年十二月二十八日复李达同志的三封信(影印复制品)送给了我们。""我们认为，如果把毛主席这三封信公开发表，对当前从理论上揭批林彪、'四人帮'，对哲学战线的工作，将是一个巨大的推动；对广大哲学工作者将是一个极大的鼓舞。考虑到这种情况，我们拟在十二月二十六日毛主席诞辰八十五周年的时候，在《哲学研究》第十二期发表毛主席的上述三封信影印手迹，并加编者按语，或另写专文一起刊出。以上报告当否，请批示。"社科院党组也在 17 日给华主席和党中央写了同样内容的报告。这两份报告首先送给了乌兰夫同志。乌兰夫同志在 11 月 10 日批示："拟同意。请汪副主席批示。"这"拟同意"三个字起了极为重要的作用。汪东兴同志在 11 月 12 日批示："请华主席、叶、邓、李副主席阅批。"华国锋主席和叶剑英、邓小平、李先念几位副主席接着也都画了圈。这件大事就算顺利地办成了。

11 月 18 日社科院哲学所的陈筠泉同志打电话给我，要我马上坐飞机去北京，商量配合发表三封信写文章的问题。我 22 日赶到北京，同中国社科院和人民日报的同志见面商谈，大家都特别兴奋。社科院和人民日报的同志连夜写了一条简短的消息，说经党中央批准，毛主席给李达同志的三封信将在《哲学研究》第 12 期发表。这条消息第二天就在《人民日报》头版显著位置刊出了。12 月 25 日，《哲学研究》第 12 期发表了这三封信，同时发表了编辑部的文章和我的文章(署名石曼华、陶德麟、李其驹、萧萐父)。全国各大报刊都发表了这"三封信"，还配有文章。这"三封信"使坚持"两个凡是"的人自己陷入了悖论，无疑是对"两个凡是"的有力批驳，造成了很大的影响。

真理标准讨论的深入发展：前路方遥

十一届三中全会高度评价真理标准大讨论对党和国家的前途命运的巨大意义，从哲学上解决了真理标准问题，实现了思想路线的拨乱反正，回答了中国向何处去的问题，使改革开放成了定局。这是国家之幸，人民之幸，民族之幸。但拨乱反正的工作还得在一个一个问题上落实。在落实的过程中还是障碍重重，道路还很艰难。许多同志在抽象的道理上也同意实践标准，赞成解放思想、实事求是，但一碰到具体问题就仍然在多年的僵化观念中走不出来，用不合实际的旧观念来裁剪现实。每前进一步都要克服重重阻力。理论界的一大批同志都在艰难的道路上为解决这类问题奋斗不止。我个人也尽了微薄之力。

1979 年，我针对当时的情况在《光明日报》上发表了两篇文章，一篇是讲不能把"百家争鸣"归结为"两家"争鸣；另一篇是讲不能用专政的办法解决精神世界的问题。这两篇文章都是在杨西光同志的大力支持和马沛文同志的具体组织下写成的。两文引起了强烈反响。有的同志来信表示热烈支持，说这两篇文章说出了他们想说而说不清楚的心里话，打中了问题的要害；也有人打电话到编辑部骂人，质问杨西光同志为什么要发表这样的文章。事情并不平静。此外，理论界还有一些同志，他们是坚决反对"两个凡是"，主张解放思想的，但他们对实践是检验真理的唯一标准的命题在学理上还有保留，认为在理论上还不是很严密。最有代表性的观点有两种：一种观点认为"唯一"的说法太绝对化，因为逻辑证明也是检验真理的标准；另一种观点认为实践只是检验真理的方法或手段，检验真理的标准应该是认识的对象而不是实践。我感到这两个问题如果不彻底解决，实践是检验真理的唯一标准的命题就还是没有真正从学理上站住脚。这个命题是马克思主义哲学的核心命题，也是解放思想、实事求是的学理根据，事关大局，决不能有丝毫含混，否则还会留下后患。至于为什么逻辑证明和认识对象不是检验真理的标准，马克思主义经典著作里并没有作过专门的论证，靠引经据典是解决不了问题的，需要有独立的研究。我想我就在这两个问题上再作点努力吧。我认真地研究了这两个问题。1979 年我写成了《逻辑证明与真理标准》一文，首先在成都的一个研讨会上发表（我因母亲生病没有到会，是请其他同志宣读的）。后来我自己觉得论证还不够严密，又反复做了修改，直到 1981 年才在《哲学研究》第一期发表。学术界对这篇文章反响很好。1982 年《中国哲学年鉴》作了专门介绍，指出："逻辑证明为什么不能作为检验真理的标准？这是真理标准讨论中遇到的一个问题。尽管有不少人就此发表了意见，但是论证充分、说服力强的文章却不多。而这篇文章恰恰在这方面具有鲜明的特色。"14 年之后，这篇文章在 1995 年获得了国家教委首届人文社会科学优秀成果一等奖。1981 年，我还在《江汉论坛》第 5 期发表了《认识的对象是检验真理的标准吗?》一文，以对话体的形式对认识对象不能成为检验真理的标准的道理做了比较细致的分析，也得到了学术界的认同。同年，我还在中国人民大学作了《实践怎样检验认识》的学术报告。1982 年又在中山大学作了《真理阶级性讨论中的一个方法论问题》的报告。那几年里，我在北京、上海、河南、四川、内蒙古、广东、海南、大连、山东等地作了 20 多场报告，都是围绕着马克思主义真理论这个中心进行的，都是为了强化真理标准讨论的成果。至于 20 世纪 80 年代以后的工作，这里就不提及了。

几 点 感 受

时过境迁，今非昔比。30 年前的往事，在不少人看来也许是不值一提的"老皇历"，当时争论得不可开交的问题也不过是常识范围的东西，没有什么理论价值了。这话也有一方面的道理。今天我们的哲学研究比起那时来无论就视野的广阔、问题的多样、学者的数量和水平来看，都大大超过了那个时期，我们已经前进了很长一段路程。但我以为不能割断历史。今天和明天毕竟是昨天的继续和发展，在瞻前的同时不忘顾后，对瞻前是有好处的，只要不当"九斤老太"就行。我虽然老之已至，自问尚无"九斤老太"的情结，还总想学点新知，跟上大军，敲敲边鼓，不当绊脚石。30 年前的经历，使我多少有些感受，不妨一谈，算是野人献曝吧。

1. 哲学无疑是抽象程度最高的学问，是高悬在空中的范畴体系。但它的最深的根源还是人们的实际生活。归根到底，是实际生活的需要推动着哲学问题的提出和解决。这一点，在真理标准讨论中体现得最鲜明。我们党曾经经历过两次最大的危险：一次是民主革命时期错误路线的一度大泛滥，一次是"文化大革命"造成的浩劫。两次危险的根子都在哲学问题上，两次转危为安也靠哲学上的拨乱反正。前一次我没有亲身体验，后一次却是身历其境，有切肤之感。我坚信哲学不是自我封闭的精神运动，不是理性神坛的供品，而是与民族兴衰和人民祸福息息相关的。哲学家可以自以为不食人间烟火，但事实上天天都在人间生活，谈论的问题尽管可以上干云霄，还是摆不脱尘世的土壤，只不过谈法各有不同而已。但是，哲学与实际生活的关系，往往只在社会矛盾十分尖锐的时候才凸现出来，而在"平时"则隐而不显。这就造成了一种可能，在"平时"看不到哲学与实际生活的联系。我记得 20 世纪 80 年代我参加教育部组织的中国哲学家考察团到各地考察的时候，天津和广州有两位企业的负责人都心高气傲地大谈他们办企业的业绩，鄙薄哲学，嘲笑哲学讲的都是"空话"，他们干的才是"实事"。我问他们知道不知道真理标准讨论，他们轻蔑地说他们不管这些没有经济效益的事。我们耐心解释了哲学与思想路线的关系，思想路线与具体方针政策的关系，指出如果不解决真理标准问题，就没有三中全会以来的路线，就没有改革开放，你们的企业就根本不能起步，还谈什么"经济效益"？这时他们才若有所悟，表示可以理解了。这说明哲学与实际生活的联系在"平时"确实容易忽视。但正因为容易忽视，就更加不可忽视。我以为在埋头研究抽象的哲学问题的时候经常想一想问题与实际生活的联系，想一想自己是在什么路上走，要走到哪里去，还是有好处的。如果只是自言自语，令人不知所云，真的把哲学变成空话，那就不值得花费气力了。

2. 哲学是精神世界的花朵，是理论形态的东西。它对实际生活起作用的方式全在于以理服人，别无他法。解决精神世界的问题，靠强制是完全无效的。要使哲学有说服力，就必须有严密的论证。当然首先要立其大者，但小处也要力求站稳。一个概念的疏忽，一个表述的失当，有时可以动摇全部论点的根基。例如，在真理标准讨论中，有的同志为了反驳"真理有阶级性"的说法，就去努力论证凡真理都没有阶级性，这就在逻辑上把自己置于两难的境地：或者断言马克思主义是真理而没有阶级性，或者断言马克思主义有阶级性而不是真理。我认为这里的问题是出在名词的歧义上。"真理"一词是西语 truth 的汉译，本来就有两种涵义：一是"真的理论"，一是"理论的真"，两者不能等同，正如"方的桌子"与"桌子的方"、"红的桌子"

与"桌子的红"不能等同一样。"文化大革命"理论家们鼓吹的"真理有阶级性",说的并不是"真的理论"有阶级性(如果真是这样,只要不是全称判断,倒并不错误了)而是"理论的真"有阶级性,也就是"真"有阶级性。这才是谬误的所在。"真"是指理论与对象的符合,是理论的一种属性;"阶级性"是指理论代表一定阶级的利益,是理论的另一种属性。说"真"有"阶级性",就是说理论的一种属性具有理论的另一种属性,无异乎在谈论一张红色方桌时断言"桌子的方是红的"或"桌子的红是方的",是不通的。这不是无意义的咬文嚼字,而是必要的概念辨析。在这个辨析的基础上指出"真有阶级性"的谬误,再来谈论它在实际生活中的危害性,就站稳脚跟了。1983 年我在中山大学的一次报告中讲过这个看法。① 当然,我说哲学只能以理服人,并不是说有理就必能服所有的人。有的人由于种种原因坚持偏见,不接受真理,那也只好由他。但那是另一问题,就不在这里讨论了。

---

① 《真理阶级性讨论中的一个方法问题》,见陶德麟:《中国当代哲学问题探索》,武汉大学出版社 1989 年版,第 163 页。本书也选用了这篇文章。

百家争鸣与"两家"争鸣 *

"百花齐放，百家争鸣"是我们党在文化领域的一项根本方针，是促进社会主义文化繁荣的方针。这个方针被林彪、"四人帮"疯狂践踏的结果，是雾塞苍天，英华凋殒，黄钟毁弃，瓦缶雷鸣，造成了一场文化浩劫。现在党中央重申双百方针，社会主义的文化园地又开始生机勃勃，春意盎然了。痛定思痛，抚今追昔，人们不能不思考这样的问题：为什么双百方针能够如此轻易地被林彪、"四人帮"践踏无余？为什么早在"文化大革命"以前就在文化领域搞过不少过火斗争？为什么当时不少好同志也对别人搞过不适当的批判？为什么直到现在还有人认为双百方针右了？我认为除了其他种种原因之外，一个重要原因是我们长期对双百方针本身的理解和宣传存在着若干混乱。本文只谈其中的一个问题，也算是参加争鸣吧。

在很长的时期里，百家争鸣实际上被归结成了无产阶级和资产阶级的"两家"争鸣，常常把科学艺术上的争论不加区别地都"上纲"为两种世界观的斗争，而且又直接等同于两个阶级、两条道路的斗争，其中有些甚至升级为敌我斗争。在很多场合，双百方针实际上并没有被理解为促进艺术发展和科学进步的方针，而是被理解为阶级斗争的一种策略。不少人把双百方针看成"钓鱼"的计策，看成"引蛇出洞"的计策，看成"诱敌深入，聚而歼之"的计策，以至一听到"放"的号召就联想到"收"和"整"的结局。这并不是由于神经过敏，而是根据切身的经验。这样理解双百方针究竟对不对？这个问题不弄清楚，

  * 载 1979 年 9 月 19 日《光明日报》。《新华月报》(文摘版) 1979 年 10 月号全文转载。

"余毒"是无法肃清的，"余悸"也是不能消除的。

一、百家争鸣的客观依据是什么？

要正确地理解双百方针，不能不弄清它的客观依据。科学和艺术上的分歧和争论历来是客观存在的事实。尽管在不同的历史条件下内容不同，形态不同，意义不同，但分歧和争论本身的存在却无可否认，即使在暴力压制极其严酷的时期也从未绝迹，只不过某些时期科学和艺术上争论和竞赛的规模特别巨大，内容特别丰富，以至于成了一种文化上的特征，人们就用百家争鸣一类形象的语言称呼这些时期罢了。这是由什么决定的呢？阶级斗争的存在当然是一个重要原因。各阶级的地位不同，利益不同，由此而来的习惯、要求、情感、趣味等等也不同，它们必然要表现自己。至于这种表现是自觉的还是非自觉的、直接的还是间接的、正面的还是迂回的，鲜明的还是隐晦的，那是因具体情况的不同而有所区别的。但是，阶级斗争是不是造成分歧和争论的唯一原因呢？当然不是。这里决不能忽视认识运动的规律。认识本身就是充满矛盾的过程。认识和实践、主观和客观、现象和本质、片面和全面、相对和绝对、谬误和真理等等矛盾着的因素贯穿于认识运动的长河，这就决定了任何时代的人们对具体事物的认识总会有这样那样的分歧和争论。这是全部人类认识史证明了的事实。而且可以断言，只要人类存在一天，这个事实就会存在一天。社会主义社会决不可能是例外。一方面，意识形态领域的阶级斗争确实还存在，社会主义与资本主义(还有封建主义)的思想斗争还会在某些(决不是一切)文化问题上反映出来，这一点不能不看到；可是另一方面，大量的科学和艺术上的分歧和争论却是由认识运动的规律决定的，并不具有阶级斗争的性质。这是毫不奇怪的。如果对过去阶级社会文化领域里的分歧和争论尚且不应全部看成阶级斗争的话，为什么对社会主义社会文化领域里的分歧和争论反而要这样看呢？双百方针之所以是正确的方针，正因为它是以历史经验的科学总结和现实情况的如实估计为依据的。如果把一切分歧和争论都看成阶级斗争，就歪曲了双百方针的客观依据，也歪曲了双百方针本身。

二、不能把百家争鸣归结为"两家争鸣"

毛泽东同志说过："我们提倡百家争鸣，在各个学术部门可以有许多派、许多家，可是就世界观来说，在现代，基本上只有两家，就是无产阶级一家，资产阶级一家，或者是无产阶级的世界观，或者是资产阶级的世界观。"①从这段话能不能推论出百家争鸣就是"两家"争鸣的结论呢？我认为是推论不出来的。说世界观基本上只有两家，并不等于断定一切争论只能发生在两家之间，正如说资本主义社会基本上只有两大对抗阶级，并不等于断定资本主义社会的一切矛盾只能发生在两大对抗阶级之间一样。实际上，并不是一切争鸣都是两种世界观或两个阶级之间的斗争。

（一）虽然从事科学或艺术活动的人的世界观会对他们的活动起指导或影响作用，但这种作用的具体过程往往非常复杂，情况也千差万别，并不是每项科学或艺术成果都是从世界观引申而来，都可以从世界观里找到"根源"

"派"或"家"的形成不仅与世界观有关，而且与许多复杂的其他因素有关，诸如历史传统，民族特点，地区特点，资料的掌握，前人成果的汲取，以至研究者个人的特点等等。因此，世界观属于同一体系的人在科学或艺术上可能属于不同的"派"或"家"，科学或艺术上属于同一"派"或"家"的人也可能有不同的世界观。至于具体论点或风格上的歧异就更不能不加分析地看成两种世界观之争了。翻开一本自然科学史，很容易找到大量的实例，证明许多延续了很长时间的激烈争论并不是世界观之争，更不是阶级斗争，例如光的微粒说和光的波动说之争是两种什么世界观、两个什么阶级的斗争呢？牛顿和惠更

---

① 毛泽东：《在中国共产党全国宣传工作会议上的讲话》。《毛泽东著作选读》甲种本，人民出版社 1965 年版，第 370~371 页。

斯两派的观点各代表什么阶级呢？不仅自然科学如此，就是带有阶级性的人文科学和社会科学，也决不是一切学派之争、见解之争，都是两种世界观的斗争或阶级斗争。郭沫若同志和范文澜同志在中国古史分期问题上的分歧难道是无产阶级世界观同资产阶级世界观的斗争吗？谁代表资产阶级呢？

（二）即使争论发生在马克思主义者和非马克思主义者之间，也不一定是两种世界观的斗争

因为第一，争论的问题可能与世界观无关。第二，人们在研究具体问题时可能违反自己的世界观。例如信奉唯心主义的科学家往往不自觉地在事实上承认自己的研究对象是客观实在，辩证唯物主义者也可能在某个具体问题的研究上滑到唯心主义或形而上学方面去。第三，对具体问题的结论正确与否，还要看研究者占有材料的详尽程度如何，是否具备了必需的专门知识，是否具备了认清这个问题的客观条件（客观过程的矛盾暴露的程度）以及其他种种因素。因此，在具体问题上，马克思主义者的见解不一定总是代表无产阶级世界观，更不一定总是正确的，非马克思主义者的见解不一定总是代表资产阶级世界观，更不一定总是错误的。自然科学、人文社会科学和文学艺术都有这种情况。不用说像摩尔根这样的非辩证唯物主义者对古代社会的研究所做的卓越贡献了，就是像胡适这样敌视马克思主义的实用主义者在学术工作上也决不是一无是处。正因为有这样复杂情况，在特定问题上的争论，有时真理倒不在马克思主义者一边，反而在非马克思主义者一边，就不足为奇了。当年苏联曾起劲地批判过西方自然科学的许多流派，我国在 20 世纪 50 年代也批判过马寅初先生的人口理论，实践检验的结果现在已经很清楚了。

（三）即使争论的问题本身就是哲学问题、世界观问题，也未必就是两种世界观之间的斗争，而完全可能是同一世界观内部的争论

唯心主义阵营内部的争论，唯物主义阵营内部的争论，以及阶级倾向基本相同的哲学流派之间的争论，在哲学史上俯拾即是。为什么马克思主义哲学内部就不可以有争论呢？为什么一有争论就得"上纲"为两种世界观的斗争，把争论的一方说成代表资产阶级的呢？马克思主义哲学是内容极其丰富的、需要不断地概括实践经验以及各门自然科学和社会科学的新成果来发展自己的学问，它要研究探讨的问题决不比别的学问少。只要不是把它当做只许背诵的"圣经"，就得承认对它的理解、论述、运用、补充、修订不可能没有分歧和争论。宗教对"圣经"的解释也是从来争论得很激烈的。如果认为对马克思主义哲学的诸原理只能有一种不容争辩的解释，一有分歧就"上纲"为两种世界观的斗争，那就无异乎宣布马克思主义哲学连宗教教义都不如。这是一种足以窒息马克思主义哲学的东西。几次围攻不同意见的哲学"大论战"的教训就在眼前，值得吸取。

（四）即使是两种世界观的分歧，也未必就是阶级斗争

诚然，世界观与阶级利益有关，但是，一个人世界观的缺陷如果只是表现在个别问题上，并不涉及根本立场，就不能说他在同无产阶级进行阶级斗争。如果硬要这么说，恐怕所有的马克思主义者都难免有时要同无产阶级进行阶级斗争，因为谁也不敢担保在任何问题上不犯一点唯心主义或形而上学性质的错误。毛泽东同志曾批评过那些"把原子弹看得神乎其神"的同志"把资产阶级的世界观、方法论，经常拿在手里；无产阶级的世界观、方法论，却经常丢在脑后"①。这说明确实是两种世界观的分歧了。但是毛泽东同志是否认为这些同志是在代表资产阶级同无产阶级进行阶级斗争呢？并没有这样认为。政治问题尚且如此，何况科学和艺术问题？

（五）即使争论的性质确实是阶级斗争，但只要没有超出思想言论的范围，没有构成违法犯罪，就不应"上纲"为敌我之间的斗争

这一点就无须多说了。"文化大革命"以前双百方针的实行是有

---

① 毛泽东：《抗日战争胜利后的时局和我们的方针》，《毛泽东选集》，第4卷，人民出版社1991年版，第1134页。

成绩的，不少学术讨论的开展也是正常的。但也确实存在着把百家争鸣归结为"两家"争鸣的误解和曲解，混淆了许多界限，以致在实际生活中形成了一些"不成文法"。例如，大一点的争论，往往就被说成两种世界观之争，说成阶级斗争，甚至说成敌我斗争，被批判者就不能讲话了。不管争论的是什么问题，也不管谁的论点符合实际，马克思主义者总是对的，非马克思主义者总是错的，而谁在坚持马克思主义又不是由实践检验来判定。这就使双百方针受到了很大的干扰，而给后来林彪、"四人帮"推行文化专制主义提供了可乘之机。阶级斗争理论是正确的理论，但是，如果把它夸大到超出它的适用范围，就会走向反面。在没有阶级斗争的问题上去"发现"阶级斗争，把不属于阶级斗争的问题"上纲"为阶级斗争，是不能不出乱子的。我们不应当忘记这一条以全民族的巨大损失为代价换来的深刻教训！

现在阶级斗争并没有熄灭。双百方针在解决人民内部意识形态矛盾这一方面仍将继续发挥作用。但是，解决这种矛盾也只能用讨论的方法、讲道理的方法，也就是团结—批评—团结的方法，而不能用"钓鱼"的方法。按照"放、收、整"的公式来"贯彻"双百方针，只会扩大矛盾，以至重犯阶级斗争扩大化的错误，重犯扼杀科学、毁灭文化的错误。而且，属于阶级斗争性质的矛盾毕竟不是主要的了。应当使"艺术上不同的形式和风格可以自由发展，科学上不同的学派可以自由争论"①。这样才能使双百方针真正成为"促进艺术发展和科学进步的方针"和"促进我国的社会主义文化繁荣的方针"。②

---

① 毛泽东：《关于正确处理人民内部矛盾的问题》。《毛泽东著作选读》下册，人民出版社1986年版，第783~784页。

② 毛泽东：《关于正确处理人民内部矛盾的问题》。《毛泽东著作选读》下册，人民出版社1986年版，第783页。

不能用专政的办法解决
精神世界的问题*

"文化大革命"的"十年动乱"是从文化领域开始的。"无产阶级在文化领域对资产阶级专政"的口号一时成了不容置辩的"真理"。这个口号在实践中被检验的结果怎样,已由我们全民族以极高昂的代价作出了说明。可是现在也还有同志认为这个口号本身还是"马克思主义的",仅仅由于林彪、"四人帮"一伙并不能代表无产阶级,而他们所谓的资产阶级有许多又不是"真正的"资产阶级,这才造成了灾难。如果在文化领域里由"真正的"无产阶级对"真正的"资产阶级实行专政,那还是必要的,因为这是坚持无产阶级专政的重要方面。照此说来,今后倒是要更认真地更准确地"贯彻"这个口号了。我认为,这种看法正好说明了有对这个口号本身进行剖析的必要。

一、"无产阶级在文化领域对
资产阶级专政"所指为何

要判断这个口号是不是马克思主义的,首先要弄清它的真实涵义。

不错,这个口号是用了无产阶级专政的名词。但是,无产阶级专政这个名词在马克思主义著作里是有两种不同的涵义和用法的。一种是指无产阶级领导的国家政权。这个政权具有对人民实行民主和对敌

---

* 载 1979 年 10 月 24 日《光明日报》。《新华月报》(文摘版) 1979 年 12 月号全文转载。

人实行专政两个方面的职能(当然还有抵御外来侵略的职能),它的目的在于组织社会主义建设,并为实现共产主义的远大目标创设条件,它的职能和目的是通过共产党的路线方针政策和国家的法律来实现的。另一种则是专指这个国家政权对敌人实行专政即暴力镇压的职能或手段,而不是指这个国家政权本身。这两者是不能混同的。我们说的坚持无产阶级专政,就是指要巩固无产阶级领导的国家政权,全面地贯彻执行党的路线方针和国家的政策法律,而不是仅指对敌人的镇压。而上述口号里的"专政"是不是这个意思呢?显然不是。仅从语法上就不难看出,它是专指暴力镇压的,这里的"专政"就是暴力镇压的同义语。这个口号的意思就是说无产阶级要在文化领域里对资产阶级实行暴力镇压。

那么,这里的"资产阶级"又是指的什么呢?是指的资本家吗?显然不是。因为无论什么类型的资本家都不在"文化"领域里。是指的混进文化界的破坏社会主义的反革命分子吗?也不是。因为我们的国家对无论什么"领域"里的反革命分子从来都是专政的,对"文化领域"里的反革命分子并没有少专政一点,也没有理由多专政一点,特别点出"文化"二字是没有意义的。唯一可能的意思当然是指"资产阶级知识分子"和"资产阶级意识形态";因为这两者既和"资产阶级"挂得上钩,又确实在"文化领域"之内,非此莫属了。这个口号的贯彻过程也从事实上提供了证据:一切被安上"资产阶级知识分子"头衔(其具体化的名称多种多样,例如"修正主义分子"、"反动学术权威"、"白专典型"、"黑画家"、"戏霸"之类,或者干脆笼而统之,叫做"牛鬼蛇神")的文化工作者,一切被判决为"资产阶级意识形态"的言论、作品、思想、感情、习惯、爱好等等,不是统统成了"专政对象",被"打进十八层地狱"了吗?可见,这个口号的实际内容或真实涵义,无非就是说无产阶级必须对"资产阶级知识分子"和"资产阶级意识形态"实行专政,即暴力镇压。

于是,关于这个口号是否正确的评判,就可以归结为弄清如下两个问题:一是无产阶级国家应该不应该对资产阶级知识分子实行暴力镇压?二是无产阶级国家应该不应该对资产阶级意识形态实行暴力镇压？这确实是关系到无产阶级在掌握政权以后能否正确地领导文化事业的大问题。不从思想上弄清楚，林彪、"四人帮"的法西斯文化专制主义有朝一日以变相的形式死灰复燃并不是不可能的。

二、对"资产阶级知识分子"能"专政"吗

对资产阶级知识分子采取专政即暴力镇压的手段，是完全违背马列主义、毛泽东思想的，是同我们国家的性质不相容的。

什么是资产阶级知识分子？按照列宁的说法，是指那些"资本主义遗留给我们，通常是必然具有资产阶级世界观和习惯"的、"接受了资本主义文化遗产，浸透了这种文化的缺点"的、"在思想上还同共产主义格格不入"的知识分子，或者按照毛泽东同志同样意思的说法，是指那些"从旧社会过来"并且"世界观基本上是资产阶级的"、"同工人农民格格不入"的知识分子。无产阶级的国家能把这样的知识分子作为专政对象，对他们采取暴力镇压的手段吗？当然不能。因为第一，他们不论在思想上、感情上、作风上有多大的缺点，终究是脑力劳动者，是体力劳动者的同志，是人民，不是敌人。第二，他们有为社会主义建设事业所绝对不可缺少的文化科学知识和专门技能，可以而且正在为工人农民服务，为社会主义事业服务。第三，世界观是可以转变的，实践已经证明绝大多数资产阶级知识分子可以转变为无产阶级知识分子，成为工人阶级的一部分。因此，无产阶级的国家如果不想犯严重错误，就只能团结、教育他们，信赖和任用他们，充分发挥他们的积极性和创造性，而决不能对他们搞暴力镇压。这是社会主义事业成败攸关的严肃问题，是无产阶级国家必须遵循的原则之一。

列宁以极坚决的态度反复强调这个原则，一直同违背这个原则的思想行为作不调和的斗争。1919年，他在论述无产阶级专政的基本任务时指出："要不断努力，使资产阶级专家同觉悟的共产党员所领导的普通工人群众手携手地同志般地共同劳动"，认为这是为了实现

提高劳动生产率这个"根本的任务"所必需的。① 1920 年，他在论政治教育工作的讲话中指出："教师群众接受了资本主义文化遗产，全身沾染了这种文化的缺点，在这种条件下他们不可能是共产主义教师，但是这并不影响我们吸收他们参加政治教育工作者的行列，因为他们有知识，而没有知识我们就达不到我们的目的。"②1921 年，他针对那种不善于团结和领导资产阶级专家的"有害的"共产党员愤慨地说："这样的共产党员在我们这里很多，我宁可拿出几十个来换一个老老实实研究本行业务和有学识的资产阶级专家。"③1922 年，莫斯科自来水厂的一个工程师由于工作条件恶劣而自杀了，列宁严厉地指出：这是"由于党支部委员以及苏维埃政权机关的不内行和不可容许的行为造成的"，把这个案件交给了法院审理，并指出："如果我们的一切领导机关，无论是共产党、苏维埃政权或工会不能像我们爱护眼珠那样爱护一切真诚工作的、精通和热爱本行业务的专家(尽管他们在思想上还同共产主义格格不入)，那末社会主义建设事业就不可能取得任何重大成就。"④1923 年，他又指出："不提高人民教师的地位，就谈不上任何文化，既谈不上无产阶级文化，甚至也谈不上资产阶级文化。""应当把我国人民教师提到从未有过的，在资产阶级社会里没有也不可能有的崇高的地位。这是用不着证明的真理。为此，就必须进行有步骤的、坚持不懈的工作，来提高他们的思想意识，使他们具有真正符合他们的崇高称号的各方面的素养，而最最重要的是提高他们的物质生活条件。"这样做是为了使他们"从资产阶级制度的支柱(在一切资本主义国家里，毫无例外，他们一直是资产阶级制度

---

① 列宁：《俄国无产阶级专政的基本任务》。《列宁选集》第 3 卷，人民出版社 1960 年版，第 748 页。

② 列宁：《在全俄省、县国民教育局政治教育委员会工作会议上的讲话》。《列宁选集》第 4 卷，人民出版社 1995 年版，第 306~307 页。

③ 列宁：《工会在新经济政策条件下的作用和任务》。《列宁选集》第 4 卷，人民出版社 1960 年版，第 591 页。

④ 列宁：《工会在新经济政策条件下的作用和任务》。《列宁选集》第 4 卷，人民出版社 1960 年版，第 591 页。

的支柱）变成苏维埃制度的支柱。"①这里难道有丝毫要对资产阶级知识分子"专政"的意思吗？

　　毛泽东同志在新中国成立前夕的七届二中全会上，除了指出工人阶级、农民阶级和广大的革命知识分子是人民民主专政的"领导力量和基础力量"外，还同时指出要"团结尽可能多的能够和我们合作的城市小资产阶级和民族资产阶级的代表人物，它们的知识分子和政治派别"，他严肃批评了关门主义态度，指出"这种态度只会使我党陷于孤立，使人民民主专政不能巩固，使敌人获得同盟者"②。新中国成立以后，他又曾语重心长地说："我国的艰巨的社会主义建设事业，需要尽可能多的知识分子为它服务。"③他希望和鼓励立场还没有转过来的知识分子通过学习马克思主义、接近工农、深入实际，逐步完成世界观的转变。同时他还指出："事实上必定会有一些人在思想上始终不愿意接受马克思列宁主义，不愿意接受共产主义，对于这一部分人不要苛求；只要他们服从国家的要求，从事正常的劳动，我们就应当给他们以适当工作的机会。"④这些论述同列宁的思想是一致的。不可忽视的是，列宁的话是在苏维埃政权还立足未稳、许多资产阶级知识分子对党和新国家还很不信任的情况下说的；毛泽东同志的话也是在我国的社会主义改造还没有完成或刚刚基本完成、从旧社会过来的知识分子的世界观还处在转变过程中的情况下说的。当时尚且不允许对资产阶级知识分子专政，有什么理由在社会主义改造完成了多年之后，在绝大多数从旧社会过来的知识分子的世界观已经转变的

---

　　①　列宁：《日记摘要》。《列宁选集》第 4 卷，人民出版社 1960 年版，第678 页。

　　②　毛泽东：《在中国共产党第七届中央委员会第一次全体会议上的报告》。《毛泽东选集》第 4 卷，人民出版社 1991 年版，第 1437 页。

　　③　毛泽东：《关于正确处理人民内部矛盾的问题》。《毛泽东著作选读》下册，人民出版社 1986 年版，第 779 页。

　　④　毛泽东：《关于正确处理人民内部矛盾的问题》。《毛泽东著作选读》下册，人民出版社 1986 年版，第 780 页。

时候反而要对他们专政呢？这种"为渊驱鱼，为丛驱雀"的"超革命"的"理论"，只能起摧残革命力量、破坏无产阶级专政的作用，哪里是什么"马克思主义"的"理论"！

三、对资产阶级意识形态能"专政"吗？

对资产阶级意识形态专政，也是荒谬的，而且是根本行不通的。

马克思主义高度估价革命暴力在社会发展中的作用，特别是革命暴力在革命阶级夺取政权和巩固政权中的巨大作用。但是，暴力的作用不是没有范围和界限的。马克思主义决不是暴力万能主义，并不认为任何问题都能靠暴力解决。暴力不能解决意识形态的问题。理由很简单：无论是意识形态也好，不属于意识形态的其他思想(例如自然科学)也好，都是精神世界的东西。它虽然根源于物质世界，是物质世界的正确的或歪曲的反映，但本身并不是物质的东西。它只存在于人们的头脑里，并且只有通过认识主体的自觉自愿才可能发生变化。批判的武器固然不能代替武器的批判，同样，武器的批判也不能代替批判的武器。暴力可以禁止某种思想的发表，也可以迫使人表示屈服，甚至还可以从肉体上消灭具有某种思想的人，但无法使不愿改变思想的人改变思想；正如暴力可以造成婚姻，却无法造成爱情一样。安徒生童话里的皇帝的"新衣"虽然博得了臣民的喝彩，可是有谁真的相信这位皇帝身上有那么一件"新衣"呢？可见，用暴力强迫人相信他们不可能相信和不愿意相信的东西是办不到的，即使被迫表示"相信"也是假的。这就决定了思想斗争的内容只能是以讲理的手段达到说服的目的，超出这个范围就不成其为思想斗争了。这是思想斗争区别于其他斗争的特殊性。毛泽东同志说得很透辟："思想斗争同其他的斗争不同，它不能采取粗暴的强制的方法，只能用细致的讲理的方法。"①"要人家服，只能说服，不能压服。压服的结果总是压而

---

① 毛泽东：《关于正确处理人民内部矛盾的问题》.《毛泽东著作选读》下册，人民出版社1986年版，第786页。

不服。以力服人是不行的。"①

反动阶级和反动派用暴力强迫人们放弃真理、相信谬误，总是失败的。异端裁判所可以轻而易举地烧死布鲁诺，可以强迫伽利略在"悔过书"上签字，但是要他们放弃对哥白尼学说的信念却不可能。反动派屠杀了成千成万的共产党员和革命者，但他们无法阻止革命思想的深入人心。"四人帮"可以切断张志新同志的喉管，毁灭她的躯体，但丝毫也改变不了她的崇高思想。这个道理，就是最愚蠢的反动派也并非完全不懂的。他们之所以除了需要"刽子手的职能"之外还需要"牧师的职能"，就说明他们多少懂得"刽子手"毕竟起不了征服"人心"的作用。事实上，如果反动派能够使一些人在思想上受到蒙蔽的话，那并不是暴力镇压的结果，而是欺骗宣传的结果；欺骗宣传尽管讲的是"歪理"，但在形式上毕竟还是"讲理"。

那么，用暴力来强迫人放弃谬误、接受真理是不是行得通呢？也行不通。因为任何人放弃谬误、接受真理都需要通过本人的思考，别人无法代庖；都需要或长或短的认识过程，不能揠苗助长。当一个人还相信谬误的时候，暴力不能使他放弃谬误；当一个人还没有认识真理的时候，暴力也不能使他接受真理。例如宗教是现实世界歪曲的虚幻的反映，而马克思主义则是科学真理。可是能不能用暴力镇压的办法强迫宗教徒放弃宗教信仰而相信马克思主义呢？绝对不能。只有极谨慎、极耐心地按照当时当地的具体条件进行有说服力的宣传教育工作（而且这种宣传教育工作并非在任何条件下都适宜于进行），并且经过长期的努力，使产生宗教的社会根源不再存在了，宗教现象才可能最后消失。如果采取暴力手段，伤害信教者的感情，"只会加剧宗教狂"②。正如毛泽东同志说的："我们不能用行政命令去消灭宗教，不能强制人们不信教。不能强制人们放弃唯心主义，也不能强制人们

---

① 毛泽东：《在中国共产党全国宣传工作会议上的讲话》。《毛泽东著作选读》甲种本，人民出版社1965年版，第377页。

② 列宁：《俄共（布）党纲草案》。《列宁选集》第3卷，人民出版社1960年版，第766页。

相信马克思主义。"①

有人问：剥夺反革命分子的言论自由不是用暴力解决思想问题吗？当然不是。这是对反对革命行为的专政措施，其目的在于禁止反革命分子的破坏活动，而不在于"解决"这些人的什么"思想问题"。这样做是并不管反革命分子思想上服不服、通不通的。至于要他们转变思想，那就仍然要靠宣传教育，像毛泽东同志说的那样，"也对他们做宣传教育工作，并且做得很用心，很充分"②。如果暴力本身就可以解决思想改造问题，又何必实行惩办与教育相结合的政策呢？

真理占领思想阵地不可能靠暴力，也不需要靠暴力。马克思说得再好不过了："理论只要说服人［ad hominem］，就能掌握群众；而理论只要彻底，就能说服人［ad hominem］。所谓彻底，就是抓住事物的根本。"③

马克思和恩格斯一辈子没有掌握过政权，不可能"专"谁的"政"。他们没有把反马克思主义者抓来坐牢，把他们的著作收来焚毁。他们是靠自己理论的真理性和说服力赢得群众的信服的。

我国早期的共产主义者人数很少，而且是手无寸铁的"书生"。他们随时可能被反动统治者关进监狱，送上刑场，哪里谈得上"专"别人的"政"？然而他们以真理的呐喊划破了夜空，震撼了大地。他们通过论战打败了敌对思潮，传播了马克思主义，为中国共产党的诞生奠定了基础。

在灾难深重的旧中国，一批一批的优秀人物抛弃了自己曾经有过的错误信念，走上了马克思主义指引的革命道路。难道当时他们是因为害怕被扣上"反马克思主义"的帽子，受到专政，才被迫这样做的吗？难道那时反马克思主义的人不是可以安然无恙甚至升官发财，而

---

① 毛泽东：《关于正确处理人民内部矛盾的问题》。《毛泽东著作选读》下册，人民出版社1986年版，第762页。

② 毛泽东：《论人民民主专政》。《毛泽东选集》第4卷，人民出版社1991年版，第1477页。

③ 马克思：《〈黑格尔法哲学批判〉导言》。《马克思恩格斯选集》第1卷，人民出版社1995年版，第9页。

坚信马克思主义的人倒是要受到反革命暴力的残酷压迫，甚至于坐牢杀头吗？

如果说，在最困难的条件下真理的传播也不靠暴力，那么，在无产阶级掌握了政权，人民得到了解放，因而有可能在全国范围内和全体规模上用民主的方法教育自己的优越条件下，反而要用暴力来解决人们的思想问题，来建立"无产阶级"的文化，岂非咄咄怪事！

四、"无产阶级在文化领域对资产阶级专政"的错误口号必须抛弃

基于以上的分析，我认为无产阶级在文化领域对资产阶级专政的口号违背了人类文化史所表明的思想斗争的固有规律，违背了马克思主义的科学原理和毛泽东同志的论述，违背了党的方针和我国宪法的原则，是极"左"的错误口号。它只能成为林彪、"四人帮"推行文化专制主义、毁灭社会主义文化的理论支柱，而不可能成为繁荣社会主义文化的方针。

林彪、"四人帮"利用这个口号达到他们的目的是不足为怪的。可虑的是我们有些同志也不假思索地迷信这个口号，总以为既然我们掌握了政权，用暴力来"战胜"资产阶级意识形态、来"占领思想阵地"是省力省事而又灵效如神的，总以为一面"白旗"或一顶"三反分子"的帽子就可以促进"思想改造"，一篇"坦白认罪"的检查就可以证明"脱胎换骨"。其实这是神经衰弱，恰恰说明自己并不那么相信马克思主义，并不那么相信自己是真理在握的强者。这种做法只会把马克思主义弄得声誉扫地，只会把人民弄得"重足而立，侧目而视"，造成一个"无声的中国"，而决不会为马克思主义赢得寸土。即使是出于好心，也是给社会主义事业帮倒忙。实践是检验真理的唯一标准。事实是最顽强的东西。喧嚣一时的所谓"横扫牛鬼蛇神"、"工农兵登上上层建筑"、"占领文艺舞台"、"打破世袭领地"等等一套"左"而又"左"的"革命"行动和"专政"措施，究竟造成了什么结果，不是还历历在目吗？这究竟是"战胜"了资产阶级意识形态还是败坏

了无产阶级意识形态，是促进了社会主义的文化革命还是革了社会主义文化的命，是毛泽东思想的"大普及"还是封建法西斯思想的大泛滥，难道还不清楚吗？用这样高昂的代价换来的明如白昼的教训，还不足以使我们从迷信中憬悟过来吗？

毛泽东同志早就说过："实行百花齐放、百家争鸣的方针，并不会削弱马克思主义在思想界的领导地位，相反地正是会加强它的这种地位。"①这是多么实事求是和卓有远见的论断！假如一贯地坚定不移地实行这个正确的方针，十年浩劫何至于发生，我们的社会主义文化园地以至整个国家又将是何等气象！现在是彻底恢复马克思列宁主义、毛泽东思想的本来面貌，不动摇地按照党的知识分子政策和"双百"方针办事，抛弃那些已被实践抛弃了的错误口号的时候了。

---

① 毛泽东：《关于正确处理人民内部矛盾的问题》。《毛泽东著作选读》下册，人民出版社 1986 年版，第 787 页。

人道主义的哲学基础[*]

人道主义问题成为近年来理论界讨论的热点，我以为决非偶然。"文化大革命"前我国就对人道主义进行多次批判，把人道主义等同于"资产阶级世界观"，等同于"修正主义"。"文化大革命"中更是公然鼓吹反人道主义，把人的理想、价值、幸福、自由、尊严毁损殆尽。我们多年来事实上在几亿人中间灌输了一种观念：马克思主义与人道主义是不相容的，要"坚持"马克思主义就不能不反对人道主义；人道主义这面旗帜是资产阶级举过的，我们无产阶级决不能举。因此，为人道主义正名，乃至为人道主义辩护，都是必要的。但我又认为，我们在为人道主义辩护的时候在理论上要周密一些，要力图作出符合历史和现实的分析，正确阐明马克思主义与人道主义的关系，给人道主义以历史的、科学的解释。在这一点上，我觉得有些文章有不足之处。本文只想谈谈事情的这一个方面。

一、人道主义与人性论不能等同

我觉得有些文章理论上的弱点，就是没有区分人道主义和抽象的人性论，把两者看成了等同的概念，或者虽然作了一定的区分，但把抽象的人性论说成了人道主义的唯一可能的哲学基础，以为肯定人道主义就必须肯定抽象的人性论。我认为这在理论上不是前进，而是倒退。为了把人道主义建立在正确理论的基础上，使人道主义的解释更有说服力，有些问题是必须弄清楚的，否则不能真正驳倒过去对人道

---

* 原载《武汉大学学报（哲学社会科学版）》1984 年第 3 期。

主义的错误批判。

人道主义(Humanitarianism)从产生的时候起就不是一种解释人类历史的哲学理论，不是一种历史观，而是建立在某种历史观的基础之上的一种伦理原则。从文艺复兴时期开始的人道主义的历史观基础是抽象的人性论①。这是历史的事实。无论那时的人道主义(由于它的提出者是代表新兴资产阶级的思想家，称它为资产阶级人道主义是准确的，这并不带有什么贬义)有多少合理的成分和进步的作用，也无论它同马克思主义所揭橥的人道主义有多少共同之处，它的历史观基础——抽象的人性论却是不正确的理论。马克思和恩格斯确曾有过许多批评人道主义的言论(这些言论常常被某些人引用来"证明"马克思主义与人道主义不相容)，但只要仔细分析就可以看出，他们反对的并不是人道主义的伦理原则(相反，他们还认为资产阶级人道主义者没有把这一原则贯彻到底)，而是它们所依据的哲学理论或历史观基础——抽象的人性论。马克思主义主张继承和发扬人道主义是事实，主张否定抽象的人性论也是事实。这两者不仅不矛盾，而且后者正是前者的前提。马克思主义正是由于不用抽象的人性论来解释历史，而用唯物史观来解释历史，才使人道主义的伦理原则有了坚实的科学基础，才拓宽和加深了它的内容，加强了它的现实性和可行性。

二、抽象人性论与唯物史观的分歧

抽象的人性论与唯物史观的分歧何在呢？

第一个问题：对人性怎样理解？是把人性理解为与生俱来的、一成不变的、具有固定特征的东西，还是理解为社会物质生活条件决定的历史地变化着的东西？

这里的焦点是"共同人性"问题。

"共同人性"在这里当然不是指人作为生物学上的物种区别于其

---

① 人性论(theory of human nature)是对人的性质或本质作出解释和说明的理论，是历史观的一个重要方面。

他物种的共同的生理性质，因为承认这种"共同人性"在任何哲学派别之间都并无分歧，不成为问题。有争议的是处在不同时代、不同社会关系和不同阶级地位（和其他社会地位）的人有没有共同的社会性质的问题。

有没有这样的"共同人性"？过去很长一段时间里曾经有人在任何意义上都不承认有共同人性，"文化大革命"期间更走到了登峰造极的地步。按照那时的"标准"说法，在阶级社会（或还有阶级斗争的社会）里人性就等于阶级性，阶级性就是人性的全部，再没有别的；而不同阶级的人性又毫无共同之点。不管在什么意义上承认有共同人性或人的共性，一概是"修正主义"和"地主资产阶级的人性论"。这种"左"的观点是站不住脚的。首先，说阶级性就是人性的全部就讲不通。马克思说："人的本质不是单个人所固有的抽象物，在其现实性上，它是一切社会关系的总和。"①当然不能说除了阶级关系（虽然在阶级社会里是主要的）就没有别的社会关系，或者别的社会关系对人性毫无影响。毛泽东批评超阶级的人性时说的是"在阶级社会里就是只有带着阶级性的人性"②，并没有说人性全等于阶级性。鲁迅也认为人的性格、感情等既然都受经济组织的支配，就"一定都带着阶级性。但是'都带'，而非'只有'"③。其次，说不同阶级的人性毫无共同之点也讲不通。因为这既不合乎一般、特殊和个别的辩证关系的原理，也不能解释复杂的社会现象，甚至连日常生活中碰到亿万次的事实也不能解释。例如文学艺术的继承和欣赏就不可理解。

但是，我也并不认为现在有些文章中对"共同人性"的解释是正确的。

按照我的理解，唯物史观承认的"共同人性"是指具体的人性中

---

①　马克思：《关于费尔巴哈的提纲》。《马克思恩格斯选集》第 1 卷，人民出版社 1995 年版，第 56 页。

②　毛泽东：《在延安文艺座谈会上的讲话》。《毛泽东选集》第 3 卷，人民出版社 1991 年版，第 870 页。

③　鲁迅：《文学的阶级性》，见《三闲集》。

的共同点，即寓于特殊中的一般，而不是超越于具体人性之外的独立实体。"共同人性"就是"人的共性"。这种共性当然不是虚构的而是客观存在的，但是只能存在于具体的人性之中。人们可以通过抽象活动把它在头脑中分离出来，形成概念，却不可能把它在现实上分离出来，使它成为单个的事物。毫无疑问，这种抽象活动对人类生活是必不可少的。在日常生活中如果连最低限度的抽象也没有，人们就不能形成最起码的概念，甚至连语言交流也不可能（因为任何词都已经是在概括，没有抽象就无法概括，就不能用词来表达思想，人们就根本不能开口讲话）。假如连"房子"、"水果"之类的概念都没有，人们怎么讲话呢？科学研究上更是如此。马克思在论及生产时是反对有脱离社会发展阶段的抽象的生产的，他认为"说到生产，总是指在一定社会发展阶段上的生产"①。但是，他又指出："生产的一切时代有某些共同标志，共同规定。生产一般是一个抽象，但是只要它真正把共同点提出来，定下来，免得我们重复，它就是一个合理的抽象。"②可见，在这个意义上肯定不同的特殊对象有共同点，包括肯定不同时代的特殊人性有共同点，是完全合理的。但是，如果竟以为这样的共同点不是寓于特殊对象之中，而是脱离特殊对象而独立存在的实际事物，例如以为"房子"可以脱离个别的房子而独立存在，"水果"可以脱离个别的水果而独立存在，"生产"可以脱离一定社会发展阶段上的特殊方式的生产而独立存在，"人性"可以脱离具体的人性而独立存在，那就不符合实际了。马克思和恩格斯在《神圣家族》中揭露"思辨结构的秘密"时，对这种唯心主义的认识根源作了经典式的深刻批判。他们指出，"果实"本来是我们从实际的苹果、梨、草莓、桃中得出的一般观念、抽象观念。如果我们再进一步想象"果实"这个抽象观念就是存在于我身外的一种本质，而苹果、梨、草莓、桃等等倒

---

① 马克思：《〈政治经济学批判〉导言》。《马克思恩格斯选集》第2卷，人民出版社1995年版，第3页。

② 马克思：《〈政治经济学批判〉导言》。《马克思恩格斯选集》第2卷，人民出版社1995年版，第3页。

是这个"本质"的"表现"，那就是唯心主义。① 列宁也指出，认为一般(概念、观念)是单个的存在物，这是从原始的唯心主义到现代的唯心主义的共同错误，是"野蛮的、骇人听闻的(确切些说：幼稚的)、荒谬的"②。

现在有些作者把"共同人性"说成凌驾于具体历史条件之上、脱离具体历史条件而独立存在的实体，说成永恒不变的、完美的、理想化的东西。据说这种"人性"在原始社会里是以本来面貌存在的，到了阶级社会里就"异化"了，"分裂"了，"扭曲"了，到了共产主义社会里才又"复归"。我以为这就把人性抽象化了。

有些同志对这样的"人性"作了种种解说和描绘，列举了诸如饮食男女、爱美、尊严感、理性、自由自觉的活动、创造性等等来证明有不受具体历史条件制约的抽象的共同人性的存在。让我们从这些实例中举出几条稍作分析吧。

先说饮食男女。饮食无疑是人类的共性(如果把"饮食"理解为摄取营养的话，它还是一切生物的共性)。但这实际上是一个抽象。实际存在的只有为不同历史时代的具体条件规定的、具有特定内容的饮食。原始社会的人在发明用火以前是"茹毛饮血"的；有些原始人群甚至吃自己本群的老人。这同文明时代的饮食相差何啻天壤！你说这不合"人性"，灭绝人性吗？当时的"人性"就是如此。男女关系当然也是人类的共性(除了无性繁殖的以外，也是一切生物的共性)。但是同蒙昧时代、野蛮时代、文明时代大体相应，存在着群婚制、对偶婚制和一夫一妻制的婚姻形式，每一种婚姻形式在不同的部族或民族、不同的地区还表现为千差万别的更具体的形式。能说群婚制是"禽兽之行"，不合乎"人性"吗？它曾经存在过的时间比迄今为止一夫一妻制存在的时间要长许多倍，它是很合乎当时的人性的。为什么

---

① 见马克思、恩格斯：《神圣家族》。《马克思恩格斯全集》第2卷，人民出版社1957年版，第71~76页。

② 列宁：《哲学笔记》。《列宁全集》第38卷，人民出版社1963年版，第420~421页。

在我们今天看来如此不合乎人性的东西竟然在漫长的历史时期里作为完全合乎人性的现象存在呢？这只能说明本来就只有具体的人性而没有抽象的人性。而且，按照有些同志的说法，人性是到了阶级社会里才"异化"的，那么原始社会里的人性就该是"模范人性"了。可是人吃人和血族婚配能算"模范人性"吗？如果说我们要为这种人性的"复归"而奋斗，那不是骇人听闻吗？

再说爱美。诚然，爱美之心，人皆有之。但不同时代、不同民族，不同阶级的美感是差异甚大的。有的原始部落以拔掉门牙、头上装上牛角、浑身涂满牛粪为美，在我们看来似乎不可接受，在他们却视为当然。鲁迅说过，爱斯基摩人（Eskimos）很难欣赏"林黛玉型"的美。车尔尼雪夫斯基也说过，那种面色苍白、形容憔悴、身躯纤弱的"宫廷美人"在劳动农民的眼里是"奇丑"的，他们只会觉得她有病；他们认为面色红润、身躯壮实、动作敏捷的女性才是美的。要说哪一种审美观最合乎"共同人性"，实在是说不清的。

再说尊严感。抽象地说，凡人都有尊严感，都要维护自己的尊严，这是没有疑问的。然而不同时代、不同社会关系中的不同地位的人，其尊严的标准却各有不同。我国封建社会里自天子以至于庶人，各个等级都有各自的标准。对一个等级的人说来是无损尊严的事，对另一个等级的人说来却可能大损尊严；反过来说也是一样。在旧中国的上海，乞丐在黄浦江边铺一床破席子乘凉是极平常的事，资本家这么做就大损尊严了。在我国封建时代见了尊长不跪拜就有损尊长的尊严，现在就没有人这么看了。

这些举例无非是想说明，脱离具体人性的"共同人性"并不存在。人性是历史地变化着的而不是永恒不变的，想用"人性"的这种规定或那种规定来说明这种变化，就等于用"人性"来说明"人性"，等于什么也没有说明。人性的变化，只有从社会的物质生活条件出发，归根到底从生产力的水平和状况以及由此决定的社会关系出发，才能得到科学的说明。当然，这种说明的工作决不是轻而易举的，因为社会物质生活条件本身就是非常复杂多样的对象，要准确地说明一定时期的物质生活条件就是十分吃力的工作；而在社会物质生活条件同具体人性之间又有许多中间环节和许多交互作用的因素(如世代积淀起来的文化传统、风俗习惯、外来文化的影响等等)起着各自的作用,要用社会物质生活条件来准确地说明一定时期的具体人性就更是吃力的工作。我们决不同意那种对社会物质生活条件本身不作科学的剖析,而又从中直接地简单地引出某种具体人性的粗陋做法。我们只是说,无论社会物质生活条件同人性之间的联系有多么复杂,人性的最终原因还是只有到社会物质生活条件中去探求。不仅各种具体人性的差异点要用社会物质生活条件的差异点来说明(我们在上文的例子里只着重谈了差异点的一面),就是各种具体人性的共同点也要用社会物质生活条件的共同点来说明。哲学、伦理学、美学、政治学、教育学、民俗学、心理学等等一切与"人性"有关的科学要想合理地说明"人性",都只有坚持唯物史观的路线,而从抽象的人性论出发只能陷于混乱和谬误。

第二个问题:用"人性"来解释历史,还是用社会物质生活条件来解释历史?

用"人性"来解释历史,或者准确些说,把被描绘为具有某些固定特征的"人的本性"、"人的天性"、"人的本质"之类的东西作为解释人类历史运动的终极原因,这是文艺复兴时期的人文主义者、早期的空想社会者、18世纪法国启蒙思想家、18世纪法国唯物主义者以至19世纪上半期法英两国的空想社会主义者的共同错误。尽管他们对"人性"的描绘各有不同,论证的方法和思维的路径各有不同,引出的实际政治结论也各有不同,甚至每一个个人的学说都有自己的特色,但是他们都肯定有永恒不变的人性,都认为这种永恒不变的人性就是解答历史之谜的钥匙。这是经历了500年之久未能突破的界限。应该说,用"人性"来解释历史比之用"神性"来解释历史是一个大进步,因为它毕竟把历史变化的终极原因从"天上"移回到了"地上",朝着更接近真理的方向而不是更远离真理的方向跨出了艰难的一步。但是它本身并不是真理。为什么呢?因为一切以永恒不变的"人性"作为历史变化的终极原因的学说都不能回避一个根本性的问题:"人性"为什么正是具有如此描绘的那些特征,而不是另一种样子?如果你用"人性"之外的某种原因来解释"人性"何以如此，那么历史变化的终极原因就不是"人性"，而是使"人性"恰好如此的那个"人性"之外的东西了。这就与"人性"是历史变化的终极原因的论断相抵触，陷入了自相矛盾。如果你坚持"人性"是历史变化的终极原因，你就只好拒绝对造成"人性"的原因作进一步的解释，只好断言"人性"是与生俱来的、本来如此的，这就无异乎把人的目的、动机、理想、意志、情感等等说成第一性的东西，这正是唯心主义的弱点。事实上，所有以"人性"解释历史的学派或人物都留下了一个自相矛盾的大尾巴，都找不到历史变化的真实原因。正是在这个意义上我们说马克思主义以前没有真正的社会历史科学。马克思主义的唯物史观根本反对把"人性"作为历史变化的终极原因，它指出历史变化的终极原因不是"人性"，当然也不是"神性"或任何别的精神实体，而是人类为了维持生存而不能不进行的物质生活资料的生产方式。这才使似乎极其混乱的历史现象(包括"人性"这种历史现象在内)第一次有了科学解释的可能。当然，要实际地解释某一具体的历史现象，还需要艰苦的专门研究，不是简单地套用唯物史观的一般公式所能解决问题的。但是唯物史观为解释历史提供了唯一科学的理论和方法，这正是社会历史研究领域里开辟了新时代的伟大变革。

现在有的作者不是从物质生活资料的生产方式的矛盾运动出发来解释历史(包括解释"人性")，而是用"人性"来解释历史。比如说，人类由无阶级的原始社会发展为阶级社会，再经过漫长的道路进一步发展为无阶级的共产主义社会的客观规律，本来已由唯物史观根据物质生活资料的生产方式的矛盾运动作出了科学的说明。但他们似乎认为这样的说明是不深刻的，而一定要把人类历史解释为一部"人性"发展史，"人性"自我实现史，"人性"的"异化"和"复归"史。尽管这些作者对"人性"的具体内容的描绘同以往的抽象人性论者可能有这样那样的差异(如前所述，这种差异在以往的各种抽象人性论者之间也是存在的)，但是他们的根本方法同以往的抽象人性论并无原则区别。这决不是什么"完善"的"唯物史观"，而是一种类型的唯心史观。不是前进了一步，而是倒退了一步。

三、社会主义人道主义的哲学基础是唯物史观

如果用抽象的人性论来指导社会主义实践，就等于要以基于抽象人性论的社会主义理论来代替基于唯物史观的社会主义理论。然而历史早已证明，以抽象人性论为基础的社会主义理论必然是空想的而不是科学的。

抽象人性论并不总是同"社会主义"理论"挂钩"的。但是如果"挂钩"，其产物就一定是空想的社会主义。恩格斯在《社会主义从空想到科学的发展》这本名著中对这个问题作了经典式的历史考察和科学分析；后来普列汉诺夫在他那本受到列宁高度评价的《论一元论历史观之发展》一书中又作了精彩的发挥。历史是这样走过来的：由文艺复兴时期发端而由 18 世纪启蒙学者和百科全书派学者继承发扬的、以抽象人性论为基础的历史观，是新兴资产阶级的利益的表现，其锋芒是对着封建统治阶级和封建制度的，在历史上起了重大的进步作用。但是它并不是正确的科学理论。这种历史观的基本论点无非是说封建制度违反"人的天性"，所以要建立一种合乎"人的天性"的制度。但是，这种理论所谓的"人的天性"是以资产阶级为模特儿描绘出来的，其实就是资产阶级的各种现实要求的概括，就是资产阶级的阶级性。他们的所谓"自由"，说到底就是贸易的自由，发财致富的自由（也包括劳动者出卖劳动力的自由，但决不包括劳动者不受剥削的自由）；所谓"平等"，说到底就是商品交换的平等，就是公平买卖（也包括作为商品的劳动力的公平买卖，但决不包括劳动者与资本家在拥有生产资料方面的实际平等）；所谓"理性"，说到底是资产阶级对发展科学技术以提高劳动生产率，从而攫取最大限度利润的强烈要求的反映（决不支持站在劳动者立场的人运用"理性"来揭露资本主义剥削的实质）。他们要求建立的"合乎人性"的制度，其实就是最大限度地满足资产阶级利益的制度，就是资本主义制度。这种制度经过革命果然建立起来了，事情的真相也就迅速暴露了。于是一批站在劳动者立场的社会主义者就出来揭露资本主义了。但是他们使用的哲学武器是

什么呢？仍然是抽象的人性论。他们的理论无非是说，过去说资本主义合乎"人性"，其实错了；真正合乎"人性"的是社会主义。历来的社会制度之所以不好，就是因为大家都没有把"人性"研究清楚，都不懂得只有社会主义才是合乎"人性"的理想制度。现在既然发现了错误，就只要根据对"人性"的透彻研究，绘制出社会主义的详细蓝图，向大家作耐心的宣传，大家就会乐于实行，连资本家也会欣然赞助，完全合乎"人性"的社会主义人间天堂就可以实现了。这当然完全是空想。其所以是空想，根本的原因就在于他们是从抽象的人性论推导出社会主义的。他们的全部理由就是：因为"人性"是如此这般的，所以社会制度就应该如此这般。他们根本不了解人类社会发展的真正动力，不了解一种社会形态代替另一种社会形态的客观规律，不了解资本主义制度发生、发展和灭亡并为社会主义取代的历史必然性，不了解要依靠什么社会力量、通过什么手段、经过什么发展过程才能实现这种必然性。这并不是他们的"过错"。因为在无产阶级还没有成熟、资本主义的矛盾还没有充分发展的历史条件下只能有这样不成熟的理论。社会主义成为科学，那是在资本主义发展到相当成熟的程度，因而唯物史观得以创立的时候才实现的。回顾这段历史，对于理解当前讨论的问题很有好处。

毫无疑问，我们必须大力弘扬社会主义的人道主义精神。我们的社会主义建设所做的一切工作都必须是为了人，这是社会主义的本质，是我们一切工作的出发点和归宿点。离开了这一点，把人仅仅当成劳动力，当成机器，当成"阶级斗争"的工具，这是违反社会主义的本质的，是对马克思主义的曲解。"文化大革命"时期的畸形历史再也不容许重演了。应该说，过去的流毒还没有彻底清除，要清除不尊重人、不关心人，甚至不把人当人的现象，还需要长期斗争。但正因为这样，我们就必须用唯物史观而不是用抽象的人性论来解释人道主义。我认为人的问题无非是不断满足人的物质需要和精神文化需要，从而使人朝着全面发展的方向不断前进的问题。需要是历史的范畴，它的具体内容是由一定历史时期的社会状况、归根到底是由生产力的水平和状况决定的。满足需要的手段和方式也是这样。没有什么抽象的需要，不能离开具体条件来谈满足人的需要。在我们的社会主义建设中，应该具体地细致地研究在当前的现实条件下我国人民有哪些物质的需要和精神文化的需要，估计这些需要将向什么方向发展，哪些需要是在目前可以满足的，哪些需要是在将来才能满足的，以及用什么具体的手段和方式满足各种复杂的需要，等等。而满足人民需要的根本保证则是大力发展生产力，同时加强社会主义的物质文明和精神文明建设。一切工作都必须围绕着这个根本点来进行。这就是我们正在进行的工作，就是关心人、为了人的实际行动。至于工作中的缺点错误，当然必须通过各种形式的改革不断予以克服，但不是去改变这个方向。

两种伦理原则[*]

一、人道主义是伦理原则而不是历史观

在近来关于人道主义问题的讨论中，有些同志把人道主义也看成一种世界观或历史观，我以为这并不符合历史事实。历史上的人道主义者并没有用他们的人道主义学说来解释世界或人类历史，也不可能这样做。他们在人道主义的名义下提出来的东西是人的行为规范和评价标准，是伦理原则。它同人性论不是一回事。当然，人道主义同人性论有密切的联系。马克思主义以前产生的人道主义是以人性论这种历史观(它是唯心史观的一种)为理论基础，从它引申出来的。但是，是不是只有从人性论的历史观才能引申出人道主义的伦理原则呢？并非如此。从马克思主义的唯物史观也可以引申出人道主义的伦理原则。从不同的历史观引申出来的人道主义是有共同点的，所以都叫做人道主义。然而正因为它们的历史观基础不同，它们的内容也就有许多原则的差异。资产阶级的人道主义和无产阶级的人道主义(或称为社会主义的人道主义)的关系，我以为就是如此。

二、两种不同哲学基础的人道主义

有人认为从人性论引申出人道主义是顺理成章的，从唯物史观引

　＊　本文是作者的《人道主义的哲学基础》一文的续篇。原载《江汉论坛》1984年第 5 期。

申出人道主义却是悖理的。这种看法的根源可能在于以下两点：第一，是把唯物史观这种解释全部人类历史的普遍理论和方法与它在运用到人类历史的一个特定阶段时得出的特殊结论——阶级斗争和无产阶级专政等同起来了。第二，是把阶级斗争和无产阶级专政的理论同人道主义对立起来了。而这两点都是不对的。

唯物史观的根本论点是：社会发展史归根到底是物质生活资料的生产方式发展史；而人民群众是生产者，是一切物质财富和精神财富的创造者，是历史发展的最根本、最深层的动力。以唯物史观为指导思想的科学的社会主义就是关于社会发展到了现阶段以无产阶级为主体的人民群众实现自身解放的条件和途径的理论。因此，科学的社会主义不能不以人民群众的利益为宗旨，不能不以是否符合人民群众的利益作为衡量行为是非善恶的标准。而这正是无产阶级的人道主义即社会主义的人道主义的伦理原则。而任何与此相反的伦理原则，是必然同科学社会主义的性质相抵触，也必然同唯物史观的根本原理相违背的。

如果说，在社会主义制度还没有建立的情况下，社会主义人道主义事实上还不可能成为整个社会的伦理原则，而只可能在具有社会主义思想的革命者当中以革命的人道主义的形式出现的话，那么，在社会主义社会里，实行社会主义人道主义的伦理原则就具备了充分的可能和完全的必要了。它将作为社会主义的经济基础的反映，又反过来对社会主义的经济基础起巨大的保护作用和推动作用。社会成员的互相关心、互相爱护、互相帮助、互相尊重将成为巨大力量，使人们得到普遍的温暖和幸福。这正是社会主义制度的优越性的必然表现和特征。它不是可有可无的东西，也不是时有时无的东西，而是与社会主义社会的性质血肉相连的东西。新中国成立以来，我们党以各种形式在全社会范围内宣传和实行了社会主义人道主义，这是有目共睹的。但是也应该清醒地看到，在从 20 世纪 50 年代后期到"文化大革命"结束的这段时间里，由于"左"的错误，确实做了一些违反社会主义人道主义的错事和蠢事，一切人道主义的共同原则都抛到九霄云外去了。不仅在实践上如此，在理论上对待人道主义也有严重的失误。由于当时苏联领导人把马克思主义归结为人道主义(这当然是错误的)，我们在 50 年代后期就花了很大的气力去批判人道主义。但当时的批判是缺乏分析的：既不区别社会主义人道主义和资产阶级人道主义，又不区别资产阶级人道主义在不同的历史条件下和具体环境中的不同的意义和作用，把整个人道主义都作为同马克思主义根本不相容的东西，作为"修正主义"的反动思潮来抨击。这件事在全世界损害了马克思主义的形象，损害了社会主义的形象，在客观上为"文化大革命"中的反人道主义的行为提供了借口。这个教训是深刻的。余波所及，至今也还有不少的人误认为人道主义是"坏东西"；而且，由于封建主义和资产阶级利己主义思想的影响，由于经济落后、文化落后，违反人道主义的现象还不同程度地存在于我国社会生活的许多角落里，宣传和实行社会主义人道主义还会遇到阻力。正因为如此，我们就必须正确地总结以往的教训，决不能不加分析地否定一切人道主义。

能不能因为我们过去犯了不加分析地否定一切人道主义的错误，今天我们就不加分析地肯定一切人道主义呢？我认为不应该这样做。这样做，在理论上、科学上也站不住脚。凡是理论上、科学上站不住脚的东西，都应该为我们所不取。社会主义的人道主义与资产阶级的人道主义当然决不是没有相通的东西，更不是所谓"毫无共同之点"，但两者的历史观基础确有不同，两者的具体内容也有许多原则的差异，这也是事实。我们应该讲清楚两者的区别，正确地宣传社会主义的人道主义；应该批评资产阶级人道主义的唯心史观理论基础，批评它的那些不切实际的、软弱无力的甚至虚伪的成分，同时又如实地肯定它在一定条件下和一定具体环境中的合理成分和进步作用。这才是科学的态度。

三、社会主义人道主义与资产阶级人道主义的区别

社会主义的人道主义和资产阶级的人道主义的主要区别，除了它们所依据的历史观的对立以外，就它们的具体内容而言，我以为有如

下几点：

第一，资产阶级人道主义以不触犯资本主义制度为界限，社会主义人道主义则与消灭一切剥削制度、建立社会主义和共产主义社会的理想相一致。

资产阶级人道主义并不一定公开宣布维护资本主义制度，资产阶级人道主义者也并不一定都自觉地为资本主义制度唱赞歌。事实上，资产阶级人道主义者（伪人道主义者又当别论）一般说来对于他们看来是"过分"的剥削和压迫行为是反对的，对法西斯是坚决反对的，还可以对资本主义制度下出现的那些违反资产阶级人道主义原则的现象进行抨击。但是，既然他们的人道主义伦理原则是从抽象的人性论引申出来的，而他们描绘的"人性"实际上又是以资产阶级的特性为模特儿的，他们就必然认为只有资本主义制度是最合乎"人性"的制度。如果他们也批评资本主义社会，那也只是因为觉得这个现实的资本主义社会不理想，因而要对它痛下针砭，把它改进成为理想的、模范的资本主义社会。根本改变资本主义社会制度对他们来说是不可设想的。这就是资产阶级人道主义的不可逾越的界限。至于资产阶级人道主义者中间有些人后来变成了社会主义的同情者、支持者，甚至成了马克思主义者，成了共产党员，那是他们个人突破了资产阶级人道主义，并不是资产阶级人道主义的原则本身有什么改变。

社会主义人道主义与此相反，它以消灭一切剥削制度、建立社会主义和共产主义社会为目的。因此，它必然以是否有利于建立、巩固和发展社会主义制度作为衡量人们行为的是非善恶的标准。而某种行为是否有利于巩固和发展社会主义制度，要根据各国的具体特点以及不同发展阶段的具体特点作出具体分析。有的行为在某个国家或某一特定发展阶段是有利于社会主义制度的建立、巩固和发展的，在另一个社会主义国家或另一个发展阶段则可能并非如此；反过来也是一样。在我国的现阶段，一切有利于社会主义现代化建设的、促进生产力发展的行为都是善的、正义的，一切有损于社会主义现代化建设、阻碍生产力发展的行为则是恶的、非正义的。

第二，资产阶级人道主义反对阶级斗争，社会主义人道主义是与马克思主义的阶级斗争理论相一致的。

资产阶级人道主义宣传普遍的无差别的"人类之爱"，主张"勿抗恶"，认为一切阶级斗争都是非人道的。其实这种无差别的"人类之爱"在阶级社会里根本不存在，也不可能存在。正如鲁迅说过的，从圣贤一直敬到骗子屠夫，从香草美人一直爱到麻风病菌的人，是找不到的。"勿抗恶"也只能是纯粹的空话。事实上，资产阶级在对付他们认为"恶"的社会力量的时候从不排斥使用暴力。只要看看他们在资产阶级革命时期如何对付封建统治阶级，在巴黎公社时期如何对付革命的无产阶级，就洞若观火了。如果无产阶级和劳动人民真的听信了这种无差别的"人类之爱"和"勿抗恶"的说教，照此实行，就会吃亏上当。

社会主义的人道主义不排斥阶级斗争，它与马克思主义的阶级斗争理论是一致的。阶级和阶级斗争的存在是一种事实。这种事实在马克思主义以前就已经由资产阶级的历史学家和经济学家揭示出来了；马克思主义的新贡献仅仅在于论证了阶级和阶级斗争并非从来存在，也不会永远存在，它只是漫长的人类历史中一个特定阶段的必然产物，它已经由于生产力的一定发展状况而必然地产生，也会由于生产力发展状况的进一步改变而归于消灭，而无产阶级专政则是消灭阶级、走向大同的必由之路。如是而已。马克思主义并不"爱好"阶级斗争，无中生有地去"煽动"阶级斗争，它只不过指出了客观事实和历史的必然规律。如果说，马克思主义不仅不掩饰这种事实和规律，而且还要为消灭阶级对立、促进世界大同而努力奋斗的话，那么，这中间就包含着对阶级社会中不可避免的反人道主义现象(压迫、剥削、掠夺、种族歧视等等)的义愤，包含着对人的全面发展的崇高理想。这正是比资产阶级人道主义广阔无比、深刻无比的人道主义，这中间有什么不一致、不协调呢？难道闭眼不看阶级社会里那样惊人的不人道的事实，不去为消灭它们而创设条件，倒更合乎人道吗？当然，正因为马克思主义所主张的社会主义人道主义是以承认阶级和阶级斗争在现阶段的客观存在为前提的，它也就不能承认无差别的"人类之爱"。我们不能因为希特勒和墨索里尼也是"人"，就去"爱"他们，就去"尊重"他们，"帮助"他们，"宽容"他们屠杀千百万人民的暴行。假如真的这样做，就无异乎纵容和支持这些人类之敌的暴行，就是最大的不人道。这一点，真诚的资产阶级人道主义者在事实面前也是承认的，他们当中有些人的实际行动与"勿抗恶"的信条也并不一致。

第三，资产阶级人道主义以个人主义为核心，社会主义人道主义以集体主义为核心。

这里有必要指出，个人主义并不等于利己主义，并不等于"只顾自己不顾别人"。事实上资产阶级人道主义者也决不都是自私自利者，他们当中有不少富于自我牺牲精神的人物。恩格斯曾举文艺复兴时代的一批"巨人"以及狄德罗这样的人物说明这一点。我们说资产阶级人道主义以个人主义为核心，是说这种原则的出发点是把个人的解放看做社会进步的前提。它把"个性解放"、个人的"自我完善"、个人的"自由"、"幸福"等等看成高于一切的东西。胡适对易卜生的"淑世主义"推崇备至。易卜生也确实对资产阶级的利己主义、市侩主义和资本主义社会的虚伪丑恶现象进行过尖锐的揭露，但他鼓吹的改革社会的方法完全是个人主义的。他在给友人的信中说："要使你有时觉得天下只有关于我的事最要紧，其余的都算不得什么。……你要有益于社会，最好的法子莫如把你自己这块材料铸造成器。……有的时候我真觉得全世界都像海上撞沉了船，最要紧的还是救出自己。"①这就是以个人主义为核心的典型表现。

社会主义人道主义与此相反，它认为个人的解放只能以集体的、群众的、社会的解放为前提。有人说马克思主义漠视个人利益，总是要求个人把属于自己的一切都牺牲掉，奉献给"崇高而空洞"的"集体利益"。这是曲解。马克思主义当然承认，如果每个社会成员都没有个人利益可言，所谓"集体利益"、"社会利益"也就是"空洞"的。但是问题恰恰在于：社会成员的个人利益如何才能实现？在人剥削人、人压迫人的社会里，成千成万被剥削被压迫的群众也是一个一个的

① 转引自《胡适文选》，亚东图书馆1930年版，第130页。

"个人"，他们的个人利益有保障吗？能"救出自己"吗？就拿《玩偶之家》里的娜拉来说吧（她还不是什么被剥削的劳动人民），易卜生给她安排的出路是弃家出走。但她走到哪里去？下落怎样？易卜生没有说，也无法说下去。显然，只要造成她那种处境的资本主义社会结构不改变，娜拉是不能"救出自己"的。她只走出了使她成为玩偶的家庭，却走不出造成千千万万这种家庭的社会，出走的办法决不会使她的处境有根本的改善。要使成千上万的"个人"得到解放，就要造成一种使这种解放能够实现的社会条件，而这种条件是任何个人的力量也不可能造成的。在旧中国，个人不可能推翻"三座大山"；在今天的社会主义社会，个人也不可能实现"四个现代化"。而没有这些，个人的"目的"、"价值"、"幸福"等等又怎样能实现呢？"个人奋斗"、"自我设计"这些说法，如果是指的在社会的、人民的利益的前提下为确定的目标而奋斗，那就不仅无可非议，而且是非常必要的。但是如果指的是不顾人民利益和社会需要、离开现实可能的"奋斗"和"设计"，那就错了。社会主义人道主义的原则只能是以人民的利益为提前和基础，而把个人利益包括在人民的利益之中，而不能是相反。

第四，资产阶级人道主义有很大程度的非现实性，不可能彻底实行，社会主义人道主义是现实的、可以彻底实行的。

这当然不是说资产阶级人道主义者都是故意撒谎的骗子。骗子当然是有的，但决不都是。有许多真诚的资产阶级人道主义者是真像他们所说的那样想的、那样做的。但是这种伦理原则的性质决定了它必然至少有一部分与实践相矛盾。这种以抽象人性论为基础的伦理原则采取的是"普遍性的形式"，他们说的"人"是脱离了一定社会关系的抽象的"人"，总是说"人"应该如何如何，好像是指一切的人，而实际上在有阶级存在的社会里人与人的利益常常是互相冲突的。遇到冲突的时候怎么办？你怎么能使一切"人"的利益都同样得到满足而不受到损害？希特勒、墨索里尼、东条英机也是"人"，可是当他们成千上万地屠杀人民的时候，把屠刀砍向人民的时候，你能不能对所有的"人"都一视同仁地关怀，对屠杀者和被屠杀者都实行人道主义呢？

你如果闭眼不管，甚至自己也引颈就戮，从一方面说倒是把"勿抗恶"的原则贯彻到底了，但那岂不对千百万被屠杀的人民，甚至包括你自己都太不人道吗？这不是实际上成了法西斯暴行的纵容者、赞助者，大有背于人道主义吗？如果你竟然反抗，参加消灭法西斯的斗争，那又违背了"勿抗恶"的原则。说服、规劝他吧？他不理睬你怎么办？只此一例，就足够说明资产阶级人道主义的原则要全部贯彻到底是不可能的，事实上也从来没有贯彻到底过。

社会主义的人道主义与此不同。它根本不采取抽象的"普遍性的形式"，不承认在有阶级存在的历史阶段里有什么无差别的人类之爱，公开宣布人道主义原则对不同的人实行起来是有差别的，这种原则的实现程度也是取决于社会发展的程度、取决于各种具体情况的。它不用美丽而空洞的辞藻代替具体切实的分析。因此，它不是虚幻的东西，而是可以彻底实行的原则。

由于两种伦理原则的对立，我们在社会主义社会里要坚持宣传和实行的只能是社会主义人道主义。如果以资产阶级人道主义的伦理原则作为判别行为是非善恶的标准，就会在许多原则的问题上得出错误的结论。

四、有分析地对待历史和现实中的
资产阶级人道主义

指出社会主义人道主义与资产阶级人道主义的原则区别，批评资产阶级人道主义的局限性，决不等于全盘否定资产阶级人道主义。相反地，对资产阶级人道主义在历史上和当前现实生活中的积极作用，都应该作如实的估计。

我们必须肯定资产阶级人道主义的历史作用。资产阶级人道主义的伦理原则首先是作为封建主义伦理原则的对立物而出现于历史舞台的。它是社会主义人道主义出现以前人类历史上最进步的伦理原则。这并不是因为它比奴隶主阶级或封建地主阶级的伦理原则更合乎所谓"人的本性"，而是因为它反映了新兴资产阶级发展资本主义的要求，促进了先进的资本主义制度代替腐朽的封建制度，符合历史发展的客观规律的要求。尽管这种伦理原则从产生之日起对于劳动人民说来就有极大的虚伪性，但它毕竟给了劳动人民以较之在封建主义伦理原则的统治下大得多的活动余地，为劳动人民积蓄力量、组织队伍、发展阶级意识、提高文化水平等等提供了更大的可能。这种进步的历史作用是不能抹杀的。

在无产阶级登上了政治舞台，革命人道主义或社会主义人道主义已经作为资产阶级人道主义的对立物产生之后，对资产阶级人道主义的作用也仍然要分别不同的情况予以不同的估计，采取不同的态度。

第一，资产阶级人道主义虽然是社会主义的对立物，但它同时也是封建主义、法西斯主义和其他形式的反人道主义的对立物。它宣传的普遍的无差别的"人类之爱"虽然在今天还不免是无法真正实行的空谈，但毕竟比公开宣传仇视人类、憎恨人民好得多。它宣传的公平、正义、人格、良心等等虽然有很大程度的虚伪性，但它毕竟比公开宣传损人利己、不讲良心、不要人格的非道德主义好得多。它宣传反对一切暴力虽然是错误的，但毕竟比公开宣传用镣铐和绞索来对付人民的屠杀主义好得多。因此，当着资产阶级人道主义的锋芒指向这些东西的时候，它的作用就不是消极的而是积极的，不是反动的而是进步的了。鲁迅对资产阶级人道主义作过深刻的批评，对它的软弱无用给了辛辣的嘲讽。但是当法西斯横行，而有人大骂人道主义的时候，他对这种人的鞭挞却更不留情，对真诚的人道主义则给予恰如其分的肯定。他在谈到托尔斯泰"敢于向有权力的反动统治阶级抗争"时指出："大家现在又在大骂人道主义了，不过我想，当反革命者大屠杀革命者，倘有真的人道主义者出而抗议，这对于革命为什么会有损呢？"①鲁迅的态度是正确的。第二次世界大战期间，不是有大批的资产阶级人道主义者（包括许多神父、牧师和其他宗教信徒）投入了反法西斯的洪流吗？他们不是共产党人、马克思主义者和工农群众的朋友和同盟军吗？

---

① 见冯雪峰：《回忆鲁迅》，人民文学出版社1953年版，第31页。

第二，资产阶级人道主义虽然在某些方面与社会主义人道主义不同，但是两者之间并不是毫无共同之点的。认为对立阶级的伦理原则和道德规范毫无共同之点，善恶的标准一定是处处相反，事事相反，这并不是马克思主义的观点。恩格斯在驳斥杜林的永恒道德论时指出，现代社会的三个阶级即封建贵族、资产阶级和无产阶级都各有自己的道德，因为人们总是自觉或不自觉地归根到底从他们的阶级地位所依据的实际关系中吸取自己的道德观念。但是这三种道德论（即伦理原则）中还是有一些共同的东西。为什么呢？就因为"这三种道德论代表同一历史发展的三个不同阶段，所以有共同的历史背景，正因为这样，就必然有许多共同之处"①。例如诈骗、凶杀、背信弃义、粗野无礼等等，无论从资产阶级人道主义还是从社会主义人道主义的伦理原则看来都不会认为是"善行"。这不是说资产阶级事实上没有这些行为，而是说反映整个资产阶级根本利益的伦理原则不能把这类行为作为"善行"加以认可或提倡。因为假如这些东西竟成了人人必须贯彻的行为原则，对资产阶级也将是不利的。因此，资产阶级人道主义的伦理中有若干（当然不是一切）可以为社会主义人道主义的伦理原则有条件地承认或者批判地继承的东西，是毫不奇怪的。如果认为凡是资产阶级人道主义拥护的我们就要反对，凡是资产阶级人道主义反对的我们就要拥护，那就是愚不可及了。即使在我们社会主义社会里，对于从资产阶级人道主义的伦理原则引申出来的实际结论和实际行动，也决不是一概都要加以反对。假如一个公民从资产阶级人道主义的伦理原则出发而反对林彪、"四人帮"的暴行，一位医生从资产阶级人道主义的伦理原则出发而关心病人，是应该受到支持和表扬，还是应该受到反对和指责呢？我想，恐怕没有一个有健全理智的人会主张反对和指责这种大有利于社会主义、大有利于人民的行为，去责令这样做的人检讨自己的资产阶级世界观。事实上，也决不会有哪一个顾客在售货员向他微笑的时候先去作一番调查，等核实了这位

---

① 恩格斯：《反杜林论》。《马克思恩格斯选集》第 3 卷，人民出版社 1995 年版，第 434 页。

售货员的微笑究竟是出于社会主义的人道主义还是出于资产阶级的人道主义之后，再决定是否接受他的服务。如果按照"左"的观点把资产阶级人道主义的积极作用一笔抹杀，在理论上讲不通，在实际上也行不通，只能使我们陷入荒唐可笑的境地，自己孤立自己。

道德观念要符合经济体制
改革的要求 *

一、阻碍改革的固定道德观念应当廓清

　　坚持社会主义道路，丢掉僵化的模式——这是我们党和人民经历了多年的实践，付出了巨大的代价才认识到的一条伟大的真理。《中共中央关于经济体制改革的决定》表述和论证的正是这条真理。

　　如果说，经济体制的僵化模式已经成了严重阻碍社会生产力发展的桎梏，因而必须改革的话，那么，意识形态领域里的僵化观念也正在阻碍着经济体制的改革。许多没有经过科学分析和实践证实的论断被当做"当然正确"的、"不容置疑"的"真理"指导着人们的言论和行动。现存的道德观念体系就是一个极大的问题。要改革，就不能没有一系列的措施和行为，对这些行为如何作道德上的评价就是不能回避的问题。我们现在要建立自觉运用价值规律的经济体制，发展社会主义的商品经济；要充分重视各种经济杠杆的作用；要建立多种形式的经济责任制，认真贯彻按劳分配原则；要积极发展多种经济形式，扩大对外的和国内的经济技术交流。这些活动必然与某些固定的道德观念发生尖锐的矛盾。如果按照某些固定的道德标准，那就势必会把大

---

　　* 本文是作者 1984 年在北京、天津、武汉、重庆等 23 个城市联合举行的城市精神文明建设理论讨论会上的报告。原载《武汉大学学报（哲学社会科学版）》1987 年第 1 期。

量的促进改革的行为判定为违背无产阶级道德的行为，而把传统习惯中形成的某些阻碍改革的观念视为坚持无产阶级道德的模范。这种情况不是假设，而是已经摆在我们面前的事实。这个事实向我们提出一个尖锐的问题：“无产阶级道德”怎么竟会同各族人民的最高利益相矛盾？怎么竟会同社会发展的要求相矛盾？我们过去当做无产阶级道德来宣传的那些条规，是否全是真正的无产阶级道德？我认为，我们过去宣传的无产阶级道德的主要内容还是正确的，决不能全盘否定；但是其中也确有相当一部分实际上并不是无产阶级道德，而是由小生产观念甚至封建士大夫观念脱胎而来的违反历史发展规律的东西。这些东西经过“十年动乱”的反复强化，以“左”的“革命”的形式出现，成了在群众中影响很深的固定观念，在很大程度上左右着社会舆论，阻碍着改革的进行，现在是到了廓清的时候了。

不妨举一些实例。

关于“富”。

在“左”风盛行的时候，“富”成了极大的恶谥，成了耻辱的标记。“富则修”，“穷光荣”，“越穷越革命”，成了天经地义，仿佛“穷”和社会主义有不解之缘，“富”和“阶级剥削”是孪生兄弟。人们谈富色变，畏富如虎。生产好一点，生活好一点，就是国家要“改变颜色”的兆头了，就赶紧猛抓“阶级斗争”，好像不折腾到大家都保持穷的“本色”就不算坚持“社会主义”。宁可大家抱在一起穷，也决不允许任何人先富。于是“致富”似乎成了违背无产阶级道德的恶行，“固穷”才是符合无产阶级道德的善行。试问，这种观念难道是马克思主义的吗？在马克思主义看来，人类社会的发展归根到底是生产力的发展，而生产力的发展水平又集中地表现在社会财富总量的大小上。在这个意义上，“富”总是社会进步的标志，而“穷”则是社会落后的印记。当然，任何社会发展的阶段都有财富的分配问题。“富者田连阡陌，贫者无立锥之地”，“朱门酒肉臭，路有冻死骨”，“一端是财富的积累，一端是贫困的积累”，这种分配方式是极不公平的。历代的先进人物谴责这种不公平的分配方式，并为打碎它而英勇斗争，是完全正义的。但是，应该反对的是这种人剥削人的分配方式，而不是财富本身。而且，人剥削人的分配方式也不是在任何条件下都可以消灭得了的。马克思主义者比历史唯心主义者高明，他们不止于对不公平的分配方式表示高尚的义愤，还科学地揭示了这种分配方式所由产生的物质原因和消灭它们的历史条件。不公平的分配方式归根到底也还是生产力不够发达的产物。我们歌颂历史上为推翻腐朽的生产方式（包括分配方式）而进行的斗争，也正是因为这种斗争能够解放生产力，增加社会财富，从而朝着建立全人类共同占有丰裕的社会财富的共产主义社会迈进一步，而决不是为了减少社会财富，使整个社会更"穷"。被剥削被压迫的群众要革命，是为了推翻使他们受"穷"的制度，改变"穷"的处境，使自己"富"起来。社会主义制度要对群众产生巨大的吸引力，就应当以事实表明它能使群众比生活在资本主义制度下"富"得多，并且能使他们永远摆脱"穷"的处境。这本来是不言而喻的道理。如果以鲜血和生命换来了社会主义制度之后还要把"穷"当成光荣的旗帜，好像为了永葆革命的青春就得坚持"穷"到底，那就真不知道革命是为了什么，社会主义究竟有什么优越性，共产主义怎么能够实现了。中国的失意士大夫有不少人是标榜"安贫乐道"、"君子固穷"的，以至于歌颂"一箪食，一瓢饮"而"不改其乐"的清苦生活。但他们当中真正能坚持穷到底的人又有几个？恐怕倒是"身在江湖，心存魏阙"的居多。就是当隐士，到了真正"穷"到连酒都买不起、赊不到的时候，也未必能自得其乐。孔夫子说"不患寡而患不均，不患贫而患不安"，这句话在当时有它的针对性，有一定的道理，但是总的说来是不切实际的。整个社会的财富太"寡"，虽"均"何益？多数群众太"贫"，又岂能求"安"？原始社会是够"均"的了，但那何尝是玫瑰色的理想国？穴居野处，茹毛饮血，人吃人，部落战争，屠杀俘虏，直到产生氏族贵族，阶级分化，何尝"安"过？当然，孔夫子不是现代人，对他的话不能苛求。更何况他也还有大量主张富民的言论，甚至还夸奖过子贡的善于经商，并不主张越穷越好。如果我们现代的马克思主义者竟成了"颂穷主义者"，岂不是对马克思主义的绝大嘲弄？如果社会主义社会竟是一个以穷为标志的社会，它还有什么优越性，还有什么吸引力？广大群众凭什么要为社会主义奋斗？

关于"利"。

鄙弃功利，讳言利益，把"利"和"义"绝对对立起来，这也是封建士大夫中一部分人(不是全部)的观念，这种观念源远流长。"子罕言利"，"王何必曰'利'？""君子喻于义，小人喻于利"，"正其谊不谋其利，明其道不计其功"，我们发蒙读书的时候就听熟了这种说教。这种说教有很大的虚伪性，是很难真正实行的。即使是常常把利和仁义对立起来的孔孟，具体地谈到政治理想和设施的时候，也不能不重视人们的实际利益。孔子不是痛斥"使民饥而死"的暴政么？孟子不是反复宣传他的一套旨在使"颁白者不负戴于道路"、"七十者衣帛食肉"、"黎民不饥不寒"的经济纲领么？他向梁惠王、齐宣王等等鼓吹"王道"、"仁政"，还不是在那里向他们竭力证明"富民政策"对他们"王天下"有极大的利益么？利益是由人们的肉体需要和社会需要决定的非常实际的东西，否认它，就是欺骗别人或自我欺骗。马克思主义不但不讳言利益，而且对利益的本质及其在社会发展中的作用给予科学的说明。人们正是为了利益才进行生产活动；在阶级社会里敌对阶级的利益有根本的冲突，由此才产生阶级斗争，才有阶级社会的历史。我们党在反帝反封建的民主革命中之所以赢得千千万万群众的真心实意的拥护，正是因为忠实地代表了群众的利益(包括调节和照顾统一战线中各阶级各阶层的利益)。社会主义的按劳分配原则之所以是促进生产发展的有力杠杆，正因为它把劳动的质和量同劳动者的利益紧密地联系了起来。值得注意的是，群众的利益是不能脱离个人的利益而凭空存在的。脱离了作为群众成员的个人利益，所谓群众的利益就是空洞的词句。我们是主张群众的利益高于个人的利益的，坚决反对为了一己的私利损害群众的利益，谴责"自私自利"、"损人利己"、"唯利是图"、"见利忘义"的卑下行为，高度赞扬必要时为了广大群众的利益牺牲自己乃至献出生命的崇高行为。但这样做并不是出于对某种先验的道德原则的膜拜，而是因为不坚持这种原则就不可能使最广大群众的利益得到维护，从而也就不可能使绝大多数人的个人利益得到实现。这本来并不是什么虚玄深奥的道理。可是，在

"左"风刮来的时候，明白如昼的真理却似乎昏暗无光了。"人民利益"、"国家利益"的词句虽然喊得响彻云霄，它的实际内容却被抽得所剩无几了。不要生产，不要科学，不要文化，甚至倾家荡产，颗粒无收，也说是为了"人民的利益"。至于个人利益，当然更成了大张挞伐的对象，几乎与罪恶同义。一切个人的正当要求都成了"资产阶级个人主义"，按劳分配成了"资产阶级"的分配原则，正当的生活享受被斥为"资产阶级生活方式"。结果是不但"革"了一切个人利益的"命"，也"革"了群众利益的"命"，最后把"革命"的"命"也几乎"革"掉了。这种"超革命"的荒谬观念，现在是不会原封不动地存在了。但它的幽灵是否还在我们中间游荡呢？很难说。试举一例。某人因为贡献卓著而得了一笔较重的奖金，他如果全部拿来交了党费（假如他是党员的话），或者作了捐献，或者分给了各"有关方面"让大家"利益均沾"，大家就会说他觉悟高；但如果他竟然自己领来存入银行，或者买了电视机、电冰箱，那就难免招来各种各样的指责，弄得人声鼎沸。或曰："他积极还不是为了自己！"或曰："他领奖金，按政策当然是允许的，不过此人的思想不怎么样！"现在有些单位拒绝发展知识分子入党的"理由"之一不就是"贡献大，觉悟低"么？

关于"钱"。

封建士大夫往往以鄙视金钱为高洁。《世说新语》里讲到：王衍"雅尚玄远，常嫉其妇贪浊，口未尝言钱字。妇欲试之，令婢以钱绕床，不得行。夷甫（王衍）晨起，见钱阁行，呼婢曰：'举却阿堵物'（'把这玩意儿拿走！'）"。这算是经得起考验，够彻底的了。资本主义社会是金钱世界，拜金成风，但骂钱的也大有人在。莎士比亚诗云："金子！黄黄的，发光的，宝贵的金子！只这一点点儿，就可以使黑的变成白的，丑的变成美的，错的变成对的，卑贱变成尊贵，老人变成少年，懦夫变成勇士。……该死的土块，你这人尽可夫的娼妇……"①这是骂得够尖刻的了。如果停留在事物的现象上，咒骂金

---

① 《雅典的泰门》。转引自马克思《资本论》上卷，人民出版社1975年版，第152页。

钱是不无根据的，因为许多可诅咒的恶行确是以钱为媒介的，钱似乎确是罪孽的渊薮、污浊的化身。但是，马克思主义者不能只停留在事物的现象上，而要揭示事物的本质。钱是货币，货币是商品交换发展到一定阶段的必然产物，是作为一般等价物的特种商品。没有货币的各种职能，商品经济就不能拓展，人类社会就不能进步到今天这种水平，也不可能有未来的共产主义社会。当然，货币在一定历史条件下转化为资本，成了剥削的手段，给劳动者带来了苦难；资本从头到脚每个毛孔都沾满了血污。这是事实。但是，这是剥削制度和剥削阶级造成的，要反对的应该是剥削制度和剥削阶级，而不是货币。何况剥削制度和剥削阶级的存在也是历史的必然，除了按照社会发展的规律创设条件来消灭剥削制度和剥削阶级以外，是无法改变这种情况的。单靠对金钱发出道义的谴责并不能解决任何问题。至于在社会主义社会里，货币的本质与在资本主义社会里不同了，它是促进社会主义经济发展的不可代替的强大杠杆。我们今天要实行自觉运用价值规律的有计划的商品经济，不充分发挥货币的杠杆作用就将寸步难行。没有货币，怎么实行经济核算？怎么实行按劳分配？商品怎么流通？资金怎么积累和周转？国际贸易怎么进行？建设社会主义岂不成了空中楼阁？不加分析地鄙薄钱，讳言钱，这是缺乏历史眼光和经济知识的非科学的陈旧观念。当然，我们不是主张"有钱能使鬼推磨"，"瞎子见钱眼也开"的拜金狂，不是金钱万能论者，我们坚决反对不择手段地去捞钱；但是我们要求用科学的观点正确地估计货币的作用，以科学的态度对待有关钱的各种问题，而不是采取一听到"钱"字就"掩鼻而过"的道学家态度。

此外，还有对"商人作风"、"资产阶级生活方式"、"资产阶级名利思想"等等的理解，也都存在着非科学的固定观念，这里就不去一一论列了。

舆论虽然不像法律那样具有强制性，但它的威力在某种意义上比法律更强大。如果有利于促进有计划的商品经济发展的行为竟被"道德的法庭"宣判为恶行，经常受到舆论的非难和谴责，党的政策和国家的法令如何能够顺利地贯彻？我们又如何能够有成效地建设有中国特色的社会主义？

要解决这个尖锐的矛盾，我认为有几个问题需要通过讨论从理论上加以澄清。

二、无产阶级道德的历史形态

恩格斯指出："人们自觉地或不自觉地，归根到底总是从他们阶级地位所依据的实际关系中——从他们进行生产和交换的经济关系中，获得自己的伦理观念"①。无产阶级的道德观念同样也不是由任何"先哲"根据某种先验的原则规定的戒律，而是无产阶级的阶级地位及其根本利益的反映。无产阶级的阶级地位决定了它只有实现了共产主义才能最终解放自己，因此，它的道德观念是与实现共产主义这个最终奋斗目标紧密关联的。凡有利于实现共产主义的行为就是善，有损于实现共产主义的行为就是恶。这是无产阶级道德观念中最本质的东西。这一点在我国理论界似乎从来并无争议。

但是，对另一方面的问题就很少讨论到，或者虽有讨论而看法也未必一致。我指的无产阶级道德的一般原则有没有它的具体的历史形式的问题。我认为是有的。为共产主义奋斗不是在真空中奋斗，而是在具体的社会关系、既定的历史环境中奋斗，是脚踏实地的奋斗。在某种具体的条件下，什么样的行为有利于实现共产主义的远大目标，什么样的行为有损于实现这目标，是历史的有区别的。因此，在什么具体条件下什么行为合乎无产阶级道德，什么行为违背无产阶级道德，就应该有具体的评判标准，而不能拿着一般原则硬套。例如，在抗日战争时期，抗击日本帝国主义的侵略是实现反帝反封建的民主革命的一个步骤，而民主革命又是在我国实现社会主义以至在将来实现共产主义的一个步骤。对于共产党员和其他共产主义者来说，抗日就是在那种具体历史条件下为共产主义事业奋斗。一切有利于而不是有

---

① 恩格斯：《反杜林论》。《马克思恩格斯选集》第 3 卷，人民出版社 1995 年版，第 434 页。

损于抗日的行为，不论采取这种行为的人是否共产党员，是否具有共产主义世界观，都应该被认为是符合无产阶级道德的，都是应该根据无产阶级的道德标准予以赞扬的。同样，在今天，实行对外开放对内搞活的方针，发展社会主义的商品经济，建设"两个文明"，乃至于实行"一国两制"，就是在中国这块土地上具体地为共产主义的远大目标奋斗。一切有利于而不是有损于这一伟大事业的行为，就应该理直气壮地肯定它是符合无产阶级道德的善行，就应该予以赞扬和支持。这当然不是说，凡是作出这种行为的人就都是共产主义者，而是说这种行为符合无产阶级道德，按照无产阶级道德标准评判起来应该属于善行。我以为这就是无产阶级的道德原则在我国现阶段的具体的历史形式。按照这个原则，贪污盗窃、违法乱纪、以权谋私等等是恶行，而搞平均主义、刮共产风、乱批乱斗等等也决不是善行。

三、整个社会的普遍道德原则

我们经常把无产阶级道德同共产主义道德当做同义词来使用，这在一定意义上是正确的，如果把无产阶级道德解释为以实现共产主义为最终目标的道德的话。但是，如果共产主义道德是指那种只有在共产主义社会实现之后才可能为整个社会普遍遵循的道德，那就应该说它同无产阶级道德不是等同的概念。无产阶级道德在我国现阶段的具体历史形式还是社会主义道德，即反映社会主义经济关系的道德，这种道德的原则是现阶段整个社会必须遵循的一般原则，这种道德的标准是整个社会用以衡量、评判人们行为善恶的共同标准。至于共产主义道德，在现阶段还只有少数英雄人物才能完全具有，并且往往只有在某种特殊的场合才能充分表现出来。如果把共产主义道德规定为现阶段整个社会必须遵循的原则和衡量善恶的标准，那就是把只有在未来的共产主义社会才能普遍化的东西搬到今天，这在理论上讲不通，在实际上也是行不通的。毛泽东同志在《新民主主义论》中讲到新民主主义的文化问题时指出：

如果以为现在(指新民主主义革命阶段——引者)的整个国民文化就是或应该是社会主义的国民文化,这是不对的。这是把共产主义思想体系的宣传,当作了当前行动纲领的实践;把用共产主义的立场和方法去观察问题、研究学问、处理工作、训练干部,当作了中国民主革命阶段上整个的国民教育和国民文化的方针。以社会主义为内容的国民文化必须是反映社会主义的政治和经济的。我们在政治上经济上有社会主义的因素……但就整个社会来说,我们现在还没有形成这种整个的社会主义的政治和经济,所以还不能有这种整个的社会主义的国民文化。……所以现在整个新的国民文化的内容还是新民主主义的,不是社会主义的。①

我认为这段话对我们现在讨论的问题有重要的方法论意义。既然我们今天的社会的经济基础还是社会主义的,而不是共产主义的,那么我们整个社会普遍适用的道德原则就只能是社会主义的,而不是共产主义的。如果把共产主义的道德原则确定为一切社会成员必须遵循的道德原则,那就势必会把大量的促进社会主义发展的行为判定为不道德的恶行。这对共产主义事业是很不利的。

在我们的某些宣传中,常常把有没有共产主义的劳动态度作为是否符合无产阶级道德原则的一个标准。我认为这并不适当。共产主义劳动是什么意思呢?列宁在1919年发表的《关于星期六义务劳动》这篇名文中下了明确的定义,就是"个人为社会进行的、规模巨大的、无报酬的、没有任何当局即任何国家规定定额的劳动"②。这种劳动只有在共产主义制度下才可能成为"普遍的现象",而在社会主义制度下则只能以"共产主义星期六义务劳动"一类的形式作为"幼芽"出

---

① 毛泽东:《新民主主义论》。《毛泽东选集》第2卷,人民出版社1991年版,第705~706页。

② 列宁:《关于星期六义务劳动》。《列宁选集》第4卷,人民出版社1960年版,第143页。

现；作为"普遍的现象"的劳动还只能是社会主义的劳动，即计算劳动质量并领取劳动报酬的劳动。因此，作为衡量是否合乎无产阶级道德的社会标准，就应该是有没有社会主义的劳动态度。如果一个公民勤奋地为社会劳动，同时按照"按劳分配"的原则领取应得的报酬，那就应当肯定他的这种行为是符合无产阶级道德的，是值得赞扬的高尚行为。如果他由于贡献大而取得的报酬多，以至于因此而致富，那就更加光荣，更应该受到社会舆论的赞誉。当然，如果一个公民自愿地为社会进行不要报酬的共产主义劳动，当然应该赞誉。但是任何人也不可能经常不要报酬，因为如果那样他就无法生活。有的同志说："革命战士为了革命连生命都可以牺牲，还要报酬么？难道他们在牺牲之前还要计算一下一条命能换多少钱么？"这是把不同的问题混在一起了。我们在这里讨论的是社会主义制度下的劳动具有什么性质，普遍的分配原则是什么，以及与之相适应的普遍的道德原则应该是什么的问题，而不是对革命战士在必要的情况下的英勇行为应该如何估价的问题。整个社会主义社会的劳动不可能是不计报酬和不要报酬的，我们不能要求全体社会成员只劳动而不要报酬，更不能要求任何人(包括英雄人物)每时每刻都"英勇牺牲"。英雄人物的日常劳动中也还是社会主义劳动，也照样领工资、领奖金，这同他在必要时牺牲生命一点也不矛盾。如果只有具有共产主义劳动态度才算符合无产阶级道德，那么领工资、拿奖金就都是违背无产阶级道德的、应当受到谴责的行为了。如果确立这样一种道德标准，那就不可能真正贯彻按劳分配原则，而且还会给那些不执行党的政策、刮共产风、搞平均主义和无偿占有他人劳动的人提供方便。

四、无产阶级道德对其他道德的继承和借鉴

我们常常说无产阶级道德同剥削阶级道德是根本对立的，同其他劳动阶级的道德也有本质的区别。如果对"根本对立"和"本质区别"这些用语作正确的解释，这些说法当然是对的。但是问题恰好在于解释得往往不正确。"根本对立"被理解为处处相反，毫无共同之点。

"本质区别"则被理解为虽然未必处处相反，却也是处处不同，说到底也还是毫无共同之点。而前一个"毫无共同之点"尤其经常强调。于是就引申出一种"原则"：凡无产阶级以为善的行为，剥削阶级必以为恶；凡无产阶级以为恶的行为，资产阶级必以为善。这就真是所谓真理向前多走一步就变成谬误了。这种谬误的产生是由于忽视了这样的事实：

第一，在阶级社会里除了对立的阶级利益之外，还存在着整个社会的公共利益，因而也就存在着共同的"道德戒律"。例如"勿偷盗"这条道德戒律，必定是一切有动产私有制的社会的共同道德戒律。原因很清楚：偷盗这种行为如果竟被社会判定为善行，受到舆论的赞扬，就会危及一切社会成员的利益。不仅对拥有巨额财富的人不利，而且对只拥有微薄收入的人也不利，说得极端一点，就是对只有一只讨饭碗的乞丐也是不利的。只有到了共产主义社会，偷盗的动机已彻底消除的时候，这条道德戒律才会失效(那时最多只有疯子才会去偷盗了)。这个道理，恩格斯讲得非常透彻。① 同样的道理，不管什么阶级的人，都有保存个体和延续后代的要求，对这种人类的共同要求是有利还是有害，就势必成为全社会衡量行为善恶的共同标准之一。法西斯屠杀人民的暴行，不是受到几乎全人类的同声谴责么？医生悉心为病人治疗，乘务员在飞机失事时冒险救护乘客，红十字会为受灾地区的人民捐款，商店的服务员热情周到地接待顾客，这些行为不是受到一切人的赞扬么？

第二，在某种历史条件下，由于各种力量对比的结果，本来是利益敌对的阶级之间也可能出现共同的利益，因而在这个范围内也就会有共同的"道德戒律"。例如，在资产阶级革命时期，无产阶级和资产阶级在反对封建主义这一点上就有共同的利益和共同的"道德戒律"。在法西斯横行的年代，各个阶级在反法西斯这一点上就有共同的利益和共同的"道德戒律"。今天，统一祖国是中华民族全体成员

---

① 参见恩格斯：《反杜林论》。《马克思恩格斯选集》，人民出版社 1995 年版，第 434~435 页。

的共同利益，因此，赞成还是反对统一就必然成为区分行为善恶的一个标准。这些都是清楚不过的事实。正因为各阶级的利益之间存在着这些错综复杂的情况，无产阶级道德同其他阶级的道德之间就不可能"毫无共同之点"，而是有批判继承和借鉴的关系。我们不能因为资产阶级以礼貌为美德，我们就提倡粗野无礼；资产阶级讲究效率，我们就以迂缓浪费为美德。

"时间就是金钱，效率就是生命"这个口号，有人说是"资产阶级的"。当然，资产阶级会赞成这个口号。但是，为什么它就只能专属于资产阶级，而不能也属于无产阶级呢？这个口号的实质无非是把提高劳动生产率摆在极其重要的地位而已。列宁曾经指出："劳动生产率，归根到底是保证新社会制度胜利的最重要最主要的东西。……资本主义可以被彻底战胜，而且一定会被彻底战胜，因为社会主义能造成新的高得多的劳动生产率。这是很困难很长期的事业，但这个事业已经开始，关键就在这里。"①这还说得不清楚么？我们多年来吃不珍惜时间、不讲效率的苦头够多了，如果我们今天还不大彻大悟，把失去的时间抢回来，不遗余力地提高劳动生产率，我们就不但不能实现"四化"，而且不能自立于世界，这不是"生命攸关"的大事么？如果我们直到今天还把珍惜时间和提高效率当成不符合无产阶级道德的行为，岂不是愚蠢到了极点么？

生活之树常青。理论如果不理睬生活，生活也就会不理睬理论。回答沸腾的生活向我们提出的问题，是我们理论工作者的责任。

---

① 列宁：《伟大的创举》。《列宁选集》第 4 卷，人民出版社 1960 年版，第 16 页。

试论我国改革实践
对人们的思想影响*

我国的改革是社会主义社会的自我完善的过程。它不是枝节的变化，而是在社会主义根本制度基础上的广泛深刻的革命。这场革命理所当然地对亿万群众的思想产生了巨大的影响。怎么看待这种影响，关系社会主义事业的大局。

一、当前思想领域变化的主流是进步还是退步

有一种观点认为，改革以来的经济进步是以思想退步为代价的，改革实践破坏了思想的纯洁性，造成了世风日下的局面。我们认为这种看法颠倒了主流和支流，并不符合实际。

判断社会进步或退步的标准应当是客观的而不是主观的，主观标准等于没有标准。按照马克思主义的根本观点，人类社会发展的最终归趋是共产主义，是"人的自由而全面的发展"，而这是以物质文明和精神文明的高度发展为前提的。衡量社会变化的进步与否，只能以是否向这一最终目标接近以及接近的程度为标准，而不能以抽象的思想原则为标准。当然，在不同的国度、地区和历史阶段，还有体现一般标准的具体标准。邓小平同志概括的"三个有利于"，就是整个社会主义历史阶段衡量社会现象进步与否的具体标准。离开了这个客观标准而谈论"进步"和"退步"，只能是抽象的议论或情绪的宣泄，是没有意义的。

---

　　* 原载《求是》杂志 2001 年第 11 期。署名湖北省邓小平理论研究中心，文末注明陶德麟执笔。

　　拿这个客观标准来衡量我国改革实践引起的思想变化，把这种变化与改革以前的状况联系起来看，就可以看到思想变化的主流是进步而不是退步。

　　当然，对改革开放前的思想状况要有全面客观的估计。有人把改革开放前的思想状况说得一无是处，这也是片面的、非历史主义的看法。即使在我们党的政策发生了严重失误的年代，整个思想领域里也还有大量进步的东西。否则不能解释我国人民何以能在党的领导下战胜那么多的艰难险阻，取得伟大的成就。但是也不能不看到，由于国际和国内、客观和主观的种种原因，那时的思想状况又确有严重的缺陷。在"以阶级斗争为纲"方针的误导下，在单一的计划经济体制的束缚下，在比较封闭的环境的限制下，人们的思想逐渐离开了实事求是的原则，轻视了社会发展的客观规律。"文化大革命"的发生既与这种状况有关，又是这种状况的集中表现。这种思想状况发展到后来如不改变，社会主义建设就将没有出路了。1978 年开始的思想解放运动之所以席卷神州大地，正是势所必至，理有固然。从那时起，实践标准的重新确立，生产力标准的重新确立，尊重知识尊重人才的观念的深入人心，市场经济与社会主义的相容性的确认，社会主义初级阶段理论的提出，"三个有利于"标准的提出，"三个代表"重要思想的提出，正是思想领域中根本性的变革。这种思想变革起了为改革实践鸣锣开道的作用，而改革实践又进一步促进了思想变革，从而导致了一系列现代意识的生成和增强：以自主性、独立性、选择性为特征的主体意识，以用能力和贡献赢得社会承认为特征的竞争意识，以用最低成本和最少时间获取最优效果为特征的效率意识，以前瞻性、开拓性和超越性为特征的创新意识，以人民当家做主和法律面前人人平等为特征的民主法制意识，等等。这些意识都是在改革以前十分缺乏的。这种思想变革调动了亿万群众的积极性和创造性，使我国的社会主义建设出现了前所未有的突飞猛进的局面，也使"人民群众是历史的创造者"这一马克思主义的根本原理真正得到了生动的体现。以客观标准来衡量，这不是极大的进步吗？

　　有人把这些意识理解为"资本主义精神"，认为肯定这些意识就是肯定资本主义。这是一种似是而非的理解。

第一，这些意识是并不是资本主义社会特有的"精神"，而是一切以市场经济为运作方式的社会的共同点。然而同中有异。社会根本制度的不同会使这些意识具有不同的内容。资本主义的"现代意识"归根到底是为资产阶级攫取高额利润提供精神动力的；而社会主义的现代意识则是广大人民为自身谋福利的精神动力。两者起作用的土壤根本不同，功能也根本不同，不能因为有共同点而混为一谈。我国是共产党领导的社会主义国家，共产党是代表先进生产力、代表先进文化方向、代表广大人民群众根本利益的领导核心，国家拥有强大的调控手段，把握着社会发展的大方向；马克思主义、毛泽东思想、邓小平理论在思想领域中居于指导地位，社会主义、爱国主义、集体主义仍然是整个社会的主旋律；中国几千年传统文化的优秀成分深入人心。这些因素决定着与社会主义市场经济适应的现代意识根本不同于资本主义条件下的情况。

第二，这些现代意识不仅不与马克思主义的意识形态相抵触，而且恰恰是它的题中应有之义。马克思主义对资本主义根本制度的批判，是揭露它对无产阶级和劳动群众的剥削，指出它发展到一定程度时对生产力的束缚，以及它最终必然灭亡的历史趋势；对资本主义意识形态的批判，是揭露它维护资本主义剥削制度的本质。至于有利于促进生产力发展的意识，马克思主义是从来没有否定过的。没有一种"马克思主义"主张抹杀个性、搞平均主义、不讲效率、不要民主法制、不要创造革新。恰恰相反，马克思主义认为社会主义必然取代资本主义，正因为它能给生产力以更广阔的发展余地。列宁的一个著名论点就是："劳动生产率，归根到底是保证新社会制度胜利的最重要最主要的东西。""资本主义可以被彻底战胜，而且一定会被彻底战胜，因为社会主义能造成新的高得多的劳动生产率。这是很困难很长期的事业，但这个事业已经开始，关键就在这里。"①

---

① 列宁：《伟大的创举》。《列宁选集》第 4 卷，人民出版社 1974 年版，第 16 页。

因此，我国正在增长的有利于促进生产力发展的精神并不是"资本主义精神"，而是社会主义精神的有机的组成部分。

二、怎样看待思想变化中的消极现象

肯定当前思想变化主流的进步性，决不能忽视思想领域的消极现象的存在。

社会主义市场经济虽然与资本主义市场经济有本质区别，但作为运作机制毕竟有共同点。社会主义市场经济本身就是一把"双刃剑"，在它的基础上产生的现代意识也是一把"双刃剑"，并非只有积极作用而没有消极作用。这些意识的合理性都有一定的界限，超出界限就会走向反面。主体意识可以转化为不顾国家，不顾集体，不顾他人；竞争意识可以转化为不择手段，不顾大局；效率意识可以转化为投机取巧，弄虚作假；创新意识可以转化为不顾客观规律，肆意妄为；开放意识可以转化为盲目崇洋，照搬西方的一套；甚至民主意识也可以被滥用。加以我国社会主义市场经济体制还刚刚起步，相应的法制和法规还远不健全，新的道德规范也还来不及系统建构。这就使个人和社会都很难控制"双刃剑"的负面作用，极端个人主义、利己主义、分散主义等等破坏性的意识和各种消极腐败现象的出现也就不可避免。

对外开放使资本主义发达国家的先进科学技术、先进管理方法、有借鉴意义的进步观念等等连同腐朽的精神垃圾一起涌进国内，鱼龙混杂，泥沙俱下，容易使人们眼花缭乱，良莠不分，真善美与假丑恶不分。西方敌对势力"西化"、"分化"的图谋从来没有收敛，他们每天都在强化意识形态的渗透，通过各种渠道、各种手段进行蛊惑和煽动。中国原有的封建糟粕包括反动的迷信邪说也沉渣泛起，腐蚀着人们的灵魂。

改革过程必然伴随着物质利益的调整和再分配。共同富裕的实现需要一个过程，收入差距的拉大在一段时期里还难以避免。由于利益主体的多元化，必然有一部分社会成员的利益暂时得不到满足，从而引发种种不满情绪，以致怀疑社会主义的优越性。

对思想领域的这些消极现象应当怎样看待呢？

第一，要以唯物主义的态度直面现实，承认这些消极现象的存在，正确估计它们在整个思想领域的地位。社会进步的总过程中包含着某些方面、某些阶段、某种意义的退步，是历史上常有的现象。何况我们还处在社会主义初级阶段，改革实践不能不是一个很长的历史过程，不可能在很短的时间里消除思想领域中消极现象的现实根源，因而这些消极现象的存在也就不足为怪。不承认消极现象的存在，或者硬把消极现象也美化为"新"观念、"新"意识，是错误的；大量罗列消极现象的事例，归咎于改革实践，甚至认为改革不如不改革，走新路不如走老路，也是错误的。要看到，改革实践不仅在物质建设方面起了极大的促进作用，而且在思想领域里带来的进步也远比退步为多。思想领域的消极现象虽然有相当大的普遍性，当前毕竟还是支流而不是主流。而且，由于它们不符合社会发展的规律和人民群众的根本利益，本质上是不合理的东西，因而也就没有强大生命力和发展前途。这是必然的趋势。如果误认为它们已经是我国思想领域的主流，那就是一叶障目不见泰山。这种错误估计可能导致否定改革实践的巨大成就，是非常有害的。值得玩味的是，有些对我国的社会主义事业并无好意的人很热衷于"消解主流意识"，这正好从反面说明了我国思想领域的主流还是社会主义的意识形态。

第二，要看到这些消极现象虽然只是支流，但它们有不可低估的破坏性。它们是社会主义事业的腐蚀剂，正在削弱广大群众对共产党的信任，消解对社会主义前途的信心，使人心涣散，腐败滋生，严重阻碍社会主义社会生产力的发展、综合国力的提高和人民生活的改善。如果任其蔓延，它们也会由支流转化为主流，那时社会主义事业就将毁于一旦。苏联解体和东欧剧变的原因虽然不止一端，但思想领域的混乱和蜕化无疑是重要原因之一。这是前车之鉴。因此，对思想领域的消极现象，决不能因为它们现在还处于支流地位就熟视无睹，听其自然。有人认为，只要生产力发展了，这些消极现象就会自然而然地消失。这是双重的错误：在我国特定历史条件下，思想领域的消极现象已经严重阻碍了生产力的发展，听任消极现象的蔓延而希望生产力有持续高速的发展，这本身就是幻想；在这种状况下即使生产力有一定程度的发展，也背离了社会主义的方向，不符合广大人民群众的根本利益，这决不是我们追求的目标。还有人认为，这些消极现象已经积重难返，无法遏止，一切措施都将徒劳无功。这也没有根据。中国共产党领导的社会主义建设事业是符合社会发展的客观规律和人民的根本利益的，一切与这一事业相违背的思想归根到底都经不起实践的检验。只要我们的措施得当，完全可以经过长期的努力抑制它们的作用，缩小它们的影响，把它们的破坏力减到最低程度，对此应当有充分的信心。

三、正确处理三个关系

克服思想领域的消极现象，归根到底要靠社会主义改革实践的实际成就。思想毕竟是存在的反映，只不过有正确反映与歪曲反映的区别而已。如果断言只要生产力发展了，经济繁荣了，思想领域的问题就会自然而然地解决，这当然不对。但是，假如生产力不能迅速发展，综合国力不能迅速提高，人民生活不能普遍改善，为人民痛恶的腐败现象和其他丑恶现象没有得到有效的扫除，要克服思想领域的消极现象也是不可能的。人民对马克思主义的正确性和社会主义制度优越性的认同，主要是通过自己的切身体验。脱离了这个基础，一切思想政治工作都会被视为空洞的说教，不可能使人信服。因此，要克服思想领域的消极现象，最根本的还是要坚持党的基本路线，按照邓小平同志提出的"三个有利于"和江泽民同志提出的"三个代表"的要求，搞好党的建设，切实有效地解决社会主义建设中的实际问题，处理好利益关系，把社会主义建设不断地推向前进，使人民从切身体验中确信社会主义的优越性。归根到底要解决社会存在问题才能解决社会意识问题。这是历史唯物主义的基本道理。

但是，社会意识有相对的独立性和能动性。不同的利益群体对同一社会存在有不同的反映，同一社会群体的不同成员对社会存在的反映也有正确与否和正误程度的不同。思想政治工作的巨大作用，就在于引导人们的意识正确地反映社会存在，预见社会存在的发展方向。有没有这个引导，引导的成功与否，其结果有天渊之别。因此，在做好社会主义建设实际工作的前提下，必须把思想政治工作放在特别重要的地位，切实克服"一手硬，一手软"的现象。在当前，为了克服思想领域的消极现象，需要正确处理一系列的关系问题。其中有三个关系应当特别予以重视：

（一）主旋律与多样性的关系

我国是一个有 13 亿人口的多民族的大国。人们的社会地位、风俗习惯、文化教养、宗教信仰等等千差万别，思想的多样性本来就是客观存在的事实。改革实践带来的经济成分、就业方式、生活方式、利益关系等等的巨大变化，使思想的多样性有了更丰富的内涵和更斑斓的色彩。随着改革实践的深入发展，对外开放的扩大，人们的思想还会进一步多样化。这有利于丰富人民的精神生活，繁荣社会主义的文化，促进社会经济的发展，是好事而不是坏事。要求所有的人都是马克思主义者，这种要求本身就不符合马克思主义。对公民的思想的要求必须区分不同的情况，不同的层次。人民的思想自由、信仰自由、言论自由是宪法赋予的权利，必须切实保障。但是，我们又是社会主义国家，人民的根本利益要求我们必须坚持社会主义道路。因此，在治党治国的指导思想上，我们必须坚持马克思主义、毛泽东思想、邓小平理论；在整个思想领域中，以马克思主义为指导的社会主义意识形态也必须占据主导地位。这是不能有丝毫含糊的。有人极力鼓吹指导思想的多元化，实际上是企图实现指导思想上的资产阶级思想一元化，思想文化领域的资产阶级一元化，其结果只能是社会主义制度的颠覆。在整个思想领域中必须持续不断地奏响主旋律。对那些违反宪法动摇国本的错误言论，蛊惑人心的歪理邪说，海淫海盗的文化垃圾，必须旗帜鲜明地进行分析批判。只有主旋律与多样化的统一，才能使思想领域呈现生机勃勃的局面，使消极现象得到遏制。

（二）科学精神与人文精神的关系

自邓小平同志提出"科学技术是第一生产力"的著名论断以来，全社会对科学技术的重视程度空前提高，已经表现了极其明显的效果。但是，在继续提高对科学技术重要性认识的同时，要注意两个问题：

第一，区别科学技术的具体知识与科学精神。科学精神是贯串在一切科学技术实践中的根本原则、根本方法和根本态度，它与具体的科学技术知识并不是等同的概念。科学精神的核心就是追求真理、服从真理，就是反对愚昧、盲从和迷信，就是勇敢探索、不断创新，一句话，就是解放思想，实事求是。这是民族素质中至关重要的成分。一个民族什么时候科学精神淡薄了、衰落了，这个民族就陷入昏庸和迷乱，就会走向灾难。我们现在还有数以亿计的文盲半文盲，还有大量没有受过基本科学训练的人，许多迷信邪说以及种种"热昏的胡话"还有相当大的市场。对于许多人来说，不仅迫切需要学习科学技术知识，尤其迫切需要科学精神的启蒙。特别值得注意的是，有科学技术知识的人也未必都有科学精神。有些人在本专业领域中是坚持科学精神的，可是在本专业之外却成了迷信邪说的俘虏。这种颇具讽刺意味的现象在历史上就屡见不鲜，在我国现实生活中也不乏其例。这表明科学技术知识的宣传普及固然非常重要，但科学精神的弘扬尤其重要。

第二，弘扬科学精神与弘扬人文精神相结合。人文精神的核心就是对人的幸福的关怀，就是热爱人民、尊重人民、为人民谋福利。这是人们行为的价值取向问题。科学技术无疑是改造世界的伟大力量，但它的价值取向并不是由它自身决定，而是由掌握它的人决定的。科学技术研究什么，不研究什么，研究的成果用于什么，不用于什么，有极大的可选择性。它可以为善，也可以为恶，这取决于掌握它的人有没有人文精神。科学技术如果脱离了人文精神的制约和导向，用于邪恶的目的，对人类的危害将是灾难性的。获得过诺贝尔化学奖的弗里茨·哈伯用他的"科研成果"为纳粹服务，屠杀反法西斯的人民，就是突出的一例。当然，离开了科学精神的人文精神很难给人民带来实际的福利；但是离开了人文精神的科学精神则可能产生出损害人民的后果。现在思想领域的许多消极现象不仅表现为科学精神的缺失，而且表现为人文精神的缺失。只看到前者而看不到后者是不全面的。因此，必须把科学精神与人文精神统一起来。马克思主义本来就是这两种精神的高度统一。

（三）法制观念与道德观念的关系

健全的法制是社会主义市场经济的必然要求。与此相应，法制观念的强化和普及无疑是思想领域中非常迫切的任务。法制观念淡薄至今仍然是思想领域的一大缺陷。但是，法制并不是万能的。它只能约束违法的行为，而不能约束那些有害于社会，但并不违法的行为。即使对违法行为，它一般说来也只能处理已然之后，而很难防患于未然之前。对于道德水平低下的人，最严密的法律也有空子可钻。只有发挥道德的作用，才能弥补法制的不足。当然，道德没有法制的强制力，它不能取代法制的作用。但是道德的潜移默化的自律作用、褒善贬恶的舆论作用也是巨大的，法制也不能取代它。依法治国与以德治国应当相辅相成，强化法制观念与强化道德观念应当两翼并举。孔子说："道（导）之以政，齐之以刑，民免而无耻。道（导）之以德，齐之以礼，有耻且格。"这话有贬低法制的片面性，但在强调道德的作用上是有合理成分的。历代有远见的统治阶级的治国方略，都是法制与道德两手并用，只不过法制与道德的内容与现在的不同而已。这是值得借鉴的经验。

全面准确地理解
以人为本的科学涵义 *

树立以人为本，坚持全面、协调、可持续的科学发展观，是以胡锦涛同志为总书记的党中央以邓小平理论和"三个代表"重要思想为指导，从新世纪新阶段党和国家事业发展全局出发提出的重大战略思想。以人为本是这一科学发展观的本质。全面准确地理解以人为本的科学内涵，对我们自觉地坚持科学发展观有重要的意义。

一

理论的概念和命题都是一定的理论体系的有机组成部分。如果脱离了概念和命题所属的理论体系，只从语词上做文章，就很难准确地把握它们的本来涵义，甚至会发生误解或曲解。

以人为本这个命题，在不同的理论体系中都可以出现，事实上也以各种略有差异的形式出现过。我们党提出的以人为本，不是任何其他理论体系中的命题，而是马克思主义理论体系中的命题。对这个命题的理解，不能脱离马克思主义的理论体系。

(一)以人为本是马克思主义题中应有之义

马克思由唯心主义向唯物主义的转变过程以及历史唯物主义的创立过程，就是以对人的问题的关注为动力的。1843 年的《黑格尔法哲学批判》和《导言》，1844 年的《1844 年经济学哲学手稿》，1844 年与

---

* 原载《求是》杂志 2005 年第 7 期，署名"秋石"。

恩格斯合著的《神圣家族》，1845 年的《关于费尔巴哈的提纲》，1845 年与恩格斯合著的《德意志意识形态》，1846 年的《哲学的贫困》，1848 年与恩格斯合著的《共产党宣言》，这一系列论著的轴心就是对人的处境的关怀和人的解放前景的展望。马克思毕生的理论活动和实践活动，包括他撰写《资本论》和晚年研究人类学的活动，都贯穿着为全人类的解放事业而斗争的精神。可以说，马克思主义就是关于如何理解"人"的科学理论，就是关于"人"如何得到彻底解放的科学理论。

以人为本就是马克思的全部活动的生命，就是他的理论的出发点和归宿点。然而马克思根本不同于悲天悯人的慈善家和徒托空言的空想家。他创立的马克思主义理论与以往所有关于人的理论的根本区别，就在于把对人的命运的最赤诚的关切与对客观实际的最冷峻的分析融为一体，第一次以科学的实践观为钥匙，解开了人的本质这个千古之谜，对现实世界的人和人的现实世界作出了前所未有的科学分析，阐明了造成人的现实处境的根源和改变这种处境的方法，为人的自由全面的发展和人的彻底解放开辟了道路，从而造成了人类思想史上空前伟大的革命。马克思指出："人的本质不是单个人所固有的抽象物，在其现实性上，它是一切社会关系的总和。""全部社会生活在本质上是实践的。凡是把理论引向神秘主义的神秘东西，都能在人的实践中以及对这个实践的理解中得到合理的解决。"①马克思主义科学地阐明了无产阶级的历史使命，揭示了无产阶级只有解放全人类才能最终解放自己的科学依据，指明了无产阶级的利益与最广大人民根本利益的一致性。正如《共产党宣言》响亮地向全世界宣布的："无产阶级的运动是绝大多数人的，为绝大多数人谋利益的独立的运动。"②如果说马克思主义是以人为本的理论，那么这种以人为本的理论与其他

① 马克思：《关于费尔巴哈的提纲》。《马克思恩格斯选集》第 1 卷，人民出版社 1995 年版，第 56 页。

② 马克思、恩格斯：《共产党宣言》。《马克思恩格斯选集》第 1 卷，人民出版社 1995 年版，第 283 页。

以同样或类似的词句表达的理论是有本质区别的。

全面准确地把握马克思主义关于人的问题的基本思想，对正确理解党提出的科学发展观有非常重要的意义。当今世界一切关于人的问题都不是抽象的而是具体的，都是发生在这个现实的时代、现实的社会关系中的问题。一切以"人"的名义出现的问题，包括和平与发展两大主题，都具有与现实的人的利益密切相关的具体内容。解决这些问题的思路和方案也是如此。对此我们要有清醒的头脑。同样，在我国社会主义建设中的人也是具体的人，是生活在一定发展阶段、处在各种不同的社会关系中、起着不同的作用、有着不同的要求的人，解决人的问题的办法和手段也受现实条件制约，不能脱离具体条件和现实可能性而抽象地漫无边际地谈以人为本的问题。只有结合实际情况，才能把以人为本的发展观落到实处，并随着实践的发展而逐步发展。不能离开现实条件提出问题，也不能离开现实条件要求解决问题。

（二）以人为本是中国共产党根本宗旨和历史使命的集中体现

以马克思主义为指导的中国共产党从成立之日起就是以人为本的。在我们党的思想体系中，以人为本就是以最广大人民的根本利益为本，就是无条件地为中国人民的根本利益奋斗，就是完全彻底地为人民的利益工作。这是我们党的唯一宗旨，是衡量党的一切工作的是非得失的根本标准，也是衡量党的先进性的根本标准。在为推翻"三座大山"奋斗的时候如此，在领导社会主义建设的时候同样如此。毛泽东同志表述的"全心全意为人民服务"的群众路线，邓小平同志表述的"人民拥护不拥护"、"人民赞成不赞成"、"人民高兴不高兴"、"人民答应不答应"，江泽民同志提出的"党的一切工作必须以最广大人民的根本利益为最高标准"，胡锦涛同志提出的"立党为公，执政为民"以及"权为民所用，情为民所系，利为民所谋"，都是我们党的宗旨的科学概括，都闪耀着以人为本的思想光芒。我们党如果背离了以人为本，不全心全意为中国最广大人民的根本利益服务，就不成其为马克思主义的政党，就没有理由、没有资格充当全国人民的领导核心。这是我们党的生命所系的最根本的问题。

(三) 以人为本是科学发展观的核心内容

在我国社会主义建设的关键时刻，科学发展观的提出具有重大的现实意义和深远的历史意义。科学发展观的本质就是以人为本。我们党只有高度自觉地以最广大人民的根本利益为出发点和归宿点，解决一切有关发展的问题才会有正确的方向。过去我们党领导人民为推翻"三座大山"和建立人民政权而进行艰苦卓绝的斗争，是为了最广大人民的根本利益；现在我们党领导人民建设中国特色的社会主义，奔小康，也是为了最广大人民的根本利益。这就是以人为本。十一届三中全会从"以阶级斗争为纲"转变到以经济建设为中心，邓小平同志提出发展是硬道理、科学技术是第一生产力和三个"有利于"，以江泽民同志为核心的第三代领导集体提出"三个代表"重要思想，所有这些都是为了最广大人民的根本利益，都是以人为本。离开了这个根本宗旨和目的，为生产而生产，为发展而发展，我们党的工作就没有价值可言，人民也不会拥护和支持。有些同志在解决具体问题时曾经发生和可能发生的偏差和失误，说到底也还是由于在以人为本的问题上观念淡薄，缺乏自觉性，甚至发生了背离。比如有的同志把"以经济建设为中心"和"发展是硬道理"理解为只要发展经济，又把发展经济理解为不顾一切地追求 GDP 的增长，结果是浪费了能源，破坏了生态，影响了科技文化教育的相应发展，阻碍了整个社会经济的可持续发展，归根到底是损害了最广大人民群众的根本利益，也损害了子孙后代的利益。我们绝对不能忘记，我们党是执政为民的党，我们的一切工作的结果不仅要在当前惠及全体人民，还要在今后惠及子孙后代。我们决不能为了某些不恰当的"指标"和"数字"、不真实的"政绩"而忘记了以人为本的根本宗旨，更不能为了一时的需要而做杀鸡取卵、竭泽而渔的事。

现在党中央提出科学发展观，要求的是全面的发展、协调的发展和可持续的发展。全面的发展，就是以经济建设为中心，全面推进物质文明、政治文明和精神文明的建设，实现经济发展和社会的全面进步。协调的发展，就是统筹城乡发展、统筹区域发展、统筹经济社会发展、统筹人与自然和谐发展、统筹国内发展和对外开放，促进生产力和生产关系、经济基础和上层建筑的协调，促进经济、政治、文化建设的各个环节和各个方面的协调。可持续的发展，就是要促进人与自然的和谐，实现经济发展和人口、资源、环境相协调，坚持走生产发展、生活富裕、生态良好的文明发展道路，保证世世代代的永续发展。所有这些，都是为了最广大人民的根本利益，创造条件切实满足人民群众的日益增长的物质和文化的需要，保障人民群众的经济、政治和文化权益，让发展的成果惠及全体人民和子孙后代。一言以蔽之，都是为了确保以人为本的宗旨得到切实的贯彻。在我国社会主义建设事业发展的关键时刻，这一科学发展观的提出无疑具有巨大的现实意义和深远的历史意义。我们在宪法中增加推动物质文明、政治文明、精神文明协调发展的内容；在统一战线的表述中增加社会主义建设者的内容；增加完善土地征用制度的内容；进一步明确国家对发展非公有制经济的方针；明确规定对合法的私有财产进行保护；增加建立健全社会保障制度的规定；增加尊重和保障人权的规定；完善全国人民代表大会组成的规定等，都体现了以人为本的精神。我们要牢牢抓住"以人为本"这个根本宗旨不放，在任何复杂多变得情况下都保持清醒的头脑，不为一时一事所动摇。

二

既然以人为本从来就是马克思主义的题中应有之义，我们党的宗旨从来就是以人为本的，那么今天为什么要强调这个命题呢？

第一，从学理上看，以人为本的科学内涵是随着实践的发展而发展的，必须与时俱进地赋予它以新的时代内容。以人为本是历史唯物主义的普遍原则，这一原则在不同的历史条件下有不同的具体内容，这是因为人民根本利益的内容和满足根本利益的方式都是历史的、具体的，而不是超历史的、抽象的。如果不把以人为本的普遍原则与当时当地的实际情况结合起来，赋予它具体的内容，这一原则仍然是一般的原理，而不能在实践中发挥作用。就我国的情况来说，以人为本在民主革命时期和社会主义建设时期就有不同的内容，在这两个时期的不同阶段也有不同的内容。如果不能与时俱进地准确地把握这个具体内容，并体现为党的纲领路线和方针政策，转化为行动的指南，以人为本的原则就会落空，甚至南辕北辙，事与愿违。马克思主义的普遍真理与中国具体实践相结合的原则，对以人为本的命题同样适用。在我们党八十多年的实践中，这个原则有贯彻得好的时候，也有贯彻得不大好甚至很不好的时候；有丰富的经验，也有沉重的教训。这里的症结就在于是否准确地把握了不同时期不同阶段的具体实际，从而以相应的战略思想和方针政策体现以人为本的原则。

以人为本的原理原则与马克思主义的其他原理原则是相互关联的、相互支撑、相互制约的整体，每一个原理原则都只有在整体中才可能获得自己的意义，正如人的手足只有作为活的身体的有机部分才能发挥手足的功能一样。这些原理原则之间的关系是辩证的而不是机械的，是与时俱进而不是一成不变的。要把握好这种辩证关系极为不易，往往要通过反复的实践和探索才能达到主观与客观的一致。在这个过程中，认识的片面性很难避免，顾此失彼、畸轻畸重的偏差也常常容易发生。比如历史唯物主义关于生产力是社会发展的最终决定因素的原理，经济基础对上层建筑的决定作用和上层建筑对经济基础的反作用的原理，人民群众是历史创造者和个人在历史发展中的作用的原理，物质生产与精神生产的相互作用的原理等等，都不是孤立的"条条"，脱离了整体而片面地强调一条就会变形走样。又比如在"三个代表"重要思想中，代表中国先进生产力的发展要求、代表中国先进文化的前进方向和代表中国最广大人民群众的根本利益这三个方面之间也是辩证统一的整体，不能孤立地只强调一个方面。只有把握这些原理原则之间的辩证关系，找到在具体条件下这三个方面的最优的互动关系，才能全面准确地贯彻"三个代表"重要思想。

第二，从实践上看，我们对社会主义建设规律的认识经历了长期的艰难过程之后产生了邓小平理论和"三个代表"重要思想，在邓小平理论和"三个代表"重要思想的指导下，我国的社会经济取得了举世瞩目的发展，已经发生了阶段性的重大变化，实现了"三步走"战略的前两步目标，党的十六大明确提出了全面建设小康社会的奋斗目标。以加入世贸组织为标志，我国的对外开放也进入了新的阶段。但是我们必须清醒地看到，我国刚刚建立的社会主义市场经济还很不完善，旧体制的弊端也还没有完全消除。在快速发展的同时，大量的新矛盾、新问题也涌现出来。如城乡差距、地区差距、居民收入差距的持续扩大，就业和社会保障压力的急剧增加，教育、卫生、文化等社会事业发展的滞后，人口增长和经济发展与生态环境和自然环境矛盾的加剧等等，都是重大而紧迫的现实问题。如果不正视这些问题的存在，不提出解决这些问题的办法，我们的社会和经济就不可能持续地发展，全面建设小康社会战略目标就会受到严重的阻碍，我们党为人民根本利益奋斗的宗旨也将无从实现。而要解决这些问题，仅靠就事论事的枝节措施是无济于事的，那样仍然会顾此失彼，左支右绌。在这个关键时刻，最重要的举措就在于要针对新情况提出全局性的战略思想，把全党和全国人民的认识提高到新的水平。以胡锦涛同志为总书记的党中央提出的以人为本，坚持全面、协调、可持续发展的科学发展观，就是针对这一新情况而提出的战略思想。这一战略思想使以人为本的普遍原则涵盖了新的时代内容，获得了全新的时代意义。

三

　　马克思主义的以人为本的思想，与西方人道主义思想和中国传统文化中的民本思想有原则的不同，不能混为一谈。

　　西方人道主义是产生于 14—16 世纪欧洲文艺复兴时期的思潮，是代表新兴资产阶级反对封建统治阶级的精神武器。人道主义者反对经院哲学和教会以神权压制人性，鼓吹以人为中心的世界观，提倡关怀人，尊重人，后来的天赋人权和自由、平等、博爱的口号也是这种世界观的发展。这种人道主义在摧毁封建主义统治和建立资本主义制度的斗争中起过很大的进步作用，在资本主义建立之后在某些条件下也还有一定的积极作用，例如在反法西斯的斗争中就起过非常积极的作用；信奉资产阶级人道主义的人士中也有许多人是怀着真诚善良的愿望关心人民的。不加分析地否定这种人道主义是错误的。但是，这种人道主义是以抽象的人性论为根据的。抽象人性论的根本特点是脱离人的社会性和历史性来谈论普遍的人性，而这种普遍人性其实是以资产者为模特儿描绘出来的，只不过被解释为一切人共有的人性而已。在资产阶级心目中，最符合人性的社会就是资本主义社会。所谓人权，本质上就是资产阶级的权利。自由，本质上就是商品交换和贸易的自由，也就是资产者凭借生产资料所有权占有无产者创造的剩余价值的自由，无产者向资产者出卖劳动力的自由；平等，本质上就是商品的等价交换，也就是资产者购买无产者的劳动力时的等价原则。博爱，本质上就是宣扬剥削者与被剥削者的互爱和合作。这种以普遍形式表述出来并且掩盖起来的人道主义本质上是资产阶级的意识形态，是为资本主义制度服务的。资产阶级人道主义者对资本主义的缺陷也有批评，甚至有非常尖锐的批评；但批评的根本前提仍然是肯定和改善资本主义制度。由于资产阶级人道主义以维护资本主义制度和资产阶级利益为前提，而又以普遍性的形式出现，因而有很大的虚假性。某些鼓吹自由、民主、人权的发达资本主义国家的统治者，为了垄断资本集团的利益，随意以包括军事打击在内的手段干涉别国的内政，侵犯别国的主权，屠杀别国的人民，一点人道主义也不讲，就是这种虚假性的露骨表现。

中国传统文化中的民本思想与西方资产阶级人道主义产生的历史背景和阶级基础都不同。它在中国数千年的宗法社会中源远流长，一直是统治阶级治人之术和牧民之道的重要方略之一，是"仁政"和"王道"的理论基础。从《尚书》的"天视自我民视，天听自我民听"到《管子》的"以人为本，本理则国固"，从孔子的"仁者爱人"、"泛爱众"、"修己以安百姓"到孟子的"民为贵，社稷次之，君为轻"，都大力宣扬了"民为邦本，本固邦宁"的基本思想。这种民本思想对抑制过度的剥削和压迫、保护生产力的发展有一定的作用，有历史的进步性。作为一种伦理原则，其中包含着我们今天仍然应该借鉴的宝贵成分，不能不加分析地一概否定。但是，这种民本思想的根本前提还是维护剥削阶级的统治。即使是最开明的君主，也不可能把人民群众看成主人，让人民当家做主。"民者，出粟米麻丝作器皿通货财以事其上者也。"就说明了"民"只是支撑这个统治的基础，并没有要人民群众当家作主的内容。"劳心者治人，劳力者治于人"还是"天下之通义"；"民不出粟米麻丝作器皿通货财以事其上则诛"还是天经地义。

作为马克思主义命题的以人为本与此根本不同。马克思主义的创立恰恰是从批判对人的本质的抽象议论开始的。以往的一切张扬人、推崇人的理论，其共同的根本缺陷就在于脱离人的社会关系和历史发展来理解人，把人的本质理解为与生俱来和一成不变的东西。在这些理论中作为主体并被渲染得极为神圣的"人"，只是被思想家们从具体的历史发展阶段和社会关系中抽象出来的概念。这样的"人"正因为被说成属于一切时代和一切社会，所以也就不属于任何时代和任何社会；只是思想家虚构的幻影，而不是现实的存在。这个缺陷，连19世纪杰出的唯物主义哲学家费尔巴哈也不例外。他的"人本主义"（Anthropologismus）揭露了唯心主义把人说成"自我意识"的谬误，指出人是自然界的产物，是有血有肉的实在，这是正确的。但他描绘的人仍然是脱离社会关系和历史发展的抽象的"人"，只是生物学意义上的人，而不是在社会中生活的现实的人。他在自然领域里是唯物主义者，一跨进社会领域就成了唯心主义者。所有这些隔靴搔痒的理论，都说明不了人的本质，解决不了人的解放问题，只能在各种迷宫里徘徊。

马克思的伟大贡献，就在于发现了打开这个"黑箱"的钥匙。他第一次指出人的本质是一切社会关系的总和，全部社会生活本质上是实践的。人的生存不是靠消极被动地适应自然，而是靠主动地有目的地改造自然；人赖以生存的物质生活资料不是现成的自然物，而是人运用自己制造的工具，有意识有目的地改变自然物的性质和形态，按照自己的需要创造出来的。这种创造活动就是最基本的实践活动，是人本身存在和发展的前提，是人的其他一切活动包括精神活动的前提。没有这种实践活动，人就不能生存，就不成其为人，就没有人的社会、人的世界。实践活动给自然打上了人的意志的印记，使自然再也不是人类出现以前的洪荒之世，而是人化的自然；同时人也在改变世界的过程中不断地改变着自己。正因为如此，生产实践活动就必然成为社会生成和发展的最终原因。正是生产实践造成了一定的生产力状况和与之相适应的生产关系即经济关系；在经济关系的基础上又形成了一定的政治、法律和意识形态的上层建筑；这些上层建筑产生于经济基础而又反作用于经济基础，才由此形成了不同的社会形态和历史阶段。人不是脱离物质的精神实体，也不是生物学意义上的物质实体，而是处在由自己的实践活动造成的一定生产关系和其他社会关系中的具体的现实的人。人的本质不应当从人的"类本质"（那只是人区别于动物的本质）中去探求，而只能从处在一定发展阶段上的社会关系的总和中去探求。这一历史唯物主义世界观的创立是石破天惊的发现，使笼罩在思想史上的千年迷雾为之一扫。从此以后，社会历史不再是无规律可循的神秘王国，而是可以用精确眼光和科学方法认识和改造的对象。人的解放也不再是空洞的愿望，而是可以通过改变世界的实践活动逐步实现的目标。这是思想史上最具全局意义和长远意义的伟大成果。

我们党提出的以人为本的科学发展观是以马克思关于人的理论为哲学基础的。因此，在以人为本的理解上划清马克思主义与非马克思主义的界限是非常重要的。当然，划清这种界限是为了准确把握我们党提出的以人为本的科学涵义，而不是全盘否定资产阶级人道主义和中国传统文化中的民本思想。对这些思想，我们在指出它们的阶级属性和理论缺陷的同时，也要充分肯定它们的历史进步作用。不仅如此，在今天也还应当有分析地吸取和借鉴它们的合理成分，用以丰富马克思主义的以人为本思想的内容。

构建社会主义核心价值体系与马克思主义的指导*

▲（采访者简称为▲，下同）：陶教授，您好！党的十六届六中全会通过的《中共中央关于构建社会主义和谐社会若干重大问题的决定》明确提出了构建社会主义核心价值体系这一重大课题，应该如何理解构建社会主义核心价值体系的重大意义？请您谈谈对这一问题的看法。

●（被采访者简称为●，下同）：价值观是人们生活目标和行为方式的导向，任何人的行为都自觉不自觉地受某种价值观的引导。由于人们所处的社会形态不同，在一定社会关系中的地位不同，利益不同，接受的教育和社会影响不同，生活经历不同，以及其他主客观因素的不同，人们的价值观有极大的个体差异性。但是，任何社会都必定有核心价值体系作为共同的行为导向，否则社会将陷于分崩离析的状态，不能存在和发展。不同的社会形态有不同的核心价值体系，这种价值体系的形成归根到底取决于各种社会形态存在和发展的客观要求，同时也有赖于人们的精心构建。在阶级对立的社会里，占统治地位的意识形态是统治阶级的意识形态。价值体系是意识形态的重要内容，统治阶级的价值体系也必然占统治地位，成为社会的核心价值体系。这种价值体系是由统治阶级按照自己的根本利益精心构建起来的，历代统治阶级的思想家为此做了大量的工作。被统治阶级也有自

　　* 载《马克思主义研究》2006 年第 6 期《名家访谈》栏，原标题为《构建社会主义核心价值体系的指导思想应当是马克思主义》，副标题为"访中国社会科学院马克思主义研究院顾问陶德麟"，署名"本刊记者"。

己的价值体系，但不可能在整个社会中占据统治地位，不可能成为整个社会的核心价值体系，而且往往会受到主导价值体系的不同程度的影响和制约。

社会主义社会也有自己的核心价值体系。如果没有，社会成员就没有共同的价值取向和行为准则，就会各行其是，步调凌乱，互相掣肘，甚至离心离德，社会主义社会就不可能存在和发展。但社会主义社会与阶级对立的社会不同，剥削阶级的统治已不复存在。社会主义社会的核心价值体系就不再是剥削阶级意识形态的组成部分，而是社会主义社会的经济、政治、文化发展的客观要求的反映，是广大人民的根本利益的反映。人民根本利益的一致性决定了社会主义社会应当是以和谐为总体特征和本质属性的社会，即和谐社会。社会主义的核心价值体系就是构建社会主义和谐社会的行为导向，因而是与构建社会主义和谐社会的任务不可分割的。

▲：唯物辩证法认为，矛盾是普遍存在的，我们应该如何理解矛盾与和谐的关系？构建和谐社会的说法是否与矛盾普遍性的原理有矛盾？

●："和谐"与"矛盾"不是互斥的概念。和谐是以承认矛盾的存在为前提的。和谐（harmony）这个词，无论作为理论体系中的概念，或者人们现实生活中的美好憧憬，古今中外都早已出现，但解释各有不同。有一类解释就是把和谐与矛盾看成互斥的概念，认为和谐就是无矛盾，有矛盾就不能和谐。这完全不符合实际。没有矛盾就没有事物，没有世界，你讲的"和谐"如果不是矛盾双方的和谐，那是什么与什么的和谐？"和谐"岂不成了没有内涵的空概念？你讲的构建和谐社会岂不成了没有内容的空话？当然，我们也不认为所有的矛盾双方的关系都必定和谐。有人把凡属矛盾双方共处于统一体的状态都叫做和谐，这又把和谐的概念过于泛化了。实际上，任何矛盾只要还未破裂，就总是共处在统一体中，即使是斗争非常激烈的对抗性矛盾也是这样。如果把这种状态也叫做和谐，那么和谐的概念就等同于共处的概念，只是语词不同，没有特别的意义，也没有提出这个概念的必要了。我认为，和谐是矛盾双方相互关系的一种特殊状态，这种状态的特点就在于矛盾双方的发展不仅不互相损害，而且还互相促进，即通常说的"相辅相成"、"共生共荣"、"和实生物"、"互利双赢"的状态。这种状态并不是在任何情况下都能出现的，它的出现需要有严格的条件，包括客观的条件（有没有形成这种状态的实际可能）和主观的条件（有没有构建这种状态的愿望和能力）。但只要条件具备，在自然界和社会中都是可能出现的。

作为社会现象的和谐，在阶级对立的社会里是否可能出现呢？我认为在一定条件下也是可能出现的，而且事实上出现过。如果说在阶级社会里必定时时、处处、事事都不和谐，那并不符合事实。在阶级社会的生产关系还能促进生产力发展的时候，在不同群体（也包括不同阶级）的利益的共同点超过差异点的时候，只要主客观条件具备，就不仅可以出现社会矛盾相对缓和的现象，而且也会出现局部的和谐现象。这在历史上和现实中都是屡见不鲜的事实。但是，只要阶级对立以及其他利益对立的根源没有消除，这种和谐现象就不可能是社会的总体特征和本质属性，也不可能长久地保持。"太平盛世"也好，"福利社会"也好，都只能说有和谐现象，而不能从总体上把这种社会叫做和谐社会（harmonious society）。这与我们现在要构建的和谐社会是根本不同的。

能不能说我们现在已经建立了和谐社会呢？我认为还不能这样说。从理论上说，和谐社会的最高典型应该是共产主义社会，因为只有到了那时才可能达到"每个人的自由发展是一切人的自由发展的条件"①。现在我们离这种最高典型的和谐社会的实现还非常遥远。我们现在要求构建的社会主义和谐社会还不可能是最高典型的和谐社会，而只能是相对意义上的和谐社会，即和谐状态占主导地位的社会。构建这样的和谐社会也是十分艰巨的事业，需要几代人的持续努力，因为我们还处在社会主义初级阶段，经济文化还很不发达；人民利益虽然在总体上根本一致，但不同群体之间和个人之间的利益还有很多不一致的地方，造成不和谐现象的因素还大量存在；在改革的过

---

① 《马克思恩格斯选集》第 1 卷，人民出版社 1995 年版，第 294 页。

程中还会出现新的不和谐因素。但是，社会主义制度毕竟消灭了剥削阶级的统治，为逐步消除人际利益冲突的根源提供了客观基础，从而使构建社会主义和谐社会成为必要和可能。千里之行始于足下，我们现在就必须把构建和谐社会的任务提上日程并付诸实践，开始万里长征。要逐步实现这个任务，恰恰不能否认矛盾，回避矛盾，而必须如实地发现矛盾，正视矛盾，解决矛盾，用妥善的方法使矛盾双方处在相辅相成、共生共荣的状态。而要做到这一点是很不容易的。除了其他种种条件之外，最重要的条件就是要有正确的导向，而且要逐步形成社会的共识。社会主义核心价值体系就是我们应当逐步形成的共识。没有这种共识，就无法逐步减少以至消除不和谐的因素，使和谐的因素逐步增加。所以，构建社会主义核心价值体系是构建社会主义和谐社会的题中应有之义，而不是从外部附加的东西。

▲：科学发展观是统领经济社会发展全局的指导思想，其本质与核心是"以人为本"，这是否意味着对构建社会主义核心价值体系应该以某种张扬人性、推崇人权的理论为指导，另外，"以人为本"与西方的人道主义、中国的民本思想有何本质区别？

●：以什么思想为指导来构建社会主义核心价值体系，是不可回避的问题。我认为，指导思想应当是正确反映社会发展规律、代表广大人民根本利益的马克思主义。有的同志认为，既然构建社会主义核心价值体系和构建和谐社会都必须以人为本，那么凡属张扬人性、推崇人权的理论就都可以作为指导思想，我认为这是需要辨析的。这里以西方人道主义思想或中国传统文化中的民本思想为例来谈谈个人的看法。

产生于欧洲文艺复兴时期的西方人道主义反对以神权压制人性，张扬以人为中心，后来发展到宣扬天赋人权和自由平等博爱，对摧毁腐朽的封建制度和建立先进的资本主义制度起过非常革命的作用。即使在马克思主义产生以后，作为伦理原则，这种人道主义也还有进步作用，否定这种进步作用是错误的。鲁迅在谈到托尔斯泰"敢于向有权力的反动统治阶级抗争"时指出："大家现在又在大骂人道主义了，不过我想，当反革命者屠杀革命者，倘有真的人道主义者出而抗议，这对于革命为什么会有损呢?"①在反法西斯的斗争中,这种人道主义是马克思主义的盟友。许多并非马克思主义者的人道主义者有伟大的济世情怀,真诚地关心人民,为人民的幸福献身,他们的这种精神至今还在鼓舞着千百万善良的人们。在我们今天的社会主义社会里,这种人道主义的伦理原则也大有益于社会的和谐和人际关系的友善,大有益于社会进步。这些都是事实。但是,如果作为构建社会主义核心价值体系和社会主义和谐社会的指导思想,就不能不看到这种人道主义的弱点:第一,它所依据的理论基础不是科学的历史观,而是抽象的人性论。抽象人性论的根本缺陷就是离开人的社会性和历史发展来谈论普遍人性,把人性描绘成与生俱来一成不变的东西,不是用历史来解释人性,而是用人性来解释历史,把历史的发展解释成人性的异化和复归。这就无法合理地解释历史,也无法合理地解释人性。而且,这种普遍人性实际上是以资产者的现实要求为模特儿描绘出来的。从根本上说,人权,就是资产阶级的权利;自由,就是商品交换和贸易自由,包括买卖劳动力的自由;平等,就是商品的等价交换原则,包括劳动力买卖的等价交换原则;博爱,就是利益冲突的阶级之间的互爱合作。在这种人道主义看来,最符合人性的社会就是资本主义社会。这种人道主义是以普遍性的形式出现的资产阶级意识形态。不错,某些资产阶级人道主义者对资本主义制度的弊病也有激烈的批评,甚至很像是颠覆性的批评,这种批评也是真诚的,并不是故作姿态;但从他们的实际眼界来看还是以维护和改善资本主义为前提的批评,并不能科学地解释历史和现实,也不能提供人的彻底解放的现实途径。第二,正因为这种人道主义以肯定资本主义制度的永恒性和合理性为前提,以普遍性的形式遮蔽了阶级利益冲突的实际,它也就无法贯彻到底。许多真诚的人道主义者的呼吁和呐喊可以给人们以很大的慰藉、启迪和鼓舞,但并不能指出消除利益冲突的现实途径,他们的善良愿望终究只是愿望而已。至于现在某些资本主义国家的统治者一面鼓吹人性和人权,一面又干涉别国的内政,侵犯别国的主权,屠

---

① 参见冯雪峰:《回忆鲁迅》,人民文学出版社 1953 年版,第 31 页。

杀别国的人民，那就更当别论了。空想社会主义主张的人道主义与资产阶级人道主义的阶级基础不同，它是无产阶级在很不发展的时期对未来社会的本能渴望的反映。但是，这种人道主义的理论基础也是抽象人性论，只不过它认为合乎人性的不是资本主义社会而是社会主义社会而已。它也同样不能科学地解释人的问题，指明人的解放的现实途径。

中国传统民本思想与西方人道主义思想的历史背景和阶级基础不同。它在中国有数千年的历史，源远流长，是中华民族宝贵的思想财富。从《尚书》的"天视自我民视，天听自我民听"到《管子》的"政之所兴在顺民心，政之所废在逆民心"，从孔子的"仁者爱人"、"泛爱众"、"修己以安百姓"到孟子的"民为贵，社稷次之，君为轻"，都大力宣扬了"民为邦本，本固邦宁"的基本思想。许多伟大的思想家和诗人以"长太息以掩涕兮，哀民生之多艰"、"穷年忧黎元，叹息肠内热"的情怀真诚地关心人民疾苦，谴责剥削压迫，揭露贫富悬殊，留下了大量撼人心魄的不朽篇章。这种民本思想对抑制过度的剥削压迫，调节社会矛盾，促进生产力和文化的发展都有极为重要的意义。但是，如果作为构建社会主义核心价值体系和社会主义和谐社会的指导思想，它同样也有弱点。民本思想的理论基础也是离开人的社会性和历史发展的另一种形式的抽象人性论。无论是性善论、性恶论或其他理论，也都不能科学地解释社会历史和人的本质。在不改变阶级社会结构的前提下，伟大思想家的爱民理想不可能实现，"富者田连阡陌，贫者无立锥之地"、"朱门酒肉臭，路有冻死骨"的状况不可能消除；"己所不欲，勿施于人"、"己欲立而立人，己欲达而达人"的"黄金原则"实际上也很难做到。而且，这种民本思想毕竟还是统治阶级"御民"、"牧民"、"使民"、"用民"、"治民"的方略，是"仁政"和"王道"的依据，根本前提还是维护和改善奴隶主或地主阶级的统治。管仲说的"凡治国之道必先富民，民富则易治也，民贫则难治也"。孔子说的"百姓足，君孰与不足？""君子学道则爱人，小人学道则易使"，归根到底都还是从统治阶级的根本利益着眼的。即使是极有远见、极有作为的明君贤相，也只能把"民"看成是载舟之水，也就是支撑这个统治的基础，而不可能把人民看成历史的主人，让人民当家做主。韩愈说得直截了当："民者，出粟米麻丝作器皿通货财以事其上者也"，"民不出粟米麻丝作器皿通货财以事其上，则诛。"孟子说的"劳心者治人，劳力者治于人"还是"天下之通义"。

▲：如何避免从抽象的人的本质来理解"以人为本"，抵制泛化、庸俗化的解读，从而正确构建社会主义核心价值体系呢？

●：马克思主义对人、人权、人性的理解与西方人道主义和中国民本思想有原则的不同。马克思恰恰是从批判对人的本质的抽象议论开始创立唯物史观的。以往的一切张扬人、推崇人的理论，共同的根本缺陷就在于脱离人的社会性和历史性来理解人。在这些理论中被渲染得极为神圣的"人"，只是从特定的历史阶段和社会关系中抽象出来的概念。这样的"人"，正因为被说成属于一切时代和一切社会，所以也就不属于任何时代和任何社会；只是思想家头脑中的幻影，而不是现实的存在。马克思的贡献就在于发现了打开这个"黑箱"的钥匙，第一次指出全部社会生活本质上是实践的，人的本质应当从人的实践活动造成的社会关系中探求，人在改变世界的过程中改变着自己。实际存在的人既不是脱离物质的精神实体，也不仅仅是生物学意义上的物质实体，而是处在一定社会关系中的具体的历史的人。这一石破天惊的发现使思想史上的千年迷雾为之一扫。从此以后，社会历史不再是无规律可循的神秘王国，而是可以用科学方法认识和改变的对象。人的解放也不再是悲天悯人的善良愿望，而是可以通过实践活动逐步实现的目标。这是思想史上最具全局意义和长远意义的成果。在今天无论从哪一个方面研究人的问题，都不应该离开这个正确的观点和方法。离开了这个观点和方法，就如同有了电灯之后还秉烛夜游了。

构建社会主义核心价值体系和社会主义和谐社会必须以人为本，这毫无疑问。但我们说的不是抽象的"人"，而是具体的现实的人，也就是生活在我们这个社会里的最广大的人民；我们要解决的人的问题也不是抽象的问题，而是广大人民和子孙后代利益攸关的种种非常现实的问题。离开马克思主义的指导，以人为本就难免流于空谈，解决不了任何现实问题，也消除不了造成种种不和谐现象的根源，构建社会主义和谐社会的目标也将无从实现。

▲：中国有着几千年的文明史，在革命、建设中也形成了一些光荣的传统，当前，经济全球化使各种文明之间的联系、交往日益密切，构建社会主义核心价值体系应该如何对待古今中外的文明成果及其不同的价值观念？

●：以马克思主义为指导构建社会主义核心价值体系，决不能排斥人类文明发展大道上产生的各种价值体系中的积极成分。继承这些宝贵的积极成分，本身就是坚持马克思主义指导的不可缺少的内容，而决不是马克思主义指导之外的另一回事。拒绝吸收和借鉴这些积极成分，恰恰是违背马克思主义的。

第一，以往的价值体系中不仅有反映剥削阶级狭隘利益的内容，还有反映一切社会成员共同要求的内容，否则社会成员不可能共同生活，任何社会不可能存在和发展。这些内容我们当然必须继承和发扬。

第二，即使是反映剥削阶级狭隘利益的内容，我们也可以把其中某些成分从原来的思想体系和阶级属性中剥离出来，重新予以诠释、熔铸和改造，赋予新的涵义，为我所用。比如西方人道主义和中国民本思想以及和合思想中就既有反映一切社会成员共同要求的成分，也有反映剥削阶级狭隘利益的成分。前者不待多说，即使仅就后者而论，也仍然是我们今天应当有分析地继承和借鉴的宝贵思想资源。我们要构建的社会主义核心价值体系中的以爱国主义为核心的民族精神和以改革创新为核心的时代精神，社会主义的荣辱观，都与这些思想既有原则区别，又有明显的继承关系。离开了继承，在空地上建立的社会主义的核心价值体系就会成为无本之木，决不能使社会成员乐于接受，在全民族生根。

从 20 世纪 50 年代后期到"文化大革命"，曾经长时间地混淆了不同的问题，以为凡是从非科学的历史观引申出来的价值标准和伦理原则都一无是处，都是社会主义社会里应当清除的糟粕，把它们一概看成"坏东西"。这在理论上是完全不正确的，在实践上也造成了严重的危害。这种错误不仅使我们丢失了大量的宝贵思想资源，搅乱了社会生活的共同准则，而且造成了两种貌似相反而实际相通的结果：有人以此指责马克思主义"反人道"；也有人以此把马克思主义等同于或归结为抽象的人道主义。这个教训非常深刻。当然，对于这些思想不能连同它们的阶级局限性和时代局限性一起原封不动地照搬，不能把它们鼓吹到高于马克思主义的程度，而应当按马克思主义的观点和社会主义的要求加以改铸，使之成为社会主义核心价值体系的有机成分。这是增强社会主义核心价值体系的民族性、时代性、群众性和实效性的必不可少的工作。

以马克思主义为指导构建社会主义核心价值体系，说的是党和国家在制定有关政策、领导这项工作时要遵循的理论原则，并不是要求全体社会成员的价值观都以马克思主义为理论基础，人人都成为马克思主义者。如果不顾思想多样性的事实而作这样的要求，反倒违背了实事求是的原则，不符合马克思主义了。凡是有利于社会主义建设事业的繁荣发展、有利于祖国的统一富强和民族振兴、有利于社会和谐的言行，无论言行的主体的世界观出发点是马克思主义还是非马克思主义，唯物主义还是唯心主义，世俗观念还是宗教信仰，都应当受到肯定和赞扬。毫无疑问，加强和改善马克思主义的宣传工作，特别是用马克思主义的世界观、人生观、价值观培养教育青年一代是必需的。但是同时必须坚持包括宗教信仰自由在内的思想自由，坚持"双百"方针，坚持主旋律前提下的思想多样性。以马克思主义为指导的社会主义核心价值体系应当既具有先进性，又具有最广泛的包容性，让全体社会成员都能遵循，都能做到。只有这样，它才可能实际上成为最广大人民为构建社会主义和谐社会而共同奋斗的向导。

关于生产力标准的
几个理论问题 *

党的十三大对生产力标准作了集中论述后，全国各地区各部门展开了热烈讨论，报刊上发表了很多进一步阐述这个问题的文章，本来已似乎没有什么新话可说了。不过笔者近两三年来有幸到好几个地区作了一点考察，颇有感触。感触较深的有两点。一点是，在改革深化的时候，我们特别需要有一个共同的价值体系和行为准则，否则10多亿人民就会在改革的大潮中目标歧异，步调凌乱，各种力量互相掣肘，互相抵消，"四化"进程就会遇到极大的阻碍。而生产力标准的理论正是为社会提供正确的价值导向和行为准则的最基础的理论。只有这种理论才能使全国从事各种工作的人们排除各种干扰，解除各种困惑，清醒而坚定地把促进生产力的发展看做最根本的（当然不是唯一的）任务。因此，当前提出生产力标准的理论是势所必至的事情。另一点是，这个理论虽然是马克思主义经典作家早已作了严整论述、现在党中央又作了进一步阐发的理论，但人们的理解并不完全一致，特别是在实际运用时还有不少疑点，并不是表态拥护就能解决问题的。对这个貌似简单而其实非常复杂的问题继续作一些探讨，也很有必要。

---

　* 本文是中宣部纪念十一届三中全会召开10周年理论讨论会入选论文，原载《武汉大学学报（人文科学版）》1988年第6期。

一、生产力标准与实践标准

10 年前开展的真理标准①的讨论确实是一场关系祖国命运的事件。我想，只有亲身经历过多年"左"的危害，特别是"十年动乱"之苦的人，才能真正感受到这场大讨论的解放作用。在那些梦魇般的狂热岁月里，个人崇拜成了全民服膺的神圣教义，语录标准、权力标准代替了真理问题上的实践标准，真理横遭玷辱，民族陷入浩劫。四凶殄灭之后本应立即拨乱反正，而"两个凡是"的思想又横加梗阻。当时若不首先冲破这扇铁门，恢复真理问题上的实践标准的原理，我们的祖国就仍将沿着所谓"无产阶级专政下继续革命的理论"的绝路滑下去。实践标准讨论的开展，正是亿万人民挽救民族危亡的强烈要求与反马克思主义的"凡是"思潮之间不可两存的矛盾在理论上的集中表现。经过艰难曲折的斗争，终于击败了"凡是"思潮，重新确立了实践标准的理论权威和以此为基础的党的思想路线，这才使三中全会以来的方针政策为全民所理解，才有了今天的一切。

既然实践标准的讨论已经解决了这么大的问题，现在又提出生产力标准的问题是不是多此一举呢？这两个标准、两次讨论之间有什么关系呢？这是大家关心的问题。

有这样一种理解："生产力标准的提出，是实践标准在社会主义建设上的体现，是在社会历史领域里最彻底的运用、深化和展开。"按照这种理解，实践标准与生产力标准是衡量同一对象的标准，只有一般与特殊之别、适用范围宽狭之别、深刻程度之别。这种理解，我认为是不对的。这不能说明生产力标准的独立意义，也不能说明提出生产力标准的必要性。我想从两个方面对此作一点分析。

先从理论和逻辑上看。

①　"实践标准"也称"真理标准"。"实践标准"和"生产力标准"都是简化的说法。完整地说，前者应该是"是否在实践中得到预想的结果是检验认识真理性的标准"；后者应该是"是否有利于生产力的发展是检验行为合理性的标准"。

认识是否具有真理性，是认识的真假问题。实践是否具有合理性，是行为的善恶问题。这是两个不同性质、不同论域的问题。用来判定认识真假的标准和用来判定行为善恶的标准也是不同的。实践是检验认识真理性的标准，生产力则是检验实践（行为）合理性的标准，两者回答的并不是同一个问题，不能混为一谈。非马克思主义哲学未必同意以实践和生产力作为判定这两个问题的标准，但在肯定这两个问题有性质的区别、需要根据不同的标准来判定这一点上，是同马克思主义没有分歧的。

有的同志为什么会把这两个不同性质的问题混为一谈呢？原因大概在于他们以为，以真理性的认识为依据的实践就一定是合理的，因此，解决了认识的真理性问题也就等于解决了实践的合理性问题，检验认识真理性的标准也就是检验实践合理性的标准。其实，这是一大误解。

事情的关键在于，以某一真理性的认识为依据，是可以设计出不同实践方案的。这里有极大的选择性。以"水能淹死人"这种真理性的认识为例，有的人可以据此修堤筑坝，有的人可以据此搭桥造船，但也有的人可以据此投河自杀。这些千差万别甚至互相矛盾的实践都必然合理吗？显然不可能如此。于是就发生了以什么为标准来判定何种实践为合理的问题。以实践为标准行不行呢？不行。以实践为标准来判定实践是否合理，这是同语反复，等于没有标准。何况这也无法实行。例如，如果要以实践来判定究竟是乘船过河合理还是投河自杀合理，该怎样判定呢？如果说通过实践达到了预想的目的，这实践就算合理，那么乘船过河的人和投河自杀的人都通过各自的实践达到了预想的目的，这两种实践就应该都算合理了，这岂不等于没有判定么？仅此一点就可以表明，在实践合理性的问题上援引实践标准是搞错了领域，文不对题的。解决这个问题需要有另外的标准，问题只在于这另外的标准是什么，为什么要选择它做标准。

事实上，各人都有自己的实践合理性标准。你认为依据"水能淹死人"的真理，只有防止溺水的实践是合理的；但另一个人却坚持认为他此时此刻投河自杀是最合理的。这种分歧的原因是各自的实践合理性的标准不同，而标准的不同又是因为各自的价值观不同。马克思主义提出以是否有利于生产力的发展作为检验实践合理性的标准，既是依据对社会发展规律的真理性认识，也是依据以解放全人类为最高理想的价值观，单有前者而无后者是提不出这个标准的。必定有人始终不同意这个标准，这也无法强求。但如果绝大多数人同意这个标准，我们就会在实践中有比较一致的价值取向。我想这就是为什么在解决了认识真理性的标准问题之后还必须进一步解决实践合理性的标准问题的道理。

再从我国现实生活的矛盾运动看。

实践标准讨论之后，大家都要求把我们的社会主义建设好，这是一致的。但是，当改革深化的时候，人们对许多具体措施的看法却并不那么一致，有人认为好，有人认为不好。为什么有这种分歧呢？如果撇开其他原因不论，一个重要的原因就是人们对衡量社会主义是否建设得"好"的标准不一致，而这又是因为没有所有的人都一致公认的价值体系。靠实践标准能不能消除这种分歧呢？不能。举一件大家熟悉的事情为例吧："十年动乱"使国民经济濒于崩溃，这是实践证明了的事实。可是当时对什么叫做把社会主义建设"好"是有一套衡量标准的，那就是看"无产阶级"是否对"资产阶级"实行了"全面专政"，"防止资本主义复辟"是否卓有成效等等；至于生产力是否提高，科学文化是否发达，人民生活是否改善，实际上是不在考虑之列的。按照这种标准，"文化大革命"的那些"以阶级斗争为纲"的做法当然是合理之极了，即使国民经济濒于崩溃也还是社会主义事业取得了伟大胜利。如果你说："实践证实了这样干下去中国会越来越穷，人民会越来越苦，这怎么能算社会主义建设好了？"有人就会反驳你说："越穷越革命，越苦越坚强，实践证明我们防止了资本主义，也就是说明我们的社会主义搞好了！"请问你有什么办法？毫无办法！价值观不同，是说不到一块去的。

我这是极而言之。现在当然没有人再坚持这样的价值观了。但是类似的问题是否存在呢？还是存在的。这也毫不足奇。我们虽然批判了"文化大革命"期间荒谬的社会主义观，但对我们自己头脑中的社会主义模式还没有很好地进行分析清理的。我们给社会主义规定了一系列不可缺少的"特征"，构成了一个评价系统，似乎只有满足了这个评价系统的各项指标才算把社会主义搞好了，否则就是偏离了社会主义的大方向。是的，许多同志渴望生产力迅速发展，人民生活普遍改善，看到许多改革措施的成效也由衷高兴，但用那个习惯了的评价系统一衡量，就觉得不像"社会主义"，于是心里就犯嘀咕了，就产生了某种类似"饿死事小，失节事大"的心态，疑窦丛生，畏缩不前了。这种旧的价值观和行为合理性标准就像当年真理问题上的"两个凡是"一样，成了紧箍咒、绊脚石。如不破除，改革和富强就是空话。破除这种陈旧观念的唯一办法就是宣传马克思主义的价值观，使尽可能多的人接受生产力标准。实际生活的矛盾运动就是这样把我们由实践标准的讨论推向生产力标准的讨论的。

有的同志断言生产力标准的提出"是我们党对马克思主义理论的又一重大突破"。我认为这种说法用意虽好，但并不确切。生产力标准同实践标准一样，都是马克思主义的根本原理，并不是现在才有的新论点。马克思、恩格斯、列宁、毛泽东的有关论述可以引出一大本，可以说，没有这个论点就没有唯物史观。这里并没有什么"重大突破"。但是，在马克思主义的根本原理被"遗忘"了多年，并且由此造成了灾难的情况下，恢复这样的原理的意义是不在提出新原理之下的。

二、生产力标准与经济效益

有人认为生产标准还不够"具体"，不如干脆"落实"为经济效益标准，即把是否有利于提高经济效益作为检验行为合理性的标准。

不能说这种意见没有合理的成分。经济效益、劳动生产率和生产力三者虽然不是等同的概念，但确有密切的联系。一般说来，经济效益的提高是劳动生产率提高的结果，而劳动生产率的提高又是生产力发展的标志。经济效益的普遍提高当然也就意味着全社会的生产力水平的提高。大家都不讲经济效益，不去追求以最小的消耗获得最大的效果，社会生产力的提高也就无从说起。在"左"风盛行的年代是不顾经济效益也不准讲经济效益的，在"要算政治账，不要算经济账"的"理论"指导下，我们竟然可以干出土高炉炼铁之类的蠢事，可以宣传"收不到粮食收稻草，收不到稻草收思想"的呓语。我们吃这种蒙昧主义的亏太大了。在今天，恢复一点健全的常识，树立经济效益的观念，甚至把经济效益作为衡量行为合理性的重要参数，是完全必要的。

但是，用经济效益代替生产力标准，或者把生产力标准归结为经济效益标准，却是一种狭隘的片面的观点，在理论上是不能成立的。

第一，经济效益有局部与整体之分。从局部看来有利于提高经济效益的行为，从整体看来未必有利。一个生产单位或经营单位把本单位的经济效益看做高于一切的东西，就可能做出许多以假乱真、以劣充优、以邻为壑、损人利己、侵公肥私的事来，本单位的"经济效益"倒是"提高"了，别人的和全社会的经济效益却大受其害。各个地区只顾自己的"经济效益"，拼命提高发展速度，不管国家和社会的人力物力财力是否承受得了，其结果必然造成国民经济全面失控，降低全社会的经济效益。如果这种行为也算合理，就无异于承认破坏生产力的行为是合理的了。

第二，经济效益还有目前和长远之分。从目前看来有利于提高经济效益的行为，从长远看来未必有利。杀鸡取卵、竭泽而渔、不惜破坏地力、破坏生态平衡、造成环境污染等等的短期行为，也并非不能在一个时期提高经济效益，但终究会受到自然规律和经济规律的惩罚，阻碍生产力的持续发展。这种行为当然也不能算合理的行为。

第三，社会主义建设不能只着眼于经济效益，还要着眼于社会效益。社会效益的内涵比经济效益丰富得多，其核心是整个民族素质的提高，是人的全面发展。有些行为也许可能带来某种经济效益，但却可能引起破坏性的社会后果，例如败坏人的素质、损害人的尊严等等，这样的行为不仅与发展生产力的终极目的南辕北辙，而且对生产力的发展本身也是不利的；因为如果没有整个民族的文化素养、科学水平、思维能力、道德情操的提高，全面持续地发展整个社会的生产力是不可能的。片面强调经济效益而不顾社会效益，最终也会导致阻碍生产力发展的结果。

三、生产力标准与精神生产

生产力标准是否也适用于精神生产领域？我认为也是适用的，不过在精神生产领域里运用这个标准时要比在物质生产领域里复杂得多。

精神生产的各个部门的具体情况千差万别。一般说来，自然科学和技术部门的精神产品对生产力的作用比较容易衡量，在这些领域里用生产力标准来判定行为合理性也比较容易实行。但也不能简单化。许多基础理论的研究就未必能立竿见影地促进生产力的发展，有些研究可能长期看不出有实用价值。至于在人文科学、社会科学、文艺、宗教等部门里，事情就更是复杂得多。一切精神产品对生产力的作用都要通过对人的影响才能实现，而在这些部门中精神产品对人的影响不仅与产品本身的内容和形式有关，而且与接受者所处的文化背景以及本人的主体状态有关（所谓有多少读者就有多少哈姆雷特）。同一精神产品对不同环境中的接受者或相同环境中的不同接受者的影响可能差异很大，甚至迥然不同。至于这种影响再通过接受者而作用于生产力，就更要通过诸多因素和诸多环节的离散与聚合、过滤与变形、强化与弱化，弄得很难辨别，很难把握。因此，在这类部门中直接用生产力标准去评判个别精神生产行为的合理性，例如断言写这首诗有利于生产力的发展，演那出戏不利于生产力的发展，是必定要犯简单化庸俗化的错误的。

但是，这并不等于说生产力标准原则上不适用于精神生产领域。从宏观上、总体上看，精神生产对生产力发展的作用仍然是可以测度的。如果一个时期的精神产品的总体效应是振奋了民族精神，提高了人们的文化素养、思考能力、道德情操、审美情趣，那就可以说这个时期的精神生产行为是有利于生产力发展的，是合理的；反之则是不合理的。

四、生产力标准与现阶段的多种经济成分

我国在改革中出现了以公有制为主体的多种经济成分并存的格局。有的同志对此持怀疑态度，特别是对资本主义成分的出现很不理解。有的同志讳言资本主义，总想把事实上是资本主义的东西解释成别的什么，似乎非如此不足以维护社会主义的纯洁性。后来实在解释不通了，就觉得心虚理亏，认为我们已经把资本主义消灭了二三十年，现在又让它"复活"了，很难说不是一种倒退。这种思路的支撑点是什么呢？就是看问题不以是否有利于生产力发展为标准，而以是否符合抽象的"社会主义"概念为标准。

主张我国在相当长的历史时期里必须多种经济成分并存（以公有制为主体），这本来是毛泽东同志在我国民主革命时期乃至新中国成立初期的一贯观点。那时他认为新中国成立后必须经过一个相当长时期的新民主主义阶段，在这个阶段里国营经济和合作社经济是主体，同时还要有个体经济、国家资本主义经济和私人资本主义经济。对资本主义经济在这个阶段的作用，他在《中国革命和中国共产党》、《新民主主义论》、《论联合政府》、《在七届二中全会上的讲话》、《论人民民主专政》等论著中反复地作了透彻的分析。他明确地指出："在革命胜利以后一个相当长的时期内，还需要尽可能地利用城乡私人资本主义的积极性，以利于国民经济的向前发展。在这个时期内，一切不是于国民经济有害而是于国民经济有利的城乡资本主义成分，都应当容许其存在和发展。这不但是不可避免的，而且是经济上必要的。"[①]他批评"有些中国资产阶级代言人不敢正面地提出发展资本主义的主张"，批评另一些人"一口否认中国应该让资本主义有一个必要的发展"，以极鲜明的语言指出："我们共产党人根据自己对于马克思主义的社会发展规律的认识，明确地知道，在中国的条件下，在

---

① 毛泽东：《在中国共产党第七届中央委员会第二次全体会议上的报告》。《毛泽东选集》第4卷，人民出版社1991年版，第1431页。

新民主主义的国家制度下，除了国家自己的经济、劳动人民的个体经济和合作社经济之外，一定要让私人资本主义经济在不能操纵国民生计的范围内获得发展的便利，才能有益于社会的向前发展。对于中国共产党人，任何的空谈和欺骗，是不会让它迷惑我们的清醒头脑的。"①毛泽东的这些论断的依据是什么呢？就是"中国经济还十分落后"，也就是中国的社会生产力发展水平还很低。毛泽东是坚持以生产力发展的需要为标准来制定国策的，这些论点是科学的、睿智的、马克思主义的论点。

但是，新中国成立以后的实际做法与毛泽东原来的预计有很大的不同。我们不是在"一个相当长的时期内"保持了原定的经济格局，而是在很短的时间里基本完成了整个国民经济的社会主义改造，实现了单一的公有制。这一历史行动在社会进程中是一个成功的范例。但有一个问题并未解决：当时我国的生产力发展水平同毛泽东发表上述论点时的水平基本上没有区别，仍然十分落后。这就使我们置身于一个巨大的矛盾之中：一方面，从所有制看，我们确实已全面建立了公有制，比最发达的资本主义国家还要高一个等级；另一方面，从生产力看，我们又确实十分落后，比中等发达的资本主义国家落后得多。这个矛盾一直困扰着我们。如何解决这个矛盾呢？本来应该是用全力发展生产力的办法来解决的。"八大"的方针就是着眼于此。但是我们在近 20 年的长时间里实际上并没有把工作的重点放在发展生产力方面，反而把"阶级斗争"作为"纲"来抓。即使讲生产，也是企图靠"抓革命"来"促生产"，结果是越"促"越落后，直到经过"文化大革命"，使国民经济滑到了崩溃的边缘，上述的矛盾不但没有解决，反而尖锐到快要爆炸的程度了。十一届三中全会以来的路线才真正指出了解决这个矛盾的途径；而社会主义初级阶段理论的提出，则更为解决这个矛盾提供了理论依据。这个理论指出，我们虽然进入了社会主义，但还只是处在初级阶段，生产力落后就是这个阶段的主要特征，

---

① 毛泽东：《论联合政府》。《毛泽东选集》第 3 卷，人民出版社 1991 年版，第 1060~1061 页。

集中主要力量发展生产力就是我们的根本任务。而为了发展生产力，就必须抛弃一切脱离现实基础的空想，使我们的经济关系适合于现阶段生产力的水平和状况。在以公有制为主体的前提下发展多种经济成分，包括有利于国民生计的资本主义经济成分，正是现阶段的客观要求。在这个问题上，毛泽东对新中国成立后多种经济成分并存的必要性的深刻论述仍然是有现实指导意义的理论遗产。有的同志把这看成"倒退"，那恰恰说明他不是以生产力为标准看问题，而是以脱离具体条件的抽象的"社会主义"概念为标准看问题。我想，如果要说什么"倒退"的话，那也是从迷醉"退"到清醒，从空想"退"到科学，从缥缈的云端"退"到坚实的大地，这样的"倒退"不正是真正的前进吗？

有的同志认为，不管怎么说，资本主义总是剥削的一种形式，剥削总是罪恶，干了几十年社会主义还容忍这种罪恶，总是对社会主义纯洁性的玷污，对共产党高尚形象的亵渎。

消灭剥削的理想并非始于共产党人。共产党人的特点和优点恰恰在于不是抽象地谈论剥削，不是停留在对剥削作道义谴责的水平上，而是以马克思主义理论为指导，揭示产生剥削和消灭剥削的条件，为创造消灭剥削的条件而奋斗。在生产力没有发展到足够水平的历史时期，剥削的存在不仅是不可避免的，而且是进一步发展生产力，从而为最终消灭剥削创造条件所必需的。在条件不具备的时候企图全部消灭剥削，至多不过是善良的空想。这样做必然会阻碍生产力的发展，结果反而拖延了最终消灭剥削的时间。这是一个科学的问题，脱离了具体条件抽象地谈论功过善恶是无济于事的。奴隶制在今天看来无疑是一种残酷到骇人听闻程度的剥削形式，然而它在原始公社崩溃的基础上出现却是不可避免的，并且是巨大的历史进步，因为它在当时的具体条件下比原始公社更能促进生产力的发展。恩格斯说得再透彻不过了："只有奴隶制才使农业和工业之间的更大规模的分工成为可能，从而使古代世界的繁荣，使希腊文化成为可能。没有奴隶制，就没有希腊国家，就没有希腊的艺术和科学；没有奴隶制，就没有罗马帝国。没有希腊文化和罗马帝国所奠定的基础，也就没有现代的欧洲。我们永远不应该忘记，我们的全部经济、政治和智力的发展，是以奴隶制既成为必要，同样又得到公认这种状况为前提的。在这个意义上，我们有理由说：没有古代的奴隶制，就没有现代的社会主义。"①马克思和恩格斯在《共产党宣言》中分析资本主义生产方式发生、发展及其必然走向灭亡的趋势时，也曾指出："资产阶级在历史上曾经起过非常革命的作用。"②"资产阶级在它的不到一百年的阶级统治中所创造的生产力，比过去一切世代创造的全部生产力还要多，还要大。"③难道可以说马克思恩格斯的无产阶级感情还不够强烈，以致在那里美化剥削，为剥削唱赞歌吗？要求立即消灭剥削的感情是崇高的，但感情毕竟不能代替科学。不对产生剥削和消灭剥削的条件作出科学的分析，不依据这种分析对一定条件下的剥削形式采取科学的态度，决不是马克思主义的观点。以此来指导行动，不管愿望如何善良，决不会对最终消灭剥削的事业做出实际的贡献。我们过去那种对"公"而又"公"、"纯"而又"纯"的追求，就包含着急于消灭一切剥削的愿望在内。事实已经表明这是我们的失误之一。这种愿望不能实现是理所当然的。在世界各国都还不具备最终消灭剥削的现实条件的情况下，我们这样一个生产力非常落后、文化也非常落后的国家竟然能够彻底干净全部地消灭一切形式的剥削，那才真是不可想象的事！

当然，如果由此得出结论，说随便什么形式的剥削都为中国今日所必需，或者说可以让资本主义的剥削来一个"大普及"，压倒公有制，那就同立即消灭一切剥削的想法同样荒谬，甚至更加荒谬。因为这样做的结果只能是生产力的大破坏，这是无须多加论证的。

还需要说到的是，有些同志在议论剥削的时候似乎只注意了资本主义的剥削，而忽视了另一些形式的剥削。我这里主要是指分配上的平均主义和不公。或许有人会说，把这两种情况叫做剥削不符合剥削

---

① 恩格斯：《反杜林论》。《马克思恩格斯选集》第 3 卷，人民出版社 1995 年版，第 524 页。

② 马克思、恩格斯：《共产党宣言》。《马克思恩格斯选集》第 1 卷，人民出版社 1995 年版，第 274 页。

③ 马克思、恩格斯：《共产党宣言》。《马克思恩格斯选集》第 1 卷，人民出版社 1995 年版，第 277 页。

的经典定义，因为这两者都不是凭借对生产资料的垄断。但我认为，即使按经典定义，"一部分人无偿地占有另一部分人的剩余劳动甚至一部分必要劳动"也是剥削的实质，至于"凭借对生产资料的垄断"，不过是说明一部分人何以能实现对另一部分人的剥削的条件而已。如果出现了一种情况，使得一部分人不需要通过对生产资料的垄断也能无偿地占有另一部分人的剩余劳动甚至一部分必要劳动，为什么就不算剥削呢？平均主义实质上是贡献小的人无偿地占有贡献大的人创造的财富(这当然只就有劳动能力和劳动机会的人而言)，分配上的不公则是一部分人凭借权力巧取豪夺，以非法手段无偿地占有另一部分人的剩余劳动甚至必要劳动，这不是剥削又是什么？而且，这种剥削对生产力的发展是只有阻碍作用而无促进作用的。拿生产力标准来衡量，是必须坚决反对的东西。

五、生产力标准与道德原则

现在人们相当普遍地感到坚持生产力标准有时会与通行的道德原则相矛盾。有些明明有利于生产力发展的行为，用通行的道德原则来衡量却似乎是不高尚、不美好的行为，受到人们的鄙视、非难和谴责；有些不利于生产力发展的行为反而受到人们的认可，甚至赞扬和歌颂。这是个相当严重的问题。不弄清这个问题，人们就会在许多情况下无所适从，坚持生产力标准就会遇到强大的舆论障碍。

我认为首先应当对通行的道德原则作一番分析和审查。

马克思主义从来不承认有什么不依赖于物质生活条件的、先天的、抽象的道德原则。道德原则归根到底是从现实的经济关系中汲取得来的。当然，由于社会发展是世代绵延的过程，因而在每一时代的群体公认的道德原则中，都既有历史的积淀，也有未来的憧憬，既有本民族本地区文化传统的延伸，也有各民族各地区文化交融的影响，因而包含着极其复杂的内容，表现为千差万别的形式。但是，发展生产力的要求，以及由此决定的现实的经济关系，仍然是最深层的、最顽强的左右道德原则的力量。一切其他因素或迟或早都不免要经过现实经济关系的筛选、过滤、折射或重组，被熔铸成与现实经济关系相适应的整体，这个整体是不能超过现实经济关系所能允许的范围的。经济关系在生产力发展需要的推动下变化了，它就必然会以强大的力量、稳定的倾向迫使道德原则按照它的要求（实质上就是发展生产力的要求）发生变化。道德原则对经济关系的作用无疑是巨大的，但它毕竟是派生的、第二性的东西。说到底，不是发展生产力的要求"应该"服从某种道德原则，而是一切道德原则或迟或早都不得不适应生产力发展的要求。这是人类的历史反复证实了的规律，我们应当据此建立观察这个问题的方法论。

在讨论现在通行的道德原则时，有必要区别两个系列的道德原则：一个是被群众实际奉行的、往往不成文的道德原则；一个是由宣传教育机构以教科书或其他形式、以共产主义道德的名义向人民灌输的道德原则。这两个系列的道德原则当然有许多一致之处，但毕竟并不等同。虽然前者往往更经常地支配着人们的行为，但后者却更具有"明文规定"的特点，更能左右舆论，更能起公开评判行为善恶标准的作用。因此，我们的讨论将只限于后者。

现在通行的共产主义道德原则，是经过理论家宣传家加工制作并以语言文字表述出来的东西，实际上是他们理解的共产主义道德原则。这种理解是否符合实际，是大有推敲余地的。认真分析一下就不难发现，其中诚然有被恩格斯称为无产阶级道德原则的东西，但也还掺杂着不少封建主义或小生产者的道德原则的变形的东西（例如把"无限忠于领袖"作为无产阶级的道德原则之一），还有一些谁也做不到，或者做到了对谁也没有好处的假大空的东西（例如把弃绝七情六欲、"节俭"到连一根冰棍也不吃当做无产阶级道德的典范来宣传）。把这些互相矛盾的因素杂糅而成的复合体一股脑儿算做共产主义道德原则，并且把它作为全民服膺的金科玉律和衡量善恶的最高标准，怎么可能不与生产力标准发生抵触呢？

要使道德原则与生产力标准协调一致，我认为至少应该澄清以下三个问题：

第一，无产阶级道德并不是现阶段唯一适应生产力发展要求的道德。没有疑问，我们国家的社会主义性质决定了无产阶级道德的主体地位。但另一方面，多种经济成分并存的事实又决定了道德的多元性。除了无产阶级道德适应现阶段生产力发展的要求之外，还有全人类的公共道德和别的阶级道德中的积极成分也是适应现阶段生产力发展的要求的。对每个公民的每种行为都拿无产阶级道德的尺子去量，要求成千上万将本求利的个体户和以追求剩余价值为直接目的的私营工商业者也具有无产阶级道德，是既不合理，也不利于生产力的发展的。私营企业主在法律的范围内努力经营，为社会提供优质服务，同时取得利润，这种行为有利于现阶段生产力的发展，就应该肯定。当然，也不能因此就把他们的诚信守法等等拔高为无产阶级道德，因为这在理论上也说不通。

第二，无产阶级道德有具体的历史的内容。当然，无产阶级道德中有反映全世界无产者在为解放全人类（包括自己）而斗争的整个历史时期中的一般要求的内容，这是比较恒久的、普遍的东西。但是，也还有反映不同国度、不同历史阶段、不同处境中的无产阶级所特有的具体要求的内容，这些内容则是随具体情况的变化而变化的。就后者而言，例如中国与美国、取得政权前和取得政权后、革命时期和建设时期，无产阶级道德的具体内容都必然有若干差异。忘记了这种特殊性，把无产阶级道德的一般原则当做公式往不同的具体情况上硬套，是行不通的。在革命战争时期，共产党员没有建立社会主义商品经济新秩序的任务，在今天则成了首要的任务。为这项新任务积极献身的行为，在今天就是符合无产阶级道德的。反之，对这项任务消极怠工或者干扰破坏的行为，则应该被认为是违背无产阶级道德的。

第三，无产阶级道德有层次之分。至少有两个层次：一个层次是对全体工人阶级成员在一般情况下的普遍要求；一个层次则是对先进分子在特殊情况下的特殊要求。这两者都是无产阶级道德，不能只承认后者而不承认前者。先进分子在特殊情况下为群众利益牺牲生命，这无疑是崇高的无产阶级道德的表现，必须歌颂和弘扬。但是广大群众在平时为社会主义建设努力劳动，同时也领取应得的报酬乃至接受奖励，也是符合无产阶级道德的。先进分子也不可能（而且不必要）

天天牺牲生命，在平时也要领取应得的报酬和奖励。如果只把先进分子在特殊情况下才能体现的道德境界当做对广大群众在一般情况下的普遍要求，那就必然会在道德评价上贬低千百万群众的有利于发展生产力的行为。这在理论上不正确，在实践上也有害。

　　我想，弄清了这些问题，就不难从生产力标准与道德原则的"矛盾"的困扰中解放出来。

改革需要哲学　哲学需要改革[*]

一、改革需要哲学

我们这个拥有 10 多亿人口的东方社会主义大国，正在进行一场举世瞩目的改革。在这场改革中，马克思主义哲学处在什么地位？能起什么作用？改革需要不需要马克思主义哲学？这个问题乍看起来似乎不成其问题。马克思主义哲学是我们党的世界观，是我们党制定纲领、路线、方针、政策的理论基础，而今天的改革是党领导的，谁会说改革不需要马克思主义哲学呢？但是，事情并不那么简单。如果我们不回避事实，就应该说这个问题在我们大多数干部和群众中并没有真正解决。在许多人心目中，改革需要自然科学、技术科学、管理科学，需要政法财经方面的社会科学，需要文学艺术等等，这都是没有问题的。但是是否需要哲学呢？人们就不一定从内心里承认了。哲学这门学科，连同搞哲学的人，似乎都有点受冷遇、受歧视的味道。有的人一提起哲学就往往把它同夸夸其谈的空洞说教、不着边际的高谈阔论联系起来，认为这是不能解决任何实际问题的无用之学。面对这种情况，我们这些搞哲学的人应该怎么看？怎么对待？我看第一是不要视而不见，采取不承认主义。第二是不要因为别人触犯了我们的职业尊严而义愤填膺，给人家扣上"轻视党的理论基础"的帽子。第三

＊ 本文是作者 1987 年 6 月应河南省委理论工作领导小组之邀在郑州研修班作的学术报告，载《十一届三中全会以来对马克思主义的运用和发展》一书，河南大学出版社 1988 年出版。

是不要自惭形秽，也跟着说哲学确实不行。正确的态度应该是冷静地客观地分析一下为什么会出现这种情况，然后考虑怎样对待。

为什么会出现哲学受轻视的情况呢？原因当然很多．但我看最主要的原因有两条：一条是长时间的"左"的错误败坏了哲学的名声，另一条是很多干部群众对哲学的性质和功能缺乏正确的理解。

先说第一点。

我们党在十一届三中全会以前的一段相当长的时期里犯了错误，主要是"左"的错误，包括"文化大革命"这样的长时间的全局性的错误。人民吃了苦，国家受了难。过去党犯错误的时候，哲学在干什么呢？不可否认，即使在那个年代，我们这些讲马克思主义哲学的人也还是宣传了许多正确的道理，决不能全盘否定。可是同样不可否认，在那种"大气候"下，马克思主义哲学工作者要出来坚持实事求是的思想路线，纠正党的指导思想上的错误，实在是太困难了。实际上我们做的工作有很大一部分是在为错误作辩护。比如1958年的"大跃进"明明违反了客观规律，破坏了生产力，有的哲学家还要出来论证这是"必然趋势"，还要为"人有多大胆，地有多高产"、"不怕做不到，只怕想不到"、"不怕想不到，只怕不敢想"这样的主观唯心主义、唯意志论唱赞歌；明明瞎指挥把大家害苦了，还要去写文章论证"外行领导内行"是"普遍规律"，似乎人民受够了苦难还得从"理论"上心悦诚服地认识到受苦受难的必要性和优越性。不仅如此，甚至两个完全相反的东西，哲学也都能出来提供"理论"依据，证明它们都是"马克思主义的"。我不是说所有的哲学工作者都是如此。确有一些水平很高，又具有坚定立场的马克思主义哲学家是能够在惊涛骇浪中看准方向，坚持实事求是的原则，不随波逐流的。但这样的哲学家毕竟是凤毛麟角，而且几乎没有一个不受打击的，有的还献出了生命。至于大多数搞哲学的人就未必能做到了。这也有种种不同的情况。有的人是毫无原则，见风使舵，搞投机的。多数人是认识问题，这些同志长期在以阶级斗争为纲和个人崇拜成风的大背景下，分不清是非，以为这样做就是在为党工作，在尽理论工作的职责。有的同志也并不是完全没有觉察到这样做得不对，并不是没有怀疑，但是在那种"大气候"下面也只好说些违心的话，或者不说话。不管具体情况有什么差别，有一个事实大家是看得清清楚楚的：那些年来使许多人民吃了大苦，使民族遭了大难的错事、蠢事，有好多都是在"马克思主义哲学"的名义下发生的。人们讨厌那些使自己受苦受难的"左"的错误，也就讨厌为错误作辩护甚至推波助澜的所谓"马克思主义哲学"，这是很难免的。十一届三中全会以后情况基本改变了，哲学的作用也改变了。比如真理标准的讨论就为拨乱反正开了路，为人民立了大功。可是人们对哲学在过去"左"风盛行时的那段痛苦的历史记忆犹新，一时还改变不了老印象，这也是很自然的。我想，这是直到今天还有不少人讨厌哲学、鄙视哲学的一个重要原因。

当然，人们对哲学的这种看法毕竟是不对的，因为人民大众受难之日，也正是马克思哲学遭到歪曲、践踏之时。那个时期的重大方针政策的错误之所以发生，固然与我们缺乏社会主义建设的经验有关，但是更根本的原因还是我们在许多方面和许多问题上背离了以实事求是为核心的马克思主义的思想路线，说到底就是背离了马克思主义哲学的基本原理。我们回想一下，那个时期报刊上、讲台上、书本上宣传的"马克思主义哲学"，有多少是符合马克思主义哲学的原意的呢？比如神化领袖的作用，鼓吹质变在任何情况下都"优"于量变，鼓吹生产关系决定生产力，上层建筑决定经济基础，把精神的作用夸大到不受物质条件制约的程度，把哲学对具体科学（特别是自然科学）的指导作用歪曲成为替代作用，把辩证法的丰富内容简单化为一个"斗"字，如此等等，能说是马克思主义哲学吗？当年用来为错误的方针政策作论证的，不正是这样的所谓"马克思主义哲学"吗？所以，为错误的方针政策推波助澜、给人民带来灾难的决不是真正的马克思主义哲学，而是贴着"马克思主义哲学"的标签、冒充"马克思主义哲学"的反马克思主义观点，是一些与马克思主义南辕北辙的混乱荒谬的观点。如果我们今天把罪责归到马克思主义哲学头上，那就冤枉了马克思主义哲学了。我们不能因为上过假药的当，就连真药也不相信了。

再说第二点。

　　我们有相当多的干部和群众对哲学这门学问的性质和功能是不大清楚的。哲学是一门什么性质的学科？它能起什么作用，不能起什么作用？在许多人的观念里还相当糊涂。这也与过去的某些错误的宣传有关。过去有些宣传把马克思主义哲学的"威力"说得神乎其神，似乎它既是囊括一切具体知识的超级知识库，又是能够直接解决一切具体问题的万能金钥匙，似乎一个人只要"精通"了马克思主义哲学，"掌握"了它的原理，不需要去学习和掌握专门的知识和技能，就可以直接解决任何具体问题。既会打仗，又会筑桥，既会修理电视机，又会搞成本会计。这当然是非常荒谬的理解。可是不少人实际上就是这样理解的，或者是接近于这种理解的。他们既然把哲学理解为"万能"的学问，也就要求它发挥"万能"的作用。可是很快他们就发现哲学并不"万能"。不仅不"万能"，而且似乎连"一能"也没有——它不能像具体的专门知识技能那样解决任何一个具体问题。比如说，一位写了很多书的哲学教授如果不去学习补鞋的专门技术，单凭他那一套哲学原理是连一双鞋也补不好的。这的确是事实。于是哲学在这些人的心目中就从九天之上一下子跌落到九地之下了："哲学有什么用？还不如补鞋的技术有用。讲得天花乱坠，落实起来一个问题也解决不了，空谈而已！""不能带来效益的学问有什么用？哲学能带来什么效益？一条对立统一规律能使我这个工厂的产值提高多少？"应该说，这种看法也是哲学受到轻视的一个原因。

　　对哲学的这种看法当然是一种极大的误解。

　　哲学这门学问在性质上是与分门别类的自然科学、社会科学、技术科学不同的。那些具体的科学揭示的是各个特殊领域里的特殊的规律，提供的是解决各个特殊领域中的具体问题的方法。所以你学会了某一门具体科学，你就能用它来解决那个特殊领域里的具体问题。这"用处"是非常显然的（其实这也是大大简化了的说法，实际上即使是具体科学，要成功地运用到实践中去解决具体问题，也还要通过若干中间环节。很难说是"直接"解决具体问题，不过需要经过的中间环节比哲学需要的少得多罢了）。哲学就不同，它揭示的是整个世界万事万物之间最普遍的关系，提供的是解决一切领域中一切具体问题的最一般的原则和方法，这就是我们通常讲的世界观、方法论。它不可能告诉你记账的技术、设计房子的技术或者别的什么技术。它的性质决定了它没有这种功能，我们也不应该要求它有这种功能。那么能不能因为它没有这种功能，就说它没有用处呢？不能这样说。要知道哲学虽然不能直接解决某个具体问题，但是解决任何具体问题都离不开它，只不过许多人没有意识到、没有理解到这一点就是了。一个没有学过哲学，自以为与哲学毫无关系的人，或者对哲学不屑一顾的人，其实都有自己的哲学观点，他的思想和行动都受着他自己的哲学观点的支配。如果一个人的哲学观点非常谬误或者非常混乱，那么他就很可能在观察问题处理问题的时候犯总体性的长期的错误。在小事上可能聪明绝顶，在大事上却往往糊涂不堪。个人如此，群体也如此。如果掌握了像马克思主义哲学这样科学的哲学，情况就会截然不同，由于它为你提供了一个科学的世界观和方法论，你就会在大的问题上有一个正确的方向，正确的路子，有了错误也容易纠正得多。这就是哲学的功能，哲学的用处。哲学的这种特有的功能和用处，是任何别的科学都代替不了的。我想只举两个大家熟知的例子就足够说明问题了。

第一个是我们国家民主革命时期的例子。我们党从成立一直到遵义会议这么多年，一方面领导全国人民进行艰苦卓绝的斗争，取得很大胜利；另一方面也接二连三地犯了一些路线性、政策性的错误，这其间有右的，也有"左"的，特别是"左"的危害性更大。王明的"左"倾错误使党在苏区的力量损失了90%，白区的力量损失了100%，迫使党不得不进行战略性的大转移——长征。遵义会议结束了错误路线，革命才转危为安。为什么中国革命一再遭受挫折？当时全党都在思考这个问题，都在找原因，也采取了措施。比如说，大家认为某一次错误是某一领导人造成的，就把这个领导人撤换了。可是换上一个领导人之后还是犯错误。虽然错误的形式每次都有所不同，有"左"的，有右的，有这一方面的，有那一方面的，有表现在政治路线上的，有表现在组织路线上的，有表现在军事路线上的，等等，具体形态千差万别。领导人一再更换，错误的形态也一再改变，而错误本身仍然存在，革命仍然遭到挫折，可见并没有找到犯错误的真实原因。经过很长时间，以毛泽东同志为代表的一批同志才逐渐认识到这个问题枝枝节节地解决是解决不了的。毛泽东同志非常明确地指出，要看到这些不同形式的错误有一个共同的"根子"，那就是主观主义，就是主观和客观相分裂，认识和实践相脱离。而主观主义从哲学上说就是唯心主义和形而上学。要想从根本上解决党的路线问题，就必须把问题提到哲学的高度来观察，要看出这是一个辩证唯物主义与唯心主义形而上学的根本分歧问题。只有对全党进行马克思主义哲学的教育，使绝大多数同志分清辩证唯物主义与唯心主义、形而上学的界限，懂得我们制定和执行方针政策都只有遵循辩证唯物主义的立场、观点、方法才能取得成功，中国革命的航向才可能拨正，胜利才有希望。所以，毛主席在长征刚刚结束后就以极大的精力带头从事哲学研究工作。他在极困难的条件下想方设法搜集了一切可能搜集到的中外哲学书籍，在窑洞里，在油灯下刻苦钻研，作了大量的眉批和笔记，写出了《实践论》、《矛盾论》和其他重要的哲学著作，亲自给抗大的学生讲课，接着他又亲自领导了以清算主观主义为中心内容的"整风运动"。这样就大大提高了全党的马克思主义哲学水平，使大家从世界观和方法论的高度分清了什么是正确路线，什么是错误路线，这才有了全党的空前团结和统一，才有了党的"七大"，才有了抗日战争的胜利和解放战争的胜利，才有了新中国。如果没有这样一场哲学斗争，不用马克思主义哲学武装全党的思想，会是什么局面呢？那就会永远弄不清正确路线和错误路线的区别，永远重复过去的错误，中国革命就不知道要在黑暗中徘徊多少年，五星红旗也不可能是 1949 年在天安门升起。在这个意义上，我们可以说中国革命的胜利也就是马克思主义哲学的胜利。如果要讲效益，还有比这更大的效益吗？能说哲学是说空话的无用之物吗？

　　第二个例子是离我们今天的生活更近的，是 1978 年真理标准问题的讨论。真理标准本来是一个古老的哲学问题，而且是马克思主义在 100 多年以前就已经解决了的问题。可是在当时的具体情况下，却成为关系到国家命运的尖锐而迫切的问题，非重新"解决"一次不可。

为什么呢？因为在"十年动乱"中林彪、"四人帮"的破坏，马克思主义哲学的基本原理被歪曲得面目全非，成千成万的干部群众都不知道"实践是检验真理的唯一标准"是马克思主义哲学的一条基本原理，是马克思、恩格斯、列宁、毛泽东和其他马克思主义代表人物在他们的著作中反复论述过的原理。他们误认为毛泽东思想甚至毛主席的语录是检验真理的标准，所以当粉碎"四人帮"后不久有人提出"两个凡是"的时期，许多人还看不出有什么问题，还以为这是符合马克思主义的。相反，当时有位同志发表了一篇题为"实践是检验真理的唯一标准"的文章，却引起了许多人的抗议，说这是反毛泽东思想的大毒草，是妄图"砍旗"。那时人们的思想就混乱到了这种程度！可是，如果按照"两个凡是"的原则，凡是毛主席定下来的、讲过的，不管是对的还是错的都必须照办，凡是毛主席没有提过的、没有讲过的，哪怕是完全正确的也一点不能做，那我们的党和人民岂不是除了按照"无产阶级专政下继续革命的理论"每隔七八年来一次"文化大革命"之外，什么事也不能做了吗？我们的国家岂不是还要在"文化大革命"的灾难中一直过下去吗？所以，真理的标准这个哲学问题确实成了关系我们国家民族命运的大问题。当时，我国哲学界开展了真理标准问题的讨论。经过相当尖锐的争论，终于使理论工作者和广大干部群众从"两个凡是"的精神枷锁中解放了出来，这才有了十一届三中全会的胜利，才重新确立了实事求是的马克思主义思想路线，才有了既坚持四项基本原则又改革开放的国策，才有了今天这样举世瞩目的成就和无限光辉的前景。试想，如果我们当年不解决真理标准这个哲学问题，我们能在"文化大革命"的框框里挪动一步吗？能有今天的一切吗？有些专讲"务实"的同志，讲起他们的经济工作的成绩来充满自豪感，可以用许多具体数字来说明他们的效益，这是完全应该的。但是他们当中有的人看不起哲学，以傲慢的口吻嘲笑哲学的"无用"，这就不对了。我们不妨提醒这些同志：如果不能解决真理标准问题，还按"语录标准"衡量一切，你今天做的这些事就应该算是"资本主义复辟"，你还没有迈出第一步就该被打倒了，你能有什么成绩可以自豪？当然，今天我们全国各条战线上取得的成绩，是各种各样的因素共同起作用的结果，决不能说都是哲学单独起作用的结果（如果这样说，那又是哲学"万能"论的翻版，又是荒谬的夸大）。但是哲学的作用不能低估，更不能抹煞。从根本上看，如果当年不解决真理标准这个哲学问题，就不可能有十一届三中全会以来的正确路线，就没有今天的一切。如果要讲效益，这个效益还不大吗？

以上两个例子还仅仅是指哲学功能的一个方面，还远不是它的全部。但仅仅两个例子就足以说明，那种认为哲学没有用、没有效益的观点是肤浅的、片面的、不正确的。问题不在于哲学有没有用，而在于我们今天在深化改革、建设有中国特色的社会主义这样一个历史时期中，究竟应该如何发挥马克思主义哲学的作用。现在强调务实的精神，这本身是完全正确的。我们再也不要重复过去那种空喊口号、不干实事的愚蠢做法。列宁在建设苏联的社会主义时一再强调，少发点政治的喧声，多做点实际的经济工作。这个观点对我们仍然适用。但务实仍然需要有一个正确的方向，而这个正确的方向，是由正确的世界观和方法论决定的，离开了马克思主义哲学的指导去片面地强调务实，就可能走偏方向，可能陷入爬行的经验主义，缺乏全局观点和战略眼光，在一些具体事务上我们可能干得不坏；但是从全局看、从长远看、从综合的效果看，可能就是在干糊涂事，这是不能忽视的。

马克思主义在当前和今后的改革中的作用具体地表现在哪些方面？或者说，改革需要哲学在哪些方面为它服务呢？这是一个不容易回答得很全面的问题，人们的回答也未必一致。我只能按自己的理解试着谈一些看法。

第一，哲学要通过更新人们的观念，为深化改革开路。历史上任何大的革命、大的社会变革，都是从观念的变革开始的。这是因为社会变革（无论是经济的还是政治的）总是通过人们的行动才能实现。如果人们不首先变革旧观念，树立新观念，就不可能觉悟到有进行社会变革的必要，就没有兴趣、没有勇气去行动。而观念的变革是要靠先进分子去论证、去宣传的，主要的武器就是哲学。恩格斯在谈到1848 年德国资产阶级革命的时候说过："正像在 18 世纪的法国一样，在 19 世纪的德国，哲学革命也作了政治崩溃的前导。"①不仅法国、德国的革命是这样，美国革命、日本的明治维新、中国的戊戌变法和辛亥革命等等也都是这样。俄国十月革命和中国新民主主义革命也是从传播马克思主义，首先是从传播马克思主义哲学开始的。原因就在于任何时期人们的各种观念里最深层的东西是哲学观点，要变革人们的观念，就得抓住哲学这个最根本的东西。哲学对观念的更新起的作用是最深刻、最持久的。

我们今天进行的改革同上面说的那些革命改革在性质上当然很不相同，它不是改变我们的国体和根本的经济制度，而是社会主义制度的自我完善。但是它也是一场非常深刻的革命。就一定的意义说，它甚至比过去的革命还要深刻。1949 年取得胜利的那场革命是我们党领导人民奋斗了 28 年的结果，也是鸦片战争以来中国人民奋斗了109 年的结果。它推翻了压在中华民族头上的三座大山，在中国历史上破天荒地建立了人民当家作主的中华人民共和国，建立了社会主义制度。这是中华民族历史转折点的极其伟大的革命的标志。随后进行的社会主义改造和社会主义建设，也使我们的社会发生了深刻的变革。这都是没有疑问的。但是也应当看到，在十一届三中全会以前的将近30年里，我们并没有解决怎样建设中国特色的社会主义这样一个大问题。我们走了不少弯路，犯了不少错误，付出了沉重的代价。这个问题如果不解决，就不可能把我国建设成为现代化的社会主义国家，不仅不能对人类做出大的贡献，而且有被"开除球籍"的危险。我们今天的改革就是为了解决这个大问题，所以完全可以说是更深刻的革命。

这场革命的广泛性和深刻程度都是空前的。要实现这样一场革命，没有 10 多亿人民的观念更新，是不可设想的。要实现这样的观念更新，没有哲学的参与也是不可设想的。现在我们头脑里不适应改革需要的观念多得很，有的是几千年积淀下来的封建观念和小生产观念，有的是多年来僵化的政治经济体制造成的僵化观念，有的是长期

---

① 《马克思恩格斯选集》第 4 卷，人民出版社 1995 年版，第 214 页。

的错误宣传造成的"左"的观念，有的是从国内外各种渠道来的资产阶级思想中的腐朽观念，如此等等。这些陈旧的观念不改变，不树立与改革的需要相适应的新观念，我们的改革就将寸步难行。而要更新观念，枝枝节节就事论事是不能解决问题的，非从哲学上加以论证不可。

比如说，为什么我们搞了 30 年的社会主义建设还没有想到有必要进行今天这样的改革？原因就在于我们在相当长的时间里，对什么是社会主义有一套不切实际的固定观念。那时我们认为，社会主义就是 100 多年前马克思设想的样子建立起来的制度，或者再加上按苏联的样子建立起来的制度。我们把这两者综合起来就规定了社会主义若干条"基本特征"，形成了一种固定的模式。这个模式包含着一系列僵化的观念。比如说，在所有制上，总认为越大越公越好，而且公有制越纯越好。在经营方式上，统得越多越好，管得越死越好，至于在政治体制和意识形态上的僵化观念就不去说它了。我们在许多年里吃这些僵化观念的亏太大了。现在我们破除了这些观念，事业就大踏步地前进了。这当然是我们民族的大幸！但是我们要深思一下：为什么在那么长的时间里吃了那么大的亏还没有想到要破除这些观念，而现在却想到了呢？这就应该从哲学上找原因。无可讳言，我们在很长的时期里实际上是不承认实践是检验真理的唯一标准这条最根本的马克思主义哲学原理的（到"文化大革命"时期索性连字面上也不承认了），指导我们的是"语录标准"、"权力标准"。在这种观点方法的支配下，那一套对社会主义的僵化观念是不可避免的，把一切不符合这些僵化观念，但是符合实际情况的观念视为"反马克思主义"的"修正主义"也是不可避免的。这种情况只是从 1978 年真理标准讨论以后才发生根本变化。如果没有这场讨论，不从哲学上解决问题，各个领域里的僵化观念的破除就根本不可能，甚至连这个问题都提不出来。从这里不是可以清楚地看到哲学在观念变革中的开路作用吗？

在改革过程中遇到的起阻碍作用的旧观念是非常多的，凡是与发展社会主义商品经济的要求不相适应的观念都是这种旧观念。假如开个清单，那恐怕是一个很长的单子。而且随着改革的深入还会有层出不穷的旧观念挡住去路，需要哲学不断地做清路工作。

我这里跟同志们拉拉家常。近两年国家教委组织了一个中国哲学家考察团到港澳、珠江三角洲、长江三角洲等地考察，目的是促进我们思考哲学为改革服务的问题。我作为代表团成员，感到在考察中学到很多东西，感受之一就是哲学在观念更新中的巨大作用。我只说在苏南(以及苏北的扬州)的考察。那里的变化是惊人的。首先是产业结构发生了重大变化。不少地方农业劳动人口的比例下降到了10%左右。常熟县有个元和村，全村搞农业的只有18员女将，平均一个农业劳动力养活54口人，还卖了大量余粮。美国在20世纪70年代是一个农业劳动力养活70口人。元和村达到现在这样的水平当然是了不起的变化，把80%以上的人搞饭吃的旧局面改变过来了。他们靠什么？靠农业的机械化、电气化。资金从哪里来？靠大办乡镇企业、以工建农。其次，苏南人民生活水平的提高也是惊人的。人均年收入在7000元以上的乡镇企业很普遍。他们的住房、道路、商店、医院、学校、托儿所、敬老院都很好。农民自办的宾馆、餐厅很漂亮，服务质量不亚于大城市的高级宾馆、高级餐厅。他们为什么在十一届三中全会以后的短短8年里就取得了过去几十年梦想不到的成就？根本的一条就靠观念更新，而观念更新就离不开哲学的作用。许多干部都深有体会地对我们说："十一届三中全会以前的几十年也干得够苦的，可是总富不起来，而且也不敢富起来，怕出修正主义。"十一届三中全会以后他们明确了两条道理：第一条是一个制度好不好，办法对不对，归根到底看它能不能促进生产力的发展。第二条是一个办法能不能促进生产力的发展，归根到底要看实践的结果。这两条是什么？不正是哲学吗？有了这两条，人还是那些人，条件还是那些条件，一系列新的观念就产生了，各种好的办法就出来了。我们接触的那些干部群众，他们的竞争观念、效率观念、质量观念、市场观念、服务观念都很强，他们的乡镇企业的口号是"以质量求生存，以信誉争市场！"这些新观念给苏南带来了蓬勃的发展。他们深深懂得这些变化是与哲学的开路作用分不开的，他们很重视哲学。有的干部很激动地对我们说：我们做的事情明明是符合马克思主义的，我们明明在干社会主义，可是有些人老是非难我们，说我们违背了这一条，那一条，路子不正。我们举出事实来反驳这些非难，可是人家还要引经据典地非难我们。我们再往深处讲也讲不出多少道理来了，憋了一肚皮气，你们哲学家能不能为我们说点公道话，为我们辩护辩护？还有的干部希望我们分一些学哲学的大学生到他们那里去工作，说他们不仅需要精通技术和管理的人才，还需要有历史眼光、有战略头脑、能从哲学上考虑问题和说明道理的人才。这些朴实、诚挚、强烈的呼声给了我们很大的触动。

第二，哲学要在塑造我们新时代的民族精神这项伟大工程中发挥特殊的作用。每一个民族都有自己特有的民族精神，这好比一个人的脊梁骨。没有脊梁骨的人是站不起来的，没有民族精神的民族决不能自立于世界民族之林。世界上许多伟大的民族都有自己长期形成的各具特色的伟大的民族精神。我们中华民族也有自己伟大的民族精神。我们几千年来不知经历了多少内忧外患，但是无论在什么惊涛骇浪面前我们都能顶住。现在有人把我们的民族精神说得一无是处，"丑陋"不堪，甚至说我们的人种都不行，我看这是无知的偏见。当然，我们应该清醒地看到自己的弱点（别的民族也都有各自的弱点）。鲁迅先生是最深沉地热爱我们的民族的，是最明确地指出我们民族有自己的脊梁的，是最坚决地痛斥民族虚无主义的；可是也正是他毫不留情地揭露和鞭笞我们民族精神的弱点。他这样做是为了"引起疗救的注意"，使我们民族精神中伟大的方面发扬光大。我们这个民族经历了几千年的奴隶社会和封建社会，近代又经历了半封建半殖民地社会，不能不在我们民族精神打上消极的烙印，有许多东西是同现代的要求相矛盾的。所以确实有一个在原有优良传统的基础上按照时代的要求重新塑造我们的民族精神的任务。搞社会主义精神文明建设说到底也就是为了实现这个任务。这当然要靠文化领域的一切部门协同努力，例如文学艺术就有巨大的作用。但是哲学的功能是任何别的部门不能代替的。它是民族精神的最集中的体现，同时又在最深的层次上左右着民族精神。马克思主义哲学产生在西方，但它是全人类文明的最高成果，代表着人类最高的哲学智慧，它传入中国以后与中国实际相结合，包括与中国传统文化的精华部分相结合，在中国土壤里生了根，就给中国固有的民族精神增添了新的活力。现在我们要进一步按照时代的需要塑造我们的民族精神，仍然离不开中国化的马克思主义哲学。

第三，哲学要为改造我们的思维模式发挥作用。什么叫思维模式？说得通俗些，就是人们看问题的一种习惯、一种思路、一种框架，这东西是实有的。鲁迅曾经说过"秀才虽出门，不知天下事"。因为"秀才"只有"秀才"的眼光。用我们的话来说，就是他有一套很落后的思维模式，他看什么事都往那个模式里面装，一装就走样了。据说康有为出洋考察，他"发现"欧洲国王的宫墙都很低矮，认为这就是欧洲经常发生革命或暴乱的原因；他反对废除跪拜，理由是一个人如果不行跪拜礼，生这个膝盖是干什么用的？这大概就是思维模式问题。一个时代、一个群体的思维模式是生活方式、知识结构、文化背景等等的产物。应该说，由于历史的原因，由于我们是在小生产占统治地位的土壤上生活过来的，是在比较封闭的文化环境中生活过来的，我们大多数人的思维模式比较落后。从 20 世纪初期到现在全世界自然科学和社会科学的巨大发展所引起的思维模式的巨大变化，我们吸收得不多，至少对我国大多数人来说是如此。这同我们肩负的任务很不相称。改造我们的思维模式可以通过许多途径，学习各门科学都可以改造思维模式，但是最根本的途径还是学习哲学，特别是学习马克思主义的认识论和方法论。

二、哲学需要改革

我这里说哲学需要改革，不是说需要把马克思主义哲学"改革"成非马克思主义哲学，而是说需要对我们多年来讲的马克思主义哲学加以丰富和发展。我们的老一辈马克思主义者，包括党的领袖人物和专业哲学家，对马克思主义哲学都做出了巨大的贡献，他们的著作教育了几代人，至今也还保留着大量正确的内容。历史功绩不能磨灭，决不能以非历史主义的态度轻率地否定这些著作的意义。但有两个问题是确实存在的：第一，这些著作的观点有许多已经陈旧了，不能反映近半个世纪以来世界科学技术飞速发展的状况，不能反映这段时间里社会生活、知识结构、思维方式的巨大变化。没有做到面向改革、面向世界、面向未来，与当代实际有不少脱节的地方。第二，由于受到多年来"左"的错误的影响，我们讲的东西当中确有一些并不符合马克思主义基本精神，需要正本清源。这是带根本性的问题，大家都不满意，都认为必须改革。怎样改革？有的同志认为必须从体系入手。我对这一点有保留意见。什么是体系？我认为体系有两种不同涵义：一是马克思主义哲学内在的逻辑关系，即概念与概念之间、命题与命题之间在逻辑上的关系。这同理论的内容不可分离，这确实是需要下工夫研究的。一是表述的体系。一本教科书分几章，先讲什么，后讲什么，是先讲唯物论、辩证法，还是先讲认识论、历史唯物主义，如何安排，这是表述上的体系。我认为这种意义上的体系不是特别重要。爱因斯坦写的通俗小册子《广义相对论和狭义相对论》的前言里有这样的话："我很不注意表述体系的问题，我觉得这件事可以交给缝鞋匠去做。"我揣摩他这句俏皮话的意思并不是说明他认为一个人说话可以颠三倒四，杂乱无章。他的意思是强调理论的"内容"，而把表述方式的问题放在次要是地位。打个比方，画家画一个人的头像，有的先画脸廓，然后五官；有的先画五官，后描脸廓；在画五官的时候有的先画眼睛，后画鼻子；有的则相反，这无关紧要。小说描写一个人，从头说到脚，从脚说到头，都无不可。这属于表述方式问题。鉴赏一张画，不会去考虑你先画的哪一笔，后画的哪一笔，而是看你画的好坏。所以，过分强调表述体系的重要是本末倒置。即使是内在的逻辑体系，虽然比表述体系重要得多，但同内容比起来也还是次要的，因为有什么样的内容，才会有什么样的逻辑结构。如果内容陈旧，只在逻辑结构上做文章，虽然不能说没有一点改进，但仍然不会有实质性的改进。现在的教科书和哲学教学不能适应形势的需要，根本的问题不在体系，而在内容。有一个问题不能不考虑，那就是从20世纪30年代始形成了一整套带有方法论意义的观点，这些观点实际上成了阻碍我们改革哲学教学内容的障碍。不破除这些不符合事实、不符合马克思主义的观点，无论花多大的气力也不可能有真正的改革。这里只举几个突出的例子：

(一)关于马克思主义哲学的性质与功能问题

多年来我们的教科书绪论都讲马克思主义哲学的产生是哲学史上一场伟大的革命变革，这种变革表现在哪些方面。这是完全必要的，现在也还是需要把这个问题讲透。但是其中有一点过去讲得很不够，那就是马克思主义哲学的生命力在于随着实践的发展而发展。马克思主义以前的哲学家总是把自己的哲学体系看成永恒的、终极的真理。这一点连辩证法大师黑格尔也不例外，只有马克思主义哲学彻底地否定了终极真理。恩格斯说，假若有终极真理，那么人们达到这一状态时除了摊开两手望着终极真理发呆以外，还有什么可干呢？马克思说，辩证法本质上是革命的、批判的，它不崇拜任何东西，它认为一切东西都只是对它赖以生存的条件有它存在的合理性。这个辩证法原理对马克思主义本身适用不适用？如果不适用，辩证法的普遍性就成了问题。马克思主义的经典作家毫不含糊地认为是适用的。他们从不认为自己的理论是一成不变的永恒真理、"至矣尽矣"的终极真理。毛泽东说马克思主义并没有结束真理，而是在实践中不断开辟认识真理的道路。这是把事情讲透了。马克思主义哲学为什么能够一直站在人类思维的制高点？就因为它不停顿地随着实践的发展而发展，用人类最新的认识成果来丰富自己，永远不把自己看成一成不变的教条。这些道理我们在教科书里、课堂上也不是完全没有讲，问题在于讲得不彻底，往往一落到实处就走样了。我们在具体论述马克思主义哲学的原理时，往往实际上还是把它当做永恒的、终极的真理来宣布，甚至连行文、讲话的口气和架势都表现了这一点。试问这符合马克思主义的固有精神吗？按照这种对马克思主义的僵硬的封闭的理解，我们能够不断地面向实践，吸收全人类创造的日新月异的认识成果，来丰富和深化马克思主义哲学，使它永远站在时代的前列吗？当然不可能。这是对马克思主义哲学性质的重大误解或曲解，是发展马克思主义哲学的极大障碍。与此相联系的是对马克思主义哲学功能的误解或曲解。马克思主义哲学既然是一门科学，它就有自己特定的研究对象、特定的功能。它的功能就是提供观察问题的世界观和方法论。它不能代替别的具体科学，不能包揽一切，不能对具体科学领域中的是非作判决。可是我们过去往往忘记了这一点。在这个问题上，苏联和中国都有深刻的教训。在苏联，曾经掀起过一场由哲学来批判新兴自然科学的浪潮，涉及的面很广。相对论、量子力学、共振论、基因理论、数理逻辑、控制论等等都不能幸免，这些理论被扣上了"唯心主义"、"反动理论"、"法西斯理论"等等大帽子，结果使苏联的科学走了弯路。中国在"文化大革命"中的情况就更不用说了。能不能说我们现在已经充分地吸取了这些教训呢？恐怕还不好这么说。对马克思主义哲学的性质和功能的这种长时间的误解几乎成了一种枷锁，使我们不愿也不敢去考虑马克思主义哲学原理的丰富、发展、更新的问题。所以一本教科书讲了几十年，翻来覆去还是那些内容，有的同志还以为这是在坚持马克思主义。这算不算坚持？我看不能算，因为连马克思主义必须随着实践的发展而发展、实践是检验真理的唯一标准这些马克思主义的最根本的原理都没有落实，怎么能算坚持了马克思主义呢？

(二) 关于唯物主义和唯心主义两军对战的问题

现在有人完全否认唯物唯心的斗争，甚至连这种划分也不承认，说这也是"教条"。这种看法我认为是错误的，因为这不符合事实。但是在唯物唯心的问题上有没有教条呢？我认为还是有的，那就是把唯物唯心的斗争看成哲学发展的全部内容，认为一部哲学史仅仅是唯物唯心两军对战的历史，把一切具体的哲学争论、全部哲学发展的丰富内容都往这个框框里装。这个教条是从苏联来的。1947 年 6 月苏共中央主持了一次盛大的哲学讨论会，日丹诺夫在会上有个长篇发言，严厉地批判了苏共中央宣传部部长亚历山大洛夫著的《西欧哲学史》，指责这本书犯了客观主义的错误。这个发言提出了一个论断：
"哲学史也就是唯物主义与唯心主义斗争的历史。"①按照这个论断，
几千年的哲学史被描绘成了这样一幅图景：首先来个"阶级站队"，
唯物主义是专门搞建设的，站在一边；唯心主义是专门搞破坏的，站
在另一边；然后这两军就打起仗来。每次战斗都是唯物主义获胜，唯
心主义失败。唯心主义每次都不甘心失败，卷土重来，结果每次都被
打得头破血流。这样打了两千多年。到了马克思主义出世，唯心主义
就一败涂地，再也爬不起来了。日丹诺夫的这个观点影响很大，多年
来我们在课堂上和讲义里也自觉不自觉地宣传了这个观点。这个观点
当然并不完全错误，因为唯物主义与唯心主义的斗争确是客观存在的
事实。但把全部哲学史都归结为唯物唯心的斗争史就非常片面了。我
这里不打算详细分析这个问题，只想指出几点：第一，在历史上和现
实中实际存在的哲学都是一个一个的各具特点的体系，每个体系都有
很复杂的内容，决不是仅仅由"物质第一性"或"意识第一性"这样一
两个命题组成的。唯物主义的体系中往往有唯心主义的内容，唯心主
义的体系中也往往有唯物主义的内容。例如旧唯物主义的内容在社会
历史领域中就陷入了唯心主义；列宁说过在黑格尔的《逻辑学》这本
最唯心主义的著作中"唯心主义最少，唯物主义最多"。第二，从唯
物主义前提出发的论断未必都比从唯心主义前提出发的论断更正确、
更深刻。马克思、恩格斯多次说过，黑格尔比费尔巴哈深刻得多。列
宁也说过，聪明的唯心主义(指辩证的唯心主义)比愚蠢的唯物主义
(指形而上学的、机械的唯物主义)更接近于聪明的唯物主义(指辩证
唯物主义)。第三，唯物主义和唯心主义之间的关系决不仅仅是"斗
争"，也还有互相借鉴、互相吸取的一面。第四，哲学上研究的问
题，争论的问题极其丰富，而且不断变化，决不永远只限于"物质第
一性还是意识第一性"。例如唯理论和经验论的争论就是哲学史上一
个非常重要的问题，但是争论的焦点并不是物质和意识何者是第一性

---

① 见日丹诺夫：《苏联哲学问题——在西欧哲学史讨论会上的发言》，立
三译，中原新华书店 1949 年版。

的问题，而是经验和理性的地位和关系问题。第五，有许多重要的斗争恰恰不是唯物主义和唯心主义的斗争，而是两种唯心主义的斗争，或两种唯物主义的斗争。如此等等。可见，如果用"两军对战"的模子去套，其结果只能是把一部内容极其丰富的哲学史极端地贫乏化、漫画化、滑稽化，给人们灌输一种虚假的歪曲的观念。再者，对唯心主义哲学的作用的估价也有不实事求是的毛病。所谓"作用"无非是指两个方面，一是指对社会进步的作用(即对历史发展的作用)，一是指对人类认识发展的作用。无论就哪一方面来看，都不能离开具体历史条件不加分析地断定"唯心主义必反动"。先说对社会进步的作用吧。一种理论的社会作用如何，是要与当时整个的历史条件、社会背景联系起来考察才可以判定的，错误的理论并不一定在任何情况下对社会的发展都起阻碍作用。这样的例子举不胜举。比如欧洲中世纪的宗教势力统治了上千年(代表束缚生产力发展的封建生产关系和上层建筑)，这时候发生了文艺复兴运动，一大批人文主义者出来宣传人性论。他们讲的人性论是抽象的人性论，是唯心主义的东西。可是在当时的历史条件下却起了唤醒群众与黑暗的封建势力作斗争的伟大的进步作用。怎么能说"反动"呢？我们明朝有位哲学家李卓吾，他认为真理的标准是我自己的"心"，应该"以吾心之是非为是非"。这等于说"我认为对的就是对的"，唯心主义到家了。可是他这套理论是针对当时"以孔子之是非为是非"的教条而发的。他这种提倡独立思考、反对迷信圣人的思想就起了启蒙作用，不能说"反动"。洪秀全的哲学，谭嗣同的哲学，都是唯心主义，可是它们起的社会作用明明是进步的。再说对认识发展的作用，唯心主义也决不只是消极的、反动的。第一，唯心主义哲学并不是简单的"胡说"，它是由于把认识过程中的某些因素、方面、片段、环节夸大成了脱离物质的东西而犯的错误。如果除掉这种夸大，那么它对这些因素、方面、片段、环节的论述是有合理成分的。第二，唯心主义基本命题虽然是谬误的，但从这个基本命题出发推出的命题未必都是谬误。黑格尔的许多深刻的思想就是证明。第三，唯心主义哲学往往提出许多非常深刻的问题，也能抓住某些唯物主义哲学在某些问题上的弱点，这对于激发、促进唯物主义的深化和发展是非常有利的。像贝克莱、休谟、康德等人的历史作用就不能抹煞。第四，唯心主义与唯心主义之间的争论对唯物主义的发展也有好处。第五，研究每一种唯心主义失足的具体途径，可以从中总结理论思维的教训。如此等等，还可以讲很多条。总而言之，我们不能持这样一种粗陋的观点：唯心主义不过是人类认识史上的赘疣，是只起消极作用、破坏作用的多余之物，要承认唯心主义和唯物主义都是统一的人类认识这棵大树上必然生长出来的花朵，只不过唯心主义不能直接结出果实罢了。我不是为唯心主义唱什么赞歌，而是因为看到我们的教条太严重，不得不着重强调问题的这一方面。

(三) 关于哲学的阶级性问题

有人完全否认哲学的阶级性，认为这是马克思主义者为了政治需要杜撰出来的。我不同意这种看法。如果读了哲学家的全部著作或主要代表作而看不出任何阶级倾向，那只能说没有眼光，或者不顾事实。但是我现在要着重说的不是问题的这一方面，而是另一方面，那就是我们很久以来把哲学的阶级性强调到了不适当的程度，说成了哲学的唯一的社会属性，似乎哲学就完全没有全人类共有的性质。这就成了一种教条。我们丝毫也不否认各种哲学在总体上为一定的阶级利益左右，并为之服务的事实。但是要注意几点：第一，哲学是距离经济基础较远的意识形态，它一般并不直接为某个阶级的利益辩护。第二，哲学家为一定的阶级利益辩护也是通过自己的研究与探索而得出的理论结论，不能认为哲学家是拿了某个老板的津贴在那里挖空心思编造一套辩护词。这样的人不能说没有，但这样的人很难说是哲学家，这样编出来的东西也很难说是哲学。第三，任何哲学既需要为阶级服务，它总得说服人，使人相信它。既然如此，它总不能不回答前人提出的问题，利用已有的思想资料，概括已有的科学成果和人类的实践经验。一句话，总不能不讲道理。第四，既然同是哲学，就不可能不研究共同的问题。即使是尖锐的斗争，也只能是对同一问题的不同回答，否则怎么"斗"得起来？第五，哲学为阶级服务是就其总体、总的倾向来说的，决不能认为一个哲学家的著作中的每一个论断，每一句话都只能为某一个阶级服务。所以，无论哲学的阶级性多么强烈，都不会丧失它们为人类认识之树的共性。如果以为不同阶级的哲学都是不同道上跑的车，互不相干，那又是在画漫画，而且是违反真实的漫画。按照这种教条，我们势必把人类认识史上大量的积极成果弃之不顾，使马克思主义哲学自我孤立，变成脱离世界文明发展大道的褊狭僵化的东西。

(四) 关于对待现代西方哲学的问题

这个问题上我们也有僵化的观念，就是认为从马克思主义产生之日起，一切非马克思主义哲学就只是一堆垃圾，即使"花样翻新"也不过是"老调重弹"，没有值得一提的价值。这是很愚昧的看法，是造成我们贫乏落后的一个不可忽视的原因。由于篇幅所限，这个问题不多讲了。

我认为束缚我们的僵化观念还不止这些，上面只是举例而已。这些观念难道是马克思主义的基本原理吗？不是的。这些恰恰是违背马克思主义的东西，是同马克思主义的精神不相容的东西。如果继续把这些观念奉为神圣不可侵犯的金科玉律，不敢越雷池一步，只能在这个框子里"改造"我们的哲学体系，即使编一百本"新"教材也解决不了问题。但是，如果我们实事求是地破除这些不符合马克思主义的观念，真正用马克思主义哲学固有的批判的革命精神来对待一切，包括对待马克思主义哲学自身，我们就会立即感到耳目一新，仿佛置身于高山之巅，面对着浩瀚无垠的人类知识的大海，我们将从这个大海里汲取无穷无尽的智慧的珍宝，来充实我们的马克思主义哲学，使它真正成为时代的号角，人类的灯塔，成为推动我们的伟大改革的精神支柱和思想利器。我们有理由作这样的预期。

哲学专业教学改革管见*

哲学专业的教学改革是一个很大的题目，涉及的问题很多，而且很复杂，我说不清楚。但我听了同志们的发言受到不少的启发，也想就其中的某些问题谈一些看法，向同志们求教。

一、哲学专业应当加强，不应当削弱

我们听到不少对哲学的非难。社会上有不少人对哲学有种种不好的看法。有人直截了当地认为四化建设只需要具体的科学技术，不需要尽说"空话"而没有"经济效益"的哲学，哲学"无用"，哲学专业可以取消。有人挖苦说，哲学专业最大的"效益"就是让哲学教员有饭吃。我们对这类议论应该怎么看？我想，我们不必为捍卫职业尊严而大动感情，立即挺身而出，"批驳"这些大不敬的奇谈怪论，倒是不妨冷静地分析一下产生这些奇谈怪论的原因。这原因很复杂，一时也不容易说清楚。但有两点大概是可以肯定的。一点是过去的情况。在过去"左"风盛行的多少年当中，哲学是作为"强大的武器"显过身手的。许多使国家大受损失、人民大吃苦头的事几乎都有哲学出来作"论证"，好像人们受了苦还要心悦诚服，从"理论"上"认识"受苦的必要性、合理性似的。而且，不管怎样互相矛盾的说法，哲学都可以"论证"。哲学还常常以"最高裁判员"的姿态在那里"指导"具体科学

---

* 本文是作者 1984 年 12 月 1 日在教育部主持的全国哲学专业教学改革讨论会上的发言，原载《武汉大学学报(哲学社会科学版)》1985 年第 2 期，1985 年 7 月 5 日《人民日报》全文转载。

和艺术，对科学艺术中的是非问题作出判决式的结论，上纲上线。尽管哲学教员在课堂上大讲马克思主义哲学是革命性和科学性的统一，但人们根据切身的感受却总觉得它缺乏科学必备的素质，不像科学。尽管教员反复强调要维护马克思主义哲学的威信，但在人们的心目中却不免"威"有余而"信"不足。这些不愉快的记忆是很难一下子消失的。另一点是现在的情况。粉碎"四人帮"以后，特别是真理标准大讨论和党的十一届三中全会以后，马克思主义哲学的作用显示得很清楚，哲学自身也从"左"的桎梏下逐步解放了出来，情况与以前根本不同了。但是哲学的总的状况与时代的要求比起来还有很大的距离，它的应有的作用还远没有充分表现出来，还不足以赢得人们对它的重视。这一点后面还要着重地说到，这里就暂且不说了。总而言之，现在社会上对哲学的种种不好的看法事出有因，仅仅用"无知"或"偏见"来解释未必很实事求是，也解决不了问题。

不过，话也得说回头。把过去以"马克思主义哲学"的名义做的那些不好的事记在马克思主义哲学的账上，把我们对马克思主义哲学研究不力、掌握不好而造成的缺陷记在马克思主义哲学的账上，毕竟是不公平的。不要忘记，当有人以"马克思主义哲学"的名义去"论证"那些误国害民的东西的时候，也正是马克思主义哲学本身遭到践踏、歪曲和玷污的时候，当人们把僵滞的、贫乏的、脱离蓬勃生活的教条当做"马克思主义哲学"来宣传的时候，也正是马克思主义哲学的革命精神和科学精神受到窒息的时候。马克思主义哲学何辜而要替人受过呢？说哲学"无用"，那要看对"有用"怎么理解。如果把"有用"理解为直接解决具体问题，直接带来"效益"，那么它确实是"无用"的。我不相信一个没有掌握补鞋技术的人能够单凭"哲学原理"补好一双鞋。但是，如果不是从这种狭隘的观点看问题，那就还得承认哲学是有用的，而且作用很大。不单是马克思主义哲学如此，一切够资格称为哲学的哲学也都如此。当然，哲学的对象在历史上经历过许多变化，并非始终如一。然而不管什么时代的哲学，研究的总的是人类物质生活和精神生活中最普遍的问题，它的正误、得失、深浅总是关系到人们的生活原则、处事态度和思维模式，体现着阶级和群众的脉搏，标志着时代精神的特征。很难设想一个没有哲学的民族能自立于世界民族之林。如果哲学没有用，那么两千多年来许多伟大的头脑为之思考，浩如烟海的典籍记录着它的足迹，就将是人类历史上最荒唐、最不可理解的事件了。马克思主义哲学是无产阶级（因而也是一切进步人类）的精神武器，是奠基于实践和科学之上的哲学，它对人民的"用"处就更加毋庸置疑。没有它，就没有整个的马克思主义，就没有社会主义的现实和共产主义的未来。马克思主义哲学不能带来"效益"吗？不。就某种意义说，它的"效益"倒是最大的。只举我国的两个例子就足以说明。第一个例子是民主革命时期的事。遵义会议以前，我们党一再地受挫折，中国革命一再地碰壁。尽管领导机关多次改组，领导人员多次更换，具体错误也多次受到批评，被动的局面还是没有改变。这是什么缘故呢？根本原因就在于那时党的主要负责人坚持的不是辩证唯物主义的思想路线，而是主观主义的思想路线。这个关系到革命成败的问题正是哲学问题。遵义会议以前毛泽东同志就抓住了这个关键，不断地进行过斗争；遵义会议以后又以巨大的精力从事哲学研究，写出了《实践论》、《矛盾论》和其他哲学著作，领导了"整风运动"，解决了辩证唯物主义与主观主义（唯心主义和形而上学）的矛盾，确立了实事求是的思想路线，提高了全党的哲学水平，于是很快地取得了民主革命的胜利，建立了新中国。这个"效益"还不大吗？另一个例子是我们眼前的事。我们在建设社会主义的过程中，在一段时间里犯了"左"的错误，以至于酿成十年浩劫，根本的原因就在于主要领导人的思想在很大程度上违背了辩证唯物主义，党的实事求是的思想路线被破坏了；而这一点又被林彪、"四人帮"所利用，推到了极端的地步。林彪、"四人帮"垮台了，"两个凡是"的思想还像镣铐一样套住党和人民的手脚，使我们步履维艰，很难拨乱反正。那时的情景我们记忆犹新。不打破"凡是"的教条，能纠正那些堆积如山的错误吗？能正确地总结经验教训吗？能开创新局面、建设有中国特色的社会主义吗？一切都谈不到！在邓小平同志的支持下，真理标准问题的讨论展开了，实践是检验真理的唯一标准的基本原理重新为广大干部和群众接受了，党的实事求是的思想路线重新确立了，这才有了党的十一届三中全会以来的历史性的伟大转折，才有了今天这样的大好形势。这个"效益"还不大吗？有一种意见认为，我们的拨乱反正是从"具体问题"开始的(农村的责任制、城市的利改税等等)，与哲学无关。我认为这不符合事实。按照"凡是"的标准，农村的生产责任制、城市的利改税等等就是典型的"修正主义"，我们今天实行的富国利民的全部方针、政策和具体措施都是比"刘少奇的修正主义"还彻底的"修正主义"。如果不是首先从哲学上驳倒了"凡是"的教条，能动手去解决这些"具体问题"吗？还有一种说法：我们现在要"务实"，所以哲学就不重要了。对这种说法我也未敢苟同。要"务实"，这一千个正确，一万个正确。我们再也不要干饿着肚皮高谈阔论的蠢事了。列宁当年告诫的少一些政治喧声、多一些经济建设的话，我们一刻也不能忘记。但倘说因为要"务实"，哲学就可有可无，甚至有不如无，那就是从一个极端到另一个极端，未免"明足以察秋毫之末，而不见舆薪"了。在建设有中国特色的社会主义的过程中，离开辩证唯物主义指导的"务实"，是爬行经验主义的"务实"，是没有战略眼光的"务实"，在局部问题上也许"绝顶精明"，在全局问题上必定糊涂得可观。弄得不好，重犯战略性的错误并不是不可能的。这不是危言耸听，不是无限上纲，而是实话。我们不能因为林彪、"四人帮"以"马克思主义哲学"的名义宣传了多年的假、大、空的"哲学"，就以为马克思主义哲学也是空洞无用的东西，正如不能因为有人卖了假药，就连真药也不相信了一样。

我以为马克思主义哲学在"四化"建设中的地位是不可忽视的，它的作用是不可缺少也不可代替的。提高全民族的哲学水平，与提高全民族的科学文化水平同样重要。哲学专业不是可以不办，不是应该削弱，而是必须进一步大力提高(不是指数量的增多)。这个问题不解决，讨论哲学专业的教学改革就没有正确的前提。

二、培养目标要以"三个面向"为出发点

讨论哲学专业的教学改革，首先当然要明确培养目标，即哲学专

业应该培养什么类型的人才。这个问题可以说从新中国成立之日起就在讨论，反反复复，不甚了然，现在有条件说得比较清楚了。我想考虑这个问题的出发点应该是把邓小平同志关于教育要面向"四化"、面向世界、面向未来的论断与哲学本身的特性结合起来，既估计到当前的需要，又估计到长远的需要。如果这个看法不错，那么我想，哲学专业应当致力于培养三种类型的人才。

第一种类型的人才是一流的哲学家，包括精通哲学的其他领域的思想家、理论家、名学者、名教授。这种人应当具有广博精深的知识，能够在哲学的某些领域里做出开拓性的贡献。我们常常引用恩格斯的名言："一个民族要想站在科学的高峰，便一刻也不能没有理论的思维。"而这样的一流哲学家就是民族的理论思维水平的代表。一个 10 多亿人口的伟大的社会主义国家，如果没有一些在国际哲学论坛上纵横驰骋的哲学家，是同我们的地位不相称的。可是现在我们有多少这样的哲学家？新中国成立 30 多年来又培养出了多少？若干年后我们的经济建设上去了，如果我们还是拿不出若干国际上公认的第一流的哲学家，那就会更不相称，我们的民族荣誉就会大为减色。如果我们还不把培养一流哲学家的任务纳入视野，提上日程，后人就有权责备我们目光短浅。这当然不是说大学本科生或研究生一毕业就可以成为这样的人才，而是说大学的哲学专业应该成为使学生中的一部分在将来成为这样的人才打下了一个初步的基础，主要是在知识、能力和素质方面为他们提供进一步发展的条件。

第二种类型的人才是哲学理论宣传工作者和教育工作者。这种人才同第一种人才并没有分明的界限，在培养方法上也没有大的区别。只不过在将来实际达到的水平上略低，在数量上更多。这种人才所从事的是提高全民族的哲学思维水平的基础性的工作，是哲学教育的骨干力量。一流哲学家只可能是凤毛麟角。若没有一批高水平的哲学工作者来担负起宣传教育工作，提高全民族哲学思维水平的任务还是不能实现的。我们的学校、科研单位、出版机关、宣传部门等等对这类人才的需要量很大，哲学专业有责任满足这种需要。

第三种类型的人才是善于运用科学的世界观和方法论观察问题和

处理问题的组织家和实际活动家。这种人才将是在党政机关、部队、企业事业单位以及群众团体中从事各种实际工作(包括领导工作)的干部,是"四化"建设的骨干力量。他们除了同其他受过高等教育的干部一样具有专门的具体业务知识、较强的组织能力和决策能力之外,还应该有更多方面的、更带综合性的知识,更有战略头脑,更有"帅才"的素质,更善于从全局和长远的观点考虑问题,更善于正确地坚持党的方针路线。这样的干部是大量需要的。

培养这三种类型的人才都应该是哲学专业的任务。至于以培养何种人才为主,要根据各校的具体条件而定,不必强求一律。对学生也要因材施教,使他们向不同的类型发展。

不论何种类型的人才,都应该是新型的马克思主义者。他们除了继承前辈马克思主义者的全部优点之外,还必须避免前辈们由历史条件造成的不足之处。他们应该扎根于中国的土壤,同时又熟悉整个世界的情况;应该掌握优秀的文化遗产,同时又懂得更多的现代科学;应该善于运用现代的认识手段和方法,有更敏锐的时代感,思想更活跃,视野更开阔,能在各个领域里开拓新局面,推进马克思主义。他们不应该是前辈马克思主义者的"复制品"。毋庸讳言,我们这些20世纪50年代培养出来的哲学工作者固然也有不少长处,主要是经历过大风大浪的锻炼,但我们毕竟是在整个国家的政治文化生活不正常,甚至极不正常的时期成长起来的,不但知识结构跟不上现代化的需要,而且头脑里或多或少还有不合时宜的条条框框。这并不是无关宏旨的缺点。我们决不能以为自己走过的道路就是模范的道路,自觉或不自觉地要20世纪80年代的年轻人跟在我们后面亦步亦趋,更不能挡住他们的去路。我们要以极大的热情帮助青年学生远远地超过我们,否则我们就没有尽到历史的责任。

三、教学内容要有利于实现培养目标

要实现培养目标,需要多方面的综合性的改革。有些改革涉及整个国家的教育体制、经济体制和其他方面的体制,不是一个学校或一个专业自己所能解决的。就是一个学校或一个专业内部，需要改革的方面也很多。这里只谈教学内容方面的某些问题。

我以为教学内容问题实质上就是用什么知识来武装学生，才能实现培养目标的问题。

有不少同志指出，我们在教学方面的主要弊端在于过分强调了知识的灌输，而忽视了能力的训练。我认为这种意见确实抓住了一方面的问题。我们要培养的是善于独立地分析问题和解决问题的开拓型、创造型的人才，而不是只会背诵现成答案、接受前人结论、"高分低能"的书呆子。过去的教学确实存在着忽视能力训练的严重弊病，不改不行。但是，如果把传授知识和培养能力对立起来，似乎重视能力就得削弱知识，我看是不对的。能力与知识不可分。一个只会死记硬背、完全不会运用的学生能不能算是占有了知识呢？不能。同样，一个知识非常贫乏的人，要说他有什么"分析问题和解决问题的能力"，那也是滑稽的。"问题"总是具体的，要分析和解决什么方面的问题，就需要拥有什么方面的知识。这是混不过去的。没有法律知识的人能分析和解决什么法律问题？没有数学知识的人能分析和解决什么数学问题？同样，没有哲学知识的人也谈不上分析和解决什么哲学问题。没有必要的知识而奢谈"分析"、"解决"、"开拓"、"创造"，只能是空谈。弗·培根说的"知识就是力量"这句名言，我认为还是颠扑不破的真理。"四人帮"把这句名言当做"资产阶级思想"来批，无非是宣扬"知识就是罪恶"，"无知就是力量"罢了。我们学校有位同志在1958年因为说了"谁有知识谁就有发言权"，结果被当做"白旗"批了多年。我真不知道批判者们是不是想证明"谁没有知识谁就有发言权"或者"谁有知识谁就没有发言权"！这种荒谬的历史应该永远过去了。现在的问题不在于要不要使学生学到知识，而在于使学生学到什么知识，以及怎样运用知识。我们要提供条件，让学生能在几年的学习期间学到基础的(属于"基本功"的)、新颖的(不是陈旧的)、精萃的(不是芜杂的)知识，同时让他们学到占有知识和运用知识的方法，让他们在这个过程中同时锻炼自己的能力，这才是有效的办法。

我认为在教学内容方面要着重改变知识陈旧的状况。这种状况主要表现在两个方面：

一方面是大量应开的课程没有开或基本上没有开。例如：(1)新的自然科学、社会科学、边缘科学、横断科学的课程；(2)新的工具课程(例如计算机)；(3)关于现代世界各种有影响的哲学流派的课程；(4)关于社会主义建设的基本问题的课程；等等。另一方面是已开的课程也大都缺乏新的内容。以马克思主义哲学原理为例，陈旧的问题就很严重。现在的教学内容不仅在体系上而且在理论内容和表述形式上都基本上还是沿袭20世纪30年代苏联学者和中国学者的东西，一直没有新的进展。除了增加了一些新的材料和例证以外，并不能使人得到多少新知识，信息量很少。更可虑的是，其中还有不少与现代科学成果相矛盾、与现实社会生活相矛盾、与现代思维方式相矛盾、与历史事实相矛盾的观点，简单化、贫乏化、教条化的毛病非常突出。例如：(1)在讲哲学的阶级性时，几乎完全抹煞了哲学作为人类"认识大树"的统一性的一面。似乎具有不同阶级属性的哲学就毫无共同之点，而且似乎哲学家们都是某个阶级的自觉的代言人和辩护士，他们都是挖空心思在那里编造一些论点来为本阶级服务。(2)在讲哲学的基本问题时，至今还在实际上沿用日丹诺夫关于哲学史就是唯物唯心斗争史的说法，把两千多年来中外哲学史的丰富内容贫乏化、漫画化、滑稽化。(3)在讲唯心主义时，仍然重复一切唯心主义哲学在任何条件下都是反动的这种不顾事实的说法(只有黑格尔的唯心主义哲学似乎是例外)，宣传马克思主义哲学产生以后一切非马克思主义哲学没有一句话可以相信的观点，把现代西方哲学统统看成谬误和谎言的垃圾堆。(4)在讲唯物主义时，实际上仍然坚持那种在自然科学全面变革以前形成的世界图景，沿袭一些过时的观念。(5)在讲辩证法时，一方面再三强调辩证法不容许逻辑矛盾，一方面又在事实上肯定甚至歌颂逻辑矛盾，把同时肯定两个互相矛盾的命题(断定X既是A又不是A，即 $P \wedge \overline{P}$)说成是"辩证判断"的公式，说这是"高等逻辑"。在同一章同一节里对同一个名词可以几次地变换它的内涵，说这是"概念的灵活性"，是不同于形而上学的"固定概念"的"流动概念"。(6)在讲认识论时，还沿袭了许多机械的、形而上学的传统观念，基本上没有吸收现代自然科学、人文社会科学和思维科学的丰富成果，内容十分贫瘠。如此等等。至于其他课程，也在不同的程度上有类似的情况。这就不能不提出一个问题：用这样陈旧的知识来教学生怎么能实现我们的培养目标？怎么能适应时代的需要？我觉得我们不必慨叹现在的学生对马克思主义没有 20 世纪 50 年代的青年那样"坚信"，也不必用上课点名一类的办法来强迫学生"坚信"，倒是需要认真检查一下我们教给他们的究竟是不是与现代科学水平相称、与现实需要相符的发展了的马克思主义。如果学生对我们讲的东西有某些怀疑或不满，正说明他们能思考，不盲从，求上进，这是对我们的鞭策，有什么不好？我们要以高度的责任心勇敢地面对现实，奋力改变这种落后状况。这当然不是说学生的一切意见、一切要求都是合理的，他们就没有片面的错误的看法，对他们只能戴高帽子，不能批评，而是说要看到事情的主流和实质。

四、教学改革的关键在于提高教师的水平

教学改革是极其复杂的工作，这是因为人才的生产比物品的生产要复杂得多，要想"一年搞上去"，"三个月改变面貌"是办不到的。但也不是说我们只能慢条斯理地爬行。有正确的方向，有适当而持久的措施，还是可以比较快地改变局面的。

教学改革的关键在哪里？我认为应该毫不含糊地回答：在教师。这也许是老生常谈。但多年的经验表明，有些老生常谈是真理；你想否定它，实践会教训你。没有足够数量的高水平的教师，要培养出高水平的人才是很难设想的。现有的教师队伍从年龄结构、知识结构上看都很不合理，这是历史造成的状况，不改变这种状况就不能大踏步地前进。而要改变这种状况，就必须在体制上、政策上作一系列的调整。我这里只想谈中年教师的问题。中年教师大都是在我国政治文化生活不正常的年代里成长起来的，十年"文化大革命"耗去了他们最宝贵的时间，使许多同志的知识残缺不全。多数人既没有老年教师那样扎实的功底，又不如青年教师那样易于接受新事物，有人说是成了

"夹生饭"，不是没有道理的。然而他们不能不挑起最重的工作担子（且撇开生活担子不说），起承先启后的作用，其艰难竭蹶自不待言。他们最普遍的苦恼是疲于奔命，不得喘息，没有学习新知识的时间。不解决这个矛盾，中年教师的水平就不可能有大幅度的提高，整个教师队伍的面貌就不能在近期里改观。要解决这个矛盾，我认为首先要解决对教师的劳动的性质怎么看的问题。教师的劳动不是简单的重复劳动，而是创造性的劳动。不要以为教师既然一旦"学成"，肚里装着知识，从此就可以自动"输出"，不要"输入"了。实际上，即使是"饱学之士"，也只有不断地更新知识才有资格继续传授知识。更新知识所花费的时间精力比直接用于教学所花费的多得多。这一点居然有许多领导教学的同志根本没有估计到。我们现在考核教师的办法，是只把直接用于教学的劳动算做"工作"，而用于更新知识的劳动则根本不算"工作"。这是很奇怪的观念。没有人认为运动员只有上场比赛的那几十分钟才算"工作"，而平时的勤学苦练不算；可是却不把教师为提高自身水平而付出的艰苦劳动看做工作。我想，如果改变这种不正确的观念，给中年教师一些"必要的闲暇"，让他们有时间学习新知识，研究新问题，他们的缺陷是可以弥补的。这将大有利于教学质量的提高。

中国当代哲学的回顾与展望*

我试图按我个人的理解，对中国大陆哲学的现状作一极粗略的介绍，并对它的前景谈一些看法。除特别注明的处所外，下文说到的当代中国哲学均指当代中国大陆的哲学。

作为一种文化现象，哲学的状况取决于诸多复杂的因素，甚至哲学家个人的经历、教养和气质都是形成学说的不可忽视的因素。但若就某一时代、某一民族或某一国度的哲学总体状况来说，最主要的决定因素还是两种：一是经济、政治和文化的状况，二是已有的思想资料，特别是哲学传统。要理解今日中国哲学的状况并推断它的前景，不能不涉及这两种因素。本文侧重对后一因素的分析，对前一因素只拟在必要时附带提到。

一、中国哲学的共同精神——内圣外王之道

中国哲学的源远流长是人所熟知的。殷周时期就有了哲学思维的萌芽。春秋战国时期形成的"百家争鸣"的局面与古希腊罗马的学术

* 本文是作者 1994 年 4 月 6 日应美国爱荷华（Iowa）大学之邀，作为该校亚洲及太平洋研究中心国际顾问在该校的讲演，听众是国外和中国香港、台湾地区的学者。同年 4 月 23 日作者在台湾辅仁大学与武汉大学、中山大学、厦门大学等校联合举办的海峡两岸学术研讨会上又以此题作了一次报告。原载《武汉大学学报（哲学社会科学版）》1994 年第 5 期和辅仁大学出版社 1995 年出版的《中国哲学的回顾与展望》。2001 年获湖北省人民政府人文社会科学优秀成果一等奖。

繁荣的盛况东西辉映。① 秦、汉以后，中国建立了长达两千多年的大一统的政治格局。这中间虽然有战乱，有外患，有分裂，但总的趋势和持久的形态是大一统的格局。准确些说，是政治上高度中央集权与经济上高度分散的统一。近代以前中国的多种思想体系，当然也包括哲学在内，都是在这种格局的孕育中形成和发展的，都带有这种格局的印记和特征。

中国哲学内容的宏富也是举世闻名的。它以独特的范畴系统和命题系统研究了西方哲学所涉及的几乎所有领域，如本体论、认识论、方法论、历史观、逻辑等等。中国哲学中的天人关系、道器关系、理气关系、有无关系、变常关系、一多关系、动静关系、神形关系、体用关系、名实关系、知行关系等等，无不涉及上述各个领域。而且，同西方哲学一样，在这些问题上也是流派纷呈，有斗争，有融合，构成了色彩斑斓的画面。

中国哲学的流派极多，影响最大的就有儒、道、释三派，特别是源于本土的儒、道两派。而各派之中又有许多支派，在观点上歧异很大。同一派的先行者和后继者也有很大的歧异。例如儒家的创始人孔子死后，他的后继人就分成了许多派，其中影响最大的是思、孟学派和荀子学派，许多观点都是针锋相对的。儒家学说经过汉代的董仲舒和宋代的朱熹的两次系统改造和发挥之后，与孔子本人当时的思想也有很大的不同。这是一方面。但另一方面，中国的各派哲学又是在共同的经济、政治、文化土壤上生长起来的，它们对问题的观点虽然歧异很大，但它们关注的问题本身却大致相同，它们研究问题的旨趣或目的，它们的出发点和归宿也大致相同。这就形成了中国哲学的精神，正如西方古希腊哲学尽管也流派纷繁，但都有共同的希腊精神一样。而本文关注的正是中国哲学的共同精神。

中国哲学的共同精神，用最简要的话来概括，我以为就是"内圣

---

① 从文化史（包括哲学史）的视角说，古罗马是古希腊的延续或后期阶段，故此处把古希腊罗马作为一个概念。古希腊罗马时期比中国春秋战国时期长，但起始的时间大体相同，两者都是古代学术繁荣的时期。

外王之道"。① "内圣"，指的是个人的内在修养、精神境界。中国哲学要求个人在人格修养方面努力达到极高的境界，即圣人的境界。"外王"，指的是以圣人的品格从事实践活动，使国家建立理想的秩序，使人们安居乐业，各得其所。这个精神在儒家哲学里体现得最明显。被宋代朱熹系统化了的儒学奉为经典的《四书》，通体都贯穿着这种精神。特别是其中的《大学》更以极鲜明的语言表达了这种精神。《大学》开宗明义便说：

> 大学之道，在明明德，在亲(新)民，在止于至善。

朱熹认为这三条是《大学》的"纲领"。
又说：

> 古之欲明明德于天下者，先治其国。欲治其国者，先齐其家。欲齐其家者，先修其身。欲修其身者，先正其心。欲正其心者，先诚其意。欲诚其意者，先致其知。致知在格物。物格而后知致，知致而后意诚，意诚而后心正，心正而后身修，身修而后家齐，家齐而后国治，国治而后天下平。

朱熹认为，格物、致知、诚意、正心、修身、齐家、治国、平天下这八条，是《大学》的"条目"。

这八条中，最根本的是"修身"。"自天子以至于庶人，壹是皆以修身为本。"格物、致知、诚意、正心都是为了修身，是提高个人精神境界的工夫。但修身不是目的，目的是齐家、治国、平天下，这是

---

① "内圣外王之道"，语出《庄子·天下篇》："圣有所生，王有所成，皆原于一。"由于"天下之治方术者"都拘于一偏，未能体现"一"，"是故内圣外王之道，暗而不明，郁而不发"。冯友兰先生认为："在中国哲学，无论哪一派哪一家，都自以为是讲内圣外王之道。""这亦是《庄子·天下篇》所主张底。"(见《三松堂全集》，河南人民出版社1986年版，第8~9页。)

把个人的修养付诸社会实践，把理想现实化的工夫。这就把"内圣外王"的意思诠释得极为清楚了。

从字面上看，似乎这只是儒家一派的精神，不足以代表整个中国哲学的精神。其实不然。比如道家，好像是与这种精神相反的，道黜儒、儒黜道的事屡见不鲜。老子主张清静无为，但他的"无为"恰恰是为了"无不为"，是"无为而治"，是"为而不恃，功成而弗居"。他主张"绝圣弃智"，可是他的五千言的《道德经》里以"圣人"的名义陈述自己的主张就有27次之多。他的全套主张还是"治身治国之要"，还是要把个人修养成"圣人"，从而实现他的治国理想，考虑的正是"治国平天下"。只不过他心目中的"治国平天下"理想的内容和"圣人"的标准与儒家的不同而已。所以他的主张也还是从个人的修养和塑造开始，达到实现治国平天下的目的。其他各派，也可以作如是观。① 把"内圣外王"作为中国哲学的共同精神来把握，是比较恰当的。

中国哲学的这种共同精神又派生出几个特点：

第一，重政治。

中国哲学并非不谈自然，但谈自然也是为了"究天人之际"，为了给社会的理想秩序（首先是政治秩序）找出"天上"的依据，最终还是为了解决人世的问题。"天人合一"的着眼点和落脚点在"人"而不在"天"。董仲舒以阴阳五行为框架的汉代神学经学就是典型的例子。中国哲学很少有西方哲学那样的"纯"哲学，很少有像亚里士多德的《形而上学》和康德的三《批判》那样的专门的哲学著作。中国哲学几

---

① 有人认为中国的佛教与"内圣外王之道"不相干。我以为这是误解。佛教自东汉传入中国后也经历了中国化的过程，在与儒道竞争中也吸取了"内圣外王"的思想。佛教虽然以超越世俗、广开天人之路为理论内容，但还是与封建统治者密切合作，为"内圣外王"的理想服务，即所谓"儒以治世，佛以治心"。东晋佛教领袖慧远在《沙门不敬王者论》一文中为佛教辩护时对此有透彻的陈述："道法之与名教，如来之与尧孔，发致虽殊，潜相影响；出处诚异，终期则同。""内外之道可合而明。""虽不处王侯之位，固已协契皇极，在宥生民矣。是故内乖天属之重而不违其孝，外阙奉主之恭而不失其敬也。"

乎总是同政治主张糅合在一起，并以政治主张为归宿。中国也绝少有不问政治的哲学家。孔子说的"学而优则仕，仕而优则学"，张载说的"为天地立心，为生民立命，为往圣继绝学，为万世开太平"，可以说是中国哲学家的共同抱负。中国哲学家绝大多数同时也是官员，或者是想做官员而不得和因为政治环境恶劣而逃避做官的人（所谓"邦无道则隐"）。这不是由于他们贪图功名利禄，而是由于他们认为只有自己掌握了政治权力才能实现"内圣外王"的宗旨，才能行自己的"道"。孔子一生只做过小官，但他总想做大官。"吾岂匏瓜也哉？焉能系而不食？""沽之哉，沽之哉，我待价者也！""盛矣吾衰矣，久矣吾不复梦见周公！""道不行，乘桴浮于海。"表现了他从政行道的急切心情。孟子的遍干诸侯，亦为此目的。中国哲学可以说是一种政治哲学。

第二，重实行。

中国哲学与政治密不可分，必然贯穿着重实行的精神。例如讲性命天理，是为了修身，而修身又是为了治国平天下，落脚仍是政治的实践。即使是崇尚空谈的魏晋玄学家们，他们的行为实际上也是政治实践的一种独特方式。也许与此有关，中国哲学相对说来较少纯概念的推演，较少精密的思辨与逻辑的论证，而直陈命题的情况居多，甚至用格言、隽语、比喻、寓言的方式来表达，让读者去体悟言外之意。这中间有许多天才的智慧，但比较不重视严密的逻辑体系。比如对知行关系的研究，内容与西方的认识论是一致的，也有很丰富很深刻的思想，但是却没有像洛克、莱布尼茨、休谟、康德著作中那样严整的体系和细密的论证。

第三，重综合。

中国哲学没有经过西方从 16 世纪至 18 世纪自然科学的洗礼，没有受过哥白尼、伽利略、开普勒和牛顿的方法的影响，因而也没有西方近代经验主义和理性主义的传统。毋宁说，中国哲学始终是沿着古代朴素辩证法的思维方式向前发展的。它注重从整体上、宏观上、联系上把握事物。这自然使中国哲学在细节上不如西方近代哲学精密，但是在总体的把握上它却避免了某些孤立性和片面性的弊病。

第四，重群体。

中国哲学注重个人修养，以个人的修身为本，在这一点上是极重视个人的。但这种重视个人，是为了把个人修养成为服从群体目的的力量，是为了"克己复礼"，"存天理，去人欲"，最后达到治国平天下的目的。这与西方文艺复兴以来的个人主义是不同的。这当然有压抑个性的弊病。但是，这正好说明中国哲学非常重视群体的力量。中国哲学家和政治家几乎都看到最终决定局势的不是个人（即使是"圣人"），而是"民"。中国古代就有民本思想，有"天听自我民听，天视自我民视"，"民为邦本，本固邦宁"，"民犹水也，水能载舟，亦能覆舟"，"民为贵，社稷次之，君为轻"的说法。孟子甚至主张对纣王这样的"一夫"，杀了也不算"弑君"。孔子则把"仁者爱人"、"泛爱众"、"修己以安百姓"作为最高的行为典范。这不能不说是中国哲学的一大特点和优点。

二、马克思主义哲学与中国传统哲学结合的必要和可能

到了近代，世界资本主义列强的坚船利炮打开了古老的封建中国的大门，引起了中国经济、政治的剧烈而深刻的变化，使中国沦为半封建半殖民地，濒于亡国的危险。两千多年一脉相承的中国传统文化，连同它的哲学，就其固有的内容来说已无法挽救民族的危亡，更不用说"治国平天下"了。在国粹不能保国的现实威胁下，先进的中国人努力学习西方。不但学西方的技术，也学西方的文化。于是，"西学"被引进了中国，而这又造成了中国文化领域的大碰撞，大激荡。到辛亥革命和五四运动，终于形成了对中国传统文化进行总批判的大趋势。那时传入中国的哲学，一方面是西方资产阶级的各种流派，主要是实用主义和实在论；另一方面是马克思主义。大家知道，经过大约30年的历程，马克思主义理论，包括它的哲学，与中国的实际相结合，在中国大陆取得了主导地位。马克思主义哲学已成为当代中国哲学的主流。要了解中国当代哲学的状况，就不能不承认这一

事实。

马克思主义哲学为什么会成为当代中国哲学的主流，有诸多复杂的原因，包括政治的、经济的原因。分析这些原因不是本文的任务。我在这里只想从哲学本身的特点说明一下：这样一种产生于19世纪的西欧、与中国哲学的文化背景完全不同的哲学，竟然为饱受中国哲学两千多年熏陶的中国人所接受，是如何可能的。

作为民族精神的精华，哲学是渗入民族灵魂和血肉的东西，是不能以引进自然科学和技术那样的方式从外国"引进"的。它必须与本民族固有的哲学传统相嫁接、相同化、相融合，才可能为本民族所接受，在本民族的土壤里存活。而某种外来的哲学思想要能与本民族的哲学传统嫁接、同化、融合，又有赖于两者之间有契合之处。否则，就会发生类似输血时血型冲突的结果。马克思主义哲学这种看来好像与中国传统哲学不相干的哲学，能在中国土壤里存活生长，除了它的原理原则适合中国人救亡图存的需要这一根本原因之外，还因为这两者之间在很深的层次上有可以契合之处。

要理解这种可以契合之处，我以为需要澄清两个问题：

第一，应该把某种哲学本身与持这种哲学观点的人在某种特殊条件下作出的实际结论加以区别。这两者的联系虽然不可否认，但这种联系并不是一成不变的。马克思主义在经济和政治问题上的结论确与中国传统哲学指导下得出的结论不同，但这并不影响这两种哲学之间有许多深层的共同点。正如黑格尔的政治学说与马克思主义的政治学说虽然不同，但他们的哲学却有许多共同之点一样。

第二，应该把某种哲学的具体观点与这种哲学的方法加以区别。两种哲学的具体观点尽管完全不同，甚至可以表现为相反的命题，但使用的方法却可能相同或相通。例如黑格尔的哲学与马克思的哲学的关系就是众所周知的实例。

从这样的视角看，中国传统哲学与马克思主义哲学之间就有许多共同点或相通点。例如，两者都自觉而公开地把实现政治理想作为使命。中国哲学的使命是"治国平天下"，是"为万世开太平"，是实现"大同"。马克思主义哲学的使命是"改变世界"，是"解放全人类"。

两者都注重实践，强调实行。两者都重视改造主观世界与改造客观世界的关系。两者都重视群体的力量。两者都重视整体的、联系的思维方法，即辩证的方法，等等。

中国人认识到这一点是经历了一段时间的。马克思主义传入中国之初，反对者和拥护者都没有看清楚这一点。那时的反对者因拒斥马克思主义的政治结论和具体的哲学命题而全盘拒斥马克思主义哲学。那时的拥护者则一度认为中国传统哲学与马克思主义哲学断不相容，但后来在实践中接受了教训而终于醒悟，从"打倒孔家店"的幼稚口号中走出来了。他们逐步认识到，马克思主义哲学要为中国人理解就不能离开中国的土壤，包括中华民族的传统。而民族传统是不可能用"打倒"的简单办法一笔勾销的。无视传统，从外国原封不动地"搬"进某种哲学，必不能植根于民族的土壤而存活生长。于是他们致力于把马克思主义哲学与中国社会的具体实际相结合的工作，包括与中国传统哲学相结合的工作，逐步取得了成功。在这一工作中，毛泽东起的作用最大。正是他明确地指出："我们这个民族有数千年的历史，有它的特点，有它的许多珍贵品"，"我们是马克思主义的历史主义者，我们不应当割断历史。从孔夫子到孙中山，我们应当给以总结，承继这一份珍贵的遗产"①。毛泽东本人的中国传统哲学素养很高，对孔孟老庄、程朱陆王非常熟悉，他的哲学思想中就包含着以马克思主义方法重新解释的中国传统哲学遗产，他讲的马克思主义哲学在形式上也是中国化的，包括运用中国人喜闻乐见的语言。在当代中国占主导地位的哲学，就是这样一种有浓烈的中国色彩的马克思主义哲学，即中国化的马克思主义哲学。这种马克思主义哲学已经深入人心，由一种外来的哲学变成了中国自己的哲学，成了中国哲学的继续和发展，极其深刻地影响着整个民族的思维方式和价值取向。许多范畴或命题甚至已经融入大众日常生活的语言。如"实事求是"，"一分为二"，"物极必反"，"祸兮福所倚，福兮祸所伏"，等等。

---

① 毛泽东：《中国共产党在民族战争中的地位》。《毛泽东选集》第 2 卷，人民出版社 1991 年版，第 533~534 页。

三、中国哲学的前景

马克思主义哲学在中国传播成功并成为中国大陆的主流是一个事实。但在实行改革开放政策以前，中国的哲学状况有两个明显的缺点。一个缺点是马克思主义哲学与中国传统哲学相结合的做法未能一贯坚持并深入下去，"文化大革命"期间又一度出现了盲目反传统的错误（"批孔"是达到了高峰的表现），这为中国人所不能接受。另一个缺点是对西方非马克思主义哲学，特别是现代西方哲学的估计过于简单化，未能实事求是，特别是未能认真探讨西方哲学与中国哲学的契合点，吸收融汇其中的合理成分，用以丰富中国马克思主义哲学的内容。这两个缺点限制了中国哲学的丰富性和时代感。

中国实行改革开放政策，提出实现现代化目标的十几年来，经济、政治和文化都开始发生巨大的变化。人们安身立命的精神支柱和为人处世的方法需要有哲学理论的指引。原有的哲学状况需要有新的提升，大量传入的西方哲学也还需要鉴别、理解和消化。目前中国哲学界可以说是流派纷呈，出现了"多元"的现象。中国哲学又一次经受国际哲学大潮的冲击，其意义是积极的，因为它可以克服中国哲学近几十年相对封闭的弱点。一个民族的哲学如果不在世界文明发展的大道上前进，只能走向褊狭和枯萎；当然，这种精神产品如果失去了民族的特色，也不可能对世界文明的宝库作出贡献。

一个民族在任何时期当然都会有多种流派并存，但是在一定的时期必有主流，必有共同的哲学精神，这往往要经过一段长时间的激荡和融汇，孕育和生长才能水到渠成。这种主流和共同精神必定既是民族的，又是世界的。当前的中国哲学正处在新的大发展的前夜。过去一段时间中国哲学的状况确有不足，我认为比较显著的是两个方面：一方面是继续坚持马克思主义哲学中国化的人们对国际的，特别是西方的哲学的了解不足；另一方面是某些积极引进西方哲学的人们对中国传统哲学、包括对已成为中国传统哲学之继续的中国化的马克思主义哲学了解不足。但是，社会发展的需要和哲学自身发展的规律必将缓慢而顽强地纠正人们的偏颇。中国思想界必将把中国哲学和世界哲学中一切合理成分融为一体，在走向现代化的中国土壤上发展自己的哲学，使之成为新时代中华民族的灵魂。这种哲学将既是民族的，又是世界的。这一过程将是漫长而艰难的，但是这种趋势的必然性则是可以断言的。

关于发展马克思主义哲学的几点杂感[*]

一、注视新领域，研究新问题

要发展马克思主义哲学，我以为最重要的还是把视线投向新领域，研究新问题。不要以为研究经典作家没有研究过的问题就是离开了马克思主义。不错，经典作家论述过的问题我们还有很多并没有吃透，有的论述还需要深入发掘，重新理解，这当然是一项重要工作。但是更重要、更迫切的还是研究经典作家没有研究或者没有深入研究过的问题。在政治和经济问题上，我们常常明确地指出哪些问题是经典作家没有研究过的，为什么唯独在哲学问题上就不可以这样说呢？列宁正因为研究了马克思和恩格斯没有研究过的问题，毛泽东正因为研究了马、恩、列没有研究过的问题，邓小平正因为研究了马、恩、列、毛没有研究过的问题，才发展了马克思主义，难道不是事实吗？当然，我们不能轻率地断言某某问题经典作家没有研究过。例如有的论者说马克思主义哲学没有研究过"人"，我看全部马克思主义（不仅是哲学）就是为了彻底改变使人不成其为人的处境、实现人的自由全面的发展而创立的，怎么能说它没有研究过人呢？但是确有经典作家没有研究过或者没有深入地系统地研究过的问题。这是因为当时的实践还没有提出或者没有尖锐地提出这些问题。现在时代已经发生了极

　　* 本文是作者 1999 年 5 月 16 日在武汉大学哲学系主办的"世纪之交的马克思主义哲学"研讨会的即席发言。载《哲学动态》1999 年第 7 期，原标题为《对于发展马克思主义哲学的几点看法》。

大的变化，新的实践、科学和哲学本身都提出了大量的新问题，而且非马克思主义哲学已经作了大量的研究，论著已经汗牛充栋，正在影响着全世界。如果马克思主义哲学只是在经典作家研究过的问题范围内翻来覆去地做文章，认为这些新问题不属于自己的研究领域，不予理睬，不提出自己的看法，那就会大大削弱甚至丧失自己的解释力，变成离开世界文明发展大道的褊狭理论，变成落后的哲学，就说不上发展，也说不上坚持了。改革开放以来我们大大拓宽了研究的领域，这是非常可喜的现象。

二、源于生活，高于生活

当前世界哲学研究的问题多如牛毛，我们都不能不关注，不能没有发言权。但是，哲学问题的最深刻的根源毕竟还是社会的实际生活，不管哲学家本人是否意识到了都一样。有些问题在西方发达国家是非常迫切的问题，在我们这里却未必那么迫切，甚至还不到提上日程的时候。例如后现代、后工业社会的许多问题就是如此。我不是说不可以作超前的研究，但总还要有轻重缓急之分，不必跟着人家亦步亦趋，人家"热"什么我们就"热"什么。我以为当前最需要花气力去研究的还是对我们的现代化和民族振兴有重大关系的哲学问题。我仍然相信理论的生命之源在于社会的需要、人民的需要，并且不是局部的表层的需要，而是普遍的深层的需要。我们在现代化过程中发生的层出不穷的新问题，无一不与哲学有关，无一不需要从哲学的层面提供理论的向导。对这些问题视而不见，无动于衷，就未免轻重倒置了。例如，在世界格局大变动、我国社会大转型的时期，成千上万的人，特别是我们的广大干部和青年学生感到眼花缭乱，无所适从，他们有那么多的疑团、困惑和苦闷，那么希望找到一个安身立命的"精神家园"，希望得到一种合理解释这些现象的方法，他们求助于哲学，我们这些以哲学为职业的人能够没有一种责任感，不尽一点微薄之力吗？我看近年来许多同志的研究就是在这种强烈的社会需要的驱动下开展起来的。人学和价值哲学的研究就是如此。研究现实生活提出的问题会不会降低哲学的水平？很可能会，但不是必然会。这第一取决于从实际生活中提炼出哲学问题的精度如何，第二取决于解决这些问题的高度和深度如何，第三取决于表述的方式如何。"文化大革命"当中（甚至以前的一段时间里）把哲学当做政策图解，甚至去为错误辩护，以至于造成全民学哲学而又全国主观主义大泛滥的荒谬局面，这段惨痛历史要引为教训，再也不能重演了。我们不会再走这样的路。我们要走的是源于生活而又高于生活的路。我们会以世界的眼光和时代的眼光来解决生活提出的哲学问题，磨炼出既高瞻远瞩又精细严密的理论，为中国，也为世界哲学做出自己的一份有民族特色的贡献。

三、做科学的朋友

我觉得我们搞哲学的同志对科学的负面作用似乎讲得多了一些。毫无疑问，科学万能论是错误的。科学有它的局限性，并不能解决人类的一切问题；科学的思维方法也决不是唯一合理的思维方法；科学的不合理的应用已经给人类带来了不少的灾难。这都是事实。哲学指出这一点是完全必要的。但是科学毕竟是认识世界和改造世界的有力武器，是可以为人类造福的有力武器，它的功能是无可替代的。西方某些学者把科学说成灾难之源的怪论千万不可附和。科学是人掌握的，可以为善也可以为恶，可以造福也可以致祸，全看由谁来掌握。说到底是人的利益关系怎么处理的问题，是个社会制度问题。科学研究什么问题，研究的成果如何应用，应用的后果如何控制，难道不是由各国的统治阶级、统治集团在指挥吗？怎么能把滥用或误用科学造成的恶果记在科学的账上，一个劲地责备科学呢？在中国尤其不应该如此。中国近代史血迹斑斑，并不是由于科学太发达，而是由于科学太落后。现在我们的祖国站起来了，可是数以亿计的人还缺乏起码的科学知识，甚至还是文盲和半文盲，迫切需要科学启蒙；我国科学与西方的巨大差距不仅使我们还处在发展中国家的地位，而且连安全都受到威胁。我们现在应当着力强调的还是"科学技术是第一生产力"

和"科教兴国"，而不是大讲科学的"缺点"和"罪过"。在大家营养不良、面黄肌瘦的时候去大讲吃得过饱的危害性，提出"减肥"的办法，自然也并无不可，因为这种理论如果确实符合实际，也不失为一项有价值的成果；但恐怕毕竟不是当务之急，而且有点文不对题。哲学当然不应当是科学的侍从和跟班，但也不应当是科学的保姆和训导员；它应当是科学的朋友。过去苏联和我国都发生过哲学硬充科学的"指导者"和"裁判者"而造成严重后果的事，再也不能重复了。

四、做自己的事，走自己的路

哲学对人类、对民族确实太重要。它既是民族精神的升华物，又是民族精神的铸造者。一个没有哲学思想的民族是没有灵魂的民族，没有脊梁的民族，是不能在人类文明史上留下伟大足迹的民族。轻视哲学的民族是可悲的民族。但是哲学和科学一样，也不是万能的，也要把自己摆在适当的位置。哲学有自己的崇高使命，有自己要做的事情，不必因为受到冷遇而自惭形秽或愤愤不平；但也不必把自己抬得至高无上。研究哲学的人不可无"为万世开太平"的气度和胸襟，但不可真以为有"为万世开太平"的能力。马克思主义哲学也不可能"为万世开太平"。能够回答时代提出的哲学问题，把人类的智慧向前推进一步，为人类留下一些有永恒价值的思想财富，这就已经是了不起的功绩了。哲学是反思的学问，这种性质注定了它难免做黄昏起飞的枭鸟，也就是我们中国人常说的"事后诸葛亮"；但它一旦产生又可以成为社会变革的先导，做高鸣报晓的雄鸡，做"事前诸葛亮"。要做好"事前诸葛亮"，先得老老实实地做好"事后诸葛亮"，否则高谈不免流于空谈，热闹一阵也就烟消云散了。

21世纪的马克思主义哲学的走向如何？应该有什么样子的新形态？我没有能力说清楚。我想这也不是哪一位高手提出一套精密的方案，或者开一个会议作出一个权威性的决议，大家就会一体遵循，齐步向前的。而且如果真是这样，倒又成了死水一潭，毫无生气的局面，马克思主义哲学的活力又被窒息了。在哲学这个最需要个性和灵感的精神世界里搞"计划经济"是行不通的。事实上还是只能各人按自己的理解去"走"，在许多不同的领域里去探索问题。这些看似不大整齐的足迹汇集起来，"路"也就踩出来了，马克思主义哲学的新形态也就逐渐成形了。不过，从大家的发言看来，立足本土，放眼世界，融会中外，自创新局，似乎还是一种共识。也许大家将来踩出来的就是这样的"路"。

关于编写马克思主义哲学
教材的访谈*

一

问：如何称谓马克思主义哲学（实践唯物主义、辩证唯物主义和历史唯物主义、辩证的历史的唯物主义、历史唯物主义、辩证唯物主义、新唯物主义、现代唯物主义）？

答：我以为给某种哲学确定一个称谓，应当符合三个原则：第一，要能够准确地揭示这一哲学独有的本质特征，不致与别的哲学混同；第二，语词的涵义要清晰，不致产生歧义；第三，在以上两条的前提下尽可能简短。根据这三个原则，我认为把马克思主义哲学称为"辩证唯物主义历史唯物主义"或"辩证唯物主义与历史唯物主义"（Dialetical Materialism and Historical Materialism）是合适的。如果更简短些，称为"辩证唯物主义"也可以。此外，"唯物辩证法"、"唯物辩证法与唯物史观"这些称谓的涵义也都没有原则区别，都可以使用。

1. 有的学者不同意把马克思主义哲学叫做"辩证唯物主义"或"辩证唯物主义与历史唯物主义"。理由之一，是马克思本人没有用这个称谓，而这个称谓出自斯大林。我认为这个理由不能成立。

（1）一般说来，一种哲学应当如何称谓，不能仅以哲学家本人给

＊ 本文是作者对中央实施马克思主义理论研究和建设工程马克思主义哲学教材编写组征求意见函的回答。

215

自己的哲学如何命名为准。这种命名有符合实际的，也有不符合实际的。例如有的唯心主义者不说自己的哲学是唯心主义，有的唯物主义者也不说自己的哲学是唯物主义。关键不在于哲学家自己把自己的哲学叫做什么，而在于他的哲学实际上是什么。这要依我们对他的全部论述，特别是他的根本观点的分析和判断而定。马克思本人是否说过"我的哲学是辩证唯物主义与历史唯物主义"这句话，这并不重要，重要的是他和他的合作者恩格斯对马克思主义哲学的最本质的特征是如何论述的。事实上，早在斯大林之前，普列汉诺夫、德波林、列宁和苏联哲学家就把马克思主义哲学称为"辩证唯物主义"或"辩证唯物主义与历史唯物主义"，符合马克思和恩格斯的论述，符合马克思主义哲学的本质特征，我看是可以成立的。

有的学者认为马克思主义哲学最准确的称谓应当是实践的唯物主义（Practical Materialism）。可是，马克思和恩格斯同样也没有把自己的哲学命名为"实践的唯物主义"。他们在《德意志意识形态》中说的"实践的唯物主义者"①，是指的实践的"唯物主义者"，而不是"实践的唯物主义"者，是针对那种不了解实践的意义、只解释世界而不去改变世界的旧唯物主义者而发的。"实践的唯物主义"这个名词，我国马克思主义哲学家李达同志在 20 世纪 30 年代发表的《社会学大纲》②中倒是多次用过。但他是在特定的场合、针对特定的问题，即在解释马克思的唯物主义与形而上学唯物主义的区别的时候使用的。例如他在论述马克思的《1844 年经济学哲学手稿》的意义时说："马克思基于劳动—实践的意义之正确理解，所以超出旧唯物论的界限，建立了实践的唯物论。"③他对"实践的唯物论"的解释很明确，即"实践

---

① 德文原文是 den praktischen Materialisten；英文本译文是 the practical materialist.

② 《社会学大纲》是当时为了逃避国民党政府的检查而使用的书名，此书的内容即是马克思主义哲学。毛泽东同志称此书为"中国人自己写的第一本马克思主义哲学教科书"。1935 年作为大学讲义印行，1937 年出版，1948 年中原新华书店翻印。

③ 李达：《李达文集》第 2 卷，人民出版社 1981 年版，第 57 页。

的唯物论的认识论，实是辩证唯物论的认识论"①。他的《社会学大纲》分为五篇："唯物辩证法"；"当作科学看的历史唯物论"；"社会是经济构造"；"社会党政治建筑"；"社会的意识形态"。可见他对马克思主义哲学的总的称谓还是唯物辩证法和历史唯物论，而不是"实践的唯物论"。我认为用"实践唯物主义"这个名词称谓马克思主义哲学也不是不可以，但它不如辩证唯物主义与历史唯物主义更能全面准确地反映马克思主义哲学的实质，而且容易产生歧义，事实上在国际国内都已经产生了重大的歧义，以不用为好。

此外，列宁在讲到马克思主义哲学时还用过"完备的唯物主义哲学"②、"现代唯物主义"③等等说法。但这并不是对马克思主义哲学的命名，这是从上下文就可以判断的。

（2）"辩证唯物主义"或"辩证唯物主义与历史唯物主义"这种称谓并不是斯大林的首创。且不说普列汉诺夫，也不说德波林，也不说20世纪二三十年代的苏联哲学家们，就说列宁吧，他早在1908年就把马克思主义哲学叫做"辩证唯物主义"了。他在《唯物主义与经验批判主义》的"向报告人提十个问题"中的第一个问题就是"报告人是否承认马克思主义哲学是辩证唯物主义？如果不承认，那么他为什么一次也不去分析恩格斯关于这一点的无数言论？如果承认，那么为什么马赫主义者把他们对辩证唯物主义的'修正'叫做'马克思主义哲学'？"④在同年写的此书第一版序言中又明确地指出："马克思和恩格斯几十次地把自己的哲学观点叫作辩证唯物主义。"⑤在1913年写

---

① 李达：《李达文集》第 2 卷，人民出版社 1981 年版，第 61 页。

② 列宁：《马克思主义的三个来源和三个组成部分》。《列宁选集》第 2 卷，人民出版社 1960 年版，第 442 页。

③ 列宁：《唯物主义与经验批判主义》。《列宁全集》第 18 卷，人民出版社 1988 年版，第 352 页。

④ 列宁：《唯物主义与经验批判主义》。《列宁全集》第 18 卷，人民出版社 1988 年版，第 1 页。

⑤ 列宁：《唯物主义与经验批判主义》。《列宁全集》第 18 卷，人民出版社 1988 年版，第 7 页。

的《马克思主义的三个来源和三个组成部分》中指出"马克思主义的哲学就是唯物主义"之后，紧接着又指出马克思和恩格斯并没有停止在十八世纪的唯物主义上，而是把哲学向前推进了，用辩证法丰富了哲学，"自然科学方面的最新发现……却灿烂地证实了马克思的辩证唯物主义"①。这都是远在斯大林的《辩证唯物主义与历史唯物主义》一书发表之前 30 年和 25 年的事。而且，问题的关键也不在于这种称谓的首创人是谁，而在于这种称谓是否符合马克思主义哲学的本质特征。

（3）斯大林《辩证唯物主义与历史唯物主义》一书的体系对我国编写马克思主义哲学教科书的工作实际上也没有特别大的影响。早在这本书发表之前，把马克思主义哲学系统化为教科书体系的工作就有许多人做过了。例如仅李达同志在 1929—1932 年翻译成中文出版的就有 4 本书：德国塔尔海玛的《现代世界观》（1929 年 9 月出版），日本河上肇的《马克思主义之哲学的基础》（这是《马克思主义经济理论》一书的上篇，全书 1930 年 6 月出版），苏联卢波尔的《理论与实践的社会科学理论》（1930 年 10 月出版），苏联西洛可夫等的《辩证法唯物论教程》（1932 年 9 月出版）。这些书都有各自的体系，都与斯大林的《辩证唯物主义与历史唯物主义》毫无关系。李达同志的《社会学大纲》（1935 年作为北平大学的讲义印行，1937 年由笔耕堂书店正式出版），艾思奇同志的《大众哲学》（原名《哲学讲话》，1936 年），毛泽东同志的《辩证法唯物论提纲》——包括《实践论》和《矛盾论》（1937 年），这些著作也都有自己的体系，都与斯大林的《辩证唯物主义与历史唯物主义》的体系毫无关系。即使在斯大林的《辩证唯物主义与历史唯物主义》1938 年发表之后，它的体系对教科书的编写也没有特别重大的影响。这本小册子只是《联共（布）党史简明教程》第 4 章的第 2 节，是为了说明列宁的《唯物主义与经验批判主义》一书在党的

---

① 列宁：《马克思主义的三个来源和三个组成部分》。《列宁选集》第 2 卷，人民出版社 1960 年版，第 442 页。

发展史上的意义而写的，是党史教程的一部分，它只是对马克思主义政党的理论基础作了极简括而通俗的介绍，篇幅只有二三十页，本来就不是全面系统地论述马克思主义哲学的教科书，他本人也没有要求苏联哲学家编写教科书时必须采用这个"体系"。事实上，除了20世纪50年代来中国的苏联专家在讲课时一度采用过这种"体系"外，苏联正式出版的马克思主义哲学教科书(如亚历山大诺夫主编的，康士坦丁诺夫主编的)也并不都是按这个"体系"编写的。中国学者写的马克思主义哲学教科书更没有按这个"体系"。说斯大林的"体系"对马克思主义哲学教科书的体系有特别大的影响，并不符合实际情况。我们不能因为斯大林有错误，就认为他用过的名词也都是错误的。

顺便说到，我认为对斯大林的《辩证唯物主义与历史唯物主义》一书的内容也应当做客观的历史的估计，不要全盘否定，说得一无是处。如果不是把它作为马克思主义哲学教科书，而是作为一本通俗的简要的读物，那就应当说这本书基本上还是写得好的。至于它的缺点，毛泽东同志在1957年就作了很中肯的批评，大家都已经熟悉。中国学者编写教科书的时候也并没有受这些缺点的影响，只要看看李达同志和艾思奇同志主编的教科书就清楚了。

2. 有的同志反对以"辩证唯物主义与历史唯物主义"称谓马克思主义哲学的另一个理由，是说这种称谓至少有三个大问题：第一，把马克思主义哲学割裂成了两个"板块"。第二，不可避免地要采取斯大林的"推广说"、"扩张说"或"运用说"，即假定马克思先有了一个囊括整个世界的一般哲学原理(辩证唯物主义)，然后才把这个一般哲学原理"推广"、"扩张"或"运用"到社会历史领域，因而才有了历史唯物主义，而这不符合马克思和恩格斯创立马克思主义哲学的实际过程。第三，在讲辩证唯物主义时没有突出实践的意义，与旧唯物主义的界限不清楚。

我想谈谈自己对这些问题的理解。

(1)马克思主义哲学确实是一块"整钢"，决不能割裂。但这不等于说在它的体系内部不可以有相对独立的部分，不等于说不可以分成部分来叙述。比如马克思主义的唯物主义与辩证法当然不能割裂，唯物主义是辩证的唯物主义而不是形而上学的唯物主义，辩证法是唯物主义的辩证法而不是唯心主义的辩证法；但马克思主义哲学的唯物主义和辩证法总还得分别地讲，否则无法说话。分别地叙述如果弄得不好，确实可能割裂；但并不是必然会割裂。任何科学的各个部分都是有机联系的，但叙述的时候总得一部分一部分地讲，马克思主义哲学也不应例外。

（2）所谓"推广说"、"应用说"并不是斯大林的首创。诚然，斯大林在《辩证唯物主义与历史唯物主义》一书中确实非常明确地说过："历史唯物主义就是把辩证唯物主义原理推广去研究社会生活，把辩证唯物主义原理应用于社会生活现象，应用于研究社会，应用于研究社会历史。"但这不是斯大林的独特观点，而是列宁的一贯观点。列宁早在 1913 年写的《马克思主义的三个来源和三个组成部分》中就指出："马克思加深和发展了哲学唯物主义，使它成为完备的唯物主义，把唯物主义对自然界的认识推广到对人类社会的认识。马克思的历史唯物主义是科学思想中的最大成果。"①他在 1914 年写的《卡尔·马克思》中说："发现唯物史观，或更确切地说，彻底发挥唯物主义，即把唯物主义运用于社会现象，就消除了以往的历史理论的两个主要缺点……"②我认为列宁的这个观点并无不当。列宁讲的"推广"、"发挥"和"运用"，并不是断言马克思主义哲学的创立过程从时间上说是先创立了一个不包括历史观在内的辩证唯物主义，然后再把这样的辩证唯物主义"推广"、"发挥"、"运用"到社会历史领域，而是从马克思主义哲学的内在逻辑结构上讲的。辩证唯物主义和历史唯物主义的创立并没有时间上的先后之分。马克思和恩格斯确实是从唯物主

---

① 列宁：《马克思主义的三个来源和三个组成部分》。《列宁选集》第 2 卷，人民出版社 1960 年版，第 443 页。

② 列宁：《卡尔·马克思》。《列宁选集》第 2 卷，人民出版社 1972 年版，第 586 页。

义的"上半截"入手，冲破了历史唯心主义的藩篱，首先创立了历史唯物主义(多数学者认为开始于1844年的《1844年经济学哲学手稿》，完成于1845—1846年的《德意志意识形态》)，但这时他们的世界观和方法论也彻底摆脱了旧唯物主义，飞跃到了辩证唯物主义，无所谓时间先后的问题。但是，作为普适于自然、社会、思维诸领域的世界观和方法论的辩证唯物主义却逻辑地先于历史唯物主义。唯物主义的"下半截"毕竟与"上半截"不是一回事，没有"下半截"这个世界观和方法论作基础，"上半截"是无法建立的。从逻辑秩序上说，如果马克思不首先批判地吸取黑格尔的辩证法和费尔巴哈的唯物主义的合理成分，形成与唯心主义和旧唯物主义根本不同的世界观和方法论，即辩证唯物主义的世界观和方法论，就不可能产生历史唯物主义。在这个意义上，说历史唯物主义是辩证唯物主义在社会历史领域的"推广"、"发挥"、"运用"等等是无可訾议的。只要对这些语词的涵义作出正确的解释，就不会有什么"问题"。

(3)从20世纪30年代到现在通行过的上百种马克思主义哲学教科书中，确实有一部分对实践的意义论述得很不够。有些教科书在讲到认识论的时候才讲实践，而认识论又往往放在全书的最后。这确实是一个很大的缺点。但这与是否用辩证唯物主义与历史唯物主义称谓马克思主义哲学无关。而且也并非所有的教科书都如此。例如李达同志的《社会学大纲》在第一篇第一章论述"唯物辩证法的生成"时就突出地阐明了实践的意义，作者指出："创始者们(按：指马克思和恩格斯)首先阐明了历史领域中的辩证法，其次由历史的辩证法进到自然辩证法，而在社会的实践上统一两者以创造出科学的世界观的唯物辩证法。""唯物辩证法是科学的历史观与科学的自然观的统一，而两者统一的基础，是社会的—生产的实践。""马克思基于劳动—实践的意义之正确理解，所以超出旧唯物论的界限"。① 至于某些教科书在这个问题上确有的缺点，当然必须纠正，但并不需要去更改辩证唯物主义与历史唯物主义的称谓。

---

① 李达：《李达文集》第2卷，人民出版社1981年版，第56~57页。

二

问：如何理解马克思主义哲学的内容(基本内容、核心内容、主要内容)？

答：现在我们哲学界对一些重大的前提性问题还有很大的争议，并没有达成共识。而如果对这些问题没有共识，对马克思主义哲学的内容的理解也就很难一致。例如：(1)有的学者认为马克思的哲学与恩格斯的哲学有根本的不同(马克思的哲学是"实践本体论"，恩格斯的哲学是"物质本体论")，只有马克思本人著作中论述的哲学才是马克思主义哲学，而恩格斯写的《反杜林论》、《自然辩证法》、《费尔巴哈与德国古典哲学的终结》等等都不能算马克思主义哲学。至于普列汉诺夫、列宁和列宁以后的马克思主义者(包括斯大林和苏联的其他哲学家，毛泽东和中国的其他哲学家)写的哲学著作更不能算马克思主义哲学。(2)有的同志认为最能代表马克思本人的哲学思想是马克思的早年和晚年的著作。(3)有的同志认为历史唯物主义有很大的片面性，马克思在晚年实际上纠正了自己的观点。如此等等。我认为这些问题在理论探讨中尽可以继续争鸣，但在编写教科书时却不能不统一认识。我个人是不同意上述的这些看法的，具体理由我在有关的文章中已作过一些说明①，这里就不重复了。

在教科书里论述马克思主义哲学应当讲到哪些内容？我认为可以从三个路径来思考：一是把马克思主义经典作家最有代表性的哲学著作梳理一遍，看看马克思主义哲学究竟有哪些根本观点，体系如何。二是把20世纪20年代以来的马克思主义哲学教科书(包括外国的和中国的)梳理一遍，站在我们今天的立场上看看它们的得失(要历史地全面地看，不要轻易否定)。三是总结和概括马克思主义哲学在中国的发展，把毛泽东著作、邓小平著作和"三个代表"重要思想中的

---

① 见拙文《马克思主义哲学中国化研究的方法论问题》，载《现代哲学》2002年第2期。《从马克思的两段话说起》，载《学术月刊》2003年第11期。

哲学思想充实到教科书里去。把从这三个路径思考的结果综合起来，也许可以比较全面。

三

问：如何理解马克思主义哲学的逻辑（逻辑起点、主线、框架、顺序）？

答：这个问题的实质在于如何理解马克思主义哲学的体系。对体系问题的理解至今还在讨论之中。我认为应当区别两种意义的体系：一是理论本身固有的体系，即由理论的诸概念（范畴）和诸命题以一定的逻辑关系构成的系统。这是比较固定的，随意变更就会歪曲理论的实质。这就像人脸的五官的相对位置不能随意变更，变更了就不成其为一张人脸一样。对这种意义的体系，目前还不能说已经把握得很准确，还应当深入探讨。二是理论的表述体系，即我们在叙述这个理论时先讲什么后讲什么的次序。这有很大的自由度。就像画家在画人脸的时候既可以先画眼睛也可以先画嘴唇，只要不弄错眼睛与嘴唇的相对位置就行了一样。这种意义上的体系如果能与前一种意义上的体系一致当然最好，但也可以适当变动，因为要考虑读者的认识规律，要力求由浅入深，使读者易于接受，很难说哪一种叙述体系是绝对合理的。但是，我以为有两点值得注意，想提出来供大家参考：

1. 我不赞成效法黑格尔构造体系的做法。黑格尔主张范畴的排列应当由抽象上升到具体，这个思想是正确的、深刻的。但他自己也并没有完全做到，他的范畴排列实际上也有很随意的地方，也有牵强附会的东西，并不都有那么深刻的道理。恩格斯在1891年11月1日写给康·施米特的信中对黑格尔的这一缺点作了非常尖锐的批评。他指出黑格尔"从一个范畴过渡到另一个范畴，或者从一个对立面过渡到另一个对立面，几乎总是随意的，经常是通过俏皮的说法表述的，比如肯定和否定（第120节）'灭亡了'，这样黑格尔就可以转到'根据'的范畴上去。在这方面思考过多,简直是浪费时间。"①他劝施米特"千万不要像巴尔特先生那样读黑格尔的著作,即在黑格尔的著作中寻找作为他建立体系的杠杆的那些错误的推论和牵强之处。这纯粹是小学生做作业"②。黑格尔的范畴排列之所以有许多牵强附会的东西,是因为他必须把他的体系描绘成"思想的自我发展",而实际事物的发展倒是思想发展的反光。恩格斯建议施米特把马克思在《资本论》中的方法与黑格尔的方法对照一下,从而理解两者的区别。这对我们今天考虑问题是极有启发意义的。

2. 如果撇开黑格尔不论,按照马克思在《资本论》运用得极其成功的由抽象上升到具体的方法来表述马克思主义哲学的理论体系行不行呢?从原则上说,不仅行,而且应该。但是,要实际上完全做到却非常困难。马克思和恩格斯本人也没有做过,我想这不是偶然的。因为要真正做到由抽象上升到具体,就必须做到逻辑与历史的一致。《资本论》的体系正是资本主义发展的客观历史过程的逻辑再现(否则它就是随意的而不是科学的了)。但经济的发展是客观的物质的过程,是应该而且可能通过详细占有实际材料、分析它的种种发展形态来把握的;而哲学的发展却是精神的过程,它有相对的独立性,不能不受到各种复杂的物质条件的左右,并不仅仅是哲学范畴的逻辑推演过程,何况哲学本来就不是像演绎逻辑那样从若干公理出发经过有效的推理规则推导出来的形式系统。当然,通过总结认识史,也能大体说明哲学范畴发展演变的过程,但是要确切地、有根据地说明在某一哲学体系中的诸范畴哪一个相当于《资本论》中的"商品"范畴,诸范畴又怎样从这个范畴按照由抽象到具体、由简单到复杂的途径一个一个地推演出来,是几乎不可能的。这与分析经济范畴的发展有很大的不同。如果刻意追求,勉强去做,很可能劳而无功,说不定还会弄出一些牵强附会的东西。

---

① 《马克思恩格斯选集》第 4 卷,人民出版社 1995 年版,第 713 页。
② 《马克思恩格斯选集》第 4 卷,人民出版社 1995 年版,第 713 页。

四

问：如何看待马克思主义哲学的不同形态（主要谈马克思主义哲学的教学形态与科学形态的区别）？

答：按我的理解，这里说的"科学形态"就相当于我说的第一种意义的"体系"；"教学形态"则相当于我说的第二种意义的"体系"。对这个问题的意见在前面实际上已经说过了。这里要补充的只有两点：

第一，马克思主义哲学的教学形态（比如教科书、教材、讲义等等）可以不同于它的科学形态，但不能与它的科学形态相抵触，不能使读者对它的科学形态产生误解。

第二，在这个前提下，教学形态要力求符合教学对象的认识规律，概念（范畴）的定义要准确，命题的陈述要清晰，论证要合乎逻辑，而且要联系实际。从反面说，就是：（1）不要让一大堆的概念一股脑儿出现在读者面前，而又不加定义，成为拦路虎。（2）不要在同一本书里对同一概念作不同的定义，或者在论述的中途悄悄地偷换概念的涵义，使读者无所适从。（3）不要把原理作为"当然"的结论来宣布，不讲道理，不作分析，使读者不知其所以然，也学不到分析问题的方法。（4）不要在陈述和论证中出现逻辑矛盾，特别是在讲辩证法的时候不要违反形式逻辑。（5）不要只有抽象的推演而没有实例，使读者觉得是概念游戏。举例当然不能代替论证，但举例并不必然妨碍论证。我们反对的"原则加例子"，是指对原则不作严密的论证，而例子又是信手拈来，随意贴上，因而无助于理解原理的做法，并不是一概反对举例。好的例子对启发读者联系实际理解原理是极有帮助的。列宁在讲辩证法与折中主义的区别时以玻璃杯的功能为例，毛泽东在"两论"中也举了许多生动的例子来说明深刻的哲学道理，都是很好的榜样。贴切而生动的比喻也可以用，当然要慎重选择。（6）文字要严密规范，简洁晓畅，生动活泼，有中国气派，不要艰深晦涩，冗长拖沓，佶屈聱牙，切忌用汉字写的"洋文"。(7)不要脱离我国革命和社会主义建设的丰富经验，不要忘记我国广大人民和青年学生最关心的现实问题，要下大工夫从中提炼出哲学问题，而又自然地融汇到马克思主义哲学原理中去，使读者体会到中国化的马克思主义哲学的独特贡献。(8)在批评有代表性的对立观点时既要旗帜鲜明，又要实事求是，有理有据，使读者从对比中体验到马克思主义哲学的正确性和深刻性，切忌曲解对手的本意，不作细致的分析而简单打倒。(9)在讲到与具体科学(以及技术)有关的哲学原理时，要站在当代水平上，不要与当代科技发展的最新成果相抵触，有些论断必须根据当代科学技术的成果作出新的解释，乃至作出修改。

五

问：如何编写马克思主义哲学教材(原则、依据、思路)？

答：我认为这个问题的关键在创新。如果没有创新，我们现在就没有编写马克思主义哲学教材的必要。但是什么是创新？怎样创新？新的教材应当新在何处？实际上是有不同的理解的。我只能谈一点个人不成熟的看法。

1. 立足中国，放眼世界。我认为我们的教材应当是当代的中国人写的马克思主义哲学教材，是中国化的马克思主义哲学教材。哲学是世界观和方法论，它揭示的道理应当具有最大的普适性，没有国界，否则不成其为哲学。但这不等于说它不可能或不应该有民族特点。哲学在这一点上与数学和自然科学是有区别的。不与一个民族的社会状况、文化传统、群众要求等等特点相结合的哲学不可能在这个民族生根，不可能成为这个民族自己的精神财富。黑格尔说得好："一个民族除非用自己的语言来习知那最优秀的东西，那么这东西就不会真正成为它的财富，它还将是野蛮的。"①他说他自己"也在力求

---

① 黑格尔：《致 J. H. 沃斯的信》，见苗力田译编：《黑格尔通信百封》，上海人民出版社 1981 年版，第 202 页。

教给哲学说德语"①，也就是使并非产生于德国的哲学德国化，成为德国的财富。马克思主义哲学并非产生于中国，要使马克思主义哲学成为中国人的财富，也得"教给马克思主义哲学说中国话"，也就是使马克思主义哲学中国化。马克思主义哲学（以及整个马克思主义）所以为中国人民接受，不仅因为它的根本原理是符合中国人民解放斗争需要的客观真理，而且因为中国共产党遵循了马克思主义的普遍真理与中国实际相结合的原则，实现了马克思主义中国化。我们常常说要走向世界，这完全正确。但是如果我们没有"国产"的东西，凭什么走向世界？马克思主义哲学产生的源泉是实际生活，发展的源泉也是实际生活。我们中国革命建设的实践经验之丰富是举世罕见的，有些是前无古人的；中国传统文化（包括哲学）中的智慧也是世界文化瑰宝中极为灿烂的部分。把如此丰富的中国实际加以提炼概括，用来充实、丰富和发展马克思主义哲学，这不仅是马克思主义哲学中国化所必需的，而且是为马克思主义哲学的总宝库增添新财富所必需的。这样的马克思主义哲学教材才是真能走向世界的著作。我这样说的意思决不是轻视或低估现代世界文明发展中其他有价值的思想成果，决不是说不要吸收西方哲学特别是现代西方哲学中的优秀成分，搞变相的狭隘的国粹主义；而是说我们自己首先要有一个明确的立足点。鲁迅提倡的"拿来主义"是非常正确的。但他说的"拿来"是指"我们"去"拿"，而"我们"是当代的中国人，我们应当有自己的需要，自己的选择，自己的眼光。如果轻视了这一点，就可能什么也没有"拿来"，最后连自己也被人家"拿去"了。

2. 一脉相承，别开生面。我们的教材一定要与时俱进，体现时代性，力求反映当代世界的社会发展、科技发展、文化发展的巨大变化及其特点，要对这些特点作出有根有据的哲学概括，而不能落后于时代。对原理的叙述和论证都要力求别开生面，使读者有耳目一新之感。有些已被实践证明确实陈旧了的说法应当实事求是地作出订正，

---

① 黑格尔：《致 J. H. 沃斯的信》，见苗力田译编：《黑格尔通信百封》，上海人民出版社 1981 年版，第 202 页。

过去没有被实践揭示的新道理应当补充进去。这样写出来的马克思主义哲学才是当代的中国化的马克思主义哲学。但是，无论怎样别开生面，也不能脱离了马克思主义哲学的根本。别开生面要以一脉相承为前提。发展了的马克思主义也还是马克思主义，不能把不是马克思主义的东西也说成马克思主义。我们个人对马克思主义哲学中的某些问题有这样那样的理解，甚至有不少的分歧意见，这完全正常，应当通过百家争鸣从容讨论，逐步解决。但写进教科书里的东西却应当是基本达成共识的东西。如果今后发现仍有不妥，再来修改就是。

3. 联系实际，有的放矢。这里说的实际至少有四个方面：一是当代世界社会发展和科技发展、文化发展的态势，以及影响最大的社会思潮和哲学观点；二是中国革命建设的实际；三是中国的传统文化；四是读者的思想实际。教材不可能也不必要对这些问题一一做出具体答案，但要提供观察和分析这些问题的立场、观点、方法，给读者留下自己思考的空间，举一反三的余地。对有些问题可以引而不发，点到为止。

从马克思的两段话说起[*]

近年来，马克思在《1844 年经济学哲学手稿》中的下述两段话不止一次地被引用：

> 但是，被抽象地理解的，自为的，被确定为与人分隔开来的自然界，对人来说也是无。①
>
> 在人类历史中即在人类社会的形成过程中生成的自然界，是人的现实的自然界；因此，通过工业——尽管以异化的形式——形成的自然界，是真正的、人本学的自然界。②

一、马克思在什么意义上说与人分隔的自然界是"无"

有的学者认为从马克思的这两段话里可以得出结论：马克思认为在人类社会出现以前，自然界不是"现实的"自然界，是"无"。也就是说，马克思认为那时自然界不存在，或者即使存在也对人没有任何意义。我认为这是误读。如果把这两段话与上下文联系起来读，与马克思在大致同一时期的一系列著作联系起来读，就得不出这样的结论。

---

* 原载《现代哲学》2002 年第 2 期。

① 马克思：《1844 年经济学哲学手稿》，人民出版社 2000 年版，第 116 页。

② 马克思：《1844 年经济学哲学手稿》，人民出版社 2000 年版，第 89 页。

第一段话是马克思在揭示黑格尔唯心主义哲学的秘密时说的。在马克思看来，被黑格尔说成造物主、说成"包摄着客体的主体"的"绝对观念"，其实是他从自然界经过一步一步的抽象而得到的逻辑范畴，是抽掉了一切具体内容而获得的空洞形式，是人的自我意识的同义词。不过黑格尔把这个"绝对观念"说成是"自己知道自己并且自己实现自己"的主体而已。黑格尔把他自己在头脑里实际进行过的抽象过程倒过来叙述，把世界的发展过程描述成为"绝对观念"的展开过程，即外化出去而又返回自身的过程。在《逻辑学》里，黑格尔通过存在论(即有论)、本质论、概念论，煞费苦心地把抽象过程的各个环节有条理地联系起来。可是，所有这些都还是抽象思维、逻辑范畴，如此漫长的推演过程还是在逻辑范畴内部兜圈子。可是他总不能老停留在抽象范畴里，不能总不谈自然界。于是他就"决心把那只是作为抽象、作为思想物而隐藏在它里面的自然界从自身释放出去，就是说，决心抛弃抽象而去观察一番摆脱了它的自然界"①。也就是由抽象过渡到直观，从逻辑学过渡到自然哲学，让"绝对观念""外化"为自然界。黑格尔既不能不谈自然界，又不能不建立他的绝对唯心主义体系，于是玩了这么一套头脚颠倒的戏法。这就是黑格尔哲学的秘密。马克思揭穿了这个秘密之后，才说了上面引用的第一段话。马克思这段话的意思是说黑格尔的这套戏法其实并不成功。黑格尔想靠转向自然界来摆脱抽象，结果并没有摆脱得了。为什么呢？因为黑格尔笔下的自然界是"被抽象地理解的，自为的，被确定为与人分隔开来的自然界"，其实还是以"自然界"为名的思想物，这样的自然界仍然是思想里的自然界而不是实际存在的自然界，所以马克思才认为它对人说来是"无"了。

这里的关键在于，为什么在马克思看来与人分隔开来的自然界就是抽象的思想物而不是现实的自然界呢？难道马克思看不到在人类出现以前亿万斯年的自然界是实实在在地存在的吗？我以为，这就要联

① 马克思：《1844 年经济学哲学手稿》，人民出版社 2000 年版，第 115 页。

系马克思在本书中以及同时期的其他著作中的大量论述来理解了。马克思(还有恩格斯)肯定了黑格尔对劳动的重视，说他"抓住了劳动的本质，把对象性的人、真正的因而是现实的人理解为他自己的劳动的结果"，这是他比费尔巴哈高明的地方；但是马克思又指出黑格尔"只知道并承认一种劳动，即抽象的精神的劳动"，所以归根到底并没有真正抓住现实的东西。费尔巴哈抓住的是人，并且是作为自然界产物的、有血有肉的活生生的人。这是他比任何唯心主义者高明的地方。他也自以为抓住了最具体、最实际的东西，可以很具体地说明人类社会的一切现象，包括宗教。可是，他笔下的人实际上是从一切社会关系及其历史发展中抽象出来的人，不过是生物学意义上的人。这样的人在现实生活里是没有的。他所描绘的人仍然是一种抽象，并且恰恰是把最重要的、不应该舍象的东西舍象掉了的不合理的抽象。正因为如此，无论是黑格尔还是费尔巴哈，都无法解释现实的人的世界。现实的人的世界是什么？就是人的社会。人的社会是怎么形成、怎么发展的呢？是由于人的实践活动。人的实践活动不是像黑格尔理解的那种所谓纯精神的活动，而是改造物质世界的物质活动，最基本的是人为获取物质生活资料而进行的生产活动。这样理解的实践，才是打开人的世界之谜的钥匙。马克思在哲学领域实现的伟大革命，就在于发现了这把钥匙，从而创立了唯物史观。因此，在马克思看来，要科学地解释人的社会的一切现象，包括精神现象，离开了这样理解的实践就无异缘木求鱼。而实践当然是人出现以后的事。马克思和恩格斯批评费尔巴哈，说"他没有看到，他周围的感性世界决不是某种开天辟地以来就已存在的、始终如一的东西，而是工业和社会状况的产物，是历史的产物，是世世代代活动的结果，其中每一代都在前一代所达到的基础上继续发展前一代的工业和交往方式，并随着需要的改变而改变它的社会制度"。连樱桃树也是几个世纪前由于商业的发展才在欧洲大陆出现，才成为费尔巴哈的"可靠的感性"的对象的。①

① 见马克思、恩格斯：《德意志意识形态》。《马克思恩格斯全集》第 3 卷，人民出版社 1960 年版，第 48~49 页。

所以，援引人出现以前的自然界，援引与人的实践活动无关的自然界，对于解释人类社会何以如此这般、何以"成为现在这种样子"是无济于事的，因而是没有意义的。正是在这个意义上，也仅仅在这个意义上，马克思说"被抽象地理解的，自为的，被确定为与人分隔开来的自然界，对人来说也是无"。也就是说，按照黑格尔那样理解的自然界（其实不过是一个抽象的概念）对人来说是"无"，如此而已。我以为上面引用的马克思的第二段话——"在人类历史中即在人类社会的形成过程中生成的自然界，是人的现实的自然界；因此，通过工业——尽管以异化的形式——形成的自然界，是真正的、人本学的自然界。"——也应当做同样的理解。

能不能根据以上两段话，就断言马克思根本否认人类出现以前的自然界和人类实践活动所不及的自然界的存在呢？我认为不能这样断言。因为这等于说马克思连人类出现以前自然界已经存在的事实也不承认。马克思怎么可能作出这样违背起码科学知识的论断呢？如果这样理解，那么宇宙学、地质学、古生物学的研究对象岂不都是无？难道从大爆炸到人类产生为止的宇宙都是无？人类产生以前的地球也是无？人是从无中产生的？这岂不荒谬之至？实际上，马克思（当然还有恩格斯）从未作过这样的论断，恰恰相反，他们在强调实践是"现存感性世界非常深刻的基础"的同时，都毫不含糊地肯定"外部自然界的优先地位仍然保存着"①。何尝否认自然界的存在？而且，与人类的实践活动无关的自然界固然对说明人类社会何以如此这般没有意义，在这一点上可以把它视为"无"，但并不等于对人类没有任何意义，以致在任何意义上都可以视为"无"。距离我们两百亿光年之远的天体确实与人类的实践活动没有什么关系，它的状况对说明人类社会何以如此这般也确实没有什么意义，但如果说它不是客观存在的自然界的一部分，而是"无"，那就是科学上的笑话了。不宁唯是，人还是自然界长期发展的产物。如果没有人类出现以前的宇宙发展史、

---

① 马克思、恩格斯：《德意志意识形态》。《马克思恩格斯全集》第 3 卷，人民出版社 1960 年版，第 50 页。

地球发展史、生物进化史，人类能出现吗？如果断言马克思不承认人类出现以前地球早已存在，那岂不是把马克思说成了连小学生的常识都没有的"科盲"吗？

二、马克思的唯物主义与旧唯物主义的分歧何在

这里涉及对旧唯物主义的历史作用如何估计，对旧唯物主义的命题的真理性如何看待的问题。马克思对包括费尔巴哈在内的旧唯物主义的批评非常尖锐。但这种批评的内容是什么，实质是什么呢？是指出这种唯物主义不全面、不彻底，是指出它对说明人的本质、人的社会、人的历史不中用，如此而已。"当费尔巴哈是一个唯物主义者的时候，历史在他的视野之外；当他去探讨历史的时候，他决不是一个唯物主义者。"①这可以看做马克思和恩格斯对一切旧唯物主义的总批评。旧唯物主义讲物质的时候，由于没有把历史放在视野之内，它的物质观是片面的、缺乏辩证法的，因而也必然是半途而废的。旧唯物主义的物质概念就没有包括人的实践活动及其产物。这就是马克思对旧唯物主义的物质观必须进行批评的缘故。可是，马克思从来没有批评旧唯物主义对自然界的客观存在的确认。他只是指出它的主要缺点是不了解实践的意义，而没有说它在确认自然界的客观存在这一点上也是错误的。相反，他是在旧唯物主义的这个基地上继续前进，克服它的缺陷的。如果连这个基地都否定了，马克思的哲学还凭什么叫唯物主义呢？

有的同志很忌讳讲物质第一性，甚至忌讳讲物质这个概念，似乎一讲就跟旧唯物主义划不清界限，就把马克思的哲学降低到旧唯物主义的水平了。我认为这是多余的担心。马克思的物质概念与旧唯物主义的物质概念当然是有区别的，它包含了旧唯物主义的物质概念所没有的内容，那就是：(1)人的实践活动本身；(2)实践引起的自然界

① 马克思、恩格斯：《德意志意识形态》。《马克思恩格斯全集》第 3 卷，人民出版社 1960 年版，第 51 页。

的变化，即人化了的自然(包括人造的物质客体)；(3)实践造成的一定的生产力；(4)实践造成的一定的生产关系。马克思对旧唯物主义的物质概念所作的这种"增加"，决不只是外延的扩大，决不只是在一袋马铃薯中增加几个马铃薯，而是根本性的变革，这种"增加"使唯物主义的性质、作用和历史地位都发生了巨大的革命性变化，完成了由旧唯物主义到新唯物主义、由半途而废的片面的唯物主义到彻底的完备的唯物主义的飞跃。新唯物主义和旧唯物主义虽然都讲物质第一性，可是概念的内涵不同，命题的性质也不同，只要把话说清楚就不会划不清界限了。难道新唯物主义和旧唯物主义都讲"人"，就划不清界限了吗？难道为了不致降低到旧唯物主义的水平，新唯物主义就不讲"人"了吗？"人不食则饿死"是一个连原始人也懂得的极其"肤浅"的真理，但它毕竟是真理。不能因为我们也承认这个真理，就说我们把自己降低到了原始人的水平；也不能为了不致把我们与原始人混同起来，就一定要否认这个真理。

有的同志认为把马克思的哲学叫做实践本体论，就"超越"了唯物主义和唯心主义的对立。这里讲的"超越"如果是"绕过"或"避开"的意思，那么我以为"超越"是不可能的。既然叫实践本体论，首先就得对实践的概念下定义，下定义就不可能不触及唯物唯心的分歧问题，因为实践的概念也有唯物唯心的区别。你说的实践究竟是如黑格尔所说的抽象的精神活动呢，还是人改造自然界的物质活动呢？如果是前者，你的哲学就是唯心主义哲学。如果是后者，你就得首先承认自然界的客观存在这个前提，你的哲学就是唯物主义哲学。列宁提出的"地球在人类出现以前是否存在？""人是不是用头脑思想的？"这样的问题似乎太没有哲学味道，有的哲学家简直不屑于谈论。但这确实是非常厉害的问题，无论用什么办法也"超越"不过去的。不错，马克思的哲学确实超越了旧唯物主义，也超越了唯心主义，但这种超越不是取消了决定唯物唯心对立的那个问题，不是对这个问题置之不理，不作回答，不是抛弃它们在回答那个问题时的正确成分，而是在肯定它们的正确成分的基础上作出更高的综合。毫无疑问，马克思的哲学的特点、马克思的哲学所造成的革命正在于它把实践看做理解

"全部社会生活"的钥匙。可是这并不等于说马克思抛弃了旧唯物主义肯定过的一切命题，把旧唯物主义关于自然界的物质性的论断也革掉了。一句话，如果只说到旧唯物主义的这个论断为止，当然不是马克思的哲学；可是如果连起码的一般的唯物主义命题也不承认，就更不是马克思的哲学了。

三、马克思和恩格斯在本体论上有原则分歧吗

现在有一种颇为流行的观点：我们历来讲的马克思主义哲学都不是马克思的哲学，而是恩格斯的哲学。而恩格斯的哲学的核心观点是与马克思不一致的。马克思的哲学是实践本体论，恩格斯的哲学是物质本体论，两者根本不同。这就是说，恩格斯经常歪曲马克思的哲学（更不用说列宁了），而我们一直把恩格斯的哲学误认为马克思的哲学，所以犯了许多错误。这种观点在国外决不是什么新观点，而是重复了不知多少次的观点。这种观点有事实根据吗？没有。马克思的《1844年经济学哲学手稿》是1844年写的，《关于费尔巴哈的提纲》是1845年春天写的，而马克思和恩格斯合著的《神圣家族》是1844—1846年写的，《德意志意识形态》是1845—1846年写的。如果说"手稿"和"提纲"能代表马克思的哲学，那么马克思和恩格斯在几乎同一时期写的两部合著能不能代表马克思的哲学呢？这两部合著的哲学观点与"手稿"和"提纲"的哲学观点有什么根本区别呢？怎么从这两部合著中看出恩格斯与马克思的不一致呢？这两部合著的观点应该算马克思的哲学还是恩格斯的哲学呢？至于恩格斯在1876—1878年写的《反杜林论》，更被不少人作为马恩分歧的"铁证"。"世界的统一性在于物质性"的命题被说成与马克思的哲学对立的错误命题。但这是毫无根据的。恩格斯在1885年（当时马克思才去世两年）写的《反杜林论》新版序言中把这本著作称为"对马克思和我所主张的辩证方法和共产主义世界观的比较连贯的阐述"，称为"我们的这一世界观"，并且叙述了此书写作的过程：

顺便指出：本书所阐述的世界观，绝大部分是由马克思确立和阐发的，而只有极小的部分是属于我的，所以，我的这部著作不可能在他不了解的情况下完成，这在我们相互之间是不言而喻的。在付印之前，我曾把全部原稿念给他听，而且经济学那一编的第十章(《〈批判史〉论述》)就是由马克思写的，只是由于外部的原因，我才不得不很遗憾地把它稍加缩短。在各种专业上互相帮助，这早就成了我们的习惯。①

如果说马克思在与反马克思主义思潮做斗争的时候，在如此重大的原则问题上竟然认可恩格斯发表不符合马克思主义的观点，连意见也不提，岂非不可思议？当然，恩格斯和马克思毕竟不是同一个人，他们的个人风格有各自的特点，他们的专长和研究的侧重点也有所不同，在斗争中的分工也有所不同，对某些具体问题的见解也会有一些差异，热衷于做这种文章的好事者尽可以就这些差别搜集不少的材料，写出不乏销路的书来。可是事实上，马克思和恩格斯在重大的原则性的理论问题上是没有分歧的。把恩格斯的哲学说成不同于马克思的哲学的另一种哲学甚至相反的哲学，这文章实在是做错了。

---

① 恩格斯：《反杜林论》。《马克思恩格斯选集》第 3 卷，人民出版社 1995年版，第 347 页。

从新中国成立 50 年的历程
看哲学的作用[*]
——兼论三个"标准"的意义及其相互关系

鸦片战争以来，特别是中国共产党成立以来中国人民的解放斗争史，新中国成立 50 年来的社会主义建设史，都生动地显示了哲学在社会变革中的巨大作用。但是，由于哲学的高度抽象性，它的作用很容易被人忽视。如果说，当社会矛盾把哲学问题推到了历史的前沿，以致不解决就不能推动社会前进的时候，人们还比较关注哲学的话，那么，当这个矛盾已经解决，而新的社会矛盾又还没有提出新的哲学问题的时候，人们就会因忙于实务而忽视哲学。党的十一届三中全会召开以来的 20 多年是中华民族走上伟大复兴之路的时期，也是邓小平理论形成科学体系并成为全党全民的指导思想的时期。这种局面的形成本来是与哲学的先导作用分不开的。但是，在人们忙于务实的今天，哲学的这种作用似乎被人们淡忘了。虽然真理标准的讨论大家还在纪念，生产力标准的讨论也有人提及，但毕竟时过境迁，留在人们记忆中的也不过是恢复了两个早已众所周知的常识。现在做实事的人似乎没有闲暇，也没有兴趣关注哲学；哲学圈子里的人们也似乎对沸腾的现实生活说不上话，插不上手。我以为这种现象虽然不为无因，但并非好事。小事遗忘了无关紧要，大事遗忘不得。像哲学在我们建党 77 年来和新中国成立 50 年来各种大风大浪中的作用，特别是在这20 多年的改革开放中的作用这样的大事，是不能遗忘的；应该反复咀嚼，充分消化，从中体悟出一些有长远意义的道理，使它真正成为

────────────

＊ 原载《武汉大学学报(哲学社会科学版)》1999 年第 5 期。

全民族永志不忘的宝贵精神财富，避免在新的情况下犯旧的哲学错误。本文拟回顾新中国成立 50 年来哲学的作用，但着重谈及的仍然是大家已经谈得很多的实践标准、生产力标准和"三个有利于"标准的问题，试图按自己的理解从某一视角多作一点分析。

一、实践标准解决认识的真理性问题

现在大家都承认，这 20 多年来的巨变是从真理标准问题的讨论发端的。可是，为什么这个"古老"的哲学问题当时会成为影响面空前巨大的讨论焦点？为什么这个早为马克思主义哲学解决了的问题在当时还要费那么大的气力再来"解决"一次？"文化大革命"以后才出世的年轻人至今也很难理解，境外的研究者也很难理解。这不足为奇，因为如果不了解中国历史发展的逻辑是怎样形成了当时那种极其特殊的形势，怎样把这个问题推到了历史的前台，使它具有了全新的意义，是不可能理解这件事的。

中国自 19 世纪中叶沦为半封建半殖民地到 20 世纪 20 年代初中国共产党成立，所有救亡图存的斗争所以未能胜利，除了力量对比的客观原因以外，其共同的主观原因就在于未能准确地把握中国的实际情况（包括中国所处的国际环境），因而对解决中国问题的道路和中国革命的性质、任务、对象、动力、步骤、前途以及由此决定的纲领、路线、战略、策略等一系列的根本问题没有科学的理解。这种长夜徘徊的苦境由于中国共产党的诞生而发生了根本变化。党用马克思主义的世界观和方法论观察中国的命运，中国革命的面目从此焕然一新，一系列根本问题有了解决的可能。使这种可能变成现实的关键就在于真正做到马克思主义的普遍真理与中国革命的具体实践相结合，也就是毛泽东同志后来概括的"实事求是"。而能否实事求是，说到底是一个思想路线问题，是一个哲学问题。这个问题在党成立以后的一段相当长的时间里并没有在全党范围内解决，尤其没有在领导机关里得到共识；主观主义的思想路线还占着上风，革命的指导一再陷入主观与客观相分裂、认识与实践相脱离的泥沼，使中国革命一再遭到挫折和失败。毛泽东同志的最伟大的功绩，就在于揭露了各种具体形态的("左"的和右的)错误的政治路线、组织路线、军事路线的共同本质——主观主义的思想路线，指出这是一个哲学问题。他抓住了这个要害，发表了《实践论》、《矛盾论》和一系列极富创造性的哲学著作，领导了"整风运动"，彻底清算了主观主义，使全党接受了以马克思主义哲学为理论基础的正确思想路线。从此，党和革命队伍才达到了思想上、政治上、组织上的空前统一，迎来了党的"七大"，赢得了中国革命的伟大胜利。历史表明，没有毛泽东哲学思想的先导作用，不首先确立实事求是的思想路线，革命的胜利是不可能的。

这本来是付出了巨大代价换来的无上宝贵的历史经验，是永远不应该遗忘的。不幸的是，新中国成立以后的历史却仿佛以新的形式重现了过去的轨迹，一度重犯了重大的哲学错误。

党和毛泽东同志早在新中国成立前夕就指出过，夺取政权的胜利只是万里长征的第一步，以后的路程更长，工作更伟大，更艰苦。毫无疑问，在一个"一穷二白"、人口众多、情况复杂的东方大国里建设社会主义，既无经典可引，又无成例可援，只有靠我们自己把马克思列宁主义、毛泽东思想与实际情况结合起来，在实践中独立探索；在探索的道路上即使思想路线正确，这样那样的失误也是不可能完全避免的。这既不足怪，也不可怕，及时总结经验，继续前进就是了。但是，问题恰恰在于，在党的十一届三中全会以前，我们并没有始终如一地坚持正确的思想路线，毛泽东同志晚年也在一些重大问题上违背了自己倡导的实事求是的原则，这就使我们在取得巨大成就的同时又犯了许多本来可以不犯的错误，直到发展成为"文化大革命"这样长时间的全局性的错误，在林彪、"四人帮"的利用下造成了一场浩劫，使党和人民的事业一度陷入了危如累卵的境地。

这种悲剧的社会历史原因，党中央在 1981 年的《决议》①中已作了深刻的总结。这里想探讨的是这样一个问题：一个有丰富历史经验

---

① 指 1981 年 6 月 27 日党的十一届六中全会通过的《中国共产党中央委员会关于建国以来党的若干历史问题的决议》。

的成熟的党为什么竟会犯这种似乎不可理解的错误？"文化大革命"
这种荒谬绝伦的事为什么竟然能够在一个拥有 10 多亿人口的大国里
发动起来，持续 10 年之久，并且有那么多的人狂热地投入？为什么
在"文化大革命"造成的深重灾难已经洞若观火的时候还那么难于纠
正？为什么甚至有些饱受"文化大革命"之苦的同志对彻底纠正"文化
大革命"的错误也一时拐不过弯来？这种奇特的现象的原因何在？当
然，很明显的直接原因就是我们遗忘了实事求是的思想路线，因而又
一次陷入了主观与客观相分裂、认识与实践相脱离的境地。可是，我
们党坚持了那么多年、早已深入人心的实事求是的思想路线，怎么竟
然会被遗忘了呢？被遗忘的原因是什么呢？我认为，深层的原因就在
于作为正确思想路线的理论基础的马克思主义哲学逐渐地被篡改了，
以至于形成了一套与马克思主义哲学相反的哲学。所谓"无产阶级专
政下继续革命的理论"这样的怪胎就是在这种哲学的母腹中孕育出来
的。值得注意的是，这种情况与党在民主革命时期的情况既有相同之
处，又有不同之处：那时的"左"右倾机会主义虽然在实际上奉行的
是教条主义和经验主义，是按主观主义的哲学行事的，但是还没有公
然提出一套哲学理论来顶替马克思主义哲学，来论证主观主义的合理
性；马克思主义哲学的根本原理本身还没有被搅乱。所以，对全党进
行马克思主义哲学的教育，从哲学上揭露机会主义的错误还不是特别
艰难。例如，当毛泽东同志讲"马克思主义者认为，只有人们的社会
实践，才是人们对于外界认识的真理性的标准"①时，并没有人从哲
学理论上提出与此相反的标准来对抗；只要把"左"右倾机会主义的
所作所为与这个标准相对照，其违背马克思主义哲学的实质就彰明较
著了。"文化大革命"时的情况则复杂得多。马克思主义哲学的根本
原理，包括已成为人们常识的原理，都已被篡改得面目全非了。例
如，"精神万能论"代替了思维与存在的辩证关系的原理；"政治万能
论"和"革命万能论"代替了生产力的最终决定作用的原理；"顶峰论"

---

① 毛泽东：《实践论》。《毛泽东选集》第 1 卷，人民出版社 1991 年版，第
284 页。

代替了认识过程辩证发展的原理;"天才论"代替了认识来源于实践的原理;"阶级真理论"代替了真理客观性的原理;"语录标准论"代替了实践是检验真理的唯一标准的原理;如此等等,实际上形成了一套与马克思主义哲学正相反对的哲学。而这套哲学又以"发展"了的、"最高最活"的马克思主义哲学的面貌出现,经过长时间的反复宣传,加上无休止的政治批判运动,终于使愈来愈多的人们误认为这一套才是真正的"马克思主义哲学",而自己原来学到的马克思主义哲学倒反而是应该清除的错误观点;至于本来就没有受过什么马克思主义教育的天真烂漫的年轻人,当然更以无限的虔诚坚信这一套就是"马克思主义哲学"了。这种伪马克思主义哲学一旦成为具有无上权威的理论,成为人们的信仰,就足以使一切愚昧和疯狂都变成有"哲学根据"的"合理行为",崇高神圣的"革命行动";实事求是的思想路线就毁弃无余了。人们之所以在那么长的时间里身在灾难之中还要歌颂灾难的必要性和美妙性,其根本原因就在于此。于是,纠正"文化大革命"的错误就比纠正民主革命时期"左"右倾机会主义的错误多了一重任务:首先要清除林彪、"四人帮"炮制的伪马克思主义哲学,让广大群众同隔离多年的马克思主义哲学的最起码的道理重新见面。这就是哲学理论上的拨乱反正。而在一系列必须拨乱反正的哲学问题中,真理标准问题又具有统驭全局的地位。因为"语录标准"一旦取代了"实践标准",就等于从根本上取消了真理的客观标准,马克思主义哲学的根基就荡然无存,一切马克思主义的哲学命题就可以随意歪曲,主观与客观是否符合就成了不值一提的问题,实事求是就成了弥天大罪,迷信就可以堂而皇之地取代科学,连人们的健全常识也没有容身之地了。更何况"语录"还可以断章取义,随意曲解。这样,不仅"无产阶级专政下继续革命的理论"可以顺理成章地炮制出来,而且要炮制出更荒谬的"理论"也毫无困难。所以,要想从哲学理论上拨乱反正,就不可避免地要从真理标准问题着手。这是当时的实际生活的要求,也是理论斗争的客观逻辑的要求。如果不解决这个问题,就不可能挽救中国的社会主义,甚至不可能挽救中华民族。在这种情况下,党的事业的成败、国家的安危、民族的荣枯、人民的祸福与哲学的血肉联系体现得再清楚不过了。

这个任务本来在粉碎"四人帮"以后就提上了日程。但是当时党的主要领导人宣布了"两个凡是"的戒律，把新的枷锁紧紧地套在人们身上。"两个凡是"的要害是什么呢？恰恰就是真理问题上的"语录标准"。只要认可了这个"标准"，"文化大革命"的哲学根据就丝毫也没有触动。"文化大革命"只是被宣布为"胜利结束"了，然而任何纠正"文化大革命"的措施都是违背"语录"的非法之举，新的改革更是寸步难行，中国还是只有沿着"无产阶级专政下继续革命"的老路滑下去。这种严峻的形势迫使真理标准问题更尖锐地凸显出来，成为与祖国的前途和人民的命运生死攸关的首当其冲的问题，迫使人们不能不把理论斗争的锋芒指向"两个凡是"。当时理论界的一批同志对这一点是心中有数的，但是在强大政治压力下无法触动这个问题。在这个关键时刻，刚刚获得"解放"的邓小平同志说话了。他在 1977 年 5 月 24 日一针见血地指出，"两个凡是"不符合马克思主义;① 7 月 21 日他又在十届三中全会上阐述了完整地准确地理解毛泽东思想的必要性。② 他的话以雷霆万钧之力击中了"两个凡是"的要害，人们的思考像汹涌的春潮一样阻挡不住了。1978 年，真理标准问题的讨论终于展开。为这场讨论首先鸣炮和精心组织的一些同志起了先锋作用，功不可没。但是，这场讨论的深层动力还是历史抉择的需要。如果没有这种深刻、强烈、紧迫的社会需要，没有反映这种需要的杰出人物邓小平同志和其他老一辈无产阶级革命家的有力支持，没有一批干部群众包括理论工作者的觉悟和参与，这场讨论是不可能在当时开展起来的。通过讨论，确实在广大干部和群众的心目中摧毁了荒谬的"语录标准"，抽掉了"两个凡是"的理论依据，重新确立了实践标准的权威，为恢复被践踏了多年的实事求是的思想路线奠定了哲学基础，为

---

① 邓小平:《"两个凡是"不符合马克思主义》。《邓小平文选》第 2 卷，人民出版社 1983 年版，第 35~36 页。

② 邓小平:《完整地准确地理解毛泽东思想》。《邓小平文选》第 2 卷，人民出版社 1983 年版，第 39~44 页。

十一届三中全会的胜利召开起了开路作用。全会高度评价了这场讨论。邓小平同志在《解放思想，实事求是，团结一致向前看》这篇历史性的讲话中鲜明地指出这场争论的主题"的确是个思想路线问题，是个政治问题，是个关系到党和国家的前途和命运的问题"。"从争论的情况来看，越看越重要。"①那时我们感受到的精神解放的喜悦是很难以笔墨形容的，真好像从阴暗狭窄的囚笼里一步跨到了晴朗辽阔的原野，看到了绚丽多彩的新天地。20 年之后回头来看就更清楚了：如果当时不重新确认实践是检验真理的唯一标准这个马克思主义哲学的根本命题，解放思想、实事求是就无从谈起，改革开放就无从起步，祖国的前途和民族的命运就不堪设想，一句话，就没有今天的一切。哲学的先导作用在这里应该说是昭如日月了。

在没有身历其境的年轻同志中有一种看法，认为这场讨论是为了"政治需要"由"上面"导演的，实践标准也不过是马克思主义哲学的常识，没有什么理论价值。我想说这样几点：第一，这场讨论确实与"政治需要"密切相关。但这种"政治需要"正是历史的需要，人民的需要；满足这样的需要正是哲学的天职；哲学的理论价值恰恰取决于满足这种需要的程度。至于说由"上面"导演，事情恰好相反。当时中央的主要领导人是不支持这场讨论的。坚持实践标准的同志是出于对人民负责、对真理负责，不计个人的安危得失，才敢于坚持正确观点的。当然，如果没有邓小平同志和一批老同志的有力支持，以及随后十一届三中全会的明确肯定和高度评价，这场讨论也可能暂时被扼杀，但终究是阻挡不了的。第二，实践是检验真理的唯一标准这个论断是经过两千多年哲学思维的艰苦探索之后由马克思首先作出的深刻论断，并不是常识。要真正理解和讲清这个命题并非易事。例如在经过一段讨论之后，虽然几乎所有的同志都认为"语录标准"的荒谬性无可置疑，但对实践是检验真理的唯一标准的命题却仍有种种不同的理解。有的认为"唯一"标准的说法太绝对，因为逻辑证明也是检验

---

① 邓小平：《解放思想，实事求是，团结一致向前看》。《邓小平文选》第 2 卷，人民出版社 1983 年版，第 133 页。

真理的标准，在纯演绎科学中甚至只有这个标准；有的认为经过实践检验已被证明为真理的理论也可以是检验新真理的标准；有的认为实践只是检验真理的方法或手段，认识的对象才是检验真理的标准等等，就说明这个问题并非常识，而是需要严密论证的原理。第三，从这个命题早已为人熟知的意义上，固然也未尝不可以说它是常识，正如自然科学的许多定理现在已成为常识一样。但是，当"文化大革命"使许多人(包括一部分领导干部)连常识也"遗忘"了，以致临悬崖而不知勒马，入苦海而不知回头的时候，恢复常识的意义之大就决不在提出新理论之下。当时那场讨论并不是一帆风顺的。有相当一段时间不仅维护"两个凡是"的中央领导人反对，相当一部分干部群众也很不理解，听到实践是检验真理的唯一标准的说法也大吃一惊，也抵触、反感甚至气愤，也认为是"反毛泽东思想"。有的同志是在得知毛主席也说过同样的话以后才"恍然大悟"，相信这个说法"没有问题"的。"文化大革命"的蛊惑性宣传使人们迷醉之深竟至于此，不恢复这个"常识"怎么谈得上拨乱反正？

二、生产力标准解决实践的合理性问题

实践标准的重新确立既然解决了这么大的问题，为什么 10 年之后又兴起了生产力标准的讨论呢？这两个"标准"的关系是怎样的呢？

通常的解释是，实践标准实际上已经内在地蕴涵了生产力标准，生产力标准是实践标准在社会主义建设上的体现，在社会历史领域中最彻底的运用、深化和发展。这种解释一般说来也未尝不可，但严格地说是并不准确的。为什么有必要兴起一场讨论来揭示这种蕴涵呢？如果实践标准在社会历史领域中的运用、在社会主义建设问题上的运用就体现成了生产力标准，而且是实践标准的深化和发展，那么实践标准和生产力标准就成了一回事，那么两者还有没有各自的独立意义呢？生产力标准又是在哪一点或哪几点上深化和发展了实践标准，在什么意义上是它的深化和发展呢？上述的解释并没有对这些问题作出严密的理论回答，实际上并没有把两者的关系说清楚。而如果不说清

244

楚，就不能真正认清两次讨论的社会背景和理论背景，两个标准各自的意义及其相互关系，并从中总结出理论经验。

对这个问题，我在 1987 年曾阐明过自己的看法。① 现在仍然保持这种看法。

从理论上说，实践标准回答的是认识是否具有真理性的问题；而生产力标准回答的则是实践是否具有合理性的问题。前者判定的对象是真假，后者判定的对象是善恶。这是不同论域的问题，不能混为一谈。正确地解决前一个问题虽然是正确地解决后一个问题的前提，但是解决了前一个问题并不等于当然地解决了后一个问题。有人以为只要是从真理性的认识出发，就必定能引出合理性的实践，因而只要恪守真理问题上的实践标准，就能保证实践的合理性。其实这是很大的误解。实际上，以某一真理性的认识为依据的实践并不是独一无二，而是有多种可能的选择，可以引出不同的方案的。例如从"水能淹死人"这个真理性的认识出发，有人可以据此造船架桥，修堤筑坝，有人也可以据此投河自杀，甚至谋杀他人。如果说这些极不相同甚至截然相反的实践都合理，就等于宣布实践无所谓合理不合理，就无异乎取消了实践合理性的问题，这显然是悖理的。如果要去判定哪一种实践合理，又拿什么做标准去检验呢？如果拿实践做标准去检验，就等于以实践来检验实践是否合理，这是同语反复，等于什么也没有说。何况事实上也无法操作。试问怎样以实践来检验究竟是乘船过河合理还是投河自杀合理呢？如果说通过实践达到了预期的目的就能证明实践的合理性，那么这两种实践都达到了各自预期的目的，就都应该算合理了。但这就等于没有检验。这并不是因为实践标准不灵了，而是因为用错了场合，好比用尺子去量重量，用磅秤去量长度一样。实践标准本来就只有检验认识真理性的功能而没有检验行为合理性的功能。检验实践的合理性是需要另一种标准的。这种标准取决于人们的

---

① 见《关于生产力标准的几个理论问题》一文。载《武汉大学学报（哲学社会科学版）》1988 年第 6 期及拙著《中国当代哲学问题探索》第 211～226 页。本书也选载了这篇文章。

价值观。价值观不同，追求的目的就不同，实践合理性的界说和判定标准也就不同。这在价值观不同的人们之间是很难统一的。马克思主义以是否有利于生产力的发展作为检验实践合理性的标准，当然首先需要根据对社会发展客观规律的真理性的认识，但是还需要根据以解放全人类为最高理想的价值观；单有前者而无后者是提不出这个标准的。必定有人按照他们的价值观始终不同意这个标准，那也无法强求。但是如果绝大多数人同意这个标准，我们就会有比较一致的社会价值取向，前进的步调就会比较一致，社会主义建设事业的发展就会顺利得多。我认为这就是为什么在实践标准讨论之后还必须开展生产力标准讨论的理论上的原因。

我们说实践标准和生产力标准属于不同论域的问题，不能互相代替，并不是说两者没有联系。问题是怎么说明这种联系。人们做事情的过程无非是了解情况，确定目的，制订方案，然后付诸实践。情况的了解是否符合实际，即对认识对象的判断是不是一个真命题，当然只有实践才能检验。至于以此为据引出的实践的方案本身是否合理，却不能靠实践来检验，就社会历史领域而言归根到底只能靠生产力标准来检验。但是，实践的方案能否变成现实（这与它是否合理是两回事，合理的实践方案和不合理的实践方案都可能变成现实），即"如果采取行动 P，就能达到目的 A"这个命题是不是真命题，又只有靠实践才能检验。正是这两个标准的交替运用制约着实践的合理和成功。这就是两者联系的具体内容，也就是人们常说的真理与价值的统一的具体内容。我认为"实事求是"的原则就应当是真理与价值的统一，它不只是要求我们的认识符合客观实际及其规律性，还进一步要求我们从中引出的实践方案具有合理的价值取向。只有同时做到了这两条，才算是贯彻了实事求是的原则。两次哲学讨论的次序正好反映了两者的统一关系。

以上说的还只是生产力标准论必然要开展的理论原因，更深刻的原因当然还在于社会主义建设现实发展的要求。

生产力标准同实践标准一样，本来也是马克思主义哲学的根本原理，并不是新道理。但是，随着对党的"八大"的正确方针的偏离，生产力标准在"文化大革命"前的一段时间里就已经逐渐被淡化、弱化，被作为社会主义社会"主要矛盾"的"两个阶级、两条道路的斗争"所压倒、所取代；在"文化大革命"中更被冠以所谓"唯生产力论"的名义作为"修正主义"观点遭到猛烈的批判，实际上被否定了。"抓革命，促生产"的口号中虽然也还有"生产"二字，但它已是"革命"的附属物，而抓生产倒成了"压革命"的"罪行"。"宁要社会主义的草，不要资本主义的苗"就是很形象的概括。经过多年的强化宣传，生产力标准也像实践标准一样被人们遗忘了，"以阶级斗争为纲"倒成了深入人心的天经地义。这是一种与马克思主义的价值观根本相反的价值观，发展到极端就与"饿死事极小，失节事极大"的训条颇相类似。这种荒谬的价值观的阴影在人们思想里牢固地盘踞着，是不会随着真理标准的解决而轻易地自行消失的。随着改革的逐步深化，这个理论问题就必然凸显出来，成了非解决不可的现实问题了。

究竟什么是社会主义？在中国究竟应当怎样建设社会主义？怎样才算把社会主义建设好了？这样那样的改革措施是否合理？人们对这些问题的认识是有分歧的。分歧的根源就在于有些同志不以是否有利于生产力的解放和发展为标准，而以别的东西为标准来判定实践的合理性问题。多年来形成的一套社会主义模式给社会主义规定了一系列不可缺少的"特征"，构成了一个评价系统，似乎只有满足了这个评价系统的各项指标才算建设好了社会主义，只有为满足这些指标而进行的实践才是合理的实践。而在这个评价系统中，生产力的发展水平恰恰没有地位，至多只占一个不很重要的地位。用这种眼光看问题，当然就会对许多有利于解放和发展生产力，但是不符合旧模式的改革措施疑窦丛生，畏葸不前，抵触反感。这种实践合理性标准也像当年真理问题上的"语录标准"一样，又成了人们的精神枷锁，使进一步的改革遇到重重阻力。在这种情况下，如果不恢复生产力标准的权威，以此来统一绝大多数人们的思想，就很难步调一致地建设社会主义。生产力标准是马克思主义的经典作家早就科学地论证过，毛泽东同志也精辟地阐明过的。但是，把它同中国社会主义建设的实际紧密地结合起来，同国际国内的经验教训结合起来，赋予它如此丰富的理论内涵、如此重大的实践意义和如此明晰的表述形式的第一人，却是邓小平同志。他从十一届三中全会以来反复地强调，社会主义的根本任务就是发展生产力，解放生产力。国家的富强，人民的幸福，民族的振兴，中国一切问题的解决，共产主义的最终实现，归根到底靠生产力的高度发展；因此，凡属有利于解放生产力、发展生产力的措施就是合理的，反之就是不合理的。生产力标准问题的讨论使人们重新受了一次唯物史观的教育，特别是邓小平理论的教育，绝大多数干部群众对生产力标准的认同度大大提高了。这就使改革开放有了更坚实的哲学依据。党的十三大关于我国还处在社会主义的初级阶段的论断以及由此引出的一系列决定，正是绝大多数人接受了生产力标准的结果。在这里，哲学又一次发挥了先导作用。

三、"三个有利于"标准解决发展生产力与
坚持社会主义道路的关系问题

生产力标准的确立既然已经解决了社会主义建设的价值取向问题，为什么几年之后邓小平同志又提出"三个有利于"的标准呢？提出这个标准的必要性何在呢？

这是因为现实生活的进一步发展表明，人们对生产力标准的理解本身仍然存在着这样那样的分歧。根本不同意生产力标准的人们当然不用说了；就是在理论上同意生产力标准的人们中间认识也不尽一致，特别是在把这一标准运用到社会主义建设的具体问题的时候很不一致。这并不奇怪。生产力标准本身虽然并无歧义，但它是整个马克思主义哲学理论体系的有机组成部分，必须同其他原理联系起来才能全面准确地把握它，这就已经很不容易；这个标准又是就归根到底的意义而言的，在具体问题上运用起来往往为许多中间环节所"遮蔽"，运用于改革实践中的复杂问题就更不容易。这就使理解的分歧往往难免。有些分歧无碍于大局，存而不论也未尝不可；但有些分歧就成了人们思想上的一个"疙瘩"，成了加速发展生产力的障碍，不能不解决了。其中最突出的分歧是在发展生产力与坚持社会主义道路的关系

问题上的分歧。有些同志并不主张照搬以往的社会主义模式，并不反对把发展生产力放在重要地位，但旧模式的阴影还在头脑里起作用，以致或多或少把发展生产力与坚持社会主义道路对立了起来，把坚持自己所理解的"社会主义道路"看得比发展生产力"更"重要，于是每办一事都要求先争论清楚它是姓"社"还是姓"资"，然后才能决定该不该办；如果这件事被认为姓"资"，即使明明有利于生产力的发展也不能办，办了就是走资本主义道路。这就使生产力标准的首要地位实际上落了空。正是针对这种情况，邓小平同志在 1992 年的南方谈话中抓住要害，深刻地回答了与此相关的一系列重大问题，提出了"三个有利于"的标准。他尖锐地指出："改革开放迈不开步子，不敢闯，说来说去就是怕资本主义的东西多了，走了资本主义道路。要害是姓'资'还是姓'社'的问题。判断的标准，应该主要看是否有利于发展社会主义社会的生产力，是否有利于增强社会主义国家的综合国力，是否有利于提高人民的生活水平。"[①]

"三个有利于"标准的鲜明特点是：

第一，它从根本上纠正了把发展生产力与坚持社会主义道路对立起来的观点。按我的理解，邓小平同志强调不要在具体改革措施上纠缠于姓"社"姓"资"，并不是说在任何问题上都"不问"姓"社"姓"资"。我们的事业就是建设有中国特色的社会主义，中国不坚持社会主义就没有出路，怎么能，又怎么会根本"不问"姓"社"姓"资"呢？问题是怎么"问"法。对姓"社"姓"资"的问题要从整个社会和整个国家的全局来看。邓小平同志说得非常明确，我们讲的是发展"社会主义社会"的生产力，增强"社会主义国家"的综合国力。至于有些经济成分（邓小平同志举"三资"企业为例）虽然从所有制看来本身并不姓"社"或者不完全姓"社"，但只要能促进生产力的发展，就没有什么可怕；因为它受到我国整个政治、经济条件的制约，归根到底是有利于社会主义的。如果一见非公有制经济就害

[①] 邓小平：《在武昌、深圳、珠海、上海等地的谈话要点》。《邓小平文选》第 3 卷，人民出版社 1993 年版，第 372 页。

怕，想以牺牲生产力发展速度的办法来"坚持"社会主义，结果只能是适得其反。

第二，它强调了增强社会主义国家综合国力的紧迫性。有的同志以为只要确保公有制，国民经济的发展速度低一些也无关紧要。这种看法忽视了国际国内的紧迫形势。和平和发展虽然是当今世界的两大问题，但是正如邓小平同志指出的，这两大问题"至今一个也没有解决"①。天下并不太平。国际敌对势力决不会甘心于一个独立的繁荣富强的中国屹立于世界舞台。我国的经济文化科学技术本来就落后于发达国家，自己又耽误了 20 年，现在如果不抓住机会尽快发展，以增强综合国力，就不能保障社会主义国家的安全，而且也很难使人民在与别国对比中确信社会主义制度的优越性。所以邓小平同志强调，"低速度就等于停步，甚至等于后退"②。

第三，它强调了提高人民生活水平的重要性。提高人民生活水平是党进行一切工作的根本目的，也是人民评价社会主义制度优劣的最现实的尺度。"社会主义的本质，是解放生产力，发展生产力，消灭剥削，消除两极分化，最终达到共同富裕。"③过去那种"一大二公"的长期贫穷的"社会主义"，人民是不会拥护、不能忍受的。十一届三中全会以来的路线所以得到人民的拥护，国家所以能够稳定，就因为改革开放促进了经济发展，改善了人民生活。不提高人民的生活水平，社会主义是坚持不下去的。

"三个有利于"标准告诉人们，我们要解决的并不是要不要坚持社会主义道路的问题，而是如何正确理解社会主义道路，如何把这条道路走通的问题。邓小平同志把话说到底了："不坚持社会主义，不

---

① 邓小平：《在武昌、深圳、珠海、上海等地的谈话要点》。《邓小平文选》第 3 卷，人民出版社 1993 年版，第 383 页。

② 邓小平：《在武昌、深圳、珠海、上海等地的谈话要点》。《邓小平文选》第 3 卷，人民出版社 1993 年版，第 375 页。

③ 邓小平：《在武昌、深圳、珠海、上海等地的谈话要点》。《邓小平文选》第 3 卷，人民出版社 1993 年版，第 373 页。

改革开放，不发展经济，不改善人民生活，只能是死路一条。"①

"三个有利于"标准并不是实践标准和生产力标准之外的另一套标准，但又不是两者的复述或叠加，而是两者的综合和发展。它是把实践标准和生产力标准统一起来，把唯物辩证法和唯物史观的全部原理作为整体贯通起来，把这些原理与国际国内的具体形势结合起来的一种高度浓缩的表述。这三条都是可以用相当精确的统计数据反映的硬指标，非常明晰，非常具体，不易产生歧义，因而运用在改革实践中更有针对性，更好操作，更便于检查落实。邓小平同志在这里没有使用哲学名词，但他正是在从世界观、价值观和思想方法的高度解决使人们困惑的问题，他讲的正是融会贯通了的马克思主义哲学，发展了的马克思主义哲学。党的十四大确立了社会主义市场经济体制，十五大确立了以公有制为主体、多种所有制经济共同发展的基本经济制度，以及这几年来我国的高速稳定持续的发展，都是运用这一标准的结果。这里又一次显示了哲学的先导作用。

邓小平理论是科学体系，只有抓住了这个理论的哲学基础，才能完整地准确地理解它、运用它，避免在纷繁复杂的情况下发生误解和片面性。实践标准、生产力标准和"三个有利于"标准就是邓小平理论的哲学基础中最本质的东西，因而是理解邓小平理论的关键。

作为科学体系的邓小平理论今后当然也要随着实践的发展而发展。现在我们正在把建设有中国特色的社会主义事业推向 21 世纪。这是学习和运用邓小平理论的过程，同时也是通过不断地研究新情况，发现新问题，提出新对策，开创新局面，总结新经验，从而发展邓小平理论的过程。可以预期，到了一定的发展阶段，实践又会提出新的哲学问题要求人们去解决，而哲学问题的解决又将导致社会主义建设的重大进展和突破。马克思主义哲学不是只能夜飞的枭鸟，而是也能高鸣报晓的雄鸡。

---

① 邓小平：《在武昌、深圳、珠海、上海等地的谈话要点》。《邓小平文选》第 3 卷，人民出版社 1993 年版，第 370 页。

关于社会科学的几个问题*

一、社会科学的重要性

邓小平同志提出的"科学技术是第一生产力"的论断具有重大的理论意义和实践意义，我国改革开放以来举世瞩目的成就与这个论断分不开。这已是众所周知的事实了。可是邓小平同志讲的"科学"是包括社会科学的。这一点并没有得到应有的重视。现在有些人一讲起"科学技术"，就是指的自然科学和技术，似乎重视科学技术就只是重视自然科学和技术，社会科学并不包括在内。这是一个不可忽视的错误观念，在社会上已经造成了不好的后果。如果不加辨析，不予澄清，还会造成长远的严重后果，其严重的程度至少不亚于轻视自然科学和技术所造成的后果。

现在我国对自然科学和技术的重视达到了历史上最高的程度，这是一个伟大的转变。凡是承认事实的人都会看到这个转变的效果。我们中国古代的自然科学和技术曾经是走在世界前列的。可是由于我国长期停滞在封建社会，缺乏西欧从 15 世纪后半期出现的那种社会条件，没有产生一个需要大力推进自然科学和技术的新兴阶级，封建统治阶级又把自然科学和技术看成"奇技淫巧"，长期压抑，我们逐渐落后了。到了近代欧洲资本主义兴起，自然科学和技术以神奇的力量突飞猛进地发展起来的时候，我们就更落后了。明朝末年西方传教士

　　* 本文是作者 2001 年 2 月 3 日在湖北省地、市社会科学联合会第 14 次联席会议上的报告，载《理论月刊》2001 年第 1 期。

到中国来给中国人讲一点自然科学，中国的不少孤陋寡闻的官员们听了还觉得是海外奇谈。一直到鸦片战争时尝到了洋人"船坚炮利"的厉害之后才清醒过来。后来就搞洋务运动，办新学，开始比较重视自然科学和技术。但是已经晚了一大步。民国时期我们还是一个自然科学和技术十分落后的半封建半殖民地的国家。解放以后在我们党的领导下才有了发展自然科学和技术的条件，并且确实有了空前的发展。除了"文化大革命"时期走了弯路外，我们在自然科学和技术方面取得的成就比解放前几千年的总和还要多，两弹一星就是集中的标志。但是我们现在的自然科学和技术的总体水平与发达国家相比还有很大的差距，如果不继续高度重视，奋起直追，就无法在世界科技革命的大潮中立足。我们对自然科学和技术重视不是过头了，而是还不够。现在有些人照搬西方后现代主义思潮的一些理论，把自然科学和技术说成人类生存的祸害，我认为这是做错了文章。自然科学和技术的发展在西方发达国家确实引起了许多严重问题，但那是人对它的运用的问题，说到底是社会制度问题，不是它本身的问题；何况人家那里的问题并不就是我们这里的问题。在我们这里喊自然科学和技术发展过头了，好比劝身体瘦弱的人减肥，是文不对题的。我们需要更进一步地重视自然科学和技术，而不是相反。

但是，在重视自然科学和技术的同时，必须重视社会科学。① 社会科学的研究对象不是自然现象，而是社会现象（包括人的精神现象）。如果也研究自然现象，那也是研究自然现象与人类生活的关系，落脚点还是人类生活。它是人研究自己的学问。它的最大的特点就是它的结论涉及人们的不同的利益，决定着人们的行为指向（也就是价值取向）。因此，在有不同的利益集团存在的社会里，社会科学具有意识形态的性质，在有阶级存在的社会里也就是阶级性。不同利

---

① 这里说的社会科学相当于通常人们说的"文科"，包括了人文科学（Humanities）和社会科学（social sciences），也包括了古今中外的一切以人类社会、人类历史和人类精神世界为研究对象的理论和学说，其中有些并不能算"科学"。不过为了说话的方便，在这里权且都叫做社会科学。

益集团的社会历史理论都会自觉或不自觉地论证本集团的利益的合理性，至于论证是否符合实际，符合的程度如何，那是另一个问题。不错，社会科学当中有些门类并不是意识形态（例如语言学），即使属于意识形态的门类也不是每句话都是意识形态。但是从整体上看，社会科学是意识形态，这是不可否认的事实。马克思把这个事实说穿了。现在有人说这是"陈旧"的观点，要搞"非意识形态化"，说这才是"现代"观点。我看这无非是把说穿了的事实又遮蔽起来，把本来清楚的问题弄糊涂。意识形态的作用说到底是个形成舆论、影响人心的问题，也就是马克思说的"理论一旦掌握群众就变成物质力量"的问题，这当然非同小可。事实上，古今中外的各种利益集团没有不重视意识形态的。统治阶级尤其如此。中国的封建社会为什么延续那么长，以致有人说是超稳态的社会？当然有各种各样的理论解释。但是中国封建统治阶级的一套强大周密的意识形态起的巨大作用是明摆着的。近代欧洲的资产阶级为了争得统治地位，也是从意识形态开始。从文艺复兴起，他们向封建的意识形态开火，举起了一面又一面的理论旗帜——人性、个性、理性、民主、自由、平等，他们靠这个赢得了群众的支持，夺得了统治地位。以后他们一刻也没有放松过意识形态的建构。他们深知这是关系生死存亡的大事，深知单靠自然科学和技术是不够的。苏联的自然科学和技术是很强的，可是意识形态一垮，就像雪崩一样解体了。再想想我们中国从近代到现在的历史，事情也很清楚。100多年前我们在饱受资本主义列强侵略的时候，许多抱着救国救民宏愿的志士仁人都曾经把国弱民穷的原因归结为自然科学和技术落后，梦想"科学救国"，结果完全行不通，因为在那种腐朽的社会制度下无法发展科学技术。他们终于懂得了首先要改变社会制度，于是向西方找社会科学的理论。开始没有找对，后来找到了马克思主义，中国才得救了。新中国是怎么诞生的？是靠自然科学和技术吗？显然不是。是靠社会科学，靠马克思主义的指导。新中国成立以后，自然科学和技术才有了用武之地，它的巨大作用才发挥出来。然而就是在这种情况下我们也可以看到，新中国成立以来的成就和失误首先还是取决于社会科学的状况。当"文化大革命"的理论统治全国的时候，国民经济都到了崩溃的边缘，整个国家的命运都危如累卵，自然科学和技术怎么能发展？粉碎"四人帮"以后的拨乱反正又是靠什么？也不是靠自然科学和技术，而是靠哲学社会科学理论。没有 1978 年真理标准大讨论，不驳倒"两个凡是"，怎么会有十一届三中全会以来的路线和今天的局面？邓小平同志说的"科学技术是第一生产力"本身就并不是一个自然科学的命题，恰恰是一个哲学社会科学的命题，是历史唯物主义的命题。正是这个命题为高度重视科学（包括自然科学与社会科学）和技术提供了理论依据。我们现在正在实现的社会转型的每一次大的变化，也都是社会科学在起开路作用。马克思列宁主义、毛泽东思想、邓小平理论不是社会科学吗？没有它的指导行吗？社会科学还有一个巨大的功能，那就是铸造民族精神。一个没有自己的独立精神的民族是没有脊梁的民族，是不能自立于世界民族之林的。中国传统文化中确有糟粕，并不都是好东西，但是又确有非常优秀非常宝贵的东西，这些成分成了维系、凝聚、鼓舞中华民族的强大精神力量。中华民族在历史上不知经历过多少磨难，遇到过多少惊涛骇浪，不仅没有搞垮，反而越来越强大，就靠这个精神。而这个精神主要是由历代的先进社会历史学说和理论孕育出来的。

社会科学起了这么大的作用，而居然没有得到应有的重视，我认为是不正常的。我并不赞成把现在的状况简单地叫做"重理轻文"，因为对"理"的重视并不存在过分的问题；现在的问题是对"文"的重视确实严重不足。自然科学和社会科学对于一个国家和民族来说好比人的两条腿，缺了任何一条腿就是一个跛足的民族。没有自然科学和技术，不认识自然界的规律，人就是自然界的奴隶。没有人文社会科学，不认识人自己和人的世界，人就是自己的奴隶。在一定的意义上，做自己的奴隶比做自然界的奴隶更悲惨，因为人可能把自己创造出来的成果变成奴役自己的力量，由智慧转化为愚蠢，直到身受其苦还不能自拔。我们吃轻视自然科学之苦是吃够了，现在算是大彻大悟了。吃轻视人文社会科学之苦其实也吃够了，可是好像离大彻大悟还有相当的距离。

二、科学精神与人文精神

我们全民族的科学文化的总体水平现在还很低，掌握科学知识的重要性是不言而喻的。在强调掌握科学知识的重要性的同时，我认为有两个值得注意的问题。

第一是要区别科学知识与科学精神。科学精神是贯穿一切科学技术工作的根本原则、根本方法和根本态度，它与具体的科学知识并不是等同的概念。科学精神的核心就是追求真理、服从真理，勇敢探索，不断创新，就是反对愚昧、盲从和迷信，一句话，就是解放思想，实事求是。这是民族素质中至关重要的成分，比具体的科学技术知识更重要。专门从事科学技术工作的人离不开科学精神，不从事科学技术工作的人也同样需要科学精神。一个民族什么时候科学精神淡薄了、衰落了，这个民族就陷入昏庸和迷乱，就会走向灾难。我们民族的科学精神的根基并不深厚。我们现在还有数以亿计的文盲半文盲，没有受过基本科学训练的人也很多，许多迷信邪说以及种种"热昏的胡话"还有相当大的市场。对于许多人来说，不仅迫切需要学习科学技术知识，尤其迫切需要科学精神的启蒙。不要以为有科学知识的人就在一切事情上都必定有科学精神，必定不迷信。事实表明，有科学技术知识的人也可能没有科学精神，也可能相信歪理邪说。有些人在本专业领域中是能坚持科学精神的，否则他们就不可能作出经得起检验的成果；可是在本专业之外却仍然可能成为迷信的俘虏。这种颇具讽刺意味的现象在历史上就屡见不鲜。如果我们读一读恩格斯在120多年前写的一篇短文《神灵世界中的自然研究》①，就可以得到许多启示。那篇短文里讲到的华莱士是与达尔文同时提出生物进化论的生物学家，克鲁克斯是发现化学元素铊的化学家，都是在自己的专业领域里功勋卓著的科学家。可是他们却被有些江湖骗子耍弄，相信荒

---

① 恩格斯：《自然辩证法》。《马克思恩格斯选集》第 4 卷，人民出版社1995 年版，第 290~302 页。

谬绝伦的降神术、神灵照相之类的东西，而且到了痴迷的程度，闹出种种笑话。这似乎是不可理解的怪事。其实一点也不怪，因为他们虽然不缺乏具体的科学知识，但是却把科学精神抛弃了。恩格斯讲的这种现象不是在我们现实生活中仍然存在吗？有的人并不缺乏科学知识，有的人还是高级知识分子，不是也居然相信一些荒谬绝伦的胡说吗？这就给了我们一个深刻的教训：普及科学知识当然绝对必要，但仅仅这样是不够的，更重要的是弘扬科学精神。不只是科学技术工作者需要坚持科学精神，不专门做科技工作的人也需要有这种精神。

第二是要把科学精神与人文精神结合起来。科学精神追求的是认识的真理性，它并不决定人的行为的价值取向。从同一个符合客观实际的真认识出发，是可以作出多种价值选择的。科学技术是改造世界的伟大力量，但它的价值取向并不是由它自身决定，而是由掌握它的人决定的。科学技术研究什么，不研究什么，研究的成果用于什么，不用于什么，有极大的可选择性。它可以为善，也可以为恶，这取决于掌握它的人的价值取向。这种价值取向单靠科学精神是不能完全合理解决的。这需要有人文精神的统驭。其实，近代科学兴起的初期是包孕在人文精神之中的，欧洲文艺复兴时期揭橥的科学精神是与人文精神一致的，只是到了后来由于资产阶级狭隘的阶级利益的恶性膨胀，才使科学精神与人文精神分道扬镳，甚至互相对立。但科学精神与人文精神终究还是应当统一的。人文精神的核心就是对人的幸福的关怀。有了这一条，科学精神的发扬才有正确的出发点和落脚点。科学技术如果脱离了人文精神的制约和导向，用于邪恶的目的，对人类的危害将是灾难性的。获得过诺贝尔化学奖的弗里茨·哈伯用他的"科研成果"为纳粹服务，屠杀反法西斯的人民，就是突出的一例。当然，离开了科学精神的人文精神只能产生出善良的愿望，很难给人民带来实际的福利；但是离开了人文精神的科学精神则可能产生出损害人民的后果。现在思想领域的许多消极现象不仅与科学精神的缺失有关，而且与人文精神的缺失有关。只看到前者而看不到后者是不全面的。因此，我们应当自觉地把科学精神与人文精神统一起来。

三、主旋律与多样性

思想领域里的多样性是从来就存在的事实，也是必然的社会现象。要看到，现在全世界有 80% 以上的人是信奉宗教的，不信教的人也不一定是无神论者，无神论者也不一定是唯物主义者，唯物主义者也不一定是马克思主义者。马克思主义者是少数。我们是社会主义国家，马克思主义者多一些，但也还是少数。要求全国人民都是马克思主义者，把这叫做"一元化"，那是脱离实际的幻想，不仅做不到，而且是有害的。"文化大革命"期间有"用毛泽东思想统一全国人民的思想"的口号，这是"左"的口号，推行的结果是看起来很"统一"，实际上是万马齐喑。这教训是很惨痛的。我国是一个有 13 亿人口的多民族的大国。人们的社会地位、风俗习惯、文化教养、宗教信仰等等千差万别，思想的多样性是理所当然的。在改革开放的实践过程中，由于经济成分、就业方式、生活方式、利益关系等等的巨大变化，更使人们思想的多样性有了丰富的内涵和斑斓的色彩。从总体上说，这有利于丰富人民的精神生活，促进社会主义文化的繁荣，也有利于社会经济的发展，主流是积极向上的。当然，一些消极的错误的思想观念也有所滋长，但这可以通过符合思想发展规律的办法逐步解决，并不可怕。对公民的思想的要求必须区分不同的情况、不同的层次，不能"一刀切"。只要是不违反祖国人民利益、不违反宪法和法律的思想都是容许的。

但是，思想的多样性和指导思想的"多元化"是不同的两回事。这里说的指导思想，我以为有两重含义：第一重含义是指党和国家决定治党治国的根本原则和大政方针所依据的理论；第二重含义是指在全国人民和整个社会中占主导地位的思想。无论就哪一重含义来说，从来没有事实上的多元化，所谓指导思想的"多元化"从来就是欺人之谈。任何国家的统治阶级从来不允许指导思想的多元化。执政党的指导思想就是它所代表的统治阶级的思想，意识形态领域占统治地位的思想也是统治阶级的思想。古今中外概莫能外。资本主义国家无论什么党派执政，其指导思想都是一元化的资产阶级思想。如果有差别，也不过是资产阶级思想内部的差别，他们决不允许马克思主义也成为指导思想中的一"元"。现在鼓吹在中国搞指导思想"多元化"的人实际上要求的并不是包括马克思主义在内的多元化，而是"消解主流意识"，排斥马克思主义。这样的"多元化"其实就是资产阶级思想的一元化。我们党和国家的指导思想只能是马克思主义，而不能是"多元"的。在指导思想上搞多元化，势必造成天下大乱，使我们的社会主义建设毁于一旦。马克思主义在当代仍然是观察社会历史的最正确最科学的理论和方法，历史证明中国人民选择马克思主义作为观察国家命运的工具是正确的。没有马克思主义的指导，中国人民不可能站起来，也不可能有今天的一切。因此，在整个思想领域承认多样性的同时，又必须坚持指导思想的一元化，奏响主旋律。

当然，马克思主义不是僵硬的教条，而是随着时代的发展而发展的开放的理论。它的本性要求它不断地吸取人类文明大道上一切先进的成果，特别是不断地总结国内外的实践经验而丰富自己、发展自己。坚持马克思主义和发展马克思主义不是两回事而是一回事。不坚持谈不上发展，不发展也一定不能坚持。邓小平理论就是发展了的马克思主义。邓小平理论也正在发展。只有这样的马克思主义才可能实际上成为指导思想。如果不发展，不研究新问题，概括新经验，作出新结论，这样的"马克思主义"就会脱离实际，脱离生活，由真理转化为谬误，就不可能赢得人民的信任，想"指导"也无法指导，强行"指导"也没有任何好处。就我们社会科学工作者来说，我们要做的事是努力运用马克思主义来研究问题。至于我们自己对马克思主义理解得如何，运用得正确不正确，还得看研究的结果是否符合实际，有没有价值，而这是要由实践来检验、由群众来评判的。理论的力量还是在于事实的准确全面和逻辑的周密严谨，决不在于打什么旗号、贴什么标签。鲁迅批评过的那种指着自己的鼻子说"唯我是无产阶级"的做法，增加不了任何说服力，只会引起人们的反感。

承认多样性并不排斥不同观点之间的相互批评和借鉴。没有相互批评和借鉴就是一潭死水。"双百方针"就是要通过相互批评和借鉴来繁荣科学和文化。这里我想顺便说一说，批评和批判在外文里是同一个词（critique），本来就是分析、评论、扬弃（既克服又保留）的意思。可是在过去"左"的年代里，"批判"这个词被赋予了十分可怕的含义，成了"打翻在地再踏上一只脚"的同义语，成了不讲道理的同义语，声名狼藉了。我觉得应该为这个词正名，恢复它的本来含义。马克思主义本质上就是批判的，它必须有批判的功能，不仅批判别的理论，也允许别人批判自己，而且经常自我批判。这正是它的生命力的表现。不过为了迁就已经形成的习惯，免得造成误解，我还是用"批评"这个词。只有实事求是地开展批评，蔚为风气，才能真正实现主旋律与多样化的统一，使思想文化领域呈现生机勃勃的局面。

四、法制观念与道德观念

社会主义市场经济必然要求健全的法制，健全的法制需要公民有相应的法制观念。法制观念淡薄至今仍然是思想领域的一大缺陷。法制观念的普及和强化无疑是思想领域中非常迫切的任务。社会科学工作者应当在这方面做更多的工作。这已经是大家的共识了。但是，我们不能为了强化法制观念而把法制说成万能的东西。要看到法制的作用也是有局限性的。它只能约束违法的行为，而不能约束那些有害于社会，但还不到违法程度的行为。即使对违法行为，它也只能处理于已然之后，而不能防患于未然之前。对于道德水平低下的人，存心损人利己损公肥私的人，最严密的法律也是有空子可钻的。所以还需要发挥道德的作用，弥补法制的不足。当然，道德没有法制的强制力，它不能取代法制的作用，单有道德而无健全的法制是绝对不行的。但是道德的潜移默化的自律作用，褒善贬恶的舆论作用也是巨大的，法制也不能取代它。法制建设和道德建设必须同时加强，法制观念和道德观念缺一不可。依法治国与以德治国应当相辅相成。中国的儒家是不大重视法制的，孔子说："道（导）之以政，齐之以刑，民免而无耻。道(导)之以德，齐之以礼，有耻且格。"这话有一定的片面性。法家又单纯强调法制而贬低道德的作用，也有片面性。但是儒家和法家又都看到了一个方面的真理，他们的见解都有合理成分。历代有远见的统治阶级的治国方略，事实上都是刑德兼施、法制与道德两手并用的，只不过法制与道德的内容与现在的不同而已。这是值得借鉴的经验。因此，在思想领域中既要加强法制观念，也要加强道德建设，把两者统一起来。我们社会科学工作者也要同时做两方面的工作。

五、学风和文风

有不少同志认为，我们做社会科学工作的人要真正做出一些成绩，应该注意学风问题。我也深有同感。60 年前毛泽东同志领导"整风"的时候整的是"三风"，第一个就是学风。他在《改造我们的学习》、《整顿党的作风》里讲的那些道理，我觉得今天不仅没有过时，而且有全新的意义，发人深省。他说："真正的理论在世界上只有一种，就是从客观实际抽出来又在客观实际中得到了证明的理论，没有任何别的东西可以称得起我们所讲的理论。"①这就把问题说到底了。

这个道理对搞自然科学的人来说是不言而喻的。自然科学的理论没有验证就不会被承认。即使是一时还得不到充分验证的假说，也必须有事实的依据、严密的论证和合理的解释力才能被承认为假说。在自然科学领域里胡吹瞎说是困难的。社会科学本来也应该同自然科学一样，可是实际上麻烦得多，因为它要"在客观实际中得到证明"往往需要更复杂更长期的过程，而且一般说来不容易得到像自然科学那样得到实验的验证。这就使得真知灼见和肤浅谬误的东西不那么容易区别。再有一层，就是错误的东西里面又可能包含着正确的或者合理

---

① 毛泽东：《整顿党的作风》。《毛泽东选集》第 3 卷，人民出版社 1991 年版，第 817 页。

的成分，正确的东西里面又有错误的成分。这就使事情复杂化了。但是，无论怎么复杂，社会科学成果的水平还是有基本的评价标准的，那就是看是不是提出了新问题，解决了新问题或者前人没有解决的老问题，解决到什么程度。如果一篇东西什么问题也没有提出，什么问题也没有解决，只是发表一些不负责任的感想，宣泄一些个人情绪，或者用一些花里胡哨的名词术语来糊弄人，就恐怕很难说是社会科学的研究成果。现在出的书很多，文章更多，其中有许多高水平成果，涌现了一批德才兼备、思想敏锐、学风端正的中青年学者，这是极大的好事，是我们的希望所在。但是毋庸讳言，水分也不少。有少数人急于出名，不作坚实的研究，就大量地出"成果"，有的人甚至一年能出一千万字的书，把自己的作品摞起来放在自己身边拍照，表示"著作等身"；有的人吹嘘自己在几年里就能同时在多少领域里作出重大的"突破"，能"建构"多少新"体系"，广告语言很多。实际上有的内容是任意拼凑的，或者照搬外国人的，抄袭剽窃的事也有。总之是有一股浮躁之风。这种学风如果蔓延下去，社会科学的作用就会大打折扣，形象就会大受损害，就更难得到人们的尊重。许多同志的忧虑不是没有理由的。

文风也是一个值得重视的问题。毛泽东同志讲的"三风"就包括文风，他对洋八股和党八股的批评真是入木三分。文风说到底也是学风，不过表现在语言文字方面罢了。现在有没有文风问题？还是有。有的作者写的文章可以说是用汉字写的洋文，不像中国人在说话；一个并不深奥的道理，偏要故作高深，用艰深晦涩佶屈聱牙的语言来表达；一千字足够说清楚的问题，偏要故作渊博，拉成一万字。苏东坡曾经批评过扬雄，说他"好为艰深之辞，以文浅易之说。若正言之，则人人知之矣"（与谢民师书）。这个批评对扬雄是不是恰当是另一回事，但苏轼讲的道理是很对的。有些文章用古怪的词句装点起来，好像学问大得很，其实"若正言之"，也不过就是"人人知之"的那么一点"浅易之说"。把复杂深刻的道理讲得清晰透彻才是高手，做到这一点很不容易；而"以艰深文浅易"倒是很容易的，但是并不足取。

当然，我并不是说无论什么理论著作都要写得像快板书一样好懂，而是说文字的表达要力求与理论内容的繁难程度和深刻程度相称，而不要故作高深。写文章的目的毕竟还是让别人理解自己的思想，何必故弄玄虚，自设障碍呢？当然，各人的文章都有自己的风格，愿意写成什么样子是各人的自由。我这些话也是感想，或者不过是建议而已。

为人·为学·为文[*]

　　《湖北青年人文学者自选集丛书》出版，编者嘱余作序。余踌躇有日，竟不能决。盖时下作序，颂词多而诤言寡。从俗应景之篇，恐两无裨益；诤言又唯恐有失，故难言也。既而转思"丛书"出版究属盛事，不可不贺；欣喜之余，似亦有不能已于言者。且闻开沅、振坤两兄①已欣然命笔于前，余亦难辞附骥。故铺纸灯前，略陈所感。

　　"十年浩劫"之际，雾塞苍天，百花凋谢，黄钟毁弃，瓦缶雷鸣。秀杰之士，或横遭践踏，或墨面蒿莱；学术荡然，英才敛迹；国运民生，危如累卵。"丛书"作者诸君，当时或方在龆龀，或正值少年，亦未尝免于"浩劫"之累，成材之望几希。幸一发千钧之际，四凶殄灭，"全会"召开，妖氛尽涤，大地春回，诸君得以步入黉宫，由是而涵濡乎典籍之海洋，驰骋于思想之旷野，于兹二十余年矣。其间颖脱而出，头角崭然者颇不乏人，不独"丛书"作者为然也。余谓诸君之长有三：一曰跨"文化大革命"前后之经历，故体验不凡；二曰沐双百方针之英策，故思想活跃；三曰处改革开放之环境，故视野广阔。后生可畏，洵非虚语。新叶蓊蔚于芳林，不特学术之幸，亦民族之幸，宜乎吾辈为之雀跃也。然望之切则期之周。爰缀数语，与诸君共勉。

　　余意为学之道，首在为人。为人之道，首在立志。志之所在，学之所归也。张子所谓"为天地立心，为生民立命，为往圣继绝学，为万世开太平"，其标的之高虽难于企及，然取法乎上，不可不勉。要

---

　　* 《湖北青年人文学者自选集丛书》序，原载《理论月刊》1999 年第 8 期。
　　① 　指华中师范大学校长章开沅教授和湖北省社会科学院院长夏振坤教授。

当有忧国忧民之热忱，关怀人类之激情，追求真理之渴望，然后始克有恢弘气象，高尚人格，卓尔独立，涅而不淄。苟汲汲于一己之私，乃至曲学阿世，虽胸罗万卷，亦不过假寇以兵，资盗以粮，殊无足取。我中华民族之血泪史断不可忘，立吾国于当代之志断不可夺。为学之鹄，舍此无他。此余拳拳企望于诸君者也。

学贵创新，非创新不足以言学。口耳之学，辗转传抄，拾人牙慧，是稗贩之技，非为学之道也。学者意必自立，言必己出，见人之所未见，发人之所未发，是谓创新。然创新当以求实为本。若夫虚玄不实之大言，耸人听闻之诡论，虽或能博喝彩于一时，终无益于国计民生，亦无助于人类智慧，其将如泡沫之湮灭也必矣。每念创新求实，言之易而行之艰。盖人类知识积累已历数千年，当代更有"知识爆炸"之说；新说林立，浩如烟海，而又日新月异，层出不穷。庄生有涯无涯之叹，当时已然，今则更不可同年而语。取知识于宝藏，已不啻以蠡酌海。欲立一得之见，增涓滴之功，则更属难能矣。然而学问之道，岂别有捷径哉？必也弊一生精力，孜孜以求而已。涵濡百家，驰骋中外，融会贯通，积厚发薄，然后可以言创新。倘能发人之所未逮，则虽一纸之微，胜数卷皇皇空论多矣。虽然，窃以为创新之义，亦不妨从宽解说之。于前人已发之学，踵事增华，发扬光大，精益求精，或使详尽而缜密，或使应用于实践，此亦创新之一途，且价值不必在提出全新学说之下，未可遽以述而不作目之也。以诗为譬，盛唐之于初唐，于格律以至题材皆无突破；而李杜如中天之日，睥睨万代，非沈宋之俦矣。文艺如此，人文社会科学何独不然？此事亦大难，苟非兀兀穷年亦不足语此。时下浮躁之风颇盛，"轰动效应"之说孔炽，"突破"也，"开创"也，"填补空白"也，其声不绝于耳，乃至有以论著字数论成就者，余窃为之惴惴焉。恳望诸君勿为所动。日就月将，水到渠成，实至名归，乃成大器。所谓不患人之不己知，患己之不能，实不易之论。诸君当不独以优秀论著鸣于当世，抑且以优良学风贻于来者，实任重而道远也。

言为心声，文如其人。风格各异，势所必然。强求一律，反成八股，千人一面，索然无味矣。然文字究为作者表达思想之工具，读者理解作品之媒介，简洁晓畅之功，似不宜置之不顾。孔子云："辞，达而已矣。"苏子瞻谓"辞至于能达，则文不可胜用"；又讥扬雄"好为艰深之辞，以文浅易之说。若正言之，则人人知之矣"。欧阳永叔赞吴充之文"发而读之，浩乎若千万言之多；及少定而视焉，才数百言尔。非夫辞丰意雄，霈然有不可御之势，何以至此？"余每诵斯言，心有戚戚者久之。常思文事之难，在以简洁晓畅之词语，达深刻繁难之思想，而非反是。今青年作者文字佳者固不为不多，然亦有中西混杂，佶屈聱牙，读之不知其为西语抑为汉语，以示深奥者；有百字足亦以达意而必拉成千言，以炫渊博者。窃以为此风不可长。学术诚无国界。吸收外域名词术语乃至表达方式，乃吸收人类文明成果必然之途，且大有利于丰富汉语，此无疑也。然此种吸收，必使融入汉语系统及语境之中，成为有机成分。不然，是以汉字书外文，以汉语作洋腔，国人读之将如诵天书，不知所云矣。此等文字即以译著目之亦断难视为佳品，而况国人自著之书乎？"言之无文，行而不远"，不可不察也。

世界胸怀，时代眼光，民族特色，个人风格，融四者于一身，斯承先启后一代新人之风貌乎！挂云帆而济沧海，是所望于诸君。纷纷多言，耻躬之不逮，聊申献曝之忱耳。

是为序。

谈谈马克思主义哲学的通俗化[*]
——读毛泽东同志致李达同志的三封信

一、通俗化的战略意义

为纪念毛泽东同志诞辰 90 周年出版的《毛泽东书信选集》中收进了毛泽东同志 1951 年至 1954 年给李达同志的三封信。这三封信曾发表于 1978 年《哲学研究》第 12 期，全国各大报刊都转载过。这三封信在当时的公开发表具有多方面的重要意义，包括对理论宣传工作的指导意义。现在重读之后，感到有必要再从一个方面，即关于马克思主义哲学的通俗化方面谈一些感受。

1951 年和 1952 年，毛泽东同志的《实践论》和《矛盾论》相继重新发表时，李达同志立即以极大的热情撰写了这两篇著作的《解说》，发表前曾将打印稿寄请毛泽东同志审阅，毛泽东同志还作了一些修改。1954 年，思想界开展对以胡适为代表的资产阶级唯心主义的批判时，李达同志又撰写了《胡适思想批判》和《胡适政治思想批判》等文，发表前也征求过毛泽东同志的意见。这三封信是毛泽东同志给李达同志的复信。毛泽东同志在信中对李达同志的工作给予了高度的赞扬和殷切的关注，在关于《〈实践论〉解说》的一封信中，毛泽东同志指出：

> 这个解说极好，对于用通俗的言语宣传唯物论有很大的

---

* 原载《学习与实践》1984 年第 1 期。

作用。

关于辩证唯物论的通俗宣传，过去做得太少，而这是广大工作干部和青年学生迫切需要，希望你多多写些文章。

你的文章通俗易懂，这是很好的。在再写文章时，建议对一些哲学的基本概念，利用适当的场合，加以说明，使一般干部能够看懂。要利用这个机会，使成百万的不懂哲学的党内外干部懂得一点马克思主义的哲学。未知以为如何?①

毛泽东同志在这里反复强调的对广大干部、群众进行马克思主义哲学的通俗宣传，是一项具有战略意义的大事。

马克思主义哲学是无产阶级的精神武器，是无产阶级政党的世界观。无产阶级如果不以马克思主义哲学作为认识世界和改造世界的武器，就不可能意识到自己的阶级地位和历史使命，树立远大的奋斗目标，制订正确的斗争策略和工作方法，因而也不可能解放自己和最终解放全人类。但是马克思主义哲学（整个马克思主义也一样）不是从工人运动中自发产生，而是由马克思、恩格斯这样的革命家兼学者通过概括历史经验和现实斗争创造出来的；不是朴素的经验，而是严整的科学。要使工人阶级和革命群众掌握它，就必须进行"灌输"工作，也就是必须通过宣传。宣传要有实效，就必须适应群众的不同水平，采取不同的方式。通俗宣传是与最大多数群众的水平相适应的宣传方式，这就决定了它是使群众掌握马克思主义哲学的极其重要的环节。缺少了这个环节，广大群众掌握马克思主义哲学就会遇到难以跨越的障碍。

当前我们正在进行的社会主义现代化建设是我们的前人从来没有做过的极其光荣伟大的事业，比夺取政权的革命斗争更加复杂、更加艰巨。如果没有一条以马克思主义哲学为理论基础的实事求是的思想路线来指导亿万群众的行动，要取得胜利是不能设想的。而广大群众如果没有马克思主义哲学的最起码的知识，要正确地理解党的路线并

---

① 《哲学研究》1978 年第 12 期。

自觉地创造性地贯彻党的路线也是非常困难的。因此,大面积地提高群众的马克思主义哲学的水平,实在是一项百年大计,一项具有战略意义的宏伟工程。而就我们的职工队伍的文化水平来说,95%以上的人还没有达到大专水平(更不用说国家职工以外的广大群众)。要使这样广大的群众懂得一点马克思主义哲学,除了做好通俗宣传,没有别的途径。从这个意义说,通俗宣传是上述宏伟工程中的基础工程。我们哲学工作者如果轻视这项基础工程,不为它付出辛勤的劳动,就将是严重的失职。我们应该看到,广大干部和群众由于在"十年动乱"中吃够了唯心主义和形而上学的苦头,现在比以往任何时候都更加痛切地感到需要学习马克思主义哲学。他们为了思索历史经验,理解社会现象,领会党的方针政策,探讨面临的新情况、新问题,正在从马克思主义哲学里找立场、观点和方法。各种类型的读书班、自学小组等等如雨后春笋,不断涌现,其学习的主要内容之一就是马克思主义哲学。党和政府也采取了系统的措施来满足广大群众的要求,如鼓励出版优秀的通俗读物,开办各种学习班、培训班,举办通俗讲演,举办电视大学和自学考试等等。我们哲学工作者责无旁贷,应该在这项具有深远意义的普及工作中贡献自己的力量,并在工作的过程中教育自己、提高自己。

这当然不是说哲学工作者的唯一任务就是通俗宣传。我们还要做许多其他方面的工作。例如,要大力研究现代化建设中层出不穷的新情况、新问题,要深刻总结当代各门科学的新成果,要认真研究我们中华民族的哲学史、科学史和各种思想史,要与国际哲学界进行对话交流,要深入研究和准确评论当代各派非马克思主义哲学等等,要通过这一切工作的综合来坚持马克思主义哲学,发展马克思主义哲学,写出高水平的马克思主义哲学专著和论文,使马克思主义哲学成为既具有时代内容,又具有民族风貌的哲学,使我们中华民族站在当代世界理论思维的最前列。这是毫无疑问的。然而所有这一切属于提高性质的工作,都不能脱离普及工作这个最重要的基础。一切提高工作的成果如果不通过普及工作转化为亿万群众的精神财富,终究是不能充分发挥作用的。试想,即使我们的哲学研究工作取得了很有价值的成果，而成千上万的群众却连马克思主义哲学的基本常识都没有，思想还受各种形式的唯心主义和形而上学支配，对形形色色的腐朽意识形态没有识别和抵制的能力，马克思主义哲学怎么能变成巨大的物质力量？社会主义事业又怎么能得到可靠的保证？而且，我们哲学工作者本身如果不通过亲身参加普及工作与广大群众保持密切的联系，脱离了马克思主义哲学的深厚土壤，不能把握群众的脉搏和呼吸，不了解群众的需要，又怎么能坚持正确的方向？

我们本来是有重视马克思主义哲学通俗化的优良传统的。许多老一辈卓有成就的马克思主义哲学家如李达、艾思奇、杨献珍、冯定等同志都写过很多通俗宣传的优秀读物，作过很多深入浅出的讲演，起了很大的作用，只是在"十年动乱"中把这个宝贵的传统破坏了。林彪、"四人帮"把通俗化歪曲成了庸俗化，歪曲了马克思主义哲学的基本概念和基本原理，为他们的政治需要服务，极其严重地败坏了通俗化的名誉，直到现在还留下恶劣的影响，以致不少人还对通俗宣传抱有各种奇奇怪怪的看法。我们应该理直气壮地为马克思主义哲学的通俗宣传恢复名誉，把它放在应有的重要地位，发挥它的巨大作用。

二、通俗化的成功之路

马克思主义哲学的通俗宣传决不是如某些人所想象的那样是什么很容易的"低级"工作。恰恰相反，要真正做好这项工作，没有深湛的理论素养，没有丰富的历史知识、社会知识、自然科学知识以及其他多方面的知识，没有丰富的斗争经验，没有深厚的语言文字功夫，没有对广大群众特别是直接宣传对象的深切的了解，是不可能做好的。

马克思主义哲学的通俗宣传之所以是艰巨的工作，主要是因为我们要宣传的并不是算术中的四则运算或者代数中的一元一次方程式解法之类的简单知识，而是人类思维的最高成果；接受宣传的群众又缺乏这方面的预备训练（否则就不叫通俗宣传了）。马克思主义哲学的科学内容与群众的接受能力之间的矛盾是实际存在的。能否解决好这个矛盾，是通俗宣传成功与否的关键，值得认真研究。把优秀读物同林彪、"四人帮"横行时期的某些粗劣的小册子加以对比，我感到处理好下面一些问题或许是有助于提高通俗宣传的质量的。

第一，既然是通俗宣传，当然要采取群众喜闻乐见易于接受的一切形式，百花齐放，生动活泼，不拘一格。但是无论采取什么形式，都必须把住一个"关"，就是不能牺牲马克思主义哲学的科学内容，损害它的严整性和精确性，不能为了追求易懂而把马克思主义哲学粗陋化、滑稽化。如果让读者或听众一入门就得到一些歪曲的概念，以后就很难纠正，那是很糟糕的。通俗宣传当然不可能也不必要像专著那样深入细致，涉及的问题也不能那样专深，但这同完整准确地讲清基本概念和基本原理并不是不能相容的。

第二，既然是通俗宣传，当然要让读者或听众理解和记住一些最基本的科学表述。笼统地反对"记"并不合适。但是学习马克思主义哲学的目的毕竟不是记住一些现成的"条条"，而是使它的科学原理变成自己的世界观和方法论，能够把这些原理作为有机的整体来运用。因此，在读物或讲演中选择适当的实例给以示范性的分析是非常重要的。特别是对群众十分关心而又苦于不会分析的现实问题，对有重大危害的错误思想，更要着力分析，使读者或听众感到马克思主义哲学确实是有力的精神武器，并学会正确地运用这种武器。要防止孤立地去"运用"某一条原理而不照应到整个理论体系做法，因为这会无形地教给群众一种简单化的思想方法。过去搞的"活学活用"、"立竿见影"、"学一条语录，联系一个实际问题，批判一个反动观点"的那一套，只能使群众把马克思主义哲学理解为一堆孤立的"条条"的堆砌，以为随便抓出其中的一"条"就可以说明问题。这只能养成简单化的思想方法，甚至实用主义的坏作风，应当引以为戒。例如在讲到唯心主义的时候，当然首先要把它的谬误讲透。但如果只讲到这里为止，就有简单化的危险，群众就会产生一大堆的困惑。例如，那些唯心主义的哲学家许多都是很有学问的人，又不是傻子、疯子或骗子，怎么会有这么荒唐可笑的想法？既然唯心主义这么荒谬，马克思主义经典作家为什么又说黑格尔的唯心主义哲学有许多深刻的思想，而且这种唯心主义哲学还成了马克思主义哲学的来源之一？既然唯心主义这么荒谬，就应该连懂事的孩子也不会相信它了，可是它为什么居然到现在还能存在，为什么还需要同它做斗争？既然唯心主义这么荒谬，正常的人怎么可能相信这种胡说？我们自己头脑里又怎么还会有唯心主义？这就越讲越糊涂了。所以，在揭露唯心主义命题的荒谬性的时候，还必须对唯心主义的认识论根源、阶级根源、社会根源等等进行很细致的分析，还要把唯心主义的基本命题与唯心主义哲学体系中包含的具体论断加以区别，这样才能使群众以辩证唯物主义的态度来对待唯心主义。

第三，既然是通俗宣传，当然要借形象的帮助。形象性的说明往往能给群众以极大的启发。但是，不能过分地依赖形象。马克思主义哲学毕竟是以逻辑的形式反映一般规律的科学，学习哲学的人如果始终离不开形象的"拐杖"，不逐步锻炼运用概念的抽象思维能力，是学不好的。这同学习数学有类似之处。形象只能起启发诱导的作用，要真正讲清概念和原理，还得靠逻辑的论证。比喻、成语、格言等等运用得好也有很大的作用，但也一定要同理论的论证联系起来，交待它的涵义和界限，否则也会造成误解，引起副作用。

马克思主义中国化是哲学
社会科学的重大课题*

《中共中央关于进一步繁荣和发展哲学社会科学的意见》对繁荣发展哲学社会科学的任务、方针、目标、措施等一系列重大问题作了明确的指示，必将对我国哲学社会科学事业的全面持续健康的发展起极大的推动作用。我仅就马克思主义中国化问题的研究谈一点认识。

马克思主义在中国由理论变成了现实，使一个占世界 1/5 人口的东方大国由灾难深重的半封建半殖民地走上了社会主义的康庄大道，这是 20 世纪和 21 世纪伟大的历史事件。这个事件不仅带来了中国人民的解放和中华民族的复兴，而且为社会发展和人类进步昭示了光明的前景。马克思主义在中国的实现过程，就是马克思主义基本原理与中国具体实际相结合的过程，也就是马克思主义中国化的过程。它不仅创造了一个有自己特色的社会主义新中国，而且产生了有自己特色的理论成果，即中国化的马克思主义。这个过程是在世界格局多次发生巨大变化的背景下发生的，反过来又对世界格局产生了重大影响。我国的哲学社会科学对这个过程的研究已有许多重要成果，但从建设中国特色社会主义的需要来看，认识的深度和广度还有所不足，在一些并非细节的问题上还有不少分歧。把马克思主义中国化问题作为哲学社会科学的重大课题继续研究，从中挖掘出更丰富的思想财富，使我们达到与这个过程的实际意义相称的更深刻的认识，从而提高全面建设小康社会的自觉性和规范性，是我们应当担当的重要任务之一。

---

* 原载 2004 年 4 月 13 日《光明日报》《理论周刊》版。

我认为这一研究可以考虑分几个层次。

首先是对一些前提性问题的研究。例如马克思主义中国化的"合法性"问题就是其中之一。这个问题实际上包括了马克思主义中国化的可能性和必要性两大问题。这两大问题在许多人心目中并没有真正解决。否认马克思主义中国化的可能性的论点是存在的，否认马克思主义中国化的必要性的论点也是存在的。① 不能认为这是"不成问题"的"当然"之理而不予理睬，而要认真地加以论证，从学理上作出令人信服的回答，否则其他问题的研究就没有牢固的基础。

其次是对马克思主义中国化的进程和规律问题的研究。要科学地回答这个问题，除了从实际材料出发总结经验，别无他途。总结经验就有方法问题。方法不同，结论就会有种种歧异，甚至相去万里。我以为以下几点是值得讨论的。

一、判定马克思主义中国化成功与否的标准

凡承认马克思主义中国化确有其事的研究者，都不否认在中国化的过程中既有成功的经验，也有失败的经验。但具体谈到何谓成功，何谓失败，看法就往往颇不相同。分歧的原因之一是判定成功和失败的标准不同。在这个问题上的标准比在真理问题上的标准复杂得多，因为这涉及价值问题，单说以实践为标准是解决不了问题的。现在人们实际上采用的标准归结起来似乎有两种：一是看中国化的成果与马克思本人著作的文本是否符合，从反面说也就是看是否"走样"。比如，与斯大林和苏联有瓜葛的，便是歪曲了马克思，算是失败；与中国传统文化有所结合的，就是"儒家化"、"封建化"，也算失败。我以为这种标准是不合理的。至于为什么不合理，我在去年《学术月刊》第 11 期的一篇文章②中陈述过我的观点，此处不赘。二是看中国

---

① 作者在《马克思主义哲学中国化研究的方法论问题》一文中对这些观点提出过自己的看法。此文载《学术月刊》2003 年第 11 期。

② 指《马克思主义哲学中国化研究的方法论问题》一文。

化的结果对中国革命建设事业是否有利。我以为这个标准总的说来是正确的。比如毛泽东思想与王明的理论、邓小平理论与"两个凡是"的思想何者是马克思主义中国化的成功范例？说到底就是用这个标准判定的。当然，仔细分析起来，情况也并不那么简单。主要的困难有二：第一，作为哲学社会科学的马克思主义理论与具体实践之间的关系并不像数学或自然科学的定理与工程设计之间的关系那样直接，那样单纯；它与具体实践之间往往隔着更复杂的中间环节，受到更多的外来因素的干扰，以致理论上并无错误的人可能办错事，理论上有错误的人也可能在具体问题上取得一时的成功。所以，如果机械地从某一具体实践的成功与否来反推出理论思想的正确与否，又推出马克思主义理论中国化的成功与否，在学理上是站不住的。第二，对中国革命建设有利与否这件事本身也需要判定，这种判定也很复杂。对某方面有利可能对另一方面不利，一时有利可能长远不利，反之亦然。而且，马克思主义中国化的影响又是渗透到社会生活的各个领域的，在不同领域里衡量是否有利又有更具体的尺度，这就更为复杂。但是，这两重困难的存在只是告诉我们运用这个标准的时候要防止简单化、线性化，并不能得出结论说这个标准根本不合理或者不可操作。以宏大的视野看历史的长过程，把最广大人民的根本利益和人的全面发展作为追求的目标和最终的标准，马克思主义中国化的成功与否还是可以判定的。

二、总结经验的历史主义原则

任何经验总是一定具体条件下的经验。离开了当时当地的具体条件(即语境)，经验便成为不可理解的东西，也无法从中提炼出具有规律性、普适性的认识，使今天在另一种具体条件下实践的人们得到教益。例如，在中国革命建设的实践中发生过许多错误。有些错误确实是理论上的错误造成的，或者至少与理论上的错误有关，对这些错误(特别是全局性的长时间的错误)就必须深入地揭示它的理论根源，作为马克思主义中国化的教训。有些错误则并不是由理论上的错误造成的，就不应往理论上"上纲"。即使是与理论错误有关的错误，也不能脱离当时当地的具体条件简单地看待。有些错误在当时就是可能避免、应该避免的，这就不能以"交学费"之类的托词来曲为之辩；有些错误则是在当时当地的主客观条件下不可能避免的，这就不能以今天的条件和今天的认识为尺度来苛责前人。当然，既同为错误，就都有教训可以吸取，但吸取的教训的内容是不同的。总之，不论对待何种错误，都需要遵循历史主义的原则，把它放在当时当地的历史环境中去剖析，这才有助于使错误成为正确的先导。

三、研究的视角和视野

对马克思主义中国化的研究，可以从不同的视角进行。比如从国际共产主义运动史、马克思主义发展史、近现代西方思想史、中国思想史、世界文化史或中国文化史等等的视角来做。只要不是违背事实的臆说，都有助于深化对问题的认识，都有价值。但是，单从上述某一视角考察这一问题，总难免受到视野上的局限。我个人的想法，觉得似以突破现行学科分类的限制，从更具综合性的广阔视野多侧面地考察这一问题为好。这里的关键是处理好世界化与本土化的关系。马克思主义产生的土壤虽然在西方，但它的理论内容本质上却是世界性的，是全世界的共同财富。但这种世界性的内容要为世界各国度、各民族、各地域的人民所理解、所接受，在现实上成为全世界的共同财富，又必须有一个世界化的过程。而这个世界化的过程与自然科学的世界化过程是不同的，它必须结合各国度、各民族、各地域的特殊实际，实现本土化。因此，马克思主义的世界化和本土化是同一个过程，本土化就是世界化的必由之路。马克思主义中国化同时也就是马克思主义世界化的一部分。马克思主义中国化历程中发生的一切问题，都与世界的全局有不可分离的关系。离开了对世界全局的总体把握，离开了对世界各种思潮的了解，离开了对中国传统文化的了解，不可能揭示马克思主义中国化的实质，探求到支配它的规律。在当前研究马克思主义中国化问题，首先，要的是有鲜明的当代意识，有鸟瞰世界全局的眼光，然后才能高屋建瓴，大处着眼。其次，还要避免把马克思主义中国化的过程简单化、线性化的毛病，要看到这个过程是马克思主义与各种其他外来思潮以及中国传统思想相互碰撞、相互激荡、相互斗争而又相互吸取的过程。再次，在考察马克思主义中国化的成就时，也要放宽视阈，不仅要看到体现在著作中的理论成果，还要看到中国化的马克思主义对整个民族的思维方式、价值观念、理想情操、行为方式等等的多方面多层次的实际影响，看到它对重铸中华民族精神的实际作用。此外，对马克思主义中国化研究史的研究，对其他国家马克思主义本土化问题的研究，也应该予以关注。

实现全面建设小康社会的过程，就是马克思主义中国化的事业继续向前推进的过程。深刻把握马克思主义中国化的规律，对建设实践的顺利进行至关重要。这一研究工作的意义是无可置疑的。

马克思主义中国化的
两个前提性问题 *

我国理论界对马克思主义中国化问题的研究已有大量成果，国外也有不少相关论著。然而在一些并非细节的问题上还有不少的不同认识，其中包括对马克思主义中国化的可能性和必要性两大问题的认识。我认为这是前提性的问题，是研究其他问题的基础。

一、马克思主义中国化的可能性问题

也许有的同志认为，既然中国革命和建设是以马克思主义为指导的，中国革命和建设又已经取得了举世瞩目的成功，因此马克思主义中国化已经是一个事实，再去研究它的可能性就是多余之举。我以为事情并没有那么简单。第一，从理论上说，事实的存在并不等于学理的成立。例如自然科学和数学的成功虽然也是事实，但康德去研究它们的可能性并非多余之举，何况自然科学和数学的基础至今也还是一个需要进一步研究的问题。马克思主义中国化的问题也不例外。第二，从实际上说，承认中国革命建设成功的人们中间也还有不少人并不承认马克思主义中国化的事实，也不承认马克思主义中国化的可能性。他们认为中国革命建设的成功与马克思主义中国化并无必然联系，承认前者和否认后者并无逻辑矛盾。因此，弄清楚这一前提性的问题还是完全必要的。

对马克思主义中国化的可能性持否定看法的论者往往并不直接摆

---

* 原载《武汉大学学报(哲学社会科学版)》2005 年第 1 期。

出结论，更多的是采取迂回的方式，让读者从他们提出的具体理由中得出他们需要的一般结论。这种具体理由很多，说法也不尽相同，但归结起来不外三条：第一是中国人理解的马克思主义不是"真正的"马克思主义；第二是中国人要想理解"真正的"马克思主义几乎不可能；第三是即使中国人理解了"真正的"马克思主义，要使它中国化也几乎不可能。

我想对这三条理由提出不同的看法。

1. 中国人理解的马克思主义不是"真正的"马克思主义吗？有的论者在什么是"真正的"马克思主义这个问题上做了大量的文章，而且做了几十年。这种文章在国内外可以说得上汗牛充栋。其精华所在概括起来无非是认为只有马克思本人亲笔写的论著才是马克思主义，其他统统不算。据说恩格斯与马克思是有原则分歧的，经常歪曲马克思的思想。以哲学为例，马克思是"实践本体论"和"人本主义"，而恩格斯是"物质本体论"和"物本主义"。列宁的哲学是旧唯物主义，是机械反映论。至于斯大林的哲学更与马克思主义不相干，根本就是赝品。而中国人的马克思主义是从苏俄学来的，早期的中国共产党人读的马克思主义书籍无非是苏俄的教科书，是宣传列宁思想特别是斯大林思想的东西；他们充其量也只读过恩格斯、列宁和斯大林的几本书，马克思本人的书读得很少很少，连马克思的《1844 年经济学哲学手稿》都还不知道。他们头脑里的马克思主义不仅少得可怜，而且是变形走样的"马克思主义"，与"真正的"马克思主义相去甚远，简直就不是马克思主义。拿着这样的"马克思主义"来观察处理中国的问题，怎么谈得上马克思主义中国化？

我以为这些看法不能成立。

（1）只承认马克思一人写的论著是马克思主义理论，而把马克思的毕生合作者恩格斯的论著排除在外，甚至把恩格斯说成马克思思想的歪曲者和窜改者，这是对历史事实的无视。马克思和恩格斯在个人风格上当然有区别，他们的研究领域和战斗的具体任务有时也有必要的分工（恩格斯谦虚而又实事求是地称自己为"第二提琴手"），但他们自合作以来在理论原则的问题上从来没有分歧。1844 年 9 月至 11

月写的以批判鲍威尔兄弟为主题的《神圣家族》(1845 年出版)，1845 年 9 月至 1846 年夏写的《德意志意识形态》，1848 年写的《共产党宣言》，都是他们两人的合著。这些著作还算不算马克思主义？1845 年马克思写的《关于费尔巴哈的提纲》是由恩格斯在 1888 年首次发表的，并认为是"包含着新世界观的天才萌芽的第一个文件"，恩格斯的歪曲何在？有人把《反杜林论》和《自然辩证法》当成恩格斯与马克思"分歧"的"铁证"。然而《反杜林论》的全部原稿是念给马克思听过的，而且经济学那一篇的第十章(《〈批判史〉论述》)还是马克思亲自写的。① 恩格斯指出，这部著作是"我对马克思和我所主张的辩证方法和共产主义世界观的比较连贯的阐述"。② 马克思在 1880 年为《社会主义从空想到科学的发展》(即《反杜林论》的一部分)法文版写的前言中还高度赞扬《反杜林论》"在德国社会主义者中间获得了巨大的成功"。③ 哪里有什么"物质本体论"与"实践本体论"的"分歧"，"物本主义"与"人本主义"的"分歧"？在事关党的命运的严肃斗争中，在如此重大的理论问题上，如果马克思竟然赞同恩格斯发表歪曲自己思想的论著，还亲自参加写作，还给予高度评价，岂非天方夜谭？至于《自然辩证法》的写作，是恩格斯为了"确立辩证的同时又是唯物主义的自然观"而刻苦研究自然科学的结晶，是马克思主义哲学的不可缺少的组成部分。④ 这部著作虽然在马克思和恩格斯生前没有发表，但恩格斯在 1873 年写信向马克思详细谈过它的计划和基本构思。⑤ 在这里制造恩格斯与马克思的"分歧"也是毫无根据的。⑥

---

① 见《马克思恩格斯选集》第 3 卷，人民出版社 1995 年版，第 347 页。

② 见《马克思恩格斯选集》第 3 卷，人民出版社 1995 年版，第 347 页。

③ 见《马克思恩格斯选集》第 3 卷，人民出版社 1995 年版，第 689 页。

④ 见恩格斯：《反杜林论》三个版本的序言二。《马克思恩格斯选集》第 3 卷，人民出版社 1995 年版，第 349 页。

⑤ 见《1873 年恩格斯致马克思》。《马克思恩格斯选集》第 4 卷，人民出版社 1995 年版，第 614~616 页。

⑥ 朱传棨教授在《马克思恩格斯思想异同研究论纲》一文中对这一问题作了详细的分析论证。见《武汉大学学报(哲学社会科学版)》2002 年第 1 期。

（2）把列宁说成马克思的篡改者也毫无根据。这里且不说列宁在社会主义一国胜利的理论上对马克思主义的发展，只说哲学方面。有人对列宁的《唯物主义与经验批判主义》大加指责，并据此断言列宁的哲学思想是旧唯物主义，是机械的反映论，列宁的物质定义与马克思主义根本不相容。我认为此种批评忘记了（或者故意不提）列宁写这本书时的背景和任务。当时列宁面对的是斯托雷平反动年代泛滥成灾的主观唯心主义思潮，是连"地球在人类出现以前就存在"和"人是用头脑思想的"都不承认的荒谬理论，这种时髦的荒谬理论把矛头对准马克思主义的理论基础辩证唯物主义和历史唯物主义，已经成为反动势力向布尔什维克大举进攻的重要方面，党内一些大知识分子群起附和，危及党的生存。在那种情况下列宁理所当然地要突出强调坚持唯物主义的基本路线，在一定的场合肯定旧唯物主义的基本合理成分也是必要的（旧唯物主义也决不是一切皆错）。即使如此，列宁对旧唯物主义合理成分的肯定也是有严格条件的。正是他非常清晰地划清了辩证唯物主义与旧唯物主义的界限，强调了旧唯物主义在与唯心主义斗争中的软弱无力。何尝有什么机械反映论？至于列宁在1895—1916年写的《哲学笔记》中那些充满辩证法的精彩分析和论断，例如关于辩证法、认识论和逻辑三者同一的思想，关于辩证法要素的思想，关于人的意识不仅反映世界而且创造世界的思想，关于"聪明的唯心主义"（指辩证的唯心主义）比"愚蠢的唯物主义"（指旧唯物主义）更接近于"聪明的唯物主义"（指辩证唯物主义）的思想，关于黑格尔《逻辑学》这部最唯心的著作中"唯心主义最少，唯物主义最多"的思想等等，更充分说明了列宁的哲学思想与马克思哲学思想完全一致而又有所发展，与旧唯物主义根本不可同日而语。

（3）斯大林在实践上和理论上都有很多错误，这是事实。但把斯大林说成歪曲马克思主义的典型，错误的渊薮，而且祸延中国达数十年之久，也不是实事求是之论。我这里仍仅以哲学理论为例。斯大林的《辩证唯物主义与历史唯物主义》现在被批判得体无完肤，几乎被说成了马克思主义哲学的赝品，有的论者还说中国的马克思主义哲学都直接间接地来自这本小册子，所以也一无是处。我只说两点看法：

第一，这本小册子是 1838 年出版的《苏联共产党（布）历史简明教程》的第四章第二节①，是为了说明列宁的《唯物主义与经验批判主义》一书在斯托雷平反动时期为捍卫马克思主义政党的理论基础所起的巨大作用而写的，篇幅只有 25 页。它本来就不是马克思主义哲学的专著或专文，而只是由十二章组成的党史教程中的一节，目的是向党员简要介绍辩证唯物主义和历史唯物主义基本观点，而不是全面系统地论述马克思主义哲学，也不可能把马克思主义哲学的丰富思想发挥得很充分。作为这种性质的小册子，应该说基本上是一本好书，并非一无是处，更不能说是马克思主义的赝品。当然，这本小册子也确有严重缺点，主要是简单化绝对化的东西太多，辩证法的精神薄弱，其中也有不符合马克思主义的东西。在斯大林个人崇拜时期，这本小册子确实被捧到了不适当的高度，被说成了马克思主义哲学的典范，对苏联哲学界产生了很大的束缚作用。但斯大林在晚年的《苏联社会主义经济问题》和《马克思主义与语言学问题》中提出的一些有创见的马克思主义观点还是有贡献的，不应该对他全盘否定。

第二，中国的早期共产主义知识分子学习马克思主义并不仅仅是从苏俄来的，而且那时斯大林的《辩证唯物主义与历史唯物主义》还远没有出现。中国的唯物辩证法运动在 20 年代末 30 年代初就已经开始，那时斯大林的小册子也还没有出现。早在斯大林的小册子发表之前，把马克思主义哲学系统化的工作就有许多人做了。例如李达同志在 1929—1932 年翻译成中文出版的就有 4 本书：德国塔尔海玛的《现代世界观》(1929 年 9 月出版)，日本河上肇的《马克思主义之哲学的基础》(这是《马克思主义经济理论》一书的上篇，全书 1930 年 6 月出版)，苏联卢波尔的《理论与实践的社会科学理论》(1930 年 10 月出版)，苏联西洛可夫等的《辩证法唯物论教程》(1932 年 9 月出版)。这些书都有各自的体系，都与斯大林的《辩证唯物主义与历史唯物主

---

① 第 4 章的标题是"孟什维克与布尔什维克在斯托雷平反动时期。布尔什维克正式形成为独立马克思主义政党(1908 至 1912 年时期)"，此章第 2 节的标题是"辩证唯物主义与历史唯物主义"。

义》毫无关系。李达同志的《社会学大纲》(1935 年作为北平大学的讲义印行，1937 年由笔耕堂书店正式出版)，艾思奇同志的《大众哲学》(原名《哲学讲话》，1936 年)，毛泽东同志的《辩证法唯物论提纲》——包括《实践论》和《矛盾论》(1937 年)，这些著作也都有自己的体系，都与斯大林的《辩证唯物主义与历史唯物主义》的体系毫无关系。以李达同志的《社会学大纲》为例，这本被毛泽东同志称为"中国人自己写的第一本马克思主义哲学教科书"的长达 425000 字的名著就反映了中国当时的马克思主义者对马克思恩格斯原著已有相当系统的研究。这本书在第一篇第一章第二节《唯物辩证法的生成及发展》中论述马克思主义哲学的创立过程时，不仅分析了《论犹太人问题》、《黑格尔法哲学批判》、《英国工人阶级状况》、《神圣家族》、《关于费尔巴哈的提纲》、《德意志意识形态》等马克思和恩格斯的原著，还分析了 1932 年才首次在苏联出版的《1844 年经济学哲学手稿》，并对这部手稿作了长达两页的分析。这本书在斯大林的小册子发表前 5 年就印行了，怎么能说中国人的马克思主义哲学都是从斯大林那里学来的呢？即使在斯大林的《辩证唯物主义与历史唯物主义》1938 年发表之后，它的体系对中国马克思主义哲学(包括教科书的编写)也没有特别重大的影响。事实上，除了 20 世纪 50 年代来中国的苏联专家在讲课时一度采用过这种体系外，中国学者写的马克思主义哲学教科书都并没有按这个体系。这是有书为证的。还应该指出的是，对斯大林的这本小册子的缺点错误提出尖锐批评的正是中国的马克思主义者。毛泽东同志 1957 年 1 月 27 日在省市自治区党委书记会议上的讲话中就曾尖锐地批评了"斯大林有许多形而上学，并且教会许多人搞形而上学"。他说斯大林在《苏联共产党(布)历史简明教程》中讲事物的"联系"时没有说明联系就是对立的两个侧面的联系；讲事物的内在矛盾又只讲对立面的斗争而不讲对立面的统一和在一定条件下的互相转化。他还批评了苏联的《简明哲学词典》第四版关于"同一性"的一条"就反映了斯大林的观点"，"是根本错误的"。"对立面的这种斗争和统一，斯大林就联系不起来。苏联一些人的思想就是形而上学，就是那么硬化，要么这样，要么那样，不承认对立统一。因此，在政治上就犯错误。"①可见，说斯大林的理论对中国人掌握马克思主义有特别巨大而恶劣的影响，并不符合实际情况。

2. 中国人几乎不可能掌握马克思主义吗？有的论者更进一步，认为中国人即使读了马克思的原著也会读不懂，因此就很难理解马克思主义。理由是，要理解马克思主义首先就得读懂整个马克思主义的基础——马克思主义哲学。而马克思主义哲学是产生于西方"语境"的学问，是整个西方文化传统发展的产物。西方的文化背景、思维方式、语言习惯都与中国迥然不同，这是一个巨大的鸿沟。比如古希腊哲学就与中国哲学没有共同语言。中国人如果不把自己的思维方式和语言习惯改变得与西方人一模一样就读不懂古希腊哲学，因而也就读不懂全部西方哲学，当然也读不懂马克思的哲学。中国人要读懂马克思主义哲学，就得首先把自己的思维方式、语言习惯彻底西方化，跨过这个鸿沟，否则即使把马克思的文本摆在面前也读不懂。而跨越这个鸿沟谈何容易？至少也要在书斋里磨上几十年上百年。几个急于为中国的救亡图存的实务忙得不可开交的人怎么可能做这件事？不做这件事又怎么能掌握真正的马克思主义哲学？不掌握真正的马克思主义哲学又怎能掌握真正的马克思主义？不掌握真正的马克思主义又哪里有资格谈马克思主义中国化？由此可见，所谓马克思主义中国化，不过是中国共产党人拿着被误解了的"马克思主义"在那里解决一些实际问题，然后把这个过程叫做"马克思主义中国化"而已。于是结论不言而喻：马克思主义中国化其实是虚构的东西，至少到现在还没有这回事，将来即使可能，也是难于上青天的事。

我认为这也是耸人听闻的不实之词。不错，哲学与文化传统的关系无可否认（我们在后面还要特别强调这一点），中西思维方式和语言习惯的差别也是事实。但也不必把这一点夸大到玄之又玄神乎其神的程度。既为哲学，无论"形而上"到什么程度，所论的总还是宇宙人生的大事，概括的总还是有普适性的内容，而不可能是一个文化圈里的秘传暗语，更不可能是哲学家私人的自言自语，否则算什么哲

---

① 《毛泽东文集》第 7 卷，人民出版社 1999 年版，第 195 页。

学？语言习惯和思维方式当然有民族特征，但各民族之间的生存条件和实践方式也并非毫无共同之处，由此形成的思维方式也不会绝对地碍格不入，不可通约。假如有一天真有"外星人"同我们打交道，我相信他们的逻辑与我们还是相通的。同在一个地球上的人，彼此的思想何至于就不可以互相沟通、互相理解？那鸿沟就真的巨大到几乎不可逾越？倘真如此，现在大家提倡的文化交流和对话等等岂非痴人说梦？马克思主义哲学诚然是西方哲学传统的产物，它的表述形式也确与中国传统哲学大相歧异；但它的内容却是世界性的。它的基本原理和基本精神，它在哲学领域里造成的变革，是世界各民族有正常思维能力的人都可以理解的，并不因为中国人一解读就面目全非。产生佛教哲学的文化传统与中国文化传统的差异也并不小，然而中国人理解了佛教哲学并把它改造成了许多派别的中国化的佛教哲学。谁也不会说这些中国化了的佛教哲学就不成其为佛教哲学。佛教哲学如此，马克思主义哲学何独不然？最早接受马克思主义哲学的一批中国人确实不是西方哲学的专家，他们的思维方式和语言习惯当然也与地道的西方人有所不同。但他们也决非对西方文化一无所知的冬烘先生，而是相当熟悉西方文化的先进知识分子。他们对马克思主义哲学的论述，在今天看来虽然简单一些，也不见得处处准确；但总的说来还是得其要旨，并无重大误解，何曾像某些论者描绘的那样一窍不通？他们当时对马克思主义哲学的理解即使还不够深刻，但作为马克思主义中国化的起点，已经不是什么致命的弱点了。何况马克思主义中国化并不止于起点，它还在不停顿地发展。在总结中国实践经验的过程中，在进一步研读马克思主义哲学著作的过程中，中国人对整个马克思主义的理解，包括对马克思主义哲学的理解也在不断深化，并以新的内容补充、丰富、发展了马克思主义哲学。这才是马克思主义哲学中国化的实际过程。如果看轻了这个过程的意义，甚至否认这个过程的存在，那就未免远离事实了。

3. 中国人不可能使马克思主义中国化吗？有的论者说得更彻底，干脆认为中国人即使读懂了马克思主义，也不可能使马克思主义中国化。理由是，马克思主义本来就是西欧的社会条件和文化背景的产物，是离不开西方土壤的东西。一搬到中国这块完全不同的土壤里就水土不服，变形走样，不成其为马克思主义了。中国化的马克思主义只能是"儒家化"的、"封建化"的"马克思主义"，实际上已经把马克思主义"化"为乌有，根本不是马克思主义了。

这种说法仍然是"马克思主义不符合中国国情论"的老调新弹，在理论上完全不通。马克思主义虽然产生于西欧，但它的视阈是整个人类历史和世界全局，而不仅是西欧。它决不是地域性的理论，而是世界性的理论。马克思主义的根本原理并不只是西欧情况的概括，而是整个世界历史发展过程的概括。中国情况的特殊性并没有否定这些根本原理的普适性。中国马克思主义者使马克思主义中国化，并不是用中国的特殊性来取消马克思主义根本原理的普适性，而恰恰是以这些根本原理为指导来具体分析中国的特殊情况，当然也包括批判地吸收和借鉴中国传统文化中一切积极合理的成分，得出新的结论。在这种新的结论中马克思主义的根本原理不仅没有消失，而且得到了证实、发展和丰富。这与"儒家化"、"封建化"有什么相干？硬说中国革命的理论和中国特色社会主义理论是儒家理论和封建理论，岂非不顾起码的事实？

那么，马克思主义中国化是不是使马克思主义走样了呢？那要看对"走样"这个词怎么理解。如果认为只有与马克思本人的著作不爽毫厘才算不"走样"，那么"走样"的事实确实存在。但有两种不同性质的"走样"：一种是从根本上背离马克思主义的根本原理，首先是背离它的世界观和方法论，并且朝着倒退的方向"走样"。这是不可取的，因为它是思维水平的降低。一种是坚持马克思主义的根本原理，而又有所前进。这是极大的好事。不允许这种意义的"走样"，就等于禁止马克思主义随着实践的发展而发展，把马克思主义视为化石，变成教条。如果把这种"走样"也看成罪过，那么第一个难辞其咎的就是马克思本人。马克思的思想也是活的，也在发展，他的世界观和方法论本质上就是批判的、革命的，不仅批判别人，也经常自我批判，自己也常常"走样"。如果马克思今天还健在，他还会一字不差地复述100多年前的每一句老话吗？马克思自己可以根据实践和认识的发展做一些"走样"的事情，为什么他的后继者就没有这个权利呢？

准确地理解马克思主义的根本原理确实极为重要，对马克思主义根本原理的理解如果发生偏差，势必妨碍马克思主义中国化的工作，甚至发生重大失误。我们说中国的马克思主义者对马克思主义根本原理的理解基本正确，并不是说从来没有任何偏差和误读。事实上这样那样的偏差和误读确实发生过，并且造成过危害。因此马克思著作文本的精确翻译和系统研究是一件必不可少的基础性的工作，今后还需要下大气力解读马克思的原著，以求尽可能全面准确地理解马克思的原意，这是毫无疑问的。现在也比以往任何时候更有条件做好这件工作。可是，全面准确地理解马克思文本的原意还是为了做好马克思主义中国化的工作，而不是为理解原意皓首穷经，不是为了停留在原意上，更不是以保持原意为理由限制我们根据新的实践对马克思主义的发展。

二、马克思主义中国化的必要性问题

有人并不否认马克思主义中国化的可能性，但却否认马克思主义中国化的必要性。我以为有两种观点值得澄清：

一种观点认为，解决中国的问题未必需要马克思主义。这种观点在几十年前曾以马克思主义不适合中国国情的理由出现，现在又以时代特征和中国国情起了变化为理由再度出现。这些论者一再强调时代和国情，可是他们的谬误恰恰在于无视或曲解了时代和国情。马克思主义当年成为中国人民救亡图存的思想武器正是时代的选择、国情的需要。中国人曾经选择过的各种西方资产阶级学说所以逐一破产，是因为处在资本帝国主义时代的半封建半殖民地的中国根本不可能走西方资本主义的老路。马克思主义传入中国后所以使中国革命的面貌焕然一新，是因为马克思主义不是为资本主义的合理性和永恒性辩护的理论，而是揭示资本主义的历史暂时性和昭示社会主义前途的理论；不是停留在事物表面现象的理论，而是为把握社会历史的本质提供科学方法的理论。中国共产党召开一大的时候只有 13 个代表,而且都是手无寸铁的书生,全国也只有 50 多个党员。然而这样一个党凭着马克思主义的指导,发动和率领了千百万群众,仅仅用了 28 年的时间就推翻了"三座大山",建立了新中国,使马克思主义不合中国国情的谬论彻底破了产。有人说这是因为五四运动造成了中国文化的断裂,马克思主义才得以乘虚而入。这实在滑稽之至。且不说断裂说本身就是无稽之谈,就算断裂吧,那么别的理论为什么不能乘虚而入大显身手,而马克思主义独能如此?有人说马克思主义在中国的胜利是靠共产党的武力。这也同样滑稽。党成立时恰恰没有一枪一弹,后来有了军队也比敌人的武力弱小得多,军事上压倒敌人是很晚的事,而且是马克思主义赢得千百万群众的结果。离开了马克思主义在中国的作用来解释如此重大的历史事变,怎能自圆其说?现在的世界格局和中国的国情确实发生了巨大的变化,但是这种变化更加表明中国特色社会主义道路是振兴中华的唯一可行的道路,其他的道路都只能使中国陷入分裂倒退,沦为资本霸权主义的附庸。马克思主义中国化的任务不是减轻了,更不是取消了,而是更必要、更迫切、更艰巨了。当然,马克思主义中国化不仅不排斥西方理论中一切有用的成分,而且还必须有条件地吸收和借鉴它们。但是现在有人以我国实行社会主义市场经济和体制改革为借口,把各种西方资产阶级理论的整个体系成龙配套地当做灵丹妙药向国内推销,那就是另一种性质的问题了。如果我们没有清醒的头脑,在这个问题上就会吃大亏,上大当。

另一种观点认为,解决中国的问题只有原原本本地照着马克思的本本找答案,一切结合中国实际的新发展似乎都背离了马克思主义。这是老教条主义的翻版。从最一般的意义上说,马克思主义的世界化和本土化(或地域化)是一个过程的两个方面。马克思主义哲学的产生土壤虽然在西方,但它的理论内容本质上却是世界性的,是全世界的共同财富。但马克思主义哲学要在现实上成为世界性的理论,还必须为世界各国度、各民族、各地域的人民所理解、所接受,这就需要有一个世界化的过程。而这个世界化的过程与数学和自然科学的世界化过程是不同的,它必须结合各国度、各民族、各地域的特殊实际,实现本土化，否则马克思主义对这个国度、民族或地域就还是外在的东西，不可能生根发芽，开花结果，马克思主义理论本身也不可能现实地世界化。从具体的实际意义上说，马克思主义提供的只是反映普遍规律的根本原理，不可能给各个国度、民族和地域发生的具体问题提供现成的答案。不把马克思主义的根本原理与不断变化着的中国实际结合起来，不停顿地推进马克思主义中国化的工作，就解决不了中国的任何问题。中国民主革命时期的教条主义造成的危害，必须永远引为鉴戒。

黑格尔在给 J. H. 沃斯的一封信里说得好："路德让圣经说德语，您让荷马说德语，这是对一个民族所作的最大贡献，因为，一个民族除非用自己的语言来习知那最优秀的东西，那么这东西就不会真正成为它的财富，它还将是野蛮的。""现在我想说，我也在力求教给哲学说德语。如果哲学一旦学会了说德语，那么那些平庸的思想就永远也难于在语言上貌似深奥了。"①"教给哲学说德语"，正是为了使那些并非产生于德国的哲学德国化，成为德国的财富。我想，黑格尔的这段话不仅适用于哲学，也适用于一切社会历史理论，包括马克思主义理论。马克思主义所以能成为中华民族的宝贵财富，正因为中国的马克思主义者"教给马克思主义说中国话"，"让马克思主义说中国话"，也就是做了马克思主义中国化的工作。这个工作必将随着中国社会主义建设实践的发展而具有越来越丰富的内容，为中华民族的振兴和马克思主义的发展做出更大的贡献。

---

① 黑格尔：《致 J. H. 沃斯的信》，见苗力田译编：《黑格尔通信百封》，上海人民出版社 1981 年版，第 202 页。

关于马克思主义大众化问题*

胡锦涛总书记在党的十七大报告中号召"建设学习型政党"，"大力推进理论创新，不断赋予当代中国马克思主义鲜明的实践特色、民族特色、时代特色。开展中国特色社会主义理论体系宣传普及活动，推动当代中国马克思主义大众化"。党的十七届四中全会决议在谈到执政党建设基本经验时，又指出要"坚持把思想理论建设放在首位，提高全党马克思主义水平，不断推进马克思主义中国化、时代化、大众化"。这是一项关系高举中国特色社会主义旗帜的战略任务。我仅就马克思主义大众化的两个问题谈几点认识。

一、大众化与中国化和时代化的关系问题

首先我想谈谈我对大众化这个概念的理解。大众化与大众性是有区别的。大众性是理论本身的一种属性，是标识理论所涉及、维护或关注的群众的范围的概念。大众化是使理论为尽可能多的群众所理解和认同的一种工作。②

这个意义上，可以说任何理论都有一定程度的大众性，只不过"大众"的成分和范围有所不同而已。奴隶主阶级、地主阶级和资产阶级的理论也都反映了本阶级的诉求，还在不同程度上反映了相关阶级在一定历史条件下的共同诉求，也有自己的群众，也有一定的大众

---

* 载《求是》杂志社《红旗文稿》2010 年 1 月 7 日。

② "群众"和"大众"都是 mass 的汉译，可以视为同一概念。在中国作者的著述中常常通用，本文也未作区分。

性。完全没有大众性的理论是不存在的。同时，任何理论也都需要大众化。这是因为理论都不是大众自发活动的产物，而是少数理论家精神劳作的产品。如果不经过一番大众化的工作，即使客观上反映了大众的利益和诉求，也未必能为大众所理解。任何阶级的理论家创造理论都不是为了自娱自乐，而是为了按照他们所维护的阶级的利益改变世界。他们决不满足于把自己的理论变成藏之名山的秘密文献，而总是要努力在大众中传播宣扬，让大众理解理论、信服理论，从而征服人心，赢得大众。这种工作就是大众化。历代的统治阶级没有不高度重视理论的大众化的。他们积累了很丰富的经验，并且做得很成功，这是他们在一定时期能够维持统治地位的重要原因之一。他们的经验至今对我们还有借鉴的价值。

马克思主义与其他一切理论的根本区别不在于有没有大众性，也不在于需要不需要大众化，而在于大众性和大众化的内容和范围与别的理论根本不同。马克思主义理论代表的是有史以来最进步的阶级即无产阶级的根本利益，同时也代表了有史以来最广大的人民群众的根本利益。它的根本任务不是以一种剥削制度代替另一种剥削制度，以一个剥削阶级的统治代替另一个剥削阶级的统治，而是经过一系列的历史发展阶段，最终达到彻底消灭阶级差别，解放全人类。因此它的大众性具有史无前例的深刻内容和广阔空间，与其他理论的大众性有原则的不同。另一方面，马克思主义理论也不是工人运动自发的产物，而是马克思和恩格斯这样的知识分子总结社会发展史，批判地吸收人类文明发展大道上一切优秀成果而创造出来的科学体系，所以也必须经过艰苦的大众化的工作才能为大众所理解，实现它的大众性，这也就是"理论掌握群众"的过程。离开了大众化的工作，马克思主义理论就不可能转化为摧毁剥削制度的物质力量，也不可能在千百万群众的实践中接受考验，总结经验，得到丰富和发展。对马克思主义来说，大众化不是可有可无的附加物，而是由马克思主义的本性和使命决定的题中应有之义，是马克思主义的不可或缺的基本要求。只停留在书斋里和理论家头脑里，而不为群众理解和运用的马克思主义，最多也只是不能实现也不能发展的学理，而不是真正意义上的马克思主义。

但是，如果离开了中国化和时代化孤立地谈论马克思主义的大众化，那就会使大众化成为抽象的口号。这是因为：

第一，从横向来看，马克思主义是世界性的理论而不是地域性的理论，它的基本原理的普适性是涵盖整个世界的。但是，马克思主义反映的普遍规律就寓于各个国度、民族、地域的特殊发展规律之中，只有把普遍原理与具体情况正确地结合起来，实现了一般和特殊的统一，这些普遍原理才能实际上得到体现，在生活中得到实现。马克思主义的世界化和本土化是统一过程的两个方面。马克思主义如果没有世界性的本质，就不可能在各个国度、民族或地区实现本土化；同样，没有成功的本土化，马克思主义的世界性也只能是高悬在空中的一般道理，不能解决各个国度、地区和民族千差万别的特殊问题，不能实际地实现世界化。就中国而言，马克思主义的本土化就是中国化，就是马克思主义普遍原理与中国实际相结合，解决中国的实际问题。马克思主义在中国大众化的过程，就是使中国的大众掌握和运用马克思主义的过程，同时也必然是马克思主义中国化的过程。事实已经证明，这是中国革命建设取得胜利的必由之路。在民主革命时期，如果没有中国化的马克思主义毛泽东思想，如果毛泽东思想没有通过大众化而掌握千百万群众，就不可能设想能推翻"三座大山"，把半封建半殖民地的旧中国变成社会主义的新中国。在社会主义建设时期，如果没有中国化的马克思主义中国特色社会主义理论体系，如果这个理论体系没有通过大众化而掌握十几亿群众，就不可能指引一个经济文化落后的东方大国在极短的时间里取得奇迹般的举世瞩目的成就。

第二，从纵向来看，马克思主义理论反映了历史发展的规律，特别是反映了资本主义产生以来直到现在社会发展的特征。它虽然产生于150多年以前，但它的基本观点不仅没有过时，而且仍然高于后出的其他理论。它是现代性的理论。但现代也是一个动态的过程，现代的具体情况也在不断地发展变化。马克思主义理论并不因为它是现代性的理论就可以停滞不前。马克思主义之所以不会过时，正因为它与时俱进，随着时代的发展变化而发展，在坚持自己的根本立场、观点、方法的同时使自己与当下面临的具体情况相适应。就中国而言，我们决不能抛弃马克思主义的根本立场、观点、方法，决不能抛弃仍然符合当前实际情况的根本原理，又不能停留在马克思主义经典作家已有的一切具体论述上，也不能停留在我们自己已有的理论上，而必须把马克思主义的普遍原理与现代世界不断变化的实际结合起来，与我们国家当前正在进行的社会主义建设事业结合起来，持续地推进马克思主义在中国的现代化。这与大众化是同步的工作，因为我们面对的大众是生活在现时代的中国的大众。离开了现代的特征，离开了大众当前的实际生活和需要，大众化就没有找到对象，大众也不会关心这种理论，大众化就是一句空口号。中国特色社会主义理论体系也是一个开放的系统，它也在不停顿地随着社会主义建设的发展而发展，推进着现代化的过程。这正是这一理论体系的生机和力量所在。

中国化、现代化、大众化是相互联系的统一整体，离开了哪一条都行不通。而它们的地位又不是平列的。中国化是统领一切的总问题，它逻辑地蕴涵着其他两个方面。但这不是说其他两个方面没有相对独立的意义，不需要作为问题来探讨。大众化就是需要专门探讨的问题。

二、推进大众化的途径与方法

在现代中国如何做好马克思主义大众化的工作，我以为有几个问题值得探讨：

1. 大众化的内容问题。一般说来，大众性既然是马克思主义的本质属性，大众化又是实现马克思主义大众性的无可代替的方法，那么马克思主义大众化的内容就应当涵盖马克思主义创立以来的全部成果，不能说马克思主义只有一部分需要大众化。但是，就当前我国的具体情况来说，大众化的重点应当是当代中国的马克思主义，也就是中国特色社会主义理论体系，因为这是马克思主义中国化最新成果，是党的方针路线的理论基础，是当前中国人民最迫切需要掌握的思想武器。这个理论也是最贴近中国人民大众的需要、最为人民大众密切关注的。毫无疑问，马克思主义的经典文本，世界各国马克思主义的发展史等等，都应当深入研究，不研究这些也不可能深刻理解当代中国马克思主义的来龙去脉，甚至对马克思主义的原理原则产生误解和曲解。但我们的侧重点应当是当代中国的马克思主义，也就是中国特色社会主义理论体系。

2. 大众化的对象问题。"大众"这个概念的内涵和外延不是一成不变，而是历史地发展着的。在今天社会结构多元化的情况下，对不同的社会阶层、不同的社会群体的要求应当有所区别；对同一阶层、同一群体的成员还需要根据不同的文化水平、职业特点等等具体情况有所区别，不能一刀切。对共产党员，特别是党的各级领导干部的要求应当是成为马克思主义的坚定的信仰者和实践者，尽可能系统准确地掌握中国特色社会主义理论体系，了解这一理论的源头和形成过程，能运用这一理论分析和解决工作中的新问题，能鉴别和抵制违背这一理论的各种错误思想，有条件的还应当能概括新的实践经验，做出理论创新。对广大群众则应当按照具体情况作出不同的要求，尽可能地使他们懂得这一理论的基本内容和科学根据，懂得只有以这一理论为指导才能实现社会主义理想，实现国家富强和民族振兴。我们不能要求所有的人都成为马克思主义者，但我们可以和应当使最广大的群众理解党的方针政策的理论依据，拥护党的方针政策，齐心协力地共同为社会主义建设事业努力奋斗，把社会的凝聚力发挥到最大限度。

3. 大众化与通俗化的关系问题。通俗化与大众化都可以用popularize 来表达，在许多场合作为同一概念也未尝不可。但我以为仍以适当区别为好。大众化是马克思主义理论的基本要求，离开了大众化就丧失了马克思主义的根本，会使马克思主义不起作用。而通俗化则可以理解为大众化的形式之一，是特指马克思主义理论的普及工作。当年毛泽东《在延安文艺座谈会上的讲话》中讲到文艺的提高与普及的关系的基本论点，也适用于马克思主义理论，那就是在普及基础上的提高，在提高指导下的普及。在这个问题上，我以为有几点值得注意：

（1）无论是提高或普及，都离不开大众化。即使是艰深复杂的、需要具有专门的知识准备才能领悟的理论问题，也不在大众化的范围之外，对这些问题的研究和宣传也应当联系实际，有的放矢，力求大众化，而不能脱离实际，闭门造车。对文本的翻译也要力求"信，达，雅"，避免因语言的失当而妨碍人们对原意的理解，产生误导。

（2）普及的对象毕竟人数最多，普及工作做不好，马克思主义就会在最广大的群众中失去阵地。因此通俗化的工作至关重要。胡锦涛同志在十七大报告中强调"开展中国特色社会主义理论体系宣传普及活动，推动当代中国马克思主义大众化"，是有很强的针对性的。

（3）有的同志或多或少地认为通俗化是比较低级的、容易的工作，其实不然。把深刻的道理讲得通俗易懂，没有深厚的理论素养、扎实的专门知识、丰富的实践经验和老练的语言文字功夫是不易做好的。高水平的理论家应当多做一些"以通俗的言语，讲亲切的经验"的工作，当年的李达、艾思奇、杨献珍、冯定等前辈都为此做出了贡献。现在中宣部理论局组编的《理论热点面对面》也很受欢迎。要提倡名家做马克思主义的"科普"工作，"'大家'写，大家看"。

（4）要划清通俗化与庸俗化的界限。通俗化（popularize）与庸俗化（vulgarize）是根本不同的概念。通俗化的要求是使理论的表述显豁易懂（easy to understand）而又不损原意。而庸俗化则只能使理论变成粗鄙低劣的东西，变成马克思主义的赝品。庸俗化的东西尽管也可能"易懂"，甚至"有趣"，但它歪曲了马克思主义，根本不能算是马克思主义的作品。当然，为了通俗化，往往需要借助一些形象、比喻、成语、故事甚至俚语等等作为辅助，也难免在一定程度上降低论证的严密性，但"底线"是决不能牺牲理论的准确性，不能因为追求易懂而造成"失真"，尤其不能陷入庸俗化。

（5）通俗化也有不同的层次、不同的形式。要根据不同对象的特点有所区别。而且，提高和普及的界限也不是固定不变的，随着大众水平的提高和需要的变化，普及的对象、范围和内容也要与时俱进。艾思奇同志的《大众哲学》当时发挥了巨大作用，今天我们还要学习这本书的优点和精神，但也不能照搬它的一切，因为时代变化了，大众的构成和需要也变化了。我们也需要精心编著一些不同形式、不同风格的通俗读物，以满足不同时期、不同对象的要求。

4. 大众化与语言文字问题。语言文字是理论的载体，理论只有通过语言文字才能表达和传播。在中国要实现马克思主义的大众化，就得下工夫用中国人喜闻乐见的语言文字说话，说中国话（Chinese language）。有的同志认为马克思主义是西方文化的产物，而西方的思维方式和语言习惯与中国的根本不同，用中国语言表述马克思主义必定变形走样。我认为这种说法是似是而非的。西方的历史背景和文化传统与中国的不同，思维方式和语言习惯也确有差别，这是事实。有不少专家在这方面的研究成果很有价值。但由此推出不可能用中国语言讲马克思主义，那就远离事实了。如果一种理论只能用一种语言表达，那么不同民族之间的文化交流和对话就根本不可能了，要交流对话也只能是一连串的互相误解。这显然不符合已经存在了几千年的事实。更重要的是，用中国语言讲马克思主义不仅可能，而且必要，非如此不能使马克思主义在中国生根。我在这里要借重一位外国人的言论，这个人就是黑格尔。黑格尔在给 J. H. 沃斯的一封信里说得非常精彩："路德让圣经说德语，您让荷马说德语，这是对一个民族所作的最大贡献，因为，一个民族除非用自己的语言来习知那最优秀的东西，那么这东西就不会真正成为它的财富，它还将是野蛮的。""现在我想说，我也在力求教给哲学说德语。如果哲学一旦学会了说德语，那么那些平庸的思想就永远也难于在语言上貌似深奥了。"①黑格尔说得多么深刻，多么尖锐！他毫不含糊地宣布他要"教给哲学说德语"，正是为了使那些并非产生于德国的哲学德国化，在德国大众化。他认为只有这样才可能使那些"最优秀的东西"成为德国的财富；否则不仅不能成为德国的财富，还会是"野蛮"的东西。我想，黑格尔的这段话不仅适用于哲学，也适用于一切社会历史理论，包括马克

---

① 苗力田译编：《黑格尔通信百封》，上海人民出版社 1981 年版，第 202 页。

思主义理论。黑格尔可以"教哲学说德语"，为什么我们就不可以教马克思主义说中国话(Chinese language)呢？佛教从东汉传入中国以后形成了那么多流派，不都是说的中国话吗？难道因为它们说中国话就不是佛教了吗？佛教可以说中国话，为什么马克思主义就不可以说中国话呢？事实上，马克思主义所以能成为中华民族的宝贵财富，正因为中国的马克思主义者一直在"教给马克思主义说中国话"，"让马克思主义说中国话"，也就是做了马克思主义中国化(Sinonization of Marxism)的工作，同时也就是做了马克思主义大众化和现代化的工作。这正是中国的马克思主义者的责任，也只有中国的马克思主义者才可能担当起这个责任。

当然，中国话也不是一成不变的，同为中国语言，现代的中国语言就不仅和古代的文言文不同，而且与五四时期的白话文、与我们中国早期马克思主义者作品的表述方式也有所不同。这是正常现象。此外，在语言发展过程中吸收某些外来的词汇和表述方式也是很正常的。不仅不可避免，而且是丰富和发展中国语言的重要的途径之一。事实上我们已经做了很多，而且成绩斐然。但是，任何一种语言都有它长期形成的相对恒定的要素，是不能随便改变的。如果弄得面目全非，就不成其为这种语言，本民族的人也看不懂、听不懂了。以汉语为例，恕我直言，现在有的博士生写的论文可以说是用汉字写的洋文，用汉语说的洋话，比古文和外文都难懂，不仅我看得非常吃力，他们彼此之间也常常因为看不懂对方的文章而叫苦不迭，要中国老百姓喜闻乐见恐怕更是难上加难了。至于生造词句，故弄玄虚的毛病，也颇为常见。我认为这是一种病态，而且有蔓延之势。多年前我就曾为此呼吁过①，后来又不避絮聒之讥，多次发文进言；但应者寥寥，收效甚微。看来这种毛病也是古已有之的。苏轼给谢民师写过一封信，其中批评扬雄"好为艰深之词，以文其浅陋"。在他看来，扬雄

---

① 见1984年1月拙文《谈谈马克思主义哲学的通俗化——读毛泽东同志致李达同志的三封信》，载《陶德麟文集》，武汉大学出版社2007年出版，第270页。

讲的那点道理并没有那么玄乎，"若正言之，则人人知之矣"。扬雄是不是确有这个毛病，姑且不论，但苏轼讲的这个道理是很对的。他还引用孔子的话："辞，达而已矣。"并说："辞而至于能达，则文不可胜用矣。""文不可胜用"，这是何等难能可贵的境界！有人似乎以为话越说得艰深晦涩，佶屈聱牙，让人不知所云，学问就越大。这是极大的误解。其实恰恰相反，"以艰深文浅陋"最不费力，而用准确明快生动活泼的语言讲清深刻复杂的道理才是最难的。最近读了报道台湾的余光中先生在一次讲演中批评"西化汉语"的文章，颇有同感。他举例说，"他是他父亲和母亲的唯一的儿子"这句话就是一句西化汉语，虽然不能说语法不通，但总不如说"他是独子"来得顺当。毛泽东一贯重视文风问题，当年他把文风与学风、党风一起列为"整风"的内容，反对党八股和洋八股，尖锐地揭露了文风不正的危害性，我以为至今还有现实意义。

对马克思主义中国化研究中
两个问题的理解[*]

近年来学术界对马克思主义中国化的研究出现了空前繁荣的局面，成果累累。有些见解上的差异也很自然，这对于通过切磋交流加深认识大有助益。我认为有些问题涉及马克思主义中国化的理论基础，是一些前提性的问题。本文试图对其中两个问题提出个人的一些商榷意见，请大家指正。这两个问题是：马克思主义中国化的可能性问题；检验马克思主义中国化成败得失的标准问题。

一、马克思主义中国化的可能性问题

马克思主义中国化是一个进行了 80 多年还在继续进行的过程，是一个客观事实，现在提出马克思主义中国化的可能性问题是不是多余的呢？我认为并不多余，因为实际上有些论者并不承认马克思主义中国化的可能性，把这个问题明晰地提出来讨论还是必要的。

否定马克思主义中国化的可能性的论点可以大体归结为三种：一是认为中国人学到的"马克思主义"其实并不是"真正的"马克思主义；二是认为中国人即使面对着马克思主义的文本也不可能读懂；三是认为即使中国人读懂了马克思主义的文本也不可能使马克思主义中国

＊ 载《中国社会科学》2009 年第 1 期。《新华文摘》2009 年第 9 期（2009 年 5 月 5 日）全文转载。中国社会科学院内部学习刊物《学习与参阅》2009 年第 5 期（总第 270 期）全文刊登。中国人民大学书报资料中心《马克思列宁主义研究》2009 年第 4 期全文转载。

化。这三个论点是层层递进的。现在逐一辨析如下：

1. 中国人学到的马克思主义是不是真正的马克思主义？对这个问题作否定回答的论者首先作了一个预设：只有马克思本人亲笔写的论著才是真正的马克思主义，其他统统不算。他们对文本做了精细的研究，其意图和着力点都在于找出马克思与恩格斯的"根本分歧"，证明恩格斯的理论与马克思的理论从来就不一致。例如，在哲学上马克思是"实践本体论"，恩格斯是"物质本体论"；马克思是"人本主义"，恩格斯是"物本主义"。不宁唯是，就连马克思本人的论著也有时段之分，只有早期和晚期的论著才是真正的马克思主义。至于其他的后继者，例如列宁和斯大林，更与马克思主义无缘。在作了这个预设之后，他们就来考证中国人的马克思主义是从何处学来的。他们发现，中国人的马克思主义是"十月革命一声炮响"从苏俄"送"来的，早期的中国共产党人读的书籍无非是从苏俄介绍来的论著，充其量也只读过恩格斯、列宁和斯大林的几本书，加上苏俄理论家编写的转述马克思主义的书，对马克思本人的书读得很少很少，连马克思的《1844年经济学哲学手稿》都还不知道。他们头脑里的马克思主义不仅少得可怜，而且是变形走样的"马克思主义"，与"真正的"马克思主义相去甚远，实际上并不是马克思主义。他们不过是拿着被误解了的"马克思主义"来处理中国革命的一些实际问题，在这个过程中建立了一套自己的理论体系，然后把这个理论体系自称为马克思主义中国化的成果罢了。

我认为这些观点是不能成立的。

(1) 把恩格斯的理论排除在马克思主义之外，我认为没有根据。马克思和恩格斯确实是通过不同的道路、经过不同的思想历程才成为合作者的；成为合作者以后他们也有各自的特点，各自的风格，研究的领域也各有侧重，任务也有必要的分工。他们的合作也是共同探索的过程，其中有理论内容上的切磋砥砺，有文字表述上的推敲润色，各人对自己的想法和表述也会经常有所变动。这些都是很自然的事。要从他们在不同情况下发表的论著中找出两人的差别，特别是从手稿文本中找出两人的差别，并不困难；甚至要找出马克思自己与自己的差别、恩格斯自己与自己的差别也不困难。我并不笼统地反对这种寻找差别的研究，因为这种研究对于更细致地了解马克思主义形成的思想历程是有价值的。但是，如果找出这种差别之后刻意做许多文章加以渲染，把这种差别说成马克思和恩格斯的"根本分歧"，否认恩格斯是马克思主义的创立者之一，断言恩格斯的理论不是马克思主义，只有马克思本人亲笔写的论著（而且又只限于早期和晚期）才是马克思主义，那就远离事实了。事实上，马克思和恩格斯自合作以来，在原则问题上是高度一致，没有分歧的。1844 年 9 月至 11 月写的以批判鲍威尔兄弟为主题的《神圣家族》，1845 年 9 月至 1846 年夏写的《德意志意识形态》，1848 年写的《共产党宣言》，都是他们两人的合著。在这些著作的手稿上确能发现有增添删削之处，但这是在任何合作者的手稿上甚至在同一人的手稿上都常见的事，并不表明有什么"根本分歧"。说这样共同创作共同署名的著作不是两人共同思想的结晶，是说不过去的。1845 年马克思写的《关于费尔巴哈的提纲》是由恩格斯在 1888 年首次发表的，并认为是"包含着新世界观的天才萌芽的第一个文件"，恩格斯在发表这篇手稿时确实做了几处改动，但这种改动并不表明恩格斯与马克思有什么"根本分歧"。有人把《反杜林论》和《自然辩证法》当成恩格斯与马克思"分歧"的"铁证"。然而《反杜林论》的全部原稿是念给马克思听过的，而且经济学那一篇的第十章（《〈批判史〉论述》）还是马克思亲自写的。① 恩格斯指出，这部著作是"我对马克思和我所主张的辩证方法和共产主义世界观的比较连贯的阐述"，② 这决不是恩格斯的自我标榜。马克思本人在 1880 年为《社会主义从空想到科学的发展》（即《反杜林论》的一部分）法文版写的前言中就高度赞扬了《反杜林论》"在德国社会主义者中间获得了巨大的成功"。③ 哪里有什么"物质本体论"与"实践本体论"的"分歧"，"物本主义"与"人本主义"的"分歧"？在事关人类命运的严肃

---

① 见《马克思恩格斯选集》第 3 卷，人民出版社 1995 年版，第 347 页。

② 见《马克思恩格斯选集》第 3 卷，人民出版社 1995 年版，第 347 页。

③ 见《马克思恩格斯选集》第 3 卷，人民出版社 1995 年版，第 689 页。

斗争中，在如此重大的理论问题上，如果马克思竟然赞同恩格斯发表歪曲自己思想的论著，还亲自参加写作，还给予高度评价，那就不可思议了。至于《自然辩证法》的写作，是恩格斯为了"确立辩证的同时又是唯物主义的自然观"而刻苦研究自然科学的结晶，是马克思主义哲学的不可缺少的组成部分。① 这部著作虽然在马克思和恩格斯生前没有发表，但恩格斯在1873年写信向马克思详细谈过他的计划和基本构思，马克思从未提出过不同意见。② 在这里谈论恩格斯与马克思的"分歧"也没有根据。

（2）说列宁的理论不是马克思主义，这也是曲解。列宁在当时的新条件下提出的社会主义革命可以在一国首先胜利的理论，以及他在领导社会主义建设的几年中提出的许多设想都是马克思在世时没有提出过的新论断，这是事实。但这些新论断正是他运用马克思主义的根本原理（特别是哲学原理）分析现实的结果，也是无可否认的事实。这与他的具体论断是否全部正确是两回事。马克思本人也有许多具体论断并不正确，但并不能由此得出结论说他在这些问题上没有运用自己的理论，或者他的理论不是马克思主义。有人认为列宁的哲学不是马克思主义哲学，而是旧唯物主义，其主要根据就是《唯物主义与经验批判主义》一书中坚持了认识论上的反映论。我认为应当指出几点：第一，反映论是一切唯物主义（庸俗唯物主义除外）在认识论上的起码的、共同的原则，是唯物主义区别于唯心主义的标志。马克思的认识论与旧唯物主义的分歧不在于是否承认反映论，而在于承认什么样的反映论。马克思说："观念的东西不外是移入人的头脑并在人的头脑中改造过的物质的东西而已。"③"经济范畴不过是生产的社会关系的理论表现，即其抽象。"④这就是反映论，只不过马克思主义的

---

①　见恩格斯：《反杜林论》三个版本的序言二。《马克思恩格斯选集》第3卷，人民出版社1995年版，第349页。

②　见《1873年恩格斯致马克思》。《马克思恩格斯选集》第4卷，人民出版社1995年版，第614~616页。

③　《马克思恩格斯选集》第2卷，人民出版社1995年版，第112页。

④　《马克思恩格斯选集》第1卷，人民出版社1995年版，第141页。

反映论不是旧唯物主义的消极的、直观的、机械的反映论，而是以实践为基础的积极的、能动的、辩证的反映论而已。以为只要一讲反映论就是旧唯物主义，这恰恰是误解和曲解。第二，即使是旧唯物主义的反映论也不是一切皆错，它在坚持从物质到感觉到思维的认识路线这根本出发点上毕竟比唯心主义的认识路线正确。列宁当时面对的是以对所谓"物理学的危机"的错误解释为借口的主观唯心主义思潮，是连"地球在人类出现以前就存在"和"人是用头脑思想的"都不承认的荒谬理论，这种理论动摇了一切唯物主义的起码的共同原则，在斯托雷平反动年代泛滥成灾，党内一些大知识分子也群起附和，危及党的生存。在那种情况下，列宁理所当然地要突出强调坚持唯物主义的基本路线，强调一切唯物主义的共同原则，有选择地借用一些旧唯物主义反对唯心主义的正确论断来驳斥唯心主义也是必要的。第三，就在这本书里，列宁也决没有把马克思主义的反映论与旧唯物主义的反映论混为一谈，决没有轻视旧唯物主义的消极性、直观性、机械性的缺陷。恰恰相反，正是他突出地强调了辩证唯物主义与旧唯物主义的原则区别，划清了两者的界限，深刻地揭露了旧唯物主义由于不懂辩证法而在与唯心主义斗争中软弱无力，指出旧唯物主义的物质观必然无法抵挡唯心主义的进攻。也正是他强调了实践的观点是马克思主义认识论的首要的基本的观点，精辟地论述了绝对真理与相对真理的辩证关系、实践标准的绝对性与相对性的辩证关系等一系列的重大问题，与旧唯物主义根本不可同日而语。第四，列宁在1895—1916年写的《哲学笔记》中又发展了自己的思想，那些充满辩证法的精彩分析和论断，例如关于辩证法、认识论和逻辑三者同一的思想，关于辩证法诸要素的思想，关于人的意识不仅反映世界而且创造世界的思想，关于"聪明的唯心主义"（指辩证的唯心主义）比"愚蠢的唯物主义"（指旧唯物主义）更接近于"聪明的唯物主义"（指辩证唯物主义）的思想，关于黑格尔《逻辑学》这部最唯心的著作中"唯心主义最少，唯物主义最多"的思想等等，更是任何旧唯物主义不能望其项背的。这充分说明了列宁的哲学思想与马克思哲学思想一致而又有所发展，断言列宁的理论不是马克思主义是不能成立的。

（3）斯大林在理论上和实践上都有错误，对中国革命也作过某些不正确的干预，曾经助长过中国党内的"左"右倾错误，这是事实。但若以此为理由来证明中国人学不到真正的马克思主义，却不是公允之论。我这里只想指出两点：第一，无论列举斯大林多少错误，也说明不了他的理论根本不是马克思主义。人们指责最多的是他的《辩证唯物主义与历史唯物主义》一书（通常叫做斯大林的"小册子"），认为是马克思主义哲学的赝品，而且祸延中国达数十年之久，这不是事实。这本"小册子"是由十二章组成的《苏联共产党（布）历史简明教程》的第四章的第二节，它的任务是向党员简要介绍辩证唯物主义和历史唯物主义的基本观点，而不是全面系统地论述马克思主义哲学，也不可能把马克思主义哲学的丰富思想发挥得很充分。作为这种性质的"小册子"，虽有缺点错误，但并非一无是处，更不能说是马克思主义的赝品。这本"小册子"的缺点错误主要是有不少简单化绝对化的东西，辩证法的精神比较薄弱，其中也确有一些不符合马克思主义的东西。在斯大林个人崇拜时期，这本"小册子"在苏联确实被捧到了不适当的高度，被说成了马克思主义哲学的典范，对苏联哲学界产生了很大的束缚作用。但抓住这一点就断定斯大林的理论与马克思主义根本不相干，我认为并不符合实际。第二，更重要的是，中国人的马克思主义一开始就不是从斯大林那里学来的。李大钊、陈独秀等人早在斯大林的"小册子"发表前20年就学习马克思主义了。1921年9月中国共产党创办第一个人民出版社的时候，计划出版的书籍有《马克思全书》15种，《列宁全书》14种。一年之内实际出版了15种，包括《共产党宣言》、《哥达纲领批判》、《工钱劳动与资本》①、《国家与革命》等马克思列宁的原著和《〈资本论〉入门》等书，并无斯大林的著作。中国的唯物辩证法运动在20年代末30年代初就已经开始了，那时也还没有斯大林的"小册子"。李达在1929—1932年翻译成中文

---

① 即《雇佣劳动与资本》。

出版的 4 本书①，其中有两本就并非来自苏联，来自苏联的两本的出版也早在斯大林的"小册子"之前，而且这些书都有各自的体系，与后来出版的斯大林的"小册子"的体系并不一样。至于这个时期中国人自己写的马克思主义哲学著作，如李达的《社会学大纲》②，艾思奇的《大众哲学》③，毛泽东的《辩证法唯物论提纲》——包括《实践论》和《矛盾论》④，也都发表在斯大林的"小册子"之前。以李达的《社会学大纲》为例，这本被毛泽东称为"中国人自己写的第一本马克思主义哲学教科书"的名著就反映了中国当时的马克思主义者对马克思恩格斯原著已有相当系统的独立研究。这本书在第一篇第一章第二节"唯物辩证法的生成及发展"中论述马克思主义哲学的创立过程时，不仅分析了《论犹太人问题》、《黑格尔法哲学批判》、《英国工人阶级状况》、《神圣家族》、《关于费尔巴哈的提纲》、《德意志意识形态》等马克思和恩格斯的原著，还分析了 1932 年才首次在苏联出版的《1844 年经济学哲学手稿》。这本书在斯大林的"小册子"发表前五年就印行了。怎么能说中国人的马克思主义哲学都是从斯大林那里学来的呢？即使在斯大林的"小册子"1938 年发表之后，它的体系对中国马克思主义哲学（包括教科书的编写）也没有特别重大的影响。事实上，除了 20 世纪 50 年代来中国的苏联专家在讲课时一度采用过这种体系外，中国学者写的马克思主义哲学教科书都没有按照这个体系。这是有书为证的。⑤ 还应该指出的是，对斯大林的这本"小册子"的缺点错误提出尖锐批评的正是中国的马克思主义者。毛泽东在 1957

---

① 指德国塔尔海玛的《现代世界观》（1929 年 9 月出版），日本河上肇的《马克思主义之哲学的基础》（这是《马克思主义经济理论》一书的上篇，全书1930 年 6 月出版），苏联卢波尔的《理论与实践的社会科学理论》（1930 年 10 月出版），苏联西洛可夫等的《辩证法唯物论教程》（1932 年 9 月出版）。

② 1935 年作为北平大学的讲义印行，1937 年由笔耕堂书店正式出版。

③ 原名《哲学讲话》，1936 年出版。

④ 1937 年发表。

⑤ 例如艾思奇主编的《辩证唯物主义与历史唯物主义》，李达主编的《唯物辩证法大纲》等等。

年 1 月 27 日的讲话中就曾尖锐地批评了"斯大林有许多形而上学,并且教会许多人搞形而上学"。他说斯大林在《苏联共产党(布)历史简明教程》中讲事物的"联系"时没有说明联系就是对立的两个侧面的联系;讲事物的内在矛盾又只讲对立面的斗争而不讲对立面的统一和在一定条件下的互相转化。他还批评了苏联的《简明哲学词典》第四版关于"同一性"的一条"就反映了斯大林的观点","是根本错误的"。"对立面的这种斗争和统一,斯大林就联系不起来。苏联一些人的思想就是形而上学,就是那么硬化,要么这样,要么那样,不承认对立统一。因此,在政治上就犯错误。"①那时中国的刊物还公开发表过普通青年学者批评斯大林哲学观点的文章②,可见中国理论界并没有把斯大林的观点奉为圭臬。说斯大林的理论对中国人掌握马克思主义有特别巨大而恶劣的影响,以致使中国人学不到真正的马克思主义,是并无事实根据的。

2. 中国人能不能读懂马克思主义的文本?有的论者更进一步,认为中国人即使读了马克思的原著也很难理解马克思主义。理由是,要理解马克思主义,首先就得读懂整个马克思主义的基础——马克思主义哲学。而马克思主义哲学是产生于西方"语境"的学问,是整个西方文化传统发展的产物。西方的文化背景、思维方式、语言习惯都与中国迥然不同,这是一个难以逾越的鸿沟。古希腊哲学就与中国哲学没有共同语言。中国人如果不把自己的思维方式和语言习惯改变得与西方人一模一样,就读不懂古希腊哲学,因而也读不懂全部西方哲学,当然也读不懂马克思主义哲学。中国人要读懂马克思主义哲学,就得首先把自己的思维方式、语言习惯彻底西方化,跨过这个鸿沟,否则即使把马克思的文本摆在面前也读不懂,自以为读懂了其实也是歪曲的,与文本的原意相去甚远。中国人要想跨越这个鸿沟,至少也要在书斋里磨上几十年,直到把自己的思维方式彻底西方化了,才有

---

① 《毛泽东文集》第 7 卷,人民出版社 1999 年版,第 194~195 页。

② 见陶德麟:《关于"矛盾同一性"的一点意见》,载《哲学研究》1956 年第 2 期。

资格谈论马克思主义。几个急于为中国的救亡图存的实务忙得不可开交的人怎么可能做这件事？不做这件事又怎么能掌握真正的马克思主义哲学？不掌握真正的马克思主义哲学又怎能掌握真正的马克思主义？不掌握真正的马克思主义又哪里谈得上使马克思主义中国化？由此可见，所谓马克思主义中国化，不过是中国共产党人拿着被误解了的"马克思主义"在那里解决一些实际问题，然后把这个过程叫做"马克思主义中国化"而已。于是结论不言而喻：马克思主义中国化其实是虚构的东西，至少到现在还没有这回事，将来即使可能，也是难于上青天的事。

这是从西方解释学的角度更彻底地否定马克思主义中国化的可能性的观点，很容易给人以貌似合理的满足，但实际上是似是而非的。不错，哲学与文化传统的关系无可否认，中西思维方式和语言习惯的差别也是事实。但也不必把这一点夸大到神乎其神的程度。既为哲学，无论"形而上"到什么程度，所论的总还是宇宙人生的大事，概括的总还是有普适性的内容，而不可能是一个文化圈里的秘传暗语，更不可能是哲学家私人的自言自语，否则算什么哲学？那些哲学家的书又是写给谁看的？语言习惯和思维方式当然有民族特征，确实需要一个沟通理解的过程。但各民族之间的生存条件和实践方式也并非毫无共同之处，由此形成的思维方式也不会绝对地扞格不入，不可通约。假如有一天真有"外星人"同我们打交道，我相信他们的逻辑与我们还是相通的。同在一个地球上的人，彼此的思想何至于就不可以互相沟通、互相理解？那鸿沟就真的巨大到几乎不可逾越？倘真如此，现在大家提倡的文化交流和对话等等岂非痴人说梦？马克思主义哲学诚然是西方哲学传统的产物，它的思维方式和表述方式也确与中国传统哲学有许多歧异，但它的内容却是世界性的。它的基本原理和基本精神，它在哲学领域里取得的成果和造成的变革，是世界各民族有正常思维能力的人都可以理解的，并不因为中国人一解读就必然面目全非。印度与中国虽然都是东方国家，但文化的差异也并不小。然而产生于印度的佛教哲学从东汉传入中国以后至今将近两千年，在中国形成了许多有中国特色的流派，谁也不会说这些中国化了的佛教哲学就不成其为佛教哲学。佛教哲学如此，马克思主义哲学何独不然？不错，最早接受马克思主义哲学的一批中国人确实不是西方哲学的专家，他们的思维方式和语言习惯当然也与地道的西方人有所不同。但他们也决非是对西方文化一无所知的冬烘先生，而是相当熟悉西方文化的先进知识分子。他们对马克思主义哲学的理解和论述，在今天看来虽然简单一些，肤浅一些，常常有不全面、不深刻、不准确的毛病，对文本也确有一些误读之处。但这是在马克思主义中国化的历史过程中不可避免的现象，是符合认识规律的正常现象。这与中国人原则上不可能读懂马克思主义是完全不同性质的两回事。何况马克思主义中国化并不止于起点，它一直在不停顿地发展。在总结中国实践经验的过程中，在进一步研读马克思主义著作的过程中，中国人对整个马克思主义的理解，包括对马克思主义哲学的理解也在不断深化。说中国人从来没有读懂过马克思主义，并且不可能读懂马克思主义，是未免言之过甚了。

3. 中国人能不能使马克思主义中国化？有的论者再进一步，认为中国人即使读懂了马克思主义，也不可能使马克思主义中国化。理由是，马克思主义本来就是西欧的社会条件和文化背景的产物，是离不开西方土壤的东西。一到中国就必定水土不服，变形走样，不成其为马克思主义了。如果一定要使马克思主义中国化，结果只能是"儒家化"、"封建化"，或者民粹主义化，实际上把马克思主义"化"为乌有，根本不是马克思主义了。

这种说法仍然是陈旧的"马克思主义不符合中国国情论"的另一种说法，在理论上站不住脚。马克思主义虽然产生于西欧，但它的视阈是整个人类历史和世界全局，而不仅是西欧。它不是地域性的理论，而是世界性的理论。马克思主义的根本原理并不只是西欧情况的概括，而是整个世界历史发展过程的概括。特别是它的世界观和方法论，是整个人类认识史的总计、总和与结论，对人类社会是有普适性的。中国的特殊性诚然在马克思主义的原典中找不到具体论述，正因为如此才需要中国化；但中国的特殊性并没有取消马克思主义原理的普适性，倒正是这种普适性的特殊表现和印证。正如桃、杏、梨、梅虽各有特殊性，但并没有取消水果的共同本质一样。我们并不否认马克思主义中国化发生失误的可能，事实上也发生过许多失误，其中有些失误既违背了马克思主义的根本原理也违背了中国的具体实际，今后也不能排除这种可能，但不能由此推出马克思主义根本不可能中国化的结论。

那么，马克思主义中国化会不会使马克思主义走样呢？那要看对"走样"这个词怎么理解。如果认为只有与马克思本人的著作不爽毫厘才算不"走样"，那么"走样"的事实确实存在。但有两种不同性质的"走样"：一种是从根本上背离马克思主义的根本原理，首先是背离它的世界观和方法论，并且朝着倒退方向的"走样"。这是不可取的，因为它是思维水平的降低。一种是坚持马克思主义的根本原理而又有所前进的"走样"。这是极大的好事。不允许这种意义的"走样"，就等于禁止马克思主义随着实践的发展而发展，把马克思主义视为化石，变成教条。如果把这种"走样"也看成罪过，那么第一个难辞其咎的就是马克思本人。马克思的思想也是活的，也是随着实践的发展和他本人认识的发展而发展，决非一成不变。他的世界观和方法论本质上就是批判的、革命的，不仅批判别人，也经常自我批判，自己也常常"走样"。如果马克思今天还健在，他还会一字不差地复述100多年前的每一句老话吗？马克思自己可以根据实践和认识的发展做一些"走样"的事情，为什么他的后继者就不可以这样做呢？

黑格尔是肯定理论民族化的可能性的，并且特别重视民族化的意义。他在给 J. H. 沃斯的一封信里说得很精彩："路德让圣经说德语，您让荷马说德语，这是对一个民族所作的最大贡献，因为，一个民族除非用自己的语言来习知那最优秀的东西，那么这东西就不会真正成为它的财富，它还将是野蛮的。""现在我想说，我也在力求教给哲学说德语。如果哲学一旦学会了说德语，那么那些平庸的思想就永远也难于在语言上貌似深奥了。"①黑格尔说的"教给哲学说德语"，让哲

---

① 黑格尔：《致 J. H. 沃斯的信》，见苗力田译编：《黑格尔通信百封》，上海人民出版社 1981 年版，第 202 页。

学"学会说德语"，正是为了使那些并非产生于德国的哲学德国化，成为德国的财富。我想，黑格尔的这段话是很正确、很深刻的。它不仅适用于哲学，也适用于一切社会历史理论；不仅适用于德国，也适用于中国。马克思主义所以能成为中华民族的宝贵财富，正因为中国的马克思主义者"教给马克思主义说中国话"，"让马克思主义学会说中国话"，也就是做了马克思主义中国化的工作。如果"让马克思主义说中国话"是根本不可能的事，那么"让圣经说德语"、"让荷马说德语"也同样是徒劳之举，黑格尔就没有理由赞扬沃斯，黑格尔本人的全部工作也都毫无意义。这显然是非常荒谬的。

二、检验马克思主义中国化成败得失的标准问题

马克思主义中国化的成败得失以什么为标准来检验，这也是一个前提性的问题。在这个问题上的不同意见，主要表现在文本标准和实践标准的区别上。其实，这一分歧并不是现在才发生的问题，而是一直贯串于马克思主义中国化的各个历史阶段的一个重大的原则问题，它经历了非常复杂而曲折的过程，与中国的前途命运息息相关。

我认为，离开了对历史经验的回顾和分析，抽象地争论这个问题是不易说清的。

不妨先大略回顾一下中国民主革命阶段的情况。

1840 年以后，中国在资本帝国主义的侵略宰割下面临着沦亡的惨祸，历史向中国人民提出了两大课题：一是救亡图存，二是民族复兴。先进的中国人以前仆后继可歌可泣的努力向西方寻找救国救民的方案，为的就是解决这两大课题。救亡图存是民族复兴的前提，尤其迫在眉睫。但是，80 年奋斗牺牲的历史表明，在西方曾经行之有效的种种资产阶级学说和理论都不能帮助中国人认清自己的处境，提供解放的道路，——归于失败；直到俄国十月革命的胜利之后，中国人才找到马克思主义这个观察国家命运的有效工具，使中国革命的面貌焕然一新，中国共产党应运而生。中国共产党不是一个学术研究团

体，更不是一个专务清谈的沙龙，而是一个有明确纲领的政党，是一个领导实际斗争的司令部。党的使命就是以马克思主义的理论为武器，在中国实现救亡图存和民族复兴两大任务。但是，中国的社会性质和民族特点与产生马克思主义的西欧不同，与已经取得革命胜利的俄国也不同，在马克思主义的原典中找不到解决中国问题的方案，俄国的成功经验也不能照样移植。党要运用马克思主义解决中国问题，就只能在马克思主义的普遍原理指导下考察中国的具体实际，把一般与特殊结合起来，创造出符合中国特点的理论和策略，以指导自己的行动，别无他途。这不是任何人的主观意图，而是历史决定的客观需要。这一客观需要就蕴涵着马克思主义中国化的指向和内容。

党从成立之日起实际上就在做着马克思主义中国化的工作。但这并不等于一开始就对马克思主义中国化有明晰而深刻的认识，甚至在很长的时间里也还没有马克思主义中国化这个语词。建党前后的三次大论战只是原则上解决了必须和可能用马克思主义改造中国的问题。1920年创办的《共产党月刊》号召"举行社会革命，建设劳工专政的国家"，介绍十月革命的成就和经验，报道国际共产主义运动的消息，号召探讨中国革命的问题。1921年党的一大提出的纲领是"以无产阶级革命军队推翻资产阶级"，"采用无产阶级专政，以达到阶级斗争的目的——消灭阶级"，"废除资本私有制"，但对中国的具体实际认识得很少。在列宁领导的共产国际帮助下，1922年党的"二大"正确认识了中国的社会性质，明确了中国革命要分两步走，第一次提出了反帝反封建的纲领。1923年党的"三大"决定全体共产党员以个人名义加入国民党，建立各民主阶级的统一战线。1925年党的"四大"进一步规定了国共合作和工农联盟的方针。这些都表明党在马克思主义中国化道路上正在逐步深化认识，提高水平。但是，当时的党毕竟还是幼年的党，对马克思主义与中国实际两个方面都还知之不多，知之不深，对如何把两方面结合起来更缺乏经验。所以当1927年蒋介石叛变革命，形势骤然逆转之际，党对如何在严峻局面下把革命坚持下去就缺乏统一的正确认识和有效的行动方针，还存在着诸多的分歧和争论。党的五大也没有解决这个问题。斯大林领导的共产国际极力主张的城市武装暴动的办法并不符合中国国情，在实践中一再碰壁。毛泽东首先提出并实行的建立农村革命根据地和工农武装割据的道路本来是符合中国国情并且行之有效的道路，却因为没有马克思主义著作和共产国际指示的"文本"依据，竟被视为离经叛道的错误，毛泽东还因此受到打击和排斥。1928 年在莫斯科举行的党的六大基本正确地总结了大革命失败的教训，在中国社会性质和革命性质问题上又深化了一步，但对中国革命的具体特点、革命的中心问题、党的工作重心等关键问题仍然没有深刻的认识，并没有准确地掌握中国革命的规律；虽然由于事实的教训认可了毛泽东的做法，但也仅仅把它看做一时的策略，还是把依靠工人实行中心城市暴动作为夺取政权的最终方式。在这种思想的影响下，党的领导机关一再发生"左"倾错误，尤以共产国际支持的王明的错误为害最烈，使辛苦聚积起来的革命力量受到惨重的损失，几乎断送了中国革命。1935 年红军长征途中的遵义会议确立了毛泽东的军事指挥权，毛泽东也实际上主导了全党的决策，因而挽救了中国革命，但在组织上还并没有确立毛泽东在全党的领导地位。1937 年抗日战争全面爆发后党实行了联合国民党抗日的战略转变，开辟了新局面。1938 年共产国际举行七大时，国际的领导才认识到"不要机械地把一国的经验搬到别国去，不要用呆板格式和笼统公式去代替具体的马克思主义的分析"，"在解决一切问题时要根据每个国家的具体情况和特点，一般不要直接干涉各国共产党内部组织上的事宜"，[①] 并对中国共产党有了新的看法，承认了毛泽东在全党的应有地位。在 1938 年 9 月至 11 月党的六届六中全会上，确立了以毛泽东为首的政治局，由他代表中央作了《论新阶段》的报告。马克思主义中国化的概念，就是由毛泽东在这个报告中正式提出，并

---

① 见《共产国际第七次代表大会决议》，莫斯科 1939 年版，第 4~5 页。

给予精辟阐释的。① 他指出："共产党员是国际主义的马克思主义者，但是马克思主义必须和我国的具体特点相结合并通过一定的民族形式才能实现。马克思列宁主义的伟大力量，就在于它是和各个国家具体的革命实践相联系的。对于中国共产党说来，就是要学会把马克思列宁主义的理论应用于中国的具体的环境。成为伟大中华民族的一部分而和这个民族血肉相联的共产党员，离开中国特点来谈马克思主义，只是抽象的空洞的马克思主义。因此，使马克思主义在中国具体化，使之在其每一表现中带着必须有的中国的特性，即是说，按照中国的特点去应用它，成为全党亟待了解并亟须解决的问题。洋八股必须废止，空洞抽象的调头必须少唱，教条主义必须休息，而代之以新鲜活泼的、为中国老百姓所喜闻乐见的中国作风和中国气派。把国际主义的内容和民族形式分离起来，是一点也不懂国际主义的人们的做法，我们则要把二者紧密地结合起来。在这个问题上，我们队伍中存在着的一些严重的错误，是应该认真地克服的。""当前的运动的特点是什么？它有什么规律性？如何指导这个运动？这些都是实际的问题。直到今天，我们还没有懂得日本帝国主义的全部，也还没有懂得中国的全部。运动在发展中，又有新的东西在前头，新东西是层出不穷的。研究这个运动的全面及其发展，是我们要时刻注意的大课题。如果有人拒绝对于这些作认真的过细的研究，那他就不是一个马克思主义者。"②

　　毛泽东对马克思主义中国化概念的科学涵义的揭示，凝聚着中国共产党人和中国人民用鲜血换来的宝贵经验。经过"整风运动"，转

---

　　① 毛泽东在《解放》第 57 期发表《论新阶段》的报告时用的是"马克思主义中国化"的概念，这一概念得到了全党的认同，并出现在党的许多领导人的文章中。刘少奇在七大修改党章的报告中多次使用了这个概念，并把它解释为"马克思主义的普遍真理与中国革命的具体实践相结合"。但是，由于当时共产国际领导人仍然不认同这一概念，毛泽东在 1938 年出版《毛泽东选集》时把这一提法改成了"使马克思主义在中国具体化"。但实际上中国共产党对这一提法的理解与"马克思主义中国化"是没有区别的，与苏共和共产国际领导人的理解并不一样。

　　② 《毛泽东选集》第 2 卷，人民出版社 1991 年版，第 534~535 页。

化成了全党高度统一的认识。党的"七大"确认了马克思主义中国化的成果毛泽东思想为全党的指导思想，很快就赢得了中国民主革命的胜利和新中国的诞生，中国人民救亡图存的历史任务经过109年的奋斗终于胜利完成。毛泽东思想的产生，标志着马克思主义中国化历程中的一次飞跃。实践证明，毛泽东思想就是马克思主义中国化的理论成果，即中国化的马克思主义。

在回顾这段历史的时候，我想至少应该得到这样的启示：

1. 马克思主义中国化这个概念本来就不是从书本研究中产生，而是从中国人民的解放斗争的实践中产生的。这个概念提出的历史背景和条件就决定了它的性质和内容，决定了它是一个标志实践目的、实践过程和实践结果的概念，同时也就逻辑地蕴涵了它的检验方式和检验标准。与版本学、校勘学、考据学、训诂学一类的问题不同，检验马克思主义中国化的成败得失不能用汉儒和清代朴学家注经的办法，以某个论断与某个文本是否符合为标准，而只能以实践的结果与实践方案的预期目的是否符合为标准。一句话，应当是实践标准，而不是文本标准。教条主义者与马克思主义者的分歧不在于是否重视文本，而在于对文本的意义和作用如何理解。教条主义者之所以为教条主义者，就因为他们崇奉的是唯文本主义或文本至上主义，以为文本就是无条件的真理，就是检验认识真理性的标准。他们的根本谬误在于不了解一切文本都是思想的记录，都是由概念判断推理组成的认识成果，都是第二性的东西，它们只能是客观实际的反映，只能来源于实践，它们的真理性也只有实践才能确证。马克思主义的经典文本也不例外。这些文本也是马克思主义经典作家根据他们掌握的实际情况、针对一定的问题做出的论断；这些论断本身的真理性也要经过实践的检验；经过实践证实的论断也还要由不断发展着的实践继续检验，根据检验的结果保持那些符合新的实际情况的东西，修正和更新那些已经不再符合新的实际情况的东西；在此时此地是真理的论断，在彼时彼地就未必是真理。马克思和恩格斯本人毕生对自己的论断不知作过多少订正，连《共产党宣言》这样的著作都多次以序言的形式作过订正，对革命形势的估计更是作过多次订正。列宁的社会主义一国首先胜利的理论就没有照搬马克思恩格斯的文本，但实践证明了它是真理。如果以文本作为检验真理的标准，就是以尚待检验的认识为标准，等于没有标准。

2. 文本标准与实践标准之争不仅是一个学理问题，更重要的还是一个关系中国人民前途命运的实践问题。中国的教条主义者如果只是在书斋里坐而论道，不问实事，他们怎么看法倒也无关大局。问题在于他们恰恰是实践者，是从事中国革命活动并往往居于领导地位的指挥者，他们的错误就必定要造成灾难，这灾难又得由中国人民承担，这就关系到中国人民的前途和命运，非同小可了。马克思主义中国化的事业从起步到成熟，从历经挫折到终于成功，始终伴随着与教条主义的斗争，决非偶然。中国的教条主义者奉为真理标准的文本有两种：一是马克思主义经典著作中的论断，二是共产国际的指示。在他们看来，一切都必须符合这两种文本才算正确，否则一概是错误。毛泽东根据中国具体情况得出的结论即使明明在实践中达到了预期的目的，导致了胜利，也是"山沟里的马克思主义"、"狭隘经验论"；而他们的一套尽管在实践中碰得头破血流，把革命搞得倾家荡产，也是"百分之百的马克思主义"。这就是他们的逻辑。毛泽东是最早清晰地意识到这个问题的严重意义的。他在1930年写的《反对本本主义》中就一针见血地指出："以为上了书的就是对的，文化落后的中国农民至今还存着这种心理。不谓共产党内讨论问题，也还有人开口闭口'拿本本来'。""我们说马克思主义是对的，决不是因为马克思这个人是什么'先哲'，而是因为他的理论，在我们的实践中，在我们的斗争中，证明了是对的。""马克思主义的'本本'是要学习的，但是必须同我国的实际情况相结合。我们需要'本本'，但是一定要纠正脱离实际情况的本本主义。"①他尖锐地批评了那种以为"党的第六次全国代表大会的'本本'保障了永久的胜利"的"空洞乐观"的观念，认为这是"思想路线"问题，这种本本主义"如不根本丢掉，将会给革命

---

① 《毛泽东选集》第1卷，人民出版社1991年版，第111~112页。

造成很大损失，也会害了这些同志自己"①。毛泽东的洞见不幸而言中，民主革命阶段最严重的教条主义错误就发生在此后的几年中，使革命一度危如累卵，直到受到实践的残酷惩罚之后才被迫转变。这种付出了高昂代价的惨痛教训一次一次地表明，马克思主义只能是行动的指南，决不能当成教条，决不能把马克思主义的文本当成检验真理的标准。实践的结果最顽强，最无情，它决不迁就任何文本。文本标准必定导致主观与客观相分裂、认识与实践相脱离。"盲人骑瞎马，夜半临深池"，照此办理是必定要陷于灭顶之灾的。

再回顾一下中国社会主义建设阶段的情况。

新中国的成立标志着党的第一大历史任务——救亡图存的胜利完成，第二大任务——民族复兴即建设社会主义的任务迅速提上了日程。这是一个伟大的历史转折。马克思主义中国化的内容完全不同了。毛泽东在新中国成立前夕和新中国成立初期极其清醒睿智地指出了这一点。他在新中国成立前夕的七届二中全会的报告中，在《论人民民主专政》这篇著名论文中，都再三强调夺取全国胜利"只是万里长征走完了第一步"，"只是一出长剧的一个短小的序幕"，"革命以后的路程更长，工作更伟大，更艰苦"，"务必使同志们继续地保持谦虚、谨慎、不骄、不躁的作风，务必使同志们继续地保持艰苦奋斗的作风"，"学会我们原来不懂的东西"。② "我们熟习的东西有些快要闲起来了，我们不熟习的东西正在强迫我们去做。这就是困难。""我们必须克服困难，我们必须学会自己不懂的东西。我们必须向一切内行的人们(不管什么人)学经济工作。拜他们做老师，恭恭敬敬地学，老老实实地学。不懂就是不懂，不要装懂。"③这说明他看到了中国具体实际的内容与革命战争时期已经不同，要完成的任务也不同，马克思主义中国化的事业在社会主义建设的新阶段必须继续发展。他率领全党以万里长征的精神开始了新的探索。探索的头几年曾

①《毛泽东选集》第 1 卷，人民出版社 1991 年版，第 115~116 页。
②《毛泽东选集》第 4 卷，人民出版社 1991 年版，第 1438~1439 页。
③《毛泽东选集》第 4 卷，人民出版社 1991 年版，第 1480~1481 页。

一度不得不移植苏联的经验，提出过"学习苏联"的口号，但很快就意识到苏联的做法有许多并不符合中国的实际情况，不能照搬。毛泽东领导党和人民走上了独立自主地探索中国社会主义建设规律的道路，也就是在社会主义建设阶段实现马克思主义中国化的道路，在这条道路上走了27年，其艰难曲折的程度至少不亚于民主革命阶段。一方面取得了伟大的成绩，积累了宝贵的经验，但也犯了长时间的全局性的错误，"文化大革命"标志着错误的顶端。党的十一届六中全会关于建国以来若干历史问题的决议①对此作了全面的科学总结，这里无须详说了。

这些错误初看起来似乎与文本问题无关。谁都知道毛泽东历来最坚决地反对教条主义，最系统地倡导马克思主义的普遍真理与中国的具体实际相结合，最强调从实际出发。中国革命的胜利就是由此取得的。新中国成立以后他也一直强调这一原则，坚持独立自主地走自己的路。他是从来不搞文本崇拜，不把马克思主义的"本本"当做"圣经"，也不把苏联的一套当做碑帖去临摹的。他的中国特色可谓举世无双，很难说有教条主义之嫌。难道他也会犯教条主义的错误吗？但是，如果仔细回顾一下就可以发现，这27年中的失误还是与教条主义有绝大的关系。

1. 中国的社会主义建设离不开马克思主义普遍真理的指导，这毋庸置疑。但是，什么是马克思主义的普遍真理？马克思主义的论著中的哪些论断是普遍真理？普遍到什么程度？是否符合中国的实际情况？离开了具体实践的检验，是判定不了的。例如在什么是社会主义的问题上，马克思主义经典作家也确有一些一般性的论断，但他们并没有在实际的社会主义社会里生活过，并没有从事过社会主义社会建设的实践，这些论断是从他们对资本主义的分析中推论出来的，带有设想的性质。这些论断是不是普遍真理？适用不适用于中国？这本来

① 《中国共产党中央委员会关于建国以来党的若干历史问题的决议》（一九八一年六月二十七日中国共产党的十一届中央委员会第六次全体会议一致通过），见《三中全会以来重要文献选编》，人民出版社1982年版，第788~849页。

是一个需要实践检验才能判定的问题。但是，毛泽东却把这些论断当成了不容置疑的普遍真理，不自觉地奉为教条了。他心目中的社会主义就是从经典作家的论断推导出来的，其中就有不符合实际的成分，而他却把这一社会主义的概念当成了不可移易的模式，当然也当成了检验社会主义建设是否成功的标准。为了与这一概念相一致，他又在经典著作中引用了一些论断，还加上他自己的某些误读，一起作为"理论依据"，加以教条化。例如，认为商品交换中的等价交换原则应该作为"资产阶级权利"加以批判，甚至引申到八级工资制也应该批判；认为社会主义改造基本完成后小生产还会每日每时地大批地产生资本主义和资产阶级；认为党内的思想分歧都是阶级斗争的反映；夸大阶级斗争的范围、性质和作用，提出"年年讲，月月讲，天天讲"；把许多符合中国实际的意见都视为导致"资本主义复辟"的"修正主义"等等。① 这些错误的教条主义性质是很明显的。

2. 更严重的是新的教条主义的产生和泛滥。实事求是地看，毛泽东对社会主义建设问题的许多论断，大部分并不是来自马克思主义经典著作的文本，而是他的发挥和创造。其中有非常正确深刻的思想，也有非常严重的错误。由于多年形成的种种复杂原因，他的所有论断，包括错误的论断，也都逐步被视为无可怀疑的真理，并且是马克思主义在中国的新发展，在"文化大革命"中甚至被说成是"马克思主义的当代顶峰"，"最高最活的马克思主义"，"句句是真理"。这样，毛泽东的一切论断就都成了不容置喙的"最高指示"，成了新教条，凌驾于实践之上，成了检验真理的标准和判定方针政策是非得失的标准，而且是唯一标准。这种与最高权力相结合的新教条主义，彻底破坏了马克思主义的思想路线，切断了马克思主义与中国实际的应有的联系，堵塞了实事求是的大门，导致了主观与客观、认识与实践的分裂，造成了巨大的灾难。应该承认，即使在这种情况下，毛泽东也并没有公然在理论上提倡文本崇拜和教条主义，相反，他还一再强

---

① 参见《三中全会以来重要文献选编》，人民出版社 1982 年版，第 818页。

调人的正确思想只能从实践中来，思想的正确与否只能靠实践来检验；他仍然提倡实事求是、调查研究，严厉批评"形而上学猖獗，唯心主义横行"。他在具体问题的处理上也纠正过一些错误。他的悲剧就在于他没有意识到他自己的论断正在被人神化为教条，新的教条主义已经在全国造成了极其严重的恶果。他后来虽然有所觉察，批评过"顶峰论"和"一句顶一万句"的荒谬，但他并没有从根本上纠正新教条主义，反而在实际上容许了甚至助长了它的泛滥。这种错误使马克思主义中国化的事业受到了严重阻碍，陷入了背道而驰的险境。当然，邓小平说得很公允，造成这些错误的原因极其复杂，不能简单地把这些错误归结到毛泽东一个人身上。① 这个问题与本文要论述的问题无关，为避免枝蔓，此处不加分析。

粉碎"四人帮"以后一段时间，拨乱反正的主要障碍是"两个凡是"。邓小平一语中的："'两个凡是'的观点就是想原封不动地把毛泽东同志晚年的错误思想坚持下去。"②"两个凡是"就是"句句是真理"的翻版，就是新教条主义的继续，要害还是文本标准，也就是以毛泽东的论断为检验真理和判定是非得失的标准。只要还坚持这个标准，真理和谬误就无法区分，"文化大革命"的错误就无法纠正，拨乱反正就寸步难行，社会主义现代化的事业就无从迈步，马克思主义中国化就无从谈起。1978 年的真理标准讨论之所以值得载入史册，就因为它摧毁了新教条主义的依据，恢复了党的实事求是的思想路线，从根本上为马克思主义中国化的事业扫除了障碍，重新开辟了道路。党的十一届三中全会以来的中国社会主义建设的空前伟大的成就，从邓小平理论、"三个代表"重要思想到科学发展观的中国特色社会主义理论体系的形成，就是发端于此。我们清晰地看到，在摆脱了文本标准的束缚之后，党中央是怎样用马克思主义的立场观点方法

---

① 《对起草〈关于建国以来党的若干历史问题的决议〉的意见》。《邓小平文选》第 2 卷，人民出版社 1983 年 7 月版，第 260 页。

② 《对起草〈关于建国以来党的若干历史问题的决议〉的意见》。《邓小平文选》第 2 卷，人民出版社 1983 年 7 月版，第 262 页。

艰苦地探求中国的实际情况，在马克思主义中国化的道路上胜利前进的。邓小平的英明首先就在于他既坚持马克思主义的立场观点方法的指导而又不搞文本崇拜和文本标准，在新的条件下恢复和发扬了从实际出发的传统。他说："什么叫社会主义，什么叫马克思主义？我们过去对这个问题的认识不是完全清醒的。"①他反复强调"问题是要把什么叫社会主义搞清楚，把怎么样建设和发展社会主义搞清楚"。②他只指出"贫穷不是社会主义，更不是共产主义"③。"社会主义的本质，是解放生产力，发展生产力，消灭剥削，消除两极分化，最终达到共同富裕。"④并不提出束缚人们手脚的具体模式。邓小平说的"摸着石头过河"，有人说是经验主义，其实正好是马克思主义的一种通俗形象的说法。"石头"就是指中国的实际情况，"摸"就是在实践中去探索研究，"过河"就是实现社会主义现代化建设的目标。这与民主革命时期毛泽东坚持的实事求是、有的放矢是一个意思，就是要以马克思主义的立场观点方法为指导去弄清中国的实际情况（包括中国所处的时代条件和国际环境），弄清中国社会主义建设必须遵循的规律，从而开辟中国特色社会主义的道路。像当年民主革命时期开辟农村包围城市的革命道路一样，这也就是在社会主义建设时期把马克思主义中国化的事业推向前进的工作。这 30 年的探索就是在做这件工作。回顾 30 年的历程，我们可以清楚地看到探索道路的崎岖，几乎每走一步都有艰难的认识过程，都有"左"的和右的干扰，而这些干扰又都与实践标准和文本标准的分歧有关。有人指责新的方针政策和具体措施违背了马克思主义文本的这一说法那一说法，有人又鼓吹抛弃马克思主义而照搬西方资本主义理论，把这些理论的文本奉为教条。30 年来的探索实践的过程就是不断地排除各种干扰的过程，其中排除文本主义的干扰就占了很大的比重。邓小平提出的"三个有利

---

① 《邓小平文选》第 3 卷，人民出版社 1993 年版，第 63 页。
② 《邓小平文选》第 3 卷，人民出版社 1993 年版，第 369 页。
③ 《邓小平文选》第 3 卷，人民出版社 1993 年版，第 64 页。
④ 《邓小平文选》第 3 卷，人民出版社 1993 年版，第 373 页。

于"标准，就是针对文本主义的实践标准，就是针对中国的实际情况具体化了的实践标准。如果不按这个标准去检验方针政策和具体措施的是非得失，而按马克思主义论著的文本或者西方资本主义理论的文本去检验一切，我们就会重犯民主革命时期教条主义的错误，中国的社会主义现代化就将不知如何进行，中国特色社会主义理论体系就将永远无法产生，中国今天的大好局面就不可能出现，全面建设小康社会的宏伟目标就将成为泡影，马克思主义中国化也将成为纸上谈兵。我们说从邓小平理论到"三个代表"重要思想再到科学发展观的中国特色社会主义理论体系是马克思主义中国化历程中的又一次飞跃，是马克思主义中国化的新成果，并不是根据文本做出的判断，而是根据30年来实践的结果做出的判断。

实践的发展过程无止境，马克思主义中国化的过程无止境，实践的检验过程也无止境。中国特色社会主义理论体系是诸多命题组成的系统，命题的层次不一，实践检验的结果又有直接与间接、目前与长远、对这一方面的作用和对那一方面的作用之分，检验必然是非常复杂的动态过程，而不可能毕其功于一役。因此，这个理论体系必然是开放的而不是封闭的，必然会在不断发展的实践中与时俱进，日新又新。这是可以预期的。

本文提出异议的只是以文本为标准来检验马克思主义中国化的成败得失，而不是轻视文本研究的意义和作用。文本研究不仅有其自身的学术意义，而且也是马克思主义中国化的不可缺少的组成部分。这至少有两方面的理由：第一，要做好马克思主义中国化的工作，就需要准确地把握马克思主义创始人和其他代表人物思想形成和发展的历程，把握马克思主义理论在全世界的发展历程，正确地总结马克思主义与各国实际结合的经验教训，作为在中国如何运用马克思主义的借鉴。中国是世界的一部分，马克思主义中国化是马克思主义在世界实践和发展的一部分。不了解这些涉及世界全局的问题也就不可能深刻地了解中国实际，而要如实地了解这些情况就有赖于对文本的正确把握。第二，要做好马克思主义中国化的工作，就需要准确地把握马克思主义经典作家在何时何地针对何种情况作出过何种论断，防止对马克思主义著作的误读。如我们在前面指出过的，在马克思主义中国化的历史过程中，由于对马克思主义著作的误读而导致的错误也屡见不鲜，造成的危害也不容轻视，这个教训也必须记取。因此，马克思主义著作文本的精确翻译和系统研究是一件必不可少的基础性的工作，今后还需要下大气力解读马克思主义的文本，以求尽可能全面准确地理解和把握原意。现在也比以往任何时候更有条件做好这件工作。马克思主义的文本从来不是教条，只有在被人们当做教条对待的时候才会变成教条。文本研究并不必然导致教条主义。教条主义的产生不是文本研究之过，而是教条主义者对待文本的错误态度之过。在警惕和克服教条主义的前提下，对文本研究无论下多少工夫也只会有益而不会有害，一部分学者专做皓首穷经的工作也是很有意义的贡献。这与把文本当做检验马克思主义中国化的是非得失的标准是截然不同的两回事。我们只是反对以文本为标准来检验认识，剪裁实践，反对以文本为理由限制我们在实践中运用和发展马克思主义，而不是反对文本研究。

做好马克思主义中国化、时代化、
大众化这篇大文章*

记者：我们了解到，1961 年毛泽东主席请李达同志编著马克思主义哲学教科书时，李达同志指定您为主要执笔人。您作为资深教授，一生在学术上为马克思主义中国化研究做出了重大贡献，在您八十华诞之际，我代表《中国社会科学报》和广大读者向您表示深深的敬意。首先请您就近 60 年的学术生涯谈谈您的体悟和为学之道。

陶德麟：我深感自己是一个平庸的探索者，在浩瀚无际波涛汹涌的哲学大海里乘桴而行，无异以蠡测海，所见之微自不待言。而今垂垂老矣，还常常自觉如童稚之无知。然而我并不怨悔。我感受较深的有如下几点：

1. 哲学的高度抽象性容易使人觉得它远离实际生活。中国传统哲学还因为"过分"关注人事而为某些西方哲学家所诟病。其实，哲学的根源还是实际生活。哲学家谈论的问题尽可以上干云霄，但还是摆不脱尘世的土壤。正是实际生活的需要推动着哲学问题的提出和解决。马克思在《〈黑格尔法哲学批判〉导言》中说过："理论在一个国家实现的程度，总是决定于理论满足这个国家的需要的程度。"这句话千真万确。几十年的经历使我坚信，哲学其实是被某些哲学家从"地上"搬到"天上"的，我们应当让哲学从"天上"回到"地上"来。哲学不是自我封闭的精神运动，不是理性神坛的供品，而是源于生活而又

* 载《中国社会科学报》2010 年 7 月 2 日《中国社会科学》创刊 30 周年、《中国社会科学报》创刊 1 周年纪念特刊，副标题为"访问马克思主义哲学家陶德麟教授"，署名"本报记者李潇潇"。

高于生活的智慧，是人对自身处境的思索、理解和追求，是高耸云霄而又普照现实的阳光。哲学与人类的命运、民族的兴衰和人民的祸福息息相关。哲学对一个民族尤其重要，它既是民族精神的升华物，又是民族精神的铸造者。没有哲学思想的民族是没有灵魂、没有脊梁的民族，是不能在文明史上留下伟大足迹的民族。"为天地立心，为生民立命，为往圣继绝学，为万世开太平"正是中国哲学的优秀传统。尽管任何哲学都不可能一劳永逸地"为万世开太平"，但哲学家不可无此情怀。有了这种情怀，才可能以"虽九死其犹未悔"的精神去"爱智"。爱智求真与忧国忧民的统一，才是哲学家应有的境界。

2. 哲学是人类的共同的思想财富，没有国界；然而哲学又不能没有民族特点。不与民族特点融会契合的哲学不可能在这个民族生根。马克思主义哲学也必须与中国的民族特点相结合，也就是实现中国化，才能成为中华民族自己的哲学。我们必须"教给哲学说中国话"。正因为八十多年来我们致力于教给马克思主义哲学说中国话，以新的内容丰富和发展了马克思主义哲学，形成了中国化的马克思主义哲学，它才成为中国人自己的哲学，才在中国的救亡图存和民族复兴的伟大事业中发挥了如此巨大的作用。

3. 学风和文风至关重要。学风上要力求创新与求是的统一。哲学不是实证科学，最易流于空泛，然而也最忌空泛。在哲学领域里，要分析清楚一个问题，把理论向前推进哪怕是一小步，都是非常艰难的精神劳作。许多大哲学家用了毕生的精力也只回答了几个哲学问题。大言空论则非常容易。故弄玄虚，故作高深，用一大堆抄来的或生造的语词来"讲"自己也没有弄清楚的问题，把症结蒙混过去，尽快地构成体系，我以为不可取。文风上也要力求精密显豁。个人当然应该有各自的风格，不能强求一律；何况语言本身也在发展，并无一成不变的定格。但中国语言毕竟有自己独特的传统，不能置之不顾。用中国的语言写文章还是应该说中国人喜闻乐见的话。

4. 马克思主义哲学能站在思维的制高点，正因为它吸纳和消化了人类文明的一切优秀成果而又有所超越。今后要发展，仍需如此。要有自己的鲜明立场，但却不可褊狭。马克思主义哲学决不是离开世界文明发展大道的东西，而是人类认识大树上的花朵和果实。海纳百川，有容乃大。对中国传统哲学和古往今来的外国哲学，都要善于有分析地消化吸纳，不可盲目拒斥。

5. 哲学和任何其他学问是互相贯通的，但又不能互相代替，而且也都不是万能的。哲学要做自己应该做和做得到的事情，不可越俎代庖，不可自以为至高无上，也不必因为受到某种冷遇而愤愤不平。哲学的性质注定了它难免做黄昏起飞的枭鸟，也就是"事后诸葛亮"；但它一旦产生又可以成为社会变革的先导，做高鸣报晓的雄鸡，做"事前诸葛亮"。要做好"事前诸葛亮"，先得老老实实地做好"事后诸葛亮"，否则就不免流于空谈，热闹一阵也就烟消云散了。

记者：您讲的这5点都需要我们后学们认真学习和思考。现在我们重点请您谈谈马克思主义大众化的问题。党的十七大报告要求"开展中国特色社会主义理论体系宣传普及活动，推动当代中国马克思主义大众化"。党的十七届四中全会决议又强调要"坚持把思想理论建设放在首位，提高全党马克思主义水平，不断推进马克思主义中国化、时代化、大众化"。很显然，这是一项关系坚持中国特色社会主义道路的战略任务。可否请您谈谈自己的认识。

陶德麟：首先我想谈谈我对大众化这个概念的理解。我个人觉得大众化与大众性这两个概念是有区别的。大众性是理论本身的一种属性，是标识理论所涉及或关注的群体的范围的概念。大众化则是使理论为尽可能多的受众理解和认同的一种工作。可以说任何理论都有一定程度的大众性，只不过"大众"的构成和范围不同而已。完全没有大众性的理论就是不代表任何人群的利益和要求，也不以任何他人为宣传对象的理论，就是自言自语的理论，这种理论实际上是不存在的。同时，任何理论也都需要大众化。这是因为理论都是少数理论家精神劳作的产品，并不都是一般大众天然能够理解的。任何理论要想扩大自己的影响力，就得让尽可能多的人懂得并接受，这就离不开大众化的工作。古今中外各家各派的理论家在大众化方面都做了很多工作，而且很有成效，这也是他们的理论能够流传的主要原因之一。他们的经验到现在也还值得我们借鉴。

马克思主义与其他理论的区别不在于有没有大众性，也不在于需要不需要大众化，而在于大众性和大众化的使命、内容、对象和范围与别的理论不同。马克思主义反映的是历史上最先进的阶级即无产阶级的根本利益，同时也反映了有史以来最广大的人民群众的根本利益。它不是去论证某种剥削制度和阶级统治的永恒合理性，而是以严密的科学道理揭示历史发展的规律，既说明剥削制度在一定历史发展阶段的必然性，又说明它们的暂时性。它向人们展示的远景是经过一系列的历史发展阶段，最终实现彻底消灭阶级差别，解放全人类。因此它的大众性具有史无前例的广阔内容，为任何其他理论不可比拟。另一方面，它的大众化也与其他的理论的大众化有原则的不同。由于马克思主义代表的是无产阶级和最广大人民群众的根本利益，它不仅不需要掩盖事物的真相和本质，而且恰好需要彻底揭露事物的真相和本质。但要使群众理解它所揭露的真相和本质也决非易事。马克思主义不是工人运动自发的产物，而是马克思和恩格斯这样的知识分子总结了人类文明发展大道上一切优秀成果而又研究了历史和现实才创造出来的严整的科学理论，所以也必须经过艰苦的大众化的工作才能为大众所理解，实现它的大众性。离开了大众化的工作，马克思主义理论就不可能掌握群众，转化为物质力量，也不可能在千百万群众的实践中接受考验，总结经验，得到丰富和发展。因此，对马克思主义来说，大众化不是可有可无的附加物，而是由马克思主义的本性和使命决定的题中应有之义，是马克思主义的不可或缺的基本要求。只停留在书斋里和理论家头脑里，而不为群众理解和运用的马克思主义，最多也只是不能实现也不能发展的学理，而不是真正意义上的马克思主义。

记者："不断推进马克思主义中国化、时代化、大众化"这个提法本身应该是有具体内容的。

陶德麟：不错。马克思主义的大众化与中国化和时代化是统一的整体，离开了中国化和时代化去孤立地谈论大众化，就会成为抽象的口号。

第一，大众化不能离开中国化。马克思主义不是地域性的理论而是世界性的理论，它揭示的是整个世界的普遍发展规律。但是，这些普遍规律就寓于各个国度、民族、地域的特殊发展规律之中。离开了特殊规律，普遍规律也就无所寄寓而成为空中楼阁。只有把马克思主义的基本原理与各个国度、民族、地域的特殊情况正确地结合起来，实现了普遍和特殊的统一，这些基本原理才能在实际生活中得到实现。马克思主义的世界化和本土化是统一过程的两个方面。如果没有世界化，就不可能在各个国度、民族或地区实现本土化；同样，没有本土化，世界化也只能是悬在空中的一般道理，不能解决各个国度、地区和民族千差万别的特殊问题，不能实际地实现世界化。就中国而言，马克思主义的本土化就是中国化，就是把马克思主义基本原理与中国实际结合起来，解决中国的实际问题，又从而以新的经验丰富和发展马克思主义的基本原理。马克思主义在中国大众化的过程，也必然是马克思主义中国化的过程。事实已经证明，这是中国革命建设取得胜利的必由之路。在民主革命时期，如果没有中国化的马克思主义毛泽东思想，如果毛泽东思想没有通过大众化而掌握千百万群众，就不可能设想能推翻"三座大山"，把半封建半殖民地的旧中国变成社会主义的新中国。在社会主义建设时期，如果没有中国化的马克思主义即中国特色社会主义理论体系，如果这个理论体系没有通过大众化而掌握十几亿群众，就不可能指引一个经济文化落后的东方大国取得奇迹般的举世瞩目的成就。

第二，大众化不能离开时代化。马克思主义理论反映了历史发展的规律，特别是反映了资本主义产生以来社会发展的规律。它虽然产生于一百五十多年以前，但它的基本观点不仅没有过时，而且仍然高于其他理论，包括后出的种种理论。它是最深刻地反映了时代特征和时代需要的理论，是真正的现代性的理论。但现代也是一个动态过程，现代的具体情况也在不断地发展变化。马克思主义理论并不因为它是现代性的理论就可以停滞不前。马克思主义之所以不会过时，之所以能一直站在人类思维的制高点，正因为它与时俱进，随着时代的发展变化而发展，在坚持自己的根本立场观点方法的同时使自己与当前的具体情况相适应。就中国而言，我们决不能抛弃马克思主义的根本立场观点方法，决不能抛弃仍然符合当前实际情况的基本原理，同时又决不能停留在马克思主义经典作家已有的一切具体论述上，也不能停留在我们自己已有的理论上，而必须把马克思主义的基本原理与现代世界不断变化的实际结合起来，与我们中国当前正在进行的社会主义建设事业结合起来，持续地推进马克思主义在中国的发展。这就是马克思主义时代化的工作。我们要做好马克思主义大众化的工作，就要清醒地认识到我们面对的大众是生活在现时代的中国大众。离开了时代的特征，离开了中国大众在现时代的需要，大众化就没有目标，也没有对象，大众也不会关心这种理论，大众化就将成为一句空口号。

中国化、现代化、大众化是相互联系的统一整体，离开了哪一条都行不通。但三者的地位又不是平列的。中国化是统领一切的总问题，它逻辑地蕴涵着其他两个方面。

记者： 现在有的学者写文章越来越难懂，甚至制造一些令人费解的新名词，艰深晦涩和故弄玄虚，似乎在追求学术的高深莫测。大众化是否也有个语言文字问题。

陶德麟： 语言文字是理论的载体，理论只有通过语言文字才能表达和传播。在中国要实现马克思主义的大众化，就得下工夫用中国人喜闻乐见的语言文字说话，说中国话。有人认为马克思主义是西方文化的产物，西方的思维方式和语言习惯与中国的根本不同，用中国话讲马克思主义就会变形走样。这种说法是似是而非的。如果一种理论只能用一种语言表达，那么不同民族之间的文化交流和对话就只能是一连串的互相误解了。这显然不符合已经存在了上千年的事实。更重要的是，用中国语言讲马克思主义不仅可能，而且必要，非如此不能使马克思主义在中国生根。我在这里要借重一位外国人的言论，这个人就是黑格尔。黑格尔说："我也在力求教给哲学说德语。如果哲学一旦学会了说德语，那么那些平庸的思想就永远也难于在语言上貌似深奥了。"黑格尔说得多么深刻，多么尖锐！他毫不含糊地宣布他要"教给哲学说德语"，正是为了使那些并非产生于德国的哲学德国化，在德国大众化。他认为只有这样才可能使那些"最优秀的东西"成为德国的财富；否则不仅不能成为德国的财富，还会是"野蛮"的东西。我想，黑格尔的这段话不仅适用于哲学，也适用于一切社会历史理论，包括马克思主义理论。事实上，马克思主义所以能成为中华民族的宝贵财富，正因为中国的马克思主义者一直在"教给马克思主义说中国话"，"让马克思主义说中国话"。这正是中国马克思主义者的责任，也只有中国马克思主义者才可能担当起这个责任。

当然，中国话也不是一成不变的，也在发展变化。同为中国语言，现代的中国语言就不仅和古代的文言文不同，而且与五四时期的白话文、与我们中国早期马克思主义者的作品的表述方式也有所不同。这是正常现象。此外，在语言发展过程中吸收某些外来的词汇和表述方式也是很正常的。不仅不可避免，而且是丰富和发展中国语言的重要的途径之一。事实上我们已经做了很多，而且成绩斐然。但是，任何一种语言都有它长期形成的相对恒定的要素，是不能随便改变的。如果弄得面目全非，就不成其为这种语言，本民族的人也看不懂、听不懂了。以汉语为例，恕我直言，现在有的博士生写的论文可以说是用汉字写的洋文，用汉语说的洋话，比古文和外文都难懂，不仅像我这样的人看得非常吃力，他们彼此之间也常常因为看不懂对方的文章而叫苦不迭，要中国老百姓喜闻乐见恐怕更是难上加难了。至于生造词句、故弄玄虚的毛病，也颇为常见。我认为这是一种病态。多年前我就曾为此呼吁过，后来又不避絮聒之讥，多次发文进言，认为此风不可长。看来这种毛病也是古已有之的。苏轼给谢民师写过一封信，其中批评扬雄"好为艰深之词，以文其浅陋"。在他看来，扬雄讲的那点道理并没有那么玄乎，"若正言之，则人人知之矣"。扬雄是不是确有这个毛病，姑且不论，但苏轼讲的这个道理是很对的。他还引用孔子的话："辞，达而已矣。"并说："辞而至于能达，则文不可胜用矣。""文不可胜用"，这是何等难能可贵的境界！有人似乎以为话越说得艰深晦涩，佶屈聱牙，让人不知所云，学问就越大。这是极大的误解。其实恰恰相反，"以艰深文浅陋"最不费力，而用准确明快生动活泼的语言讲清深刻复杂的道理才是最难的。最近读了报道台湾的余光中先生在一次讲演中批评"西化汉语"的文章，颇有同感。他举例说，"他是他父亲和母亲的唯一的儿子"这句话就是一句西化汉语，虽然不能说语法不通，但总不如说"他是独子"来得顺当。说"他的思维很有前瞻性"，就不如说"他很有远见"更像汉语。毛泽东一贯重视文风问题，当年他把文风与学风、党风一起列为整风的内容，反对党八股和洋八股，尖锐地揭露了文风不正的危害性，我以为至今还有现实意义。

记者：您在 2009 年第 1 期《中国社会科学》上发表的《对马克思主义中国化研究中两个问题的理解》一文产生了很大影响，最后请您对中国的马克思主义研究谈谈您的看法。

陶德麟：精神世界是辽阔无边的大海，科学研究是个人纵横驰骋的天地。理论家对马克思主义的研究也必定各有侧重，各有特长，各有风格，这些都应当按照"双百方针"得到尊重，不能人为地规定一个死板的模式。但如果问我个人的看法，我觉得最重要的还是应该共同努力，做好马克思主义中国化、时代化、大众化这篇大文章，因为这是中国人民的需要，中华民族的需要。要把这篇大文章做好，我个人有这样几点看法：

1. 判断这篇大文章做得好不好，以什么为标准？我认为只能以实践为标准。这就是说，要看我们的研究成果是否符合发展着的中国实际，是否正确地揭示了我国社会主义建设的客观规律，是否对我们正在进行的事业有正确的指导作用。以其他的东西为标准，例如以是否符合马克思主义经典论著的文本为标准，以某个权威的论断为标准，以外国人的评价为标准，甚至以外国刊物的引用率为标准，都是靠不住的。现在我们常常喜欢讲与国际接轨，但我们是不是也应该想一想我们拿什么东西与国际接轨？如果我们只是"照着"或者"接着"外国人讲过的东西讲，还自以为是在"走向世界"，那就是丧失自我，不仅对中国无所贡献，对世界也无所贡献了。我们真正能对世界的马克思主义宝库有所贡献的东西，恰恰是有中国特色的东西，是别人做不出来的东西。在这个意义上，愈有民族性的东西才愈有世界性。只要路子正确，我们中国的理论界是完全有能力作出这种别人不能代替的独特贡献的。

2. 要做好这篇大文章，毫无疑问要有世界眼光，要以极宽广的胸怀吸纳和借鉴古今中外一切有价值的思想成果，哪怕只有颗粒的合理成分也不忽视。但我们理论创造的"源头活水"还是我们正在进行的中国特色社会主义建设的实践。对理论研究来说，十几亿人的史无前例的伟大实践是一个取之不尽用之不竭的源头活水。不断地探索、提炼、概括和总结这一伟大实践的经验，是理论创造的必由之路。忽视或轻视了这个源泉，即使成果如山，也都难免是舍本逐末，不可能在马克思主义发展史上留下前进的足迹。

3. 文本研究是极为重要的一项工作。马克思主义传入中国就是从先辈们译介马克思主义著作开始的。几十年来我国的翻译工作为马克思主义中国化的事业留下了辉煌的一章。中央编译局的群体为这一事业奉献了毕生的精力，应当功垂史册。过去因误读马克思主义的文本而产生错误的事实确实发生过，这从反面证明了文本译介的重要性。但是，文本研究的目的是正确掌握马克思主义的立场观点方法，作为行动的指南，只有纳入马克思主义中国化、时代化、大众化这篇大文章之中才有意义。如果把文本研究的意义与马克思主义理论创造对立起来，不问经典作家是在何种情况下针对什么问题做出的论断，一概视为不可移易的真理，以致用文本中的某些词句来限制或非难基于实践的理论创造，那就是文本崇拜，就是教条主义了。教条主义在中国革命史和建设史上造成的危害巨大，损失惨重，永远不能忘记。当然，教条主义不是文本研究之过，而是教条主义者把文本当做教条之过。我们要警惕和防止的正是这种教条主义的态度，而绝不是轻视马克思主义文本研究本身的价值和意义，这是不言而喻的。

4. 我们在谈到教条主义时，往往仅指对马克思主义经典文本的教条主义态度。其实这并不全面。从目前的实际情况看，我以为对非马克思主义论著的教条主义态度也确实存在。在一些人当中，把非马克思主义甚至反马克思主义的理论当做典范崇拜，当做规范全盘照搬或者变相照搬，以这些理论为尺度轻率地指责马克思主义的这种"缺点"那种"错误"，似乎成了一种时髦。这是一种不可轻视的现象，是应该通过说理的方法予以澄清的。

5. 理论刊物是旗帜，是园地，也是阵地。刊物对理论发展的导向作用至关重要。像《中国社会科学》和《中国社会科学报》就是旗帜、园地和阵地。刊物能够引导作者和读者，也需要作者和读者的支持。我希望广大的作者和读者热忱支持这样的优秀刊物。

正确汲取中国古代和合思想的精华[*]

本书作者左亚文在很长的时间里一直思考着唯物辩证法的当代形态问题。他认为我们过去的某些重大失误，以及当前世界的纷争动荡，与人类思维方式的片面性有深层的联系。而中国传统哲学的和合思想对匡正这种片面性有极大的作用。因此，批判地吸取中国哲学的和合思想以充实唯物辩证法，将能补救人们思维方式的偏颇，以及对唯物辩证法传统理解的缺失，并认为和合思想是整个中国传统哲学在思维方式上的特征，是中华民族的思想之根；正是这一点对建构唯物辩证法的当代形态将起极其重要的作用。

我以为，本书较好地回答了问题，这里我只补充这样几点看法：

第一，唯物辩证法有没有当代形态？如果有，应该如何建构？应该从哪些方面寻找思想源泉？无论对唯物辩证法的理解有多少分歧，人们都认为唯物辩证法必须随着人类实践和认识的发展而发展，时代的变化必然引起唯物辩证法的内容和形式的变化，唯物辩证法应该有它的当代形态。在这一点上是没有分歧的。至于它的当代形态是什么，那是有待人们去研究、去建构的问题。如何建构？从哪里去吸取思想源泉？人们的目光总是倾注在唯物辩证法产生以后的实践和科学所提供的新材料、新思想。这是理所当然的。把这一方面作为建构唯物辩证法当代形态的主要途径也完全正确。但是，唯物辩证法产生以前的思想，是不是也可以成为建构唯物辩证法当代形态的源泉之一

　　* 此文是作者2002年12月29日为左亚文著《和合思想的当代诠释——唯物辩证法与东方智慧的对话》一书作的序，此书由湖北教育出版社2003年3月出版。收入本书时有删节。

呢？对这个问题的看法就未必一致了。有的学者或隐或显地认为，马克思恩格斯在创造唯物辩证法的时候已经科学地总结了以往思想史上的一切积极成果，这些积极成果已经包蕴在唯物辩证法的理论内容之中，反复咀嚼这些老成果也不会给唯物辩证法增添实质上的新内容，对建构唯物辩证法的当代形态并无实际意义。我认为这种看法值得商榷。任何思想当然都是时代的产物，但只要是有价值的思想，它的意义必定不限于产生它的时代。后世的人们从自己时代的视角来解读它们，就可能开掘出前所未见的新意。重读过去也是创新的途径之一。马克思恩格斯是站在他们那个时代的高度概括前人的思想成果的，我们今天站在我们时代的高度重新概括他们概括过的东西，得到的就不限于已有的结论，还会有前所未知的新结论，从而丰富和发展唯物辩证法。忽视这一方面，就会丢失建构唯物辩证法当代形态的一个重要思想源泉。

第二，中国传统哲学能不能成为建构唯物辩证法当代形态的思想源泉？在这个问题上也有不同的认识。有的学者对马克思主义以前的西方哲学至今还可以作为建构唯物辩证法当代形态的思想源泉是认可的，但对中国传统哲学的这种作用则持基本否定的态度。他们认为中国传统哲学与马克思主义的唯物辩证法没有"血缘"关系，唯物辩证法的创立本来就几乎没有吸取中国传统哲学的思想；况且它又是没有受过近代西方科学洗礼的朴素形态的东西，在理论层次上没有达到近代西方哲学的水平，更远没有达到科学形态的唯物辩证法的水平。我们至多只能从中国传统哲学中摘取某些命题来印证唯物辩证法的普适性，至于从中吸取什么重要思想以丰富和发展唯物辩证法是不大可能的。这种看法我以为也未能得实。诚然，唯物辩证法总结的人类认识史主要是西方认识史，然而中国辩证法与西方辩证法反映的是同一世界的规律，除了各自的特殊性还有普遍性，并非不相干的东西。唯物辩证法概的普遍规律也包括了中国辩证法反映的普遍规律，在这个意义上中国辩证法也是唯物辩证法的来源。我们今天以现代眼光对中国辩证法重新解读后，就可能发现蕴涵其中而未被前人察知的当代意义。这种新的认识将同当代科学的新发现一样，为唯物辩证法注入新的血液。而这是非同小可的。正如列宁说过的，辩证法是多方面的没有片面性的发展学说。它是通过一系列的范畴和命题表述的有机的理论系统。在不同的历史条件下，强调的方面可能有所不同，其中的每一方面又都可以有认识深浅的不同，发挥详略的差异，表述精粗的区别，但都不失为辩证法整体的有机组成部分。左亚文此书特别看重的中国辩证法中的和合思想，无疑是辩证法的一个重要方面。中国传统辩证法是在中国这块巨大的东方沃土上生长起来的一朵奇葩，它经过中华民族历代哲人的艰苦探索和长期积淀，源远流长，博大精深，确实代表了一种有远见卓识的东方智慧，在某些方面达到的高度为西方古代辩证法所不及，也为西方近代哲学所不及，它是中华民族为人类思想宝库作出的独特贡献，理应作为人类的共同财富，而不应置于马克思主义哲学的视野之外。当然，中国辩证法也有不及西方哲学之处。它毕竟没有经过近代科学的洗礼，还不是科学形态的理论。一切朴素形态的辩证法的弱点，它也难免。在整体层次上，它低于马克思主义的唯物辩证法。因此，就其现成形态而言，它还不能直接作为唯物辩证法的组成部分，更不能作为唯物辩证法的当代形态。这就需要首先对它作出当代的阐释，赋予它当代的意义，然后才能吸收到唯物辩证法的体系之中。我们既不能无视或低估中国传统辩证法的意义，也不能把它的意义人为地无限拔高，似乎它囊括了人类的一切最高智慧，比唯物辩证法的水平还高。

第三，马克思主义哲学是否需要中国化？是否可能中国化？如何实现中国化？这对马克思主义哲学在中国的命运，对中国思想文化的走向，都是无可回避的问题。80多年的中国革命建设史和中国思想发展史实际上已经回答了这个问题。但人们在理论认识上似乎还不尽一致。我认为，马克思主义中国化的主要动力和源泉是中国人民和中华民族根本利益的需要，是中国革命建设实践的经验。但是，要成功地实现马克思主义哲学的中国化，离开了与中国传统哲学的结合是不可思议的。而这种结合不是外在的结合，而是与中国传统哲学中相对恒定的一贯精神的内在结合。没有这样的结合，马克思主义哲学必不能在中华民族的意识中生根，成为中国人自己的哲学。

第四，当今世界面貌的巨大变化完全出乎一百年前甚至几十年前的人们的预料。但是，阶级、国家、民族、地区、宗教等等的矛盾并未因为科学技术和生产力的突飞猛进而消失，反而上升到了新的水平。敌意和杀机仍然占据着许多人的心灵。人类拥有的科学手段足以将人类自身毁灭无余。诚然，和平与发展是当今世界的主题，但这也并非人类"良知"启示的结果，而是力量制衡的结果。我不相信那些以掠夺和扩张为生存目的的利益集团、那些霸权主义者们会因为受到和合思想的启示而良心发现，改变"思维方式"，从全人类的根本利益出发，顾全大局，幡然悔悟，改弦更张，放弃私利的追逐而致力于天下为公，世界大同。我也不相信"己所不欲，勿施于人"真的会成为当今全人类一体遵循的"黄金原则"（倘真能如此，那就不仅是"半部《论语》治天下"，而且是"一句《论语》治全球"了）。坦率地说，我不相信和合思想有这么大的神力。但是，我丝毫不贬低和合思想的价值。这是因为，被科学地阐释了的和合思想毕竟对世界大多数人有启示作用，有助于帮助大多数人意识到人类根本利益的要求，着眼于长远和未来，知道自己应该怎么做，也知道应该怎么抑制那些陷人类于毁灭之中的贪婪狂悖的行为。这比宣传"仇必仇到底"终究要明智得多，效果也好得多。和合思想的当代价值正在于此。

论辩证法与和谐问题[*]

和平和发展是现时代的主题，我国正在为构建社会主义和谐社会而奋斗。如何理解和谐的概念，如何理解和谐与辩证法的关系，很自然地成为热烈讨论的重要哲学问题之一。

一

有的论者认为"传统的"唯物辩证法是以矛盾为中心的"矛盾哲学"，它的思维方式是"矛盾的思维方式"，已不能体现时代精神，必须代之以"和谐哲学"和"和谐的思维方式"，并认为这才是辩证法的"当代形态"。有的论者还认为"传统的"唯物辩证法渊源于西方的辩证法，强调斗争；而和谐哲学则渊源于中国传统辩证法，强调和合，是更高级的东方智慧。我认为提出这种见解是出于对人类命运的关切，是想启迪人们重视建立人与自然、人与人之间的和谐关系，愿望极好。但这种见解在理论上是不能成立的。

这种见解是由反思一度流行的所谓"斗争哲学"发展而来的。众所周知，在"文化大革命"中确有把马克思主义哲学称为"斗争哲学"的事实，而且被视为权威解释。"斗争哲学"在理论上非常错误，在实践上为害甚烈。事实昭然，教训惨重。痛定思痛，对它拨乱反正是理所当然和完全必要的。但"斗争哲学"究竟错在何处？应该如何拨乱反正？却是严肃的科学问题，只有实事求是地分析才能正确地吸取

　＊ 载《哲学研究》2009 年第 6 期。中国人民大学书报资料中心 2009 年 9 月。《哲学原理》全文转载。

教训。我认为"斗争哲学"的错误主要有如下三点：

第一，对辩证法的理论内容做了片面的解释，肢解了辩证法的整体性，违背了辩证法的根本精神。辩证法本来是以对立统一规律为核心的没有片面性的发展学说。这种学说反映了一个事实：万事万物内部都具有互相对立、互相排斥的倾向或方面，而这两个方面又是互相依赖、互相联系的。"矛盾"这个名词所指称的就是事物内部的这种关系。"斗争"就是对立或排斥的同义词，同一（或统一）就是依赖或联系的同义词。古代和现代的辩证法思想有精粗深浅的区别，西方和东方的辩证法思想有表述形式的差异，但只要称得上是辩证法的思想，都是承认矛盾双方的斗争性和同一性不可分离的，否则不成其为辩证法。在这个意义上把辩证法叫做"矛盾哲学"是合理的。"斗争哲学"与此不同，它把"斗争"说成矛盾双方关系的唯一内容，抹杀了或取消了矛盾双方的同一性。这就改变了"矛盾"概念的本来涵义，无异乎取消了辩证法。

第二，对"斗争"概念的内涵也做了狭隘的解释。"斗争"（struggle）在辩证法中是一个有严格涵义的哲学概念，指的是矛盾双方互相对立或排斥的性质，不能按照日常生活中不严格的理解望文生义地滥用。在哲学意义上，矛盾双方的"斗争"即互相对立或排斥的形式和内容都是无限多样的。而"斗争哲学"却把"斗争"等同于"对抗"（antagonism），甚至进一步曲解为"你死我活"的暴力对抗，抹杀了"斗争"形式和内容的丰富性和多样性。

第三，对"斗争"的结果也做了片面的解释。斗争与同一共同发挥作用的最终结果是矛盾的解决（至于又产生新的矛盾那是另一回事）。但矛盾的解决方式也是无限多样的。而"斗争哲学"把"斗争"的结果仅仅归结为一方"消灭"一方，一方"吃掉"一方。这明显地与事实不符。

因此，"斗争哲学"与"矛盾哲学"是根本不同的两种思想。"斗争哲学"不仅不是马克思主义的唯物辩证法，而且也不是任何意义的辩证法。这与传统和现代、西方和东方没有关系。即使是最古老最"传统"的辩证法，无论是东方的还是西方的，都没有对矛盾作如此片面的理解的。反对"斗争哲学",首先就要正确理解辩证法即"矛盾哲学"的本来涵义,维护辩证法之所以为辩证法的最本质的东西,在这个基础上才谈得上发展辩证法、创造辩证法的当代形态。如果连辩证法的本来涵义都没有弄清楚,就去构建当代形态的辩证法,构建出来的就很难说是辩证法了。这些论者把"矛盾"与"和谐"说成互不相容的概念,认为讲"矛盾"就必然导致"斗争哲学",必然破坏和谐;要和谐就只有不讲斗争,要不讲斗争就只有不讲矛盾,所以要反掉"斗争哲学"就必须连"矛盾哲学"也一起反掉,以"和谐哲学"代替"矛盾哲学"。我认为这是找错了应该反对的对象。这种"和谐哲学"当然也是一种哲学,但绝对不是辩证法的哲学,更说不上是唯物辩证法的"新形态"。

我认为"和谐哲学"这个名词并不是在任何意义上都不可以用,问题在于赋予它什么涵义。如果"和谐哲学"指的是一种并不否认矛盾,但以创造条件促进和谐为宗旨的哲学,那么这种"和谐哲学"还是可以成立的。不仅可以成立,而且在承认对立统一规律的前提下把如何促进和谐作为探讨的重点,也符合时代的要求,特别是符合我国建设社会主义和谐社会的要求。但对"和谐"概念的内涵应当给以恰当的界定。我在《马克思主义研究》2007年第6期上对此曾作过一些陈述。和谐(harmony)这个词,无论作为某种理论体系中的概念,或者人们表达美好憧憬的语词,古今中外都早已出现,但解释各有不同。我认为有两类解释是不对的:一类解释是把和谐与矛盾看成互斥的概念,认为和谐就是无矛盾,有矛盾就不能和谐。这在理论上说不通。和谐这个概念本身就是以矛盾的存在为前提的。只要一说到和谐,就至少是指某物与他者之间的某种关系,就是有差异的事物之间(或同一事物内部有差异的方面之间)的某种关系。差异就是矛盾。不首先肯定矛盾的存在,就不知道是什么与什么和谐,和谐这个词就没有意义了。还有一类解释并不把和谐与矛盾看成互斥的概念,但认为凡属矛盾双方共处于统一体的状态都是和谐。这又把和谐的外延过于泛化了。实际上,任何矛盾只要还未消失,就共处在统一体中,即使是斗争非常激烈的对抗性矛盾也是这样。例如激烈交战的双方,也是共处在统一体中的，否则怎么打仗？如果把凡是矛盾双方处在统一体中的状态都一概叫做和谐，那就等于说无论什么矛盾都和谐，连打仗也算和谐，和谐的概念也就等同于"共处"的概念，没有独立的意义，也没有提出这个概念的必要了。

我认为，和谐不是没有矛盾，也不是所有的矛盾都和谐。和谐这个词是专门用来指称矛盾双方相互关系的一种特殊状态的，这种状态的特点就在于矛盾双方的发展不仅不互相损害，而且还互相促进，即人们通常用"相辅相成"、"共生共荣"、"和实生物"、"互利双赢"之类的语词描绘的状态。

这种状态是可能出现的，事实上无论在自然界和社会生活中都已经出现过。以社会现象为例，在利益有共同点的基础上也可以出现局部的暂时的和谐状态，更不用说在人民利益根本一致的社会主义社会了。正因为如此，我们今天构建社会主义和谐社会才不是空想。① 但是也要看到，这种状态并不是在任何情况下都可以出现的：第一，这要看矛盾双方关系的内部性质如何。有些矛盾有达到和谐的客观可能性，但另一些矛盾的本性却决定了双方不可能和谐，对后一类矛盾讲和谐就没有意义。第二，还要看矛盾所处的外部条件如何。同样性质的矛盾，在某种外部条件下可以由不和谐转化为和谐，也可以由和谐转化为不和谐。第三，还要看处理矛盾的方法如何。同样性质的矛盾，处在同样外部条件下的矛盾，由于处理方法的不同，能否达到和谐的结果也会不同。不加分析地泛谈和谐，在理论上是混乱的，在实践上也是无益的。

---

① 最高典型的和谐社会应该是"每个人的自由发展是一切人的自由发展的条件"的共产主义社会，现在离这种和谐社会的实现还非常遥远。我们现在还处在社会主义初级阶段，要求构建的社会主义和谐社会还只能是相对意义上的和谐社会，即和谐状态占主导地位，而且和谐的范围和程度逐步扩大和提升的社会。但社会主义制度毕竟开始为逐步消除人际利益根本冲突的根源、形成社会成员根本利益的一致提供了客观基础，从而使构建社会主义和谐社会成为必要和可能。千里之行始于足下，我们现在把构建和谐社会的任务提上日程并付诸实践是完全必要的。

这种"和谐哲学"否认斗争的观点在当前特别值得辨析。

首先,这种哲学把"斗争"概念的外延窄化了,与"斗争哲学"一样把斗争仅仅理解为对抗,用"你死我活"、"斩尽杀绝"、"消灭对方"、"两败俱伤"之类的语词加以描绘。这是没有根据的。作为哲学概念的斗争当然包括对抗,但决不限于对抗。从社会现象看,不仅战争、杀戮、打击、灭绝一类的激烈对抗的行为是斗争,争议、讨论、谈判、协商、沟通、说服、劝谏、化解、妥协、让步乃至求同存异等等从哲学意义上看也是不同形式的斗争。

其次,这种哲学把"和谐"概念的外延泛化了,似乎不管什么性质的事物之间都可以和谐。这也不符合事实。试问,当年我们进行反法西斯战争的时候,能同希特勒、墨索里尼、东条英机"共生共荣"吗?今天我们进行社会主义建设的时候,能同图谋颠覆社会主义、图谋分裂祖国的敌对势力"互利双赢"吗?能同腐败分子和其他犯罪分子"相辅相成"吗?

再次,这种哲学把促进和谐的动力片面化了,只看到同一性的积极作用,而否认了斗争性的积极作用。似乎同一性与斗争性是两个各司其职的"部门",同一性是专管"建设"、促进和谐的,斗争性是专管"破坏"、妨碍和谐的。要和谐就必须抛弃斗争,一斗争就必定破坏和谐。现在既然要搞建设、讲和谐,斗争性这个"部门"就应该"撤销"了。这也是不实之论。矛盾的同一性和斗争性本来就不可分离,没有无同一的斗争,也没有无斗争的同一。和谐的实现是同一和斗争共同起作用的结果。抽掉了斗争怎么可能实现和谐?我们现在要构建社会主义和谐社会,能不与阻碍和谐、破坏和谐的因素作斗争吗?仅仅去年一年我们作了多少艰苦卓绝感天动地的斗争,没有这些斗争我们能有现在的局面吗?在金融海啸造成的巨大困难面前,我们不是正在为战胜困难而斗争吗?

无论这种否认斗争的观点的主观意图如何,客观上是站不住脚的。

毫无疑问,和谐是我们应该努力追求、精心构建的状态。但正因为要力图实现和谐,就不能不承认矛盾,分析矛盾,解决矛盾,不能不同时看到斗争和同一两个方面，努力创造实现和谐的现实条件。只讲斗争不讲同一当然不对，但只讲同一不讲斗争也同样不对。没有斗争，阻碍和谐的因素就无法消除，和谐就只是海市蜃楼。所以，我认为在反对"斗争哲学"的时候不能走向另一个极端，用"无斗争哲学"来代替"斗争哲学"。这与我们追求和谐的初衷并不一致。

唯物辩证法当然要随着时代的发展而发展，不停顿地丰富自己的内容，更新自己的形式。而且，时代不同，任务不同，辩证法强调的方面也必定有所不同。在这两层意义上，构建唯物辩证法的新形态的说法我都是赞成的。但什么是唯物辩证法的新形态？如何构建唯物辩证法的新形态？尽可以有各种各样的理解，各种各样的说法和做法，也不必急于取得共识。但在我看来，有一点还是应该坚持的，那就是不能抛弃辩证法最核心的东西，不能抛弃矛盾的概念，而矛盾的概念又必须包含同一和斗争。如果离开这一根本之点，那就不是辩证法的新形态，而是非辩证法了。

二

构建唯物辩证法的新形态的思想资源极为广泛，应当涵盖世界文明的一切成果，其中中国传统哲学对我们在中国发展唯物辩证法的事业来说尤其重要。

在谈及构建唯物辩证法的新形态时，人们的目光往往倾注在唯物辩证法产生以后的实践和科学所提供的新材料、新思想。把这一方面作为建构唯物辩证法当代形态的主要途径是正确的，也并无分歧。但是，唯物辩证法产生以前的思想是不是构建唯物辩证法当代形态的源泉，看法就未必一致。有的论者认为，马克思恩格斯在创造唯物辩证法的时候已经科学地总结了以往思想史上的一切积极成果，这些积极成果已经包蕴在唯物辩证法的理论内容之中，反复咀嚼这些老成果也不会给唯物辩证法增添实质上的新内容，对建构唯物辩证法的当代形态并无裨益。至于中国传统哲学更与马克思主义的唯物辩证法没有"血缘"关系，唯物辩证法的创立本来就没有吸取中国传统哲学的思想；况且中国传统哲学又是没有受过近代西方科学洗礼的朴素形态的东西，在理论层次上还没有达到近代西方哲学的水平，更远没有达到科学形态的唯物辩证法的水平，就更没有什么值得吸取的东西了。我们至多只能从中国传统哲学中摘取某些古老的命题来印证唯物辩证法的普适性，至于从中吸取什么重要思想以丰富和发展唯物辩证法则大可不必。我以为这种看法是欠妥的。

诚然，马克思的唯物辩证法总结的人类认识史主要是西方认识史，然而中国辩证法与西方辩证法反映的是同一世界的规律，除了各自的特殊性还有普遍性，并非不相干的东西。在不同的民族、国度和不同的历史条件下，辩证法的形式有所不同，强调的方面有所不同，其中的每一方面又都有认识深浅的不同、发挥详略的差异、表述精粗的区别，但反映的都是同一世界的辩证规律。在把人类认识史看做整体的意义上，未尝不可以把中国传统辩证法也理解为唯物辩证法的来源。不仅在创立唯物辩证法的时候是来源，在今天发展唯物辩证法的时候也仍然是来源。主要有三点理由：

第一，中国传统辩证法是在中国这块巨大的东方沃土上生长起来的一朵奇葩，它经过中华民族历代哲人的艰苦探索，源远流长，积淀深厚，博大精深，确实代表了一种有远见卓识的东方智慧，在某些方面达到的高度为西方古代辩证法所不及，甚至也为西方近代形而上学所不及，它是中华民族为人类思想宝库做出的独特贡献，理应作为人类的共同财富，而不应置于马克思主义哲学的视野之外。这不是敝帚自珍，而是当仁不让。正因为中国传统哲学的许多独特的有价值的东西并未全部囊括到唯物辩证法中去，今天就更应该从中吸取智慧，使唯物辩证法的内容更丰富。如果我们只把视线集中于西方，轻视中国自己的宝贵传统，那就好比捧着金饭碗讨饭了。

第二，任何思想都是时代的产物，都带有时代的印记，受到时代的局限。但只要是有价值的思想，就必定包蕴超越时代的内容。后世的人们从自己时代的视角来解读它们，就可能开掘出前所未见的新意义。重读过去也是创新的途径之一。马克思恩格斯是站在他们那个时代的高度概括前人的思想成果的，我们今天站在我们时代的高度重新概括他们概括过的或尚未概括过的东西，得到的都不限于已有的结论，还会有前所未知的新结论，从而丰富和发展唯物辩证法。忽视这一方面，就会丢失建构唯物辩证法当代形态的一个重要思想资源。我们今天对浩如烟海的中国传统典籍的掌握、挖掘和理解还远远不够，还有大量的宝藏没有进入我们的眼帘；以现代眼光对中国传统辩证法重新解读后，就可能发现蕴涵其中而未被前人察知的当代意义。这种新的认识将同当代人类的新实践和科学的新发现一样，为唯物辩证法注入新的血液。

第三，在中国发展唯物辩证法、构建唯物辩证法的新形态，与马克思主义中国化是同一个过程，并且是马克思主义中国化的基础的一环。这对马克思主义在中国的命运，对中国思想文化的走向，对中华民族精神支柱的建立，都至关重要。唯物辩证法中国化的主要动力是中国人民根本利益的需要，主要源泉是中国革命建设实践的经验，这毋庸置疑。但是，要成功地实现唯物辩证法的中国化，创造中国化的唯物辩证法，离开了与中国传统哲学的结合也断然不可。这种结合不是外在的结合，而是与中国传统哲学中相对恒定的一贯精神的内在结合。80多年的中国革命建设史和中国思想发展史实际上已经回答了这个问题。只有中国化，才能为唯物辩证法提供别的民族所不能提供的内容，为世界做出独特的贡献；也只有中国化，唯物辩证法才能植根于中国土壤、成为中国人民自己的精神财富。要实现唯物辩证法的中国化，除了总结中国人民的实践，还必须吸取几千年中华民族积淀下来的传统文化的珍品，特别是辩证法的睿智。离开了对中国传统辩证法的吸取，唯物辩证法就很难在中国生根，成为中国人自己的哲学。我们要构建的唯物辩证法的新形态，应当是既有世界水平和时代内容，又有中国特色的。

三

从中国传统哲学中吸取构建唯物辩证法新形态的思想资源是一回事，把中国传统哲学作为当代的指导思想又是一回事。

各民族的哲学都有自己的优长之处，也有自己的不足。我前面说到中国传统哲学中的辩证法在某些方面达到的高度为西方古代辩证法所不及，也为西方近代形而上学所不及，是说的某些方面，并不是一切方面。中国传统哲学毕竟是前资本主义时代的产物，确实没有经过近代科学的洗礼，细节上不如近代产生的西方哲学精密；也很少有像某些近现代西方哲学那样严密的体系和详细的论证。至于与马克思主义的唯物辩证法相比，它更是低一个层次。何况它并不都是精华，也有糟粕。就其现成形态而言，总体上还不能说它就是代表当代人类思维最高水平的哲学，就可以担当起当代中华民族指导思想的重任。能够担当这一重任的还是站在当代思维制高点的唯物辩证法，当然是中国化的唯物辩证法。如果中国传统哲学在近现代能够成为振兴中华民族的指导思想，1840 年以后"国粹不能保国"的悲惨历史就无法解释，中国先进分子努力向西方寻求救国救民的真理的可歌可泣的努力就成了无谓之举了。

而且，中国传统辩证法就其现成形态而言，也还不能原封不动地直接作为唯物辩证法的组成部分。这就需要首先对它作出当代的阐释，赋予它当代的意义，然后才能吸收到唯物辩证法的体系之中。我们既不能无视或低估中国传统辩证法的意义，也不能把它的意义人为地无限拔高，似乎它囊括了人类的一切最高智慧，在总体上比唯物辩证法的水平还高。

阐发和宣传和合哲学的学者是在抱着一腔济世情怀，寻求一种为当代人类化解冲突、避免毁灭的普世方剂。他们并不否认矛盾和冲突的存在，毋宁说，正是因为看到矛盾和冲突的存在才提出融和矛盾、超越矛盾、消弭危机的和合哲学。他们对中国传统哲学中的和合思想，主要是儒家的和合思想做了许多诠释和发挥，许多见解是很有价值的。但我对这种理论仍有原则的保留。我的质疑主要有以下几点：

第一，从理论上说，和合哲学虽然绝不否认矛盾的存在，但却假定了甚至断言了一切矛盾和冲突最后都可以融合。我以为这显然未能得实。事实上，矛盾和冲突发展的结果是无限多样的，除了融合之外，至少还有"一方消灭一方"、"新质因素逐渐积累旧质因素逐渐消亡"和"双方同归于尽"等等多种多样的形式。无论在自然界和人类历史上都可以举出无数的例证。这不是因为自然界和人类出了什么差错，而是矛盾的性质不同、矛盾所处的条件不同和处理矛盾的方法不同使然，并非仅靠思想的力量所能左右的。只承认一种解决矛盾的形式，就无法解释大量存在的事实。张载说："有象斯有对，对必反其为；有反斯有仇，仇必和而解。"这后两句就大可商榷。如果是非对抗性的矛盾，"有反"就未必"有仇"；如果是对抗性的矛盾，不具备特殊的条件，"有仇"就未必能"和而解"，除非把"一方消灭一方"和"双方同归于尽"也算作"和而解"。但假如把"一方消灭一方"和"双方同归于尽"也算作"和而解"，那就把"和"的意思泛化到了无边无际，提出这个概念就没有意义了。我在前面说过，"和"（"和合"、"和谐"也一样）只是指矛盾双方共处的一种特殊状态，即矛盾双方不仅共处，而且双方的发展都不仅不损害对方的发展还有利于对方的发展。我一直不赞成把矛盾双方共处的状态一概叫做"和"，因为任何矛盾，即使是双方斗争非常激烈的矛盾，只要还未消失，就必定共处在统一体中，否则还叫什么矛盾？对战的两军如果不共处在统一体中，双方都没有敌军，他们同谁在打仗？我也不赞成把矛盾双方相对平衡的状态一概叫做"和"。"和"当然是矛盾双方平衡的一种状态，但并非一切平衡状态都是"和"。平衡也有各种各样的具体情况。哪怕是"你死我活"的斗争，也会有"你吃不掉我，我也吃不掉你"的相持状态，这时矛盾双方的力量也是相对平衡的，但这不仅不能叫做"和"，而且往往是最不和的时候。如果这一类相持状态也可以叫做"和"，那就可以说现在全世界的绝大多数领域都已经实现了"和"，用不着我们劳神费力地去"构建"了。

第二，从实践上说，和合哲学描绘的究竟是人类憧憬的理想状态还是实际指导人类行为的普适原则？如果是实践的普适原则，在何种条件下能普适到什么范围和程度？也是需要辨析的。作为理想状态，和合无疑是极其美好而崇高的。"道并行而不悖"诚然非常理想，可是孟子把杨朱墨翟目为"无父无君"的"禽兽"，宁可不避"好辩"之名也决不让它们流行，却是事实。孟子之学与杨墨之学当时虽然也在

"并行"，但何尝"不悖"？马克思主义之道与法西斯主义之道又怎能"并行而不悖"？"万物并育而不相害"也是一幅动人的图景，但人类能与艾滋病毒"并育而不相害"吗？"己欲立而立人，己欲达而达人"，"己所不欲，勿施于人"是何等崇高的境界，但千百年来也只能在没有根本利益冲突的群体中实行，而且完全彻底做到的人为数不多（所以才能成为典范而令人膜拜）。孔子也说"修己以安百姓，尧舜其犹病诸！"他承认像尧舜这样的圣人也很难完全做到。在"富者田连阡陌，贫者无立锥之地"，"朱门酒肉臭，路有冻死骨"、"四海无闲田，农夫多饿死"、"可怜身上衣正单，心忧炭贱愿天寒"的古代，有多少人真正做到了己立立人、己达达人？原因很简单，就是人类社会至今还确实存在着利益矛盾，有些利益矛盾还是对抗性的。诚然，当今世界面貌已经发生了巨大变化，和平和发展确已成为当代的主题。但这两个主题解决了没有呢？一个也没有解决。阶级、国家、民族、地区、宗教等等的矛盾和花样翻新，足以将人类自身毁灭无余。受利益驱使的敌意和杀机仍然占据着许多人的心灵，战争和暴力仍然层出不穷。世界范围的贫富悬殊还在扩大，世界至少有 30 亿人生活在贫困之中，赤贫者不下 10 亿。最近由于资本的疯狂发展而引发的金融海啸正在折磨着各国人民。人类生存的自然环境既在改善也在恶化，发展中国家生存环境的恶化尤其严重。世界还远不是"和睦的大家庭"，"同一个世界"也并没有"同一个梦想"，倒是"同球异梦"的事实大量存在。如果也有某种平衡状态，那也不是"良知"启示的结果，而是各种力量制衡的结果，与我们希望的"和"并不是一回事。要逐步达到名副其实的"和"，还是要在唯物辩证法的指导下面对现实，遵循社会发展的客观规律，以科学的态度承认矛盾，分析矛盾，采取最可行最有效最明智的策略解决矛盾（化解也是解决矛盾的一种方式）。这需要若干代人的极其艰巨的努力，直到马克思和恩格斯预言的"每个人的自由发展是一切人的自由发展的条件"具备的时候，和合的理想才能完全变成现实。和合不是一厢情愿的事，我不相信当今世界上那些以掠夺和扩张为生存目的的利益集团和霸权主义者们会因为受到和合思想的启示而良心发现，改变"思维方式"，从全人类的根本利益出发，顾全大局，幡然悔悟，改弦更张，放弃私利而致力于天下为公、世界大同。我也不相信"己所不欲，勿施于人"真的会成为当今全人类实际上一体遵循的"金律"（golden rule）。倘真能如此，那就不仅是"半部《论语》治天下"，而且是"一句《论语》治全球"了。坦率地说，我不相信和合思想有那么大的神力。

但是，我并不认为和合思想没有价值。这是因为，被科学地阐释了的和合思想对当前我国建设社会主义和谐社会还是有启迪意义的；对世界大多数人也有启示作用，有助于帮助大多数人意识到人类的根本利益，着眼于长远和未来，知道自己应该怎么做，也知道应该怎么遏制那些陷人类于毁灭的贪婪狂悖的行为。这比宣传"仇必仇到底"终究要明智得多，效果也好得多。和合思想的当代价值正在于此。

建党前后的李达同志[*]

李达同志是我国传播马克思主义的先驱者和中国共产党的发起人之一，是著名的马克思主义理论家。他为马克思主义的真理奋斗了将近半个世纪，最后因反对林彪的"顶峰"论含冤去世。研究这个历史人物，对于丰富我们对整整一代革命先驱的历史功绩的认识，恢复被林彪、"四人帮"搞乱了的历史真相，无疑有重要的意义。我们在编辑李达同志文集的过程中涉猎了若干原始资料，访问了一些老前辈，感到有责任提出一点看法，供研究思想史和党史的同志们参考。本文涉及的只是李达同志在建党前后的若干事迹。

一、由爱国主义到马克思主义

李达同志号鹤鸣，1890 年 10 月 2 日出生于湖南零陵县一个佃农家里。兄弟 5 人，只有他一人得到了读书的机会。上了几年私塾后，他在 15 岁时考上了公费的永州中学，开始接触新知识，知道了列强的侵略、清廷的腐败。有一次，学生们接到长沙来信，里面有"徐特立断指血书，号召人民起来做反日救国运动"的红色通知，群情激昂，大家在操场集会决定了两条办法：抵制日货和练军事操。以后每逢帝国主义向清廷提出亡国条件时，进步学生就举行集会，呼口号，发宣言，但每次都以被压制告终。少年的李达积极参加这些活动，产生了爱国思想。

---

　　* 原载《历史研究》1979 年第 8 期。署名李其驹、陶德麟、熊崇善、段启成、曾勉之，文末注明陶德麟执笔。

1909 年，李达考进了京师优级师范，途经汉口、上海、天津时，到处看到的是外国商船、租界、军警、银行、教堂，他悲愤地感到中国已经不是中国人的中国了。他发奋学习科学知识，立志复兴祖国。在北京求学时，辛亥革命爆发了。他抱着"科学救国"、"实业救国"的强烈愿望，考上了留日公费生，到东京第一高等师范学习理科。但是，同他的预想相反，日本军国主义的野蛮教育和对中华民族的侮辱使他难以忍受。祖国的情况也越来越糟。日本政府向袁世凯提出"二十一条"时，留日中国学生义愤填膺，决定举行集会，通电抗议，可是连会场都很难找到，刚开会就被警察驱散。积极参加这些活动的李达感到"科学救国"、"实业救国"的梦破灭了，亡国的惨祸迫在眉睫，而又不知道出路何在。这时，十月革命一声春雷，使他看到了希望。当时日本进步人士对马克思主义的介绍还很零碎，加上书报检查机关的删削查禁，使他无法系统地学习马克思主义。但是他从报纸杂志上还是读到了不少有关十月革命的消息和一些马克思主义的文章，开始产生了对十月革命的向往。

1918 年 4 月，留日中国学生得知段祺瑞政府同日本秘密签订了卖国反苏的"中日共同防敌协定"后怒不可遏，5 月 7 日在东京开会抗议，又被军警拘捕多人，于是全体决定组织留日学生救国团，罢课回国。李达是救国团的主要代表之一。他 5 月中旬到达北京后，立即同其他代表龚德柏等到北京大学与学生领袖许德珩等见面磋商。经过几天的奔走酝酿，他们共同在 5 月 21 日发动了向反动统治当局示威请愿的运动。这是中国学生的第一次示威请愿运动，影响遍及上海、天津、南京等地，成了次年五四运动的预演和先导。但这次运动本身并未达到预期的目的。这件事使李达受到了一次很深刻的教育，是他由爱国主义走向马克思主义的决定性的一步。正如他自己回忆的：这次失败"使我们深切地觉悟到：要想救国，单靠游行请愿是没有用的；在反动统治下，'实业救国'的道路也是一种行不通的幻想。只有由人民起来推翻反动政府，像俄国那样走革命的道路。而要走这条道路，就要加紧学习马克思列宁主义的理论，学习俄国人的革命经验。"①这样，他毅然再赴日本，放弃了理科的学习，全力钻研马克思主义。

在大约一年半的时间里，李达以火样的热情攻读了《共产党宣言》、《资本论》第一卷和《国家与革命》等马列著作，学习了大量介绍马克思主义的书籍，成了马克思主义的笃信者。他还以艰苦的劳动翻译了《唯物史观解说》、《社会问题总览》②、《马克思经济学说》等书，向国内作宣传。其中仅《社会问题总览》一书就有 21 万字。1920 年 3 月李大钊同志发起的马克思主义研究会的通告上，就曾把李达译的《马克思经济学说》列为学习文献。③ 同时，他密切注意国内斗争的发展，向国内投寄稿件参加战斗。陈独秀被捕，他立即写了《陈独秀与新思想》一文，赞扬陈独秀的功绩，强烈谴责反动政府的暴行，满怀豪情地宣布："顽固守旧思想的政府能捕得有'新思想'、'鼓吹新思想'的陈先生一个人，不能捕得许多有'新思想'、'鼓吹新思想'的人，纵使许多人都给政府捕去，那许多人的'精神'还是无恙的。今日世界里面的国家，若是没有把'新思想'来改造了'新国家'，恐怕不能立足在二十世纪！"他还发表了《什么叫社会主义?》、《社会主义的目的》、《战前欧洲社会党运动的情况》等文章，热烈宣传科学社会主义。④ 这时，年轻的李达同志在时代潮流的激荡下实现了由爱国主义到马克思主义的飞跃，走进了中国第一批共产主义战士的行列。

---

① 李达：《沿着革命的道路前进》，载《中国青年》1961 年第 13 期、第 14 期合刊。

② 《唯物史观解说》、《社会问题总览》中华书局在 1921 年出版。

③ 影印件见 1977 年 4 月 28 日《人民日报》第 4 版，原件存中国革命博物馆。

④ 以上四篇文章见上海《民国日报》副刊《觉悟》，1919 年 6 月至 7 月初，署名鹤。

二、批判反马克思主义思潮，为建党作理论准备

1920 年春天，李达同志抱着走十月革命道路的明确目的回到上海，同陈独秀等积极筹建中国共产党。当时以"社会主义"名义出现的学说鱼龙混杂，广大要求革命的群众一时还无从分辨。如果不在理论上扫除各种障碍，用马克思主义占领思想阵地，要建立一个马克思列宁主义的党是不可能的。为了给建党作好思想理论准备，当时的一批共产主义知识分子在以前进行的思想斗争的基础上，进一步展开了对各种反马克思主义思潮的斗争，在斗争中宣传、捍卫和传播了马克思列宁主义，特别是无产阶级专政的学说和建党的理论。李达同志就是其中功绩卓著的一名战士。

1. 批判研究系的假社会主义。以梁启超、张东荪为代表的研究系是一个标榜"社会主义"、鼓吹资本主义、反对在中国进行革命变革的政治派别，他们在 1919 年 9 月创办《解放与改造》半月刊（次年改名《改造》）作为讲坛，又在 1920 年 9 月请罗素来中国"讲学"助威，喧嚣一时。研究系的假社会主义一开始并不是以露骨的面貌出现的。可是它刚露头就引起了马克思主义者的警惕。1919 年 12 月 1 日张东荪发表《我们为什么要讲社会主义？》[1]的长文标榜"社会主义"时，远在日本的李达同志就从他的吞吐曲折的文字里看出他是一个"会学时髦"、"前言不顾后语"，"自己反对自己"的冒牌社会主义者。1920 年 11 月 6 日张东荪抛出《由内地旅行而得之又一教训》一文[2]，亮出"开发实业"、"增加富力"（即发展资本主义）的主张时，李达同志当天就写了《张东荪现原形》[3]这篇尖锐泼辣的短文，予以迎头痛击，第二天就见报。紧接着，又发表了《社会革命的商榷》[4]的论文，批

---

[1] 《改造》第 1 卷，第 7 号。

[2] 《时事新报》。

[3] 《民国日报》副刊《觉悟》，1920 年 11 月 7 日，署名鹤。

[4] 《共产党》月刊第 2 号，1921 年 12 月 7 日，署名江春。

驳了他们所谓中国"无地主资本家"、"无劳动阶级"的谬论，痛斥他们是"走狗学者"，"是我们的敌人"。1920 年 12 月 15 日，张东荪又发表《现在与将来》①的长文，两个月后梁启超也发表洋洋万余言的《复张东荪书论社会主义运动》②，同时在《改造》上辟"社会主义研究"专栏，组织一批文章互相唱和，公开反对马克思主义，反对中国走社会主义道路。于是一批共产主义者以《新青年》和《共产党》月刊为阵地，展开了猛烈的反击。两军对垒，旗帜鲜明。李达同志是这场大论战中马克思主义营垒的主将，他在 1921 年 4 月写的《讨论社会主义并质梁任公》③一文是当时最有分量的论战作品。

在这篇文章中，李达同志开宗明义就宣布这场争论是"社会主义与反社会主义"之争，宣布他"为忠实主义起见，认定梁任公这篇文字是最有力的论敌"。全文就几个最根本的问题痛驳了梁启超的言论。

第一，中国要不要走社会主义道路？

梁启超断言中国的国情与欧美不同，一是"实业不发达"，"产品贫乏，无法均产"；二是"劳动阶级不存在"，社会主义运动只能是"毁灭社会"的"游民运动"。因此，"欲社会主义之实现，其道无由"。

李达同志针锋相对地批驳了这种歪曲事实的理论。他指出，社会主义的任务并不是在现存制度下搞"均产"，而是"把这种自由竞争和私有财产制度永远铲除"，"建设永久的共产社会"。他指出，中国的工业发达程度虽不如欧美日本，但"中国无产阶级所受的悲惨，比欧美日本的无产阶级所受的更甚"，"所以就中国说，是国际资本阶级和中国劳动阶级的对峙。中国是劳动过剩，不能说没有劳动阶级，只不过还没有组织罢了"。所谓"游民"，实际上是"失业的劳动者"，他们的存在正是外国资本侵略和国内武人强盗的罪恶造成的。他严正地质问梁启超："我并不主张利用游民实行革命。但是劳动者不幸失业

---

① 《改造》，第 3 卷，第 4 号。
② 《改造》，第 3 卷，第 6 号。
③ 《新青年》，第 9 卷，第 1 号。

而成为游民，若有相当的训练团体，何以绝对不许他们主张自身的权利？梁任公一定要他们回复到赁银奴隶的地位以后才准他们发言，是何道理？"他得出结论说："中国现时的社会实况虽与欧美略有不同，而社会主义的原则却无有不同，而且又不能独异的。"

第二，中国能不能走资本主义道路？

梁启超鼓吹中国的唯一出路是奖励资本家"开发实业"，使"游民"有工可做，"得丐其余沥以免死"；只有先通过这个办法"造成"劳动阶级，然后社会主义才有"凭借"。

李达同志有力地驳斥了这种观点。他根据马克思主义政治经济学的原理分析对比了"开发实业"的两种根本对立的方法，即资本主义的方法与社会主义的方法，指出前者只能给人民造成灾难，后者才能使人民得到利益。针对所谓"开发实业"非靠资本家不可的说教，李达同志尖锐地指出："我要告诉梁先生：若忧劳动者不经过资本主义不能自觉，那是个教育的问题。若忧劳动者没有发达的生产资本，那时资本却在劳动者自己身上。""若说劳动者在起初毕竟少不得金钱的资本，那么资本家的金钱本来是要归还给劳动者的。"梁启超"主张贫人丐富人以谋生的运动，只可说是乞丐的社会主义运动"。他无情地嘲笑所谓先"造"劳动阶级再行社会主义的欺人之谈，认为这同为了"解放"女子的天然足而故意为她缠足一样荒唐。他还分析了国际环境，指出"中国是万国的商场，是各资本国经济竞争的焦点，是万国大战的战场"，在中国走资本主义道路不过是"糟糕到极点"的"空想"。

第三，干社会主义是靠革命还是靠改良？

梁启超扬言他提倡资本主义"原属不得已之法"，他并不主张"坐视"资本主义的"弊病"而主张"矫正"它，办法是一方面使资本家"觉悟"，不要"掠夺太过"；一方面劝说劳动者不要反对资本家。干社会运动的人"务取劳资协调主义，使两阶级之距离不致太甚"。当前的工作只能是向工人灌输一点知识，劝他们办一点"疾病保险"之类的"切身利益之事"，"作对全世界资本阶级最后决战之准备"。

李达同志揭穿了这种"巧言饰词"无非是"改良主义的社会政策派的劳动运动"。他指出，社会主义运动就是要"铲除社会问题的根本原因"，把自由竞争和私有财产这个"万恶的根源""完全撤废"；而改良主义则要保留这个"根源"，使劳动者永远呻吟在资本家的掠夺、支配之下；资本家即使"宽待"劳动者，也是为了"使劳动者安于奴隶状态而不思反抗"。针对所谓"矫正"资本家的说教，他指出，资本家若能"觉悟"，就该"让给社会主义世界了"；若不"觉悟"，就必定唯利是图，决不会少掠夺一点。"况且谁可以矫正资本家？国家是资本家维持的，绅士式的知识阶级是受资本家豢养的，社会改造者的空言是无补的，有实行力者唯有劳动家，而劳动家却被温情主义缓和了。"李达同志分析了社会主义的几种手段，指出议会主义不过是"要求资本阶级行使社会政策，倡办慈善事业"，"社会根本改造的事业永远达不到"；劳动运动也"只可作为一种必要的手段"，"不能达到革命的目的"；只有直接行动是"最普遍最猛烈最有效力的一种非妥协的阶级斗争手段"，即"联合大多数的无产阶级，增加作战的势力，为突发的猛烈的群众运动，夺取国家的权力，把一切生产工具集中到无产阶级的国家手里，用大速度增加全部生产力，这就是直接行动的效验"。中国革命"只有采取直接行动之一法"。为此就必须"结合共产主义信仰者，组织巩固之团体，无论受国际的或国内的恶势力的压迫，始终为支持共产主义而战"。

李达同志就是这样把梁启超和研究系的假社会主义驳得体无完肤，在论战中发挥了一个基本思想：中国的唯一出路就是由无产阶级政党领导群众夺取国家政权，向共产主义前进。在这个关系中国革命方向的重大原则问题上，李达同志和李大钊、何孟雄、蔡和森等同志并肩战斗，打败了研究系的反动思潮。

2. 反对无政府主义。无政府主义早在清末就传到了中国，在起初各派社会主义思潮中占着优势。马克思主义开始在中国传播，无政府主义者就出来反对。1919 年 2 月黄凌霜著文宣称他"极端反对马克思的集产社会主义"①，同年 5 月又著文"批评"马克思主义②。李达

---

① 《评〈新潮杂志〉所谓今日世界之新潮》，载《进化》月刊。
② 《马克思学说的批评》，载《新青年》第 6 卷，第 5 号。

同志当时还在日本，但他敏锐地注意到了这种情况，立即写了《什么叫社会主义？》的短文，6 月 18 日就在国内发表，对无政府主义作了初步的批判。虽然还很不深刻，但这是非常可贵的第一枪。到了 1920 年，无政府主义更加泛滥起来，刊物和小团体增多了，成了传播马克思主义和建党的现实障碍。这年 2 月易家钺发表《我们反对"布尔札维克"》①一文，向马克思主义猖狂进攻。斗争不可避免，马克思主义同无政府主义的大论战终于爆发了。

李达同志积极投入批判无政府主义的斗争。他主编的《共产党》月刊从第 1 期至第 5 期的《短言》都批判了无政府主义。他撰写的《社会革命的商榷》②和《无政府主义之解剖》③两文是当时批判无政府主义的最系统的文章，在这场斗争中起了重大作用。

《社会革命的商榷》的第二部分就生产和分配问题集中批判了无政府主义。在生产问题上，他指出："共产主义的原则主张把一切农业工业的生产机关都移归中央管理，有时因生产机关的种类不同，或移归地方管理。无政府主义的原则却不然，主张破坏中央的权力，要将一切机关委诸自由人的自由联合管理。"无政府生产组织的最大缺点是"不能使生产力保持均平"，其"无政府状态"、"混乱状态"，"与资本主义的生产差不多"，必然使社会成员受到侵害，因此"非有中央权力去干涉不可"。在分配问题上，他批判了两种形态的无政府主义分配观，即绝对平均主义和"各取所需"，指出："譬如今日行了社会革命组织新社会，而新社会都是继承旧社会的生产力继续发展的，这生产力是有一定的限制的。生产力既有限制，生产物当然也有限制了。""在生产力未发达的地方与生产力未发达的时期内，若用这种分配制度（按：指'各取所需'），社会的整济秩序就要弄糟了。"他主张"借助货币的形式分配生产物"，加以"限制"。

当时无政府主义者正在进攻马克思主义。1920 年年底陈独秀在

① 《奋斗》第 2 号。"布尔札维克"即"布尔什维克"。
② 《共产党》月刊第 2 号，1920 年 12 月 7 日，署名江春。
③ 《共产党》月刊第 4 号，1921 年 5 月 7 日，署名江春。

广州讲演时，区声白与陈独秀通信辩论。次年年初，各地无政府主义者串连策划，准备开大会，发宣言，争取群众。他们宣扬的废除一切国家权力、争取个人绝对自由的说教颇能投合一些备受压迫、渴求解放的青年的心理，有很大的煽动力。显然，把争论局限于具体问题还不能摧毁无政府主义，必须对它的思想源流和理论体系作一个系统的批判，证明它是早被马克思主义驳倒了的错误理论，而中国无政府主义者的鼓噪不过是拾人唾余。李达同志的《无政府主义之解剖》一文就是为此而作的。

第一，李达同志在这篇文章中抓住无政府主义的鼻祖施蒂纳和蒲鲁东以及影响最大的代表人物巴枯宁和克鲁泡特金的理论进行了逐点批判，证明"社会主义和无政府主义本来有不能相合的历史"，并着重揭露了各派无政府主义共同的世界观的基础是个人主义。在批判施蒂纳时，指出他的理论内容是"无限制的发挥自我"，是"极端的个人主义"；批判蒲鲁东时，指出他的理论"明明是准据个人主义的"，"是没有科学的体系和哲学的基础的"；批判巴枯宁时，指出他的理论"是从对于国家和教会的感情上的偏见发生出来的"，"在理论上不能成立"，"可说是无政府主义的破产"；批判克鲁泡特金时，指出他的理论十之八九是"迷想"、"空中楼阁"，"一大半可以当做宗教看的"。对各派的共同结论是："能够成为无政府主义的，只有个人主义"。列宁在 1901 年批判无政府主义时指出："无政府主义是改头换面的资产阶级个人主义。个人主义是无政府主义整个世界观的基础。"①《解剖》一文与列宁的论断完全一致，李达同志抓住了这个本质问题进行深入的分析，弥补了当时其他共产主义者在这场论战中的一个不足之点。近世有些论著叙述这次论战时没有认真研究李达同志的上述两篇重要文章，因而断言当时所有的共产主义者都只就无政府主义者提出的具体问题进行了批评和讨论，都未能对无政府主义的世界观加以本质的揭露，这种断言是不符合历史事实的。

---

① 列宁：《无政府主义和社会主义》。《列宁选集》第 1 卷，人民出版社 1995 年版，第 288 页。

第二，李达同志在揭露无政府主义的世界观的基础时，也联系中国无政府主义者向马克思主义者挑战的几个关键问题进行了批判。除了上文说到的生产和分配问题外，主要是国家问题和自由问题。

关于国家问题，李达同志指出无政府主义"各分派的共通要素，就是否认一切政府，一切国家，一切权力"。对此李达同志着重阐明了两个观点：（1）必须严格区别两种根本对立的国家。针对"一切国家都是祸害"的观点，李达同志作了中肯的批驳，他指出："若嫌特权阶级的国家不好，只好把特权阶级打倒建设无特权阶级的国家就好了。"并举劳农俄国来证明。针对所谓一切国家、政治、法律都是"蹂躏多数人自由生活的少数人造出来的"观点，他指出："资本主义机关的国家政治法律，本是劳动阶级所痛恨的；若是社会主义的国家政治法律，劳动者就会欢迎之不暇了。"他明确地断言："资本阶级独裁只能变为劳动阶级的独裁政治。"在当时对马克思主义国家学说的理解达到如此深度的人，是为数不多的。

（2）无产阶级专政的国家是完全必要的。他批判了所谓革命后可以建立"无政府共产社会"的观点，指出："若是社会进化的理法不错，那么，资本主义之后，必是社会主义的社会而不是无政府共产主义社会。"针对反对建立中央集权的无产阶级国家管理生产的观点，他指出这是"蔑视时间空间的空想"，"假使俄国把中央集权撤废了，把消费委诸各人的自由要求，那么，生产的自由放任，必定要遇到很大的难关"。他还指出，为了镇压国内敌人的反抗；和国外敌人的侵略，不能没有国家。"监狱也要的，警察也要的，因为要对付反对共产主义的人。军队也要的，因为要对抗那资本主义的敌国。"关于自由问题。李达同志除了尖锐地嘲笑了"绝对自由"的荒谬外，还着重揭露了鼓吹"绝对自由"的反动性，他说："实在地说起来，资本阶级并不怕人提倡什么绝对自由绝对平等的社会那种抽象的思想，他们所怕的，还是那种最有力的具体的即时可以实现的社会主义制度。"他指出，为了"设法使各人为社会作工"，"习惯了为社会割爱"，某个时期某种程度的强制是不可少的。

第三，李达同志很注意把无政府主义的理论和信仰无政府主义的人区别开来，对他们的理论是彻底批判，对人则尽量争取。他申明无政府主义者"是我们的朋友，不是我们的同志"，写这篇文章的目的是"要约同这些朋友们加入我们的队伍里，共同对世界资本主义作战，以便早日实现社会主义社会"，是"希望我们的朋友们不要向着那不可通行的道路上前进，免得耗费有用的精神干那于革命无益的事"。这同对待"走狗学者"的态度判然不同，是符合当时的具体情况的。那时无政府主义信仰者中确有许多真心革命的知识分子和工人，如果笼统地把他们视为敌人，将不利于促使他们转变。实践证明，经过论战，不少无政府主义者放弃了原来的错误信仰，走上了马克思主义的道路；顽固分子只剩下一小撮，逐渐没落了。

3. 批判第二国际修正主义。不划清列宁主义和修正主义的界限，就不可能建立一个布尔什维克式的党。我们党一开始就没有沾染第二国际修正主义的灰尘，固然同我国的社会条件有关，但是同建党前夕我国共产主义者对第二国际的批判也是分不开的。李达同志在这方面也做了巨大的努力。

1920 年 11 月 7 日，李达同志在《共产党》创刊号上发表《第三国际党（即国际共产党）大会的缘起》①一文，简洁而通俗地概述了第二国际"堕落的历史"，指出他们搞的是和资本家妥协的议会主义、改良主义，揭露盖得、考茨基、普列汉诺夫等人或入阁做官，或拥护资本主义战争的丑行，并谴责道："他们讲什么社会主义呢？他们已经变成讲国民自由主义的人了。他们这种堕落，没有丝毫价值可言，哪配代表各国的社会党呢！所以国际共产党就产生出来了。"他介绍了第三国际成立的经过，得出结论："国际共产党联盟的主旨，就是实行马克思的共产主义，即革命的社会主义，由公然的群众运动，断行革命；至于实现的手段，就是采用无产阶级专政。现在代表国际社会主义的权威，就是这个国际共产党。世界的共产主义者呵！我们望着这个目标前进呀！"

为了从理论上分清列宁主义和修正主义，说明只有列宁主义才是

① 署名胡炎。

真正的马克思主义，李达同志又在 1920 年 12 月 26 日写了《马克思还原》①一文，把马克思的社会主义集中地概述为以下 7 点：

一、一切生产关系财产关系，是社会制度的基础；一切社会宗教哲学法律政治等组织，均依这经济的基础而定。

二、社会的物质生产力，发展至一定程度时，就与现社会中活动而来的生产关系财产关系发生冲突。资本家利用收集生产物的剩余价值，坐致巨富，劳动者仅赖工钱以谋生，富者愈富，贫者愈贫，遂划分社会为有产者无产者两大阶级。

三、人类的历史是阶级争斗的历史。资本制度发展到了一定阶段，大多数的无产阶级就与少数的有产阶级互相对峙起来。劳动者发生阶级的心理与阶级的自觉，互相联合组成一大阶级，与有产阶级为猛烈的争斗。

四、资本主义跋扈，渐带国际的倾向，而无产阶级的作战，亦趋于国际的团结。于是，全世界一切掠夺、压迫、阶级制度、阶级斗争，若不完全歼灭，全世界被压迫被掠夺的无产阶级，不能从施压迫施掠夺的有产阶级完全解放。

五、无产阶级的革命，在颠覆有产阶级的权势，建立劳动者的国家，实行无产阶级专政。

六、无产阶级借政治的优越权，施强迫手段夺取资本阶级一切资本，将一切生产工具，集中到劳动者的国家手里，用最大的加速度，发展全生产力。

七、国家是一阶级压迫他一阶级的机关，若无产阶级专政，完全管理社会经济事业，把生产工具变为国家公产以后，则劳动阶级的利益，成为社会全体的利益，就没有奴隶制度，没有阶级差别，生产力完全发达，人人皆得自由发展。国家这种东西自然消灭，自由的社会自然实现了。

他强调指出，马克思的社会主义的性质是革命的、非妥协的，是国际的，是主张劳动专政的。他援引国际共产主义运动的史实，详细

① 发表于 1921 年 1 月《新青年》第 8 卷，第 5 号。

地批判了第二国际修正主义在理论上和实践上的背叛，说明"马克思的社会主义经过德国社会民主党的蹂躏，精彩完全消失，由国际主义堕落到国家主义，由社会主义堕落到自由主义，由革命主义堕落到改良主义，由阶级斗争堕落到阶级调和，由直接行动堕落到议会主义，马克思的真面目被威廉·李卜克内西、倍倍尔、伯恩斯坦、考茨基一流人湮灭殆尽了"①。然后他着重说明列宁对马克思主义的恢复，证明劳农俄国所行的、各国最怕的劳动专政"都是数十年前马克思所倡导，所主张的，用不着大惊小怪"，"这是列宁的伟大，世人都要拜服的"。他指出：被第二国际修正主义者"弄堕落了的马克思社会主义，到今日却能因列宁等的发扬光大，恢复了马克思的真面目了，这是一件很重要的事实。所以我要大声疾呼地说：'马克思还原！'"

党的一大召开前不久，即1921年6月2日，李达同志又写了《马克思派社会主义》②一文作为前文的补充发挥，对考茨基的"正统派社会主义"、伯恩斯坦的"修正主义"以及工团主义、组合社会主义逐一进行了分析批判，着重论证了"多数主义（按：即布尔什维主义、列宁主义）的设施，完全遵奉马克思主义"。特别值得注意的是，这篇文章抓住马克思主义同修正主义分歧的焦点——无产阶级专政的意义、本质、作用和形式作了集中的论述。他说："多数主义何以反对现代的民主主义，反对议会政策，而必欲实行劳动专政③呢？这是因为议会政策是资本阶级社会的政治机关，和阶级斗争的思想绝对不能相容。据列宁说，一切民主主义都是对立的，换句话说，就是阶级的民主主义。以前的民主主义也不过是一阶级的机关；资本阶级的民主主义，不过是资本主义专制的表现。所以劳动阶级的民主主义（即劳动专政）要努力把资本阶级的民主主义打破。"他指出："劳动专政

① 这里把威廉·李卜克内西、倍倍尔同伯恩斯坦、考茨基并提是一个误解。李达同志在次年写的《李卜克内西传》（指卡尔·李卜克内西）中提到威廉·李卜克内西时，已经称他为"革命的实行家"。

② 《新青年》第9卷，第2号。

③ 在当时中国马克思主义者的文章里，"劳动专政"、"劳工专政"、"劳农专政"、"劳动阶级专政"和无产阶级专政是同一个概念。

的本质，即是一阶级对于他阶级所行的革命的强有力的国家。""资本阶级的国家是资本阶级专政，劳动阶级的国家是劳动阶级专政。""劳动阶级专政的目的在征服资本阶级，根本铲除资本主义的一切思想、风俗习惯和制度，确立社会主义的根基；一方面用强制的权力破坏资本阶级压迫劳动阶级的机关，从资本阶级夺取武装，把劳动阶级组织起来，制服一切反革命的反动力，因此徐徐的经过这政治的过渡时期，巩固新社会的基础。""劳动专政用什么形式表现出来呢？"他认为典型的形式是"劳动阶级和下等农民永久专政的劳农会共和制度"。

从以上几篇文章看，李达同志不但比较系统地批判了第二国际修正主义，而且在批判的同时相当准确、相当深刻地阐明了无产阶级专政的一系列重大问题，包括资产阶级民主和无产阶级民主的阶级本质及其根本对立，无产阶级专政和无产阶级民主的统一，武装夺取政权，无产阶级专政国家镇压反革命的职能和组织经济的职能，无产阶级专政的组织形式，无产阶级专政的历史使命等等。就我们查阅过的资料看，还没有发现当时国内对这个重大问题有更系统、更深刻的论述文章。在当时多数共产主义信仰者对马克思列宁主义和修正主义的分歧以及无产阶级专政的理论还不可能有很系统的了解的条件下，在中国共产党还没有正式建立起来的情况下，这项工作的历史功绩和重大意义是无须论证的。

4. 批判第四国际的极"左"思潮。党的一大召开后不久，1921 年10 月，国际共产主义运动中一些极"左"派在柏林成立了"第四国际"，在一系列重大问题上反对列宁主义。他们的影响虽然不如第二国际，但如果我们刚成立的党不同这股极"左"思潮划清界限，就有离开列宁主义轨道的危险，决不能置之不顾。李达同志在第四国际出现仅仅半年以后就写了《评第四国际》①的论文，批判了他们的错误理论和策略，进一步阐明了马克思列宁主义。

关于坚持共产党的领导问题。第四国际鼓吹"全体"无产者都做革命的"指导人"，反对党的领导。李达同志批驳说："'阶级'和'政

---

① 《新青年》第 9 卷，第 6 号，1922 年 4 月 21 日。

党'并不是一样东西。""无产阶级要实行革命，必有一个共产党从中指导，才有胜利之可言。一九一七年俄国革命之所以成功，与一八七一年巴黎共产团之所以失败，就是因为一个有共产党任指挥而一个没有。"他指出："无产阶级革命的目标在夺取政权，实行劳工专政。政权必须用武装方能夺到手，既用武装就不能不有严密的组织，什么劳动者的自由结合，完全没有用处。阶级争斗，就是战争。一切作战计划，全靠参谋部筹划出来，方可以操胜算。这参谋部就是共产党。"他分析了当时世界无产者许多被机会主义者、有产阶级爪牙、黄色领袖们的"邪说所迷"的事实，指出"若没有一个共产党来领导，决不能从有产阶级手里，从那班昏迷的领袖们手里解放出来"。他响亮地宣布："共产党是无产阶级的柱石，是无产阶级的头脑"，并着重指出："共产党不仅在革命以前是重要，即在革命时也是重要，革命之后又须监督劳农会尤其重要。除非到了共产主义完全实现的时代，共产党不可一日不存在。"这些旗帜鲜明的论断直到今天也还是完全正确，并具有现实意义的。

关于对待黄色工会的问题。第四国际鼓吹退出第二国际把持的黄色工会，组织"共产主义工会"。李达同志批驳了这种"左"的观点，指出这是"关门的法子"，"部落式的共产主义"。他认为，"共产党的天职，以组织训练无产阶级为己任的，所以一面要组织劳动组合以外的劳动者而加以训练，一面要唤醒劳动组合员而引为同志。这样，共产主义军队的势力才能雄厚起来，方有胜利的希望"。他指责第四国际的主张只会分裂无产阶级，使工人"永远脱离不了那班黄色领袖的支配，永远受不到共产主义的洗礼，这简直是放弃有组织的无产阶级了，这简直是替那班黄色领袖譬如雷金、孔巴斯、亨德逊一流人淘汰他们组合中的共产主义分子"。

关于对待资产阶级议会的问题。第四国际根本反对利用资产阶级议会，鼓吹同议会"绝缘"。李达同志批驳说，第二国际那种"忘记了革命的目的、只顾眼前利益"，"逐末忘本，遂至于卖却劳动阶级于不顾"的议会主义是必须反对的，但是，"共产党对于革命运动，凡在可能的范围内，没有不利用。共产党人若是抱定革命的目的跑进议会去，利用议会而不为议会所利用，定可以得到很好的成绩"。他举出卡尔·李卜克内西和俄国布尔什维克利用议会的范例，说明共产党人完全可以利用议会讲坛和资产阶级报纸"宣传主义"，"努力揭破资本阶级政府的虚伪，陈述资本主义的罪恶，宣布共产主义的好处，唤起劳动阶级的自觉"。

关于联合农民的问题。第四国际认为联合农村无产阶级的策略只适用于"农业国的俄国"，而不适用于西欧，理由是西欧各国农民"至少也有一片土地"，"纯粹的无产阶级很少"。李达同志指出这是错误的，他说："社会革命，工业劳动者固然是主力军，而非与农村无产阶级结合，就不易成就。"至于"至少也有一片土地"的农民，"社会革命最初实应联络农村中这种半无产阶级，至少也要运动他们严守中立，才可以减少阻力"。

李达同志对第四国际的态度同对第二国际有所区别，他一方面尖锐地批判他们反马克思列宁主义的理论和策略，警告他们不要"帮助敌人攻击第三国际"，否则，"便是故意分裂无产阶级，等于放弃世界革命"；另一方面仍希望他们放弃错误，同第三国际合并以完成世界革命。李达同志当时显然已经研究了列宁的《共产主义运动中的"左派"幼稚病》，因此这篇论文在几个重大问题上进一步发挥和补充了他在党的一大以前的思想，表明他对无产阶级专政的理论和策略的认识水平又有了提高，对党的思想理论建设作出了新的贡献。

此外，李达同志还积极地向国内介绍苏俄的真相，解释列宁党的政策，回击来自各方面的非难和诬谤，消除人民的误解。特别是他根据自己翻译的大量材料，以鲜明的观点写成了《劳农俄国研究》①这本长达377页的专著(包括俄国革命小史、劳农政治的特质——无产阶级专政与民主主义、劳农制度研究、劳农组合之组织与职分、农民与革命、劳农俄国的劳动者、农业的社会主义化、劳农俄国的教育制度、文化的设施、妇女之解放等十章)，对苏俄作了详尽系统的介

---

① 商务印书馆 1922 年 8 月发行。

绍，对于帮助党内外群众全面具体地了解十月革命的成就和社会主义制度的优越性，坚定"走俄国人的路"的信心，无疑是一个很大的贡献。

在传播马克思主义、批判反马克思主义思潮的斗争中，李达同志有一个显著特点，就是始终紧紧抓住无产阶级专政这个最关键最本质的问题不放，为建立一个列宁主义的党奠定思想理论基础作出了卓有成效的贡献。他的论述在当时是最系统最准确的。这也正是他在建党时期不可抹杀的主要功绩。

写到这里，我们不得不澄清一个流传颇广的错误。过去有的中共党史教材在叙述党的一大时，说一大进行了"两条路线的斗争"，批判了以张国焘为代表的"左"倾机会主义路线和以李达、李汉俊为代表的右倾机会主义路线，并说李达主张"合法马克思主义"，认为党只应该是一个研究马克思主义的公开学术团体，不必强调组织纪律，不必从事工人运动和实际斗争，不要建立无产阶级专政，主张只到资产阶级议会去作宣传，等等。这是毫无根据的。李达同志在建党前和建党后发表的一系列批判改良主义、批判无政府主义、批判第二国际修正主义、批判第四国际极"左"思潮的那些旗帜鲜明的论著，哪有丝毫"合法马克思主义"的影子呢？怎么能够设想，李达在"一大"开幕的前几天和"一大"之后都是坚决而系统地批判"合法马克思主义"的，而唯独在"一大"开会的那几天忽然莫名其妙地成了"合法马克思主义"者，而且还成了"代表人物"呢？又怎么能够设想"一大"居然会选举一个不要共产党的领导、不要革命、不要组织纪律、不要实际斗争、不要无产阶级专政的"议会迷"来担任党的宣传主任呢？现在《李达文集》已经出版，遗文俱在，那些以讹传讹的说法也该改正了。

毛泽东同志在谈到建党初期的状况时指出："在这个阶段的初期和中期，党的路线是正确的"，"然而这时的党终究还是幼年的党"，"是对于中国的历史状况和社会状况、中国革命的特点、中国革命的规律都懂得不多的党，是对于马克思列宁主义的理论和中国革命的实践还没有完整的、统一的了解的党"①。李达同志在建党前后的著作，当然也不免反映了这个时代的特点和建党初期的历史状况，带有中国早期共产主义者不成熟的痕迹，还没有正确解决把马克思列宁主义与中国革命实践相结合的问题。当时，他对中国的历史特点和社会性质还缺乏具体的分析，还没有认识到半殖民地半封建的中国的民族资产阶级和买办资产阶级的区别；在肯定中国必须建立无产阶级专政，走社会主义道路的时候，对中国革命的特点和规律懂得不多，还不大了解中国革命必须分两步走的道理，如此等等。但是所有这些，都无损于他为早期党的正确路线奠定思想理论基础所做的重要的历史贡献。

三、积极参加建党前后的实际工作

1. 参加中国共产党的发起。李达同志怀着干社会主义革命的决心，于1920年春天②从日本回到上海与陈独秀交换了意见。这时第三国际已派维经斯基（中文名吴廷康）来北京与李大钊同志晤谈，经李大钊同志介绍于4月下旬到上海与陈独秀见面，建议组织中国共产党。于是，陈独秀、李达、李汉俊、陈望道、俞秀松、沈玄庐、施存统等7人在同年5月③发起组织中国共产党（施存统当时在日本，写信表示同意参加），在《新青年》杂志社举行会议，推选陈独秀为书记，并草拟了一个简单的章程草案。这个组织当然还不是全国性的党，而是党的发起组，但它当时的名称是中国共产党。其他各地共产主义者的小组，是由上海的发起组通知建立的。与此同时，在法国和日本留学的中国共产主义者也建立了小组。这些小组建立时并没有命名为"共产主义小组"，这个名称是后来回溯党史时追加的。

1920年11月，陈独秀应孙中山的邀请到广东任教育厅长，由李

---

① 毛泽东：《〈共产党人〉发刊词》。《毛泽东选集》第2卷，人民出版社1991年版，第610页。

② 一说夏初。

③ 据有的回忆材料，上海发起组是5月开始酝酿，8月正式成立的。

汉俊代理书记。1921年2月，李汉俊因与陈独秀在通信中发生争执，辞去了书记职务，由李达同志代理书记。从这时到党的一大召开，上海发起组的全面工作是由李达同志主持的。

李达同志是中国共产党第一个发起组的重要成员，是党的发起人之一。这个历史事实是应该明确地肯定的。

2. 主编《共产党》月刊。党的上海发起组决定把《新青年》从第8卷起作为公开宣传的机关刊物，由李汉俊、陈望道主编，李达同志也参加编辑工作。同时，为了更直接更鲜明地宣传党的思想，还决定创办秘密性的党刊《共产党》月刊，这个党刊的主编就是李达同志。

《共产党》月刊是中国无产阶级的第一个党刊。它选定十月革命三周年的日子创刊，在长夜难明的中国第一次举起了共产党的鲜艳红旗，喊出了"共产党万岁"的响亮口号。它在《短言》里明确宣布："我们共产党在中国有二大使命，一是经济的使命，一是政治的使命"，号召"举行社会革命，建设劳工专政的国家"。它大力宣传列宁的无产阶级革命理论和建党学说，批判机会主义，介绍十月革命的成就和经验，报道国际共产主义运动的消息，探讨中国革命的问题。它被各地共产主义者的小组列为必读材料之一，并在革命分子中广泛流传，最高发行量达到过5000份，实际上成了半秘密半公开的刊物。毛泽东同志高度赞扬这个刊物"颇不愧'旗帜鲜明'四字"①，并曾设法把其中一些文章推荐到长沙《大公报》发表。这个刊物存在的时间虽然不长（"一大"后停刊），但它在我们党正式成立前的关键时刻所起的宣传、鼓舞和组织的作用是永垂史册的。

在反动统治下办这样一个刊物当然极其困难。一个小亭子间就是"编辑部"。文章不能署真名。稿子随时有被查抄没收的危险（第三期有一页上印着几个大字："此面被上海法捕房没收去了"），经费没有保证。李达同志挑起了重担。最困难的时候，他甚至一个人担负起从写稿到发行的全部工作。

---

① 毛泽东1921年1月21日给蔡和森同志的信，载《新民学会会员通信集》第3集。

3. 参加一大的筹备工作和组织工作。1921 年 5、6 月，第三国际派马林和尼可洛夫来上海同李达同志商谈，建议及早召开党的全国代表大会。经发起组研究同意后，李达同志作为发起组的代理书记，担负了大会的筹备和组织工作。他代表党的发起组通知北京、济南、长沙、广州、武汉、东京的小组各派两名代表来上海开会（巴黎小组当时同国内联系较少，未通知），他和李汉俊是上海的代表。大会期间，他参加起草文件，并负责解决代表们的住宿、会议的场所等具体事务。当大会在李书城①家里举行时，险遭法国巡捕房的搜捕。为了大会的安全举行，李达同志和夫人王会悟女士设法在嘉兴南湖租了一条画舫，把代表们转移到那里扮作游客继续开会，直到胜利闭幕。李达同志为一大的召开尽了最大的努力。

大会决议成立中央工作部，推选陈独秀为书记，李达为宣传主任，张国焘为组织主任。各地小组都改成了支部。这时，中国共产党就正式诞生了。

4. 创办并主持人民出版社。1921 年 9 月陈独秀辞去广东教育厅长的职务回上海专任党的书记后，决定成立一个地下的人民出版社，这是我们党自己的第一个出版社，主持人就是李达同志。

人民出版社设在上海南成都路辅德里 625 号。为了防止敌人的破坏，有意把社址填写为"广州昌兴新街 26 号"，可见条件是非常困难的。尽管如此，这个出版社还是出版了大量的书籍。它计划出版《马克思全书》15 种，《列宁全书》14 种，《共产主义者（康民尼斯特）丛书》11 种，其他 9 种。在一年之内就实际出版了 15 种，包括《共产党宣言》、《哥达纲领批判》、《工钱劳动与资本》、《国家与革命》等马列著作以及《资本论入门》、《第三国际决议案及宣言》、《李卜克内西纪念》等。李达同志亲自担任编辑、校对和发行工作，并亲自译稿和撰稿。例如《李卜克内西纪念》一书中的《李卜克内西传》就是他写的。这篇文章热情歌颂了卡尔·李卜克内西和卢森堡的"革命精神永远不死"，表示"我们追想着李卜克内西的伟大，一定要努力奋斗，继承

---

① 李汉俊同志的胞兄。

他的革命精神"。

5. 主持平民女学,开展妇女工作。1921 年 10 月,陈独秀与李达同志商定,为了开展妇女运动,培养妇运人才,开办上海平民女学,李达同志兼任校长。这个学校的《章程草案》说:"中国的男女学校不论是初等中等高等,都是替特权阶级的'少爷'、'小姐'们而设的,'穷小子'是没有份儿的",公开宣布"本校的目的是实行平民教育,要使一般平民女子得到人生必要的知识"。学校设工作部,实行工读,为入学的贫苦妇女解决工作问题,帮助她们学习文艺知识和革命道理。学校的高级班学生大都是女党员和外地来上海活动的党员的亲属,李达同志为她们讲授马列主义理论,还请陈独秀、陈望道、沈雁冰、沈泽民等为她们讲课。丁玲、王一知、王剑虹等当时都是该校学生。这个学校是党开展妇运工作的据点,学生们常到工厂与女工联系,做宣传鼓动工作;这个学校又是掩护党的秘密工作的据点,党员常在这里开会。李达同志还领导《妇女声》杂志的工作,重要稿件都经他审阅修改。

李达同志以很大的努力研究妇运问题,亲自撰写和翻译介绍了大量文章。例如,他撰写的有《平民女学是到新社会的第一步》、《说明本校(按:指平民女学)工作部之内容》②、《告诋毁男女社交的新乡愿》②、《介绍几个女革命家》③、《女权运动史》④等;翻译介绍的有《社会主义的妇女观》⑤、《列宁的妇人解放论》⑥、《劳农俄国的妇女解放》⑦、《绅士阀与妇女解放》⑧等。这些论著对党的妇女工作起了很大的推动作用。

---

① 以上引文均见《妇女声》第 6 期(平民女校特刊号)。

② 《妇女评论》第 7 期。

③ 《妇女评论》第 11 期、第 12 期。

④ 《妇女评论》第 59 期至第 70 期连载。

⑤ 《妇女评论》第 10 期、第 11 期。

⑥ 《新青年》第 9 卷,第 2 号。

⑦ 《新青年》第 9 卷,第 2 号。

⑧ 《妇女杂志》第 7 卷,第 6 号。

6. 向工人作宣传鼓动。党的工运工作不是由李达同志负责，但他在直接向工人进行宣传鼓动、灌输社会主义思想方面也做了大量工作。

党的发起组成立后，他为对工人作通俗宣传的刊物《劳动界》撰稿，例如在《劳动者与社会主义》①这篇讲演体文章中，他刻画了工人备受压迫剥削的状况，指出："这里有一个最大的根本解决的方法，就是社会主义。""劳动者非信奉社会主义，实行社会革命，把资本家完全铲除不可。"他在《新青年》上发表的《劳工神圣颂》②一文中说："单单一个人是神的时代已过去了。现在是劳工神圣的时代了。""劳动者什么东西都没有，可是无论什么他都有，他造房子、织布、做面包。无论什么，有不是劳动者造出来的么？"他指出，剥夺剥夺者不但是必然的，而且是合理的。

当 1922 年五一节中国劳动组合书记部在广州召开全国劳动大会时，李达同志发表了《对于全国劳动大会的希望》③一文，满腔热情地歌颂这次大会的召开"是中国劳动界破天荒的举动，与一千八百六十四年万国劳动者的大会（按：指第一国际成立大会）有同样重要的意义"，表示"知道这个消息，实在异常欢喜"。他在对大会的四项希望中，简明通俗地宣传了《共产党宣言》和第一国际宣言的基本思想。

劳动大会后，各地出现的罢工斗争的高潮，不断遭到镇压。吴佩孚为了欺骗人民，在"恢复国会"的通电中诡称"保护劳工"。党利用这个机会提出开展劳动立法运动，并提出劳动法大纲 19 条。为了宣传党领导的这一运动，李达同志发表了《劳动立法运动》④一文，愤怒控诉了国外反动派和国内的赵恒惕、陈炯明、肖耀南等军阀惨杀、压迫工人的罪行，揭露了"中华民国"的"约法"只是"限制人民自由的工具"、"压迫人民的武器"。他号召全国劳动者团结起来，把劳动立

① 《劳动界》，第 16 册，1920 年 11 月 8 日，署名立达。
② 《新青年》第 8 卷，第 4 号，1920 年 12 月，署名 H. M.
③ 《先驱》1922 年五一节纪念号。
④ 上海《民国日报》副刊《觉悟》，1922 年 9 月 10 日。

法作为斗争的"第一步"，然后发展成"政治运动"，"一致起来打破这种法律，或者是推倒这种政府"。他特别强调劳动立法运动要靠斗争，"若是劳动者一味哀求特权阶级赐给恩惠，这种恩惠是不可靠的"，"非到劳动者自己已显示不可侮的实力以后，是不容易成功的"。

四、结　论

李达同志在青年时期接受了马克思主义，在历史的转折关头为传播马克思主义和创建中国共产党做出了杰出的贡献。他是由伟大时代孕育出来的一代革命先驱之一，他的名字理所当然地应该进入中国第一批马克思主义传播者和党的创始人的行列。

李达同志有他的弱点、缺点和错误。他在党的三大前夕因为不能正确处理在国共合作问题上同陈独秀的意见分歧而一度离开了党的组织。不论当时的具体情况如何，这总是一个严重错误。但是，我们认为有两个问题是不应忽视的。

第一，李达同志离开党组织和重新入党的20多年里一直坚持革命工作。大革命时期他是国民革命军总政治部编审委员会主席兼中央军事政治学校代理总教官（主持该校校务）、农民运动讨论委员会常委。他在1926年发表的《现代社会学》，是一部紧密联系中国革命实际系统阐发唯物史观和科学社会主义理论的专著，在革命队伍中广泛流传，再版14次之多，据邓初民同志回忆，当时的革命者"几乎人手一册"。[1] 他在大革命失败后的险恶环境中始终坚持马克思主义的研究和宣传，影响了许多革命青年，写下了《社会之基础知识》、《中国产业革命概观》、《社会学大纲》、《经济学大纲》、《货币学概论》、《法理学大纲》等数百万字的著作，其中《社会学大纲》被毛泽东同志称为"中国人自己写的第一本马克思主义哲学教科书"。他不顾反动

---

[1]　1927年国民党政府的"通缉人犯"开列李达的"主要犯罪事实"是："著名共首，曾充大学教授，著有《现代社会学》，宣传赤化甚力。"

派的威胁利诱，打击迫害，始终保持革命气节，决不与反动派同流合污。他还积极完成了党的地下组织交给他的许多政治任务。新中国成立前夕党中央批准他重新入党，不要候补期，由毛泽东同志和李维汉同志亲自做他的历史证明人，刘少奇同志做介绍人，说明党对他这段时间的表现是充分肯定的。

第二，不仅对李达同志一生的功绩不能因为他的缺点错误而一笔抹掉，对所有的历史人物都应该如此。这不只是对历史人物的评价是否公允的问题，更重要的是要不要使历史真正成为科学的问题。

毋庸讳言，过去党史研究是有禁区的，仅就处理历史人物来说，许多老一辈革命家的功绩都不能提，同他们相关的事实也必须根据"路线"的需要加以"改造"，或者干脆连人带事一齐取消。即使有时不能不提到某事，也往往见其事不见其人，结果使许多重大的历史事件成了"无人事件"。同样，十月革命给中国送来了马克思列宁主义，却没有运送人；建党前后的大论战热火朝天，共产主义者这一方说了不少的话，却不知说话的人是谁；中国共产党的发起组没有成员；党的第一次全国代表大会没有筹备组织召集就自行开幕了，代表也大半没有姓名，如此等等。按照这样的规矩写成的党史，至少我们的下一代是不爱看，也看不懂的，这并不能给我们党增添光彩，也不能使党史真正成为科学。现在禁区开始打破，情况大不相同了，这是值得庆幸的。

杰出的中国哲学家李达[*]

李达是最早在中国传播马克思主义的先驱者之一，是中国现代思想史上一位重要人物。他为真理战斗了一生，在哲学、政治经济学、科学社会主义、史学、法学等广阔的领域中做出了不可磨灭的贡献。近年来许多同志撰文从各个侧面评述了他的事迹。本文只试图就他的哲学活动方面作一些粗略的介绍。

一、马克思主义哲学在中国的播火者

李达号鹤鸣，1890 年 10 月 2 日诞生于湖南零陵县的一个佃农之家。因为家境贫寒，兄弟五人只有他得到了读书的机会。他 7 岁上私塾，15 岁入永州中学，开始受到爱国思想的熏陶。1909 年以优异的成绩考入京师优级师范。辛亥革命后，1913 年考取留日公费生，怀着"实业救国"的热望东渡日本，就学于东京第一师范理科。那时列强的魔爪抓攫着神州大地。身处异国的学子翘首故园，风凄云黯，忧国之心，如煎如炽。1917 年的十月革命如惊雷骤发，大家感到曙光在望，感奋莫名，但对这一革命的根据和内容还来不及理解。1918年，段祺瑞政府与日本政府秘密签订卖国反苏的"中日共同防敌协定"，中国留日学生闻讯后义愤填膺，议决罢课回国，开展救亡活动。李达是回国请愿代表团的主要负责人之一。他于 5 月回国后，与北京大学学生领袖许德珩等共同发动向段政府请愿示威的运动。失败的教训使他醒悟到，只有学十月革命的榜样，根本推翻反动统治，才

---

[*] 原载《中国哲学年鉴》1984 年号。原标题为《李达传略》。

能救中国。于是他奋然再赴日本，放弃理科的学习，全力钻研马克思列宁主义。这一年多是李达在思想上的狂飙突进时期。他苦读了《资本论》第一卷、《国家与革命》等马列著作和许多介绍马列的书刊，翻译了《唯物史观解说》、《社会问题总览》和《马克思经济学说》三本专著，向国内投稿并发表了《什么叫社会主义?》、《社会主义的目的》、《陈独秀与新思想》等文章，热情宣传社会主义。这时他虽然还未能系统地掌握马列主义理论，然而强烈的革命激情和敏锐的时代感已推动他迈出了决定的一步，他走进了我国第一批共产主义战士的行列。

1920年春，李达回到上海与陈独秀等共同筹建中国共产党。在各派"社会主义"鱼龙混杂的当时，建党的头等大事是扫除思想障碍，为党奠立思想基础。共产主义先驱者们勇敢地挑起了历史重任。年仅三十岁的李达是站在最前列的战士之一。在短短两年多里，他一面担任着中国共产党上海发起组的繁难的实际工作，一面投入反对研究系假社会主义、无政府主义、第二国际修正主义和第四国际"左"倾思潮的理论斗争。他的《马克思还原》、《社会革命的商榷》、《讨论社会主义并质梁任公》、《无政府主义之解剖》、《评第四国际》等著名论文，对奠定党的思想基础作出了不可磨灭的贡献。虽然他和其他早期共产主义者一样，当时还未能认清中国社会的特点和中国革命的特殊规律，对中国现阶段革命的性质、对象、步骤等还未能作出完全符合中国国情的论断，但他阐述马列主义社会革命理论的准确性和系统性，批判敌对思潮的尖锐性和深刻性，在当时是屈指可数的。特别值得注意的是，这些论文的直接任务虽然是解决无产阶级革命的理论和策略问题，但他分析问题时自觉地运用了唯物史观，并揭示了马克思的社会革命论与唯物史观的有机联系。例如他在《马克思还原》中，把马克思的社会革命原理概括为七点，前三点都是唯物史观的基本原理。在《社会革命的商榷》中也强调："一切革命的原因皆由生产交换的方法手段而生，不是人的智力发明出来的，也不是抽象的真理产生出来。简单说，社会革命不是在哲学中探求而得的，乃是生于现社会的经济状态之变动。"这与1919年的文章相比，显然又是一次飞跃。他已经踏进了哲学领域，用唯物史观进行战斗了。

党的二大后，李达辞去了党中央宣传主任的职务，1923 年，他应毛泽东之邀到湖南任自修大学学长，并主编《新时代》杂志，以更多的时间来从事理论工作，又发表了一系列重要文章。这时他为坚持国共合作中共产党必须保持独立性的问题同陈独秀发生了激烈争执，他不能忍受陈独秀的专横，又未能采取正确的斗争方式，以致愤而中断了与陈独秀主持的中央领导机关的联系，随后离开了党的组织。这无疑是错误的。但他对马克思主义的忠贞和中国革命的信念丝毫没有动摇，他一如既往地研究着，探索着，以特殊的方式为中国革命贡献着忠贞和智慧。从 1923 年到 1927 年，他的主要精力放在唯物史观的进一步系统研究上。他在自修大学讲唯物史观，自修大学被赵恒惕查封后又在湖南公立法政专门学校讲唯物史观，1926 年至 1927 年他到武汉任国民革命军中央军事政治学校代理政治总教官时也讲唯物史观。这一时期的代表性著作是 1926 年 6 月出版的专著《现代社会学》。

《现代社会学》虽然并不是我国第一部论述唯物史观的著作，然而它的出版轰动了思想界，革命者"几乎人手一册"（邓初民：《忆老友李达先生》），重版 14 次之多。大革命失败后反动派通缉李达时开列的"犯罪事实"就是"著名共首，著有《现代社会学》，宣传赤化甚力"。影响之大可以想见。其所以如此，是由于此书以鲜明的特色适应了革命的需要。第一，它对唯物史观的论述全面周详，能抓住实质，无片面割裂之弊。例如全书始终把握生产力的最终决定作用，同时又给生产关系和上层建筑诸因素的反作用以充分估计，既反对了唯心论，又反对了机械论。第二，紧密联系世界和我国的历史和现状，从理论上回答了一系列亟待明确的重大问题。例如指出中国社会的性质是半封建半殖民地，现阶段革命的对象是帝国主义和封建阶级，革命的领导者是无产阶级和共产党，革命的前途是经过国家资本主义过渡到社会主义等等。第三，层次井然，文辞酣畅，议论风生，有浓厚的中国气派（用浅近的文言写成）。李达以他第一部优秀的哲学专著为中国革命做出了贡献。

二、在白色恐怖中对马克思主义哲学 中国化的丰硕建树

(一)上海时期(1927—1932)

大革命失败后,李达在白色恐怖笼罩下的上海开辟了新的战场,同反动派的文化"围剿"进行不屈不挠的斗争。在1927年至1932年的5年中,他以拼命精神从事著述和翻译;与邓初民等合作开办昆仑书店,大量出版马克思主义书籍;利用大学讲坛传播革命真理。就理论工作的内容说,这五年中他在哲学和经济学两个领域中都有重要的建树。

经济学方面,除了翻译之外,最突出的成果是《中国产业革命概观》一书的发表(1929年)。此书对中国近现代经济发展的过程作了井然有序的分析,令人信服地证明中国社会的半封建半殖民地性质和中国革命的必由之路,在中国是一本开创性的著作。在统计资料残缺不全的情况下,以极短的时间完成如此艰巨的工程,是极其难得的。本文对这方面不拟多述。

哲学方面,李达的工作是全面展开辩证唯物论和历史唯物论的研究和宣传。

在历史唯物论方面,除了修订和多次重版《现代社会学》之外,还发表了新著《社会之基础知识》(1929年出版,其中第四篇《民族问题》扩充为专书同年出版),此书篇幅小于《现代社会学》,但并不是它的压缩本而是它的发展。书中提出了"社会的系统观",认为"社会是包括人类间一切经常相互关系的系统,在这个系统中,一切经常相互关系都以经济的经常相互关系做基础"。作者以极简洁的笔墨清晰地论述了社会构造和社会发展的原理之后,以此为据,进而分析了资本主义的发展过程,分析了民族问题,最后在《中国的出路》一章中得出结论:"中国一面是半殖民的民族,同时又是半封建的社会。所以为求中国生存而实行的中国革命,一面要打倒帝国主义,一面要打

倒封建遗物，前者是民族革命的性质，后者是民主革命的性质，其必然的归趋，必到达于社会革命，而与世界革命的潮流相汇合。"这种基于科学分析的革命结论，像暗夜的火炬一样照亮着正在革命低潮中苦闷彷徨的青年们的心。

辩证唯物论的研究和宣传在当时还是薄弱环节。大革命以前马克思主义在我国的传播基本上只限于社会革命论和唯物史观。中国马克思主义者(包括李达)虽然在论著中运用了辩证唯物论，但并未把它作为整个马克思主义的哲学基础来理解、研究和宣传。除了瞿秋白在1924年出版的《社会哲学概论》中有简略的介绍，1926年又翻译了郭列夫的《无产阶级的哲学——唯物论》一书以外，几乎没有这方面的论著。这当然是很大的弱点。杜威和罗素已经到中国来宣传实用主义和新实在论了，中国原有的唯心主义也以种种形态在思想界流传，不用辩证唯物论占领思想阵地就不能使马克思主义在中国生根；革命者不用辩证唯物论武装自己也不可能正确地观察处理层出不穷的复杂问题。补课势在必行。于是唯物辩证法运动兴起了。李达投入了战斗。第一步工作是翻译介绍。他在上海5年中翻译了7本名著，其中有4本是辩证唯物论的著作：德国塔尔海玛的《现代世界观》(1929年9月出版)，日本河上肇的《马克思主义之哲学的基础》(这是《马克思主义经济理论》一书的上篇，李达与王静、张栗原合译，全书1930年6月出版)，苏联卢波尔的《理论与实践的社会科学理论》(1930年10月出版)，苏联西洛可夫等的《辩证法唯物论教程》(与雷仲坚合译，李达译大部分并校改全文，1932年9月出版)。李达翻译工作的特点是：第一，选材精当，切合需要。他译的不仅是最新的书，而且是论述精辟而又通俗易懂的书，因为他考虑到国内还处在"开始研究辩证唯物论的时候"，最需要的是"很好的入门书"。第二，迅速及时。上述四部书都是问世后的次年就译成中文出版的，其中河上肇的书长达700多页(哲学部分300页)，半年就译成了中文出版。

李达在这方面的贡献当时就为思想界所公认。有人认为"今日辩证唯物论之所以澎湃于中国社会，固因时代潮流之所趋，非人力所能左右，然李达先生一番介绍翻译的工作，在近五十年思想史之功绩不

可忘记"(郭湛波:《近五十年中国思想史》)。这并非溢美之词。仅就
《辩证法唯物论》一书说,在革命根据地和国统区的影响就很大。毛
泽东读过此书的 1935 年和 1936 年版本,并写过近 1.3 万字的眉批。
还有许多老同志当年从此书得到过教益。例如魏文伯同志 1935 年在
狱中绝食斗争后第一次读到这本书,以后又带着它经历了抗日战争和
解放战争的烽火和"文化大革命"十年的浩劫,失而复得者再,至今
还珍重地保存着。

除自己译书外,李达与邓初民等开办的昆仑书店还出版了不少其
他同志翻译的马克思主义哲学书籍。

大学讲坛是李达传播马克思主义哲学的另一重要阵地。反动当局
的迫害和特务暴徒的毒打丝毫不能动摇他的意志。当年听过他的讲课
的老同志今天回忆起李达老师从容坚定侃侃而谈的风貌,回忆起从他
身上受到的教益和感染,还禁不住流下热泪。

1932 年 5 月,反动当局剥夺了李达讲课的权利,他不得不离开
上海。

在上海的 5 年中李达没有发表辩证唯物论的专著。这正是他对人
民对科学高度负责的表现。他是以鲁迅所说的那种从天上窃得火来煮
自己的肉的精神从事译介工作的。这 5 年正是他对辩证唯物论乃至整
个马克思主义理论体系更深入地钻研、理解、思索、融会的时期,也
就是孕育着更高质量的哲学专著的时期。

(二)北平时期(1932—1937)

1932 年 8 月,李达转移到了北平,又开辟了一个新战场。

那是九一八事变的第二年。在深重的民族灾难中渴求真理的青年
学生热烈欢迎这位享有盛誉的红色教授的到来,纷纷要求学校当局聘
他执教。国民党市党部和宪兵第三团则恐惧地监视着这个"危险人
物"。李达以北平大学法商学院、中国大学、朝阳大学为阵地,利用
一切机会扩大进步努力,同侯外庐、吕振羽、黄松龄等马克思主义学
者一道,在思想理论战线上同反动势力进行了坚韧的战斗。正如吕振
羽同志回忆的,"李达老师是学校进步师生和反动派作斗争的一面旗

帜"。

在北平的 5 年是李达在理论上硕果累累的 5 年。除继续翻译名著外，他撰写了 4 部理论著作：《社会学大纲》、《经济学大纲》、《社会进化史》、《货币学概论》，还发表了《中国现代经济史之序幕》、《中国现代经济史概观》等论文。范围之广，功力之深，都是惊人的。

这里只谈谈《社会学大纲》。

这是一部 47 万字的马克思主义哲学专著，第一篇是唯物辩证法，第二篇至第五篇是历史唯物论。1935 年北平大学法商学院作为讲义首次印行，补充修改后 1937 年 5 月上海笔耕堂书店出版。作者在扉页上满怀激情地题了"献给英勇的抗日战士"9 个大字，又在四版序言中说明了撰写此书的目的："中国社会已经踏进了伟大的飞跃的时代，我无数同胞都正在壮烈的牺牲着，英勇的斗争着，用自己的血肉，推动着这个大飞跃的实现，创造着这个大时代的历史。这真是有史以来空前的大奇迹！可是，战士们为要有效的进行斗争的工作，完成民族解放的大业，就必须用科学的宇宙观和历史观把精神武装起来，用科学的方法去认识新生的社会现象，去解决实践中所遭遇的新问题，借以指导我们的实践。这一部《社会学大纲》是确能帮助我们建立科学的宇宙观和历史观，并锻炼知识和行动的方法的。因此，我特把这书推荐于战士们之前。"

这本书一出版就在革命根据地和国民党统治区广泛流传，三年中再版了三次。1937 年 5 月此书刚出版，李达就寄到延安请毛泽东指正。毛泽东极为高兴，认真地读了十遍，做了详细的眉批，向延安哲学研究会和抗日军政大学推荐这部优秀著作，指出这是"中国人自己写的第一本马克思主义哲学教科书"；并写信给李达高度评价他的劳绩，称赞他是"真正的人"。1948 年全国解放前夕，新华书店还根据毛泽东的意见重版了这部著作。

这部著作所以产生如此巨大的影响，是因为它出现在中国人民迫切需要马克思主义哲学武装自己的历史时刻，是因为它能够在很高的程度上满足这种迫切需要。

第一，这部著作对辩证唯物主义和历史唯物主义基本原理的阐述在当时是比较最系统最准确的。从涉及的问题和引证的材料看，这时他已精研了马列已发表的几乎全部哲学著作，包括马恩早期著作和列宁晚期著作。加上他对马克思主义其他组成部分的多年的精湛研究，对历史的丰富知识，对古今哲学流派的深刻了解，对各国马克思主义优秀著作的认真吸取，对国内外哲学斗争经验教训的及时总结，就使他能够比较全面准确地把握马克思哲学的实质，没有苏联 1938 年以后的哲学教科书中普遍存在的那些片面性的毛病。例如，他始终把马克思主义哲学当做统一的哲学科学来论述，反复强调马克思主义哲学既是世界观又是方法论，既是认识方法又是实践方法；作为人类认识史的综合的唯物辩证法和认识论、伦理学（逻辑）是同一的东西。他对一切具体问题的论述都贯穿着实践的观点、对立统一的观点、认识的圆圈式上升运动的观点、生产力的最终决定作用的观点，等等。

第二，这部著作不是马列著作的一般复述，更不是外国研究成果的照搬，而是针对中国革命的需要独立完成的作品，着眼点和落脚点都在中国革命问题上。虽然由于环境的限制，此书不可能像革命根据地的作品那样直接援引中国革命的具体经验，甚至原定的以中国社会研究为内容的第六篇也因故未能问世，然而全书的论述都是估计到并针对着中国的国情的。只要考虑到当时反动势力通过所谓唯物辩证法论战和社会史论战对马克思主义宇宙观和历史观的大举进攻，就不难看出本书的要旨了。此书的出版为中国革命提供了有力的思想武器，也给了猖獗一时的中国反动思潮一个总体性的批判。

第三，这部著作是以教科书的形式写成的。全书分篇章节目，层次显豁，结构严密；论述问题条分缕析，说理透辟。虽然篇幅庞大，内容宏富，并非普及性读物，但对有志钻研理论而又有相当知识准备的人来说，并无艰深晦涩之弊。

毛泽东说这部著作是中国人自己写的第一部马列主义的哲学教科书，是完全符合实际的，在这个意义上可以说这部著作是我国唯物辩证法运动达到成熟阶段的重要标志之一。

这部著作当然也有不足之处。例如对当时早已为世界公认的重大自然科学成果（相对论、量子力学等）没有反映；对形式逻辑和形而上学没有加以区别；等等。这是应该从作者所处环境的局限性加以理解，未可苛求的。

(三) 两广和湖南时期(1937—1948)

1937 年七七事变爆发，李达被迫离开北平。

这位把全部心血献给中国人民的卓越学者，在反动派的加紧迫害下很难找到立足之地。1937 年他应聘任广西大学教授，还未到职就被解聘。第二年由于进步人士白鹏飞任广西大学校长，他才重新就聘。但为时不过一年，又随着白鹏飞的被撤职而失去了教席。1940 年他应聘到广东坪石中山大学任教，不到一年又被国民党教育部电令解聘，只得困居家乡。1944 年零陵沦陷，他逃往徭山避难。直到 1947 年就聘于湖南大学，才免于"失业"。

颠沛流离的生活损害了他的健康，妨碍了他的著述，但是并不能磨损他的斗志。他的笔和舌没有休息。在大学讲坛上，在八路军桂林办事处，在冯玉祥先生的研究室里，有他讲授马克思主义的声音；在桂林的《中国文化》杂志上，有他论述中国社会发展迟滞的原因的论文；即使在困苦乡里衣食艰难的日子里，他也不忘著述。家乡的老人至今还记得他躲避日机轰炸时带着一大堆手稿的情景(可惜这些手稿后来到徭山避难时遇抢遗失了)。一到稍有安定环境，他就立即全力投入工作。

这里还应该着重提到两件事。

一件是对冯玉祥先生的工作。早在 1932 年 5 月，李达就受党的委托到泰山为冯玉祥先生讲马克思主义哲学。冯先生的信件、日记和至今耸立在泰山上的石刻题词——"只有辩证唯物论才能救中国"就是巨大的工作效果的见证。1933 年 1 月，李达又受党的委托到张家口说服冯先生联共抗日，帮助他与党取得联系，促成他树起了察哈尔抗日联军的旗帜。他们互相尊重，建立了深厚的友谊。1939 年，冯先生又一次邀请李达为他本人及其研究室人员讲学，李达虽在广西大学任教，还是欣然到了重庆。他自己讲授马克思主义哲学，并代邀邓初民、黄松龄讲授马克思主义政治学和经济学。他们同原在研究室工作的共产党员赖亚力等密切配合，把冯玉祥的研究室变成了以学习马克思主义和研究中国实践问题为中心的很有生气的集体。冯玉祥先生带头听课，坐在课桌前认真记笔记，参加讨论，并规定了严格的学习纪律，不准研究室人员无故缺席。9 个月的工作很有成效。冯玉祥先生晚年坚决走上与共产党合作的道路的原因固然是多方面的，但李达帮助他用辩证唯物主义观点观察问题不能不说是一个重要原因。

另一件事是撰写《法理学大纲》。

1947 年春，李达经地下党协助和友人介绍到湖南大学任教。特务机关严密监视他，把他列入黑名单的第一名，作为随时可以逮捕的对象。学校当局不准他参加政治活动、讲演和接待学生。但李达不予理睬，仍然参加各种活动，成了进步师生的旗帜。那时学校当局刁难他，故意不让他讲授他造诣很深的哲学和经济学，而要他担任"法理学"的课程(那时他被聘为法律系教授)，企图迫使他按资产阶级观点或国民党"宪法"的观点讲课。李达不仅没有被难倒，反而借此机会开拓了一个新领域。在资料缺乏、无任何马克思主义法学著作可资借鉴的条件下，他以辩证唯物论和历史唯物论为武器，把卷帙浩繁的各派法学著作整理成一个秩序井然的系统，对各派非马克思主义和反马克思主义法学观点给予切中肯綮的批判；对历史和现实的法律现象给予科学的解释；对玩弄"制宪"把戏欺骗人民的国民党反动派给予巧妙的揭露。他在酷热的夏天伏案执笔，臀部都坐烂了，用两条扁担架起来当板凳坚持写作。经过巨大的努力，终于在一年多时间里完成了《法理学大纲》。

这部著作当时不可能出版。湖南大学只作为讲义石印了若干册，而且只印了上册(约占全文的一半)。解放后李达也没有将手稿交付出版，"十年动乱"中被人抄走，至今没有找到。十一届三中全会后，我国法学界研究了石印本讲义，才发现这是一部有开拓意义的重要著作。著名法学家韩德培教授撰文指出："从这部讲义中，可以看出他(按：指李达)为我国法学研究开辟了一条新的路子。我们不妨说，他是我国最早运用马克思主义研究法学的一位拓荒者和带路人。他的这部讲义是我国法学研究中的重要文献，也是他对我国法学的重大贡献。"①现在法律出版社已将此书上册付梓，即将与读者见面。②

《法理学大纲》虽然不是专门的哲学著作，但却是作者独立运用辩证唯物论和历史唯物论剖析法律现象，从而使马克思主义哲学原理进一步具体化和丰富化的著作，也应该看做对马克思主义哲学的一个贡献。

三、以身殉道，彪炳千秋

1949 年 4 月，李达在党的安排下由长沙来到北京。同年 12 月重新入党，无候补期。党和毛泽东对李达长期在国统区坚持马列主义宣传的可贵精神和重大贡献给予了高度评价。李达的历史揭开了新的一页。

新中国成立后李达先后担任中央政法干部学校副校长、湖南大学校长、武汉大学校长，当选为第一、第二、第三届全国人民代表大会代表和第三届全国人民代表大会常务委员会委员，中共第八次全国代表大会代表，被推选为中国科学院哲学社会科学部委员，中国哲学会会长。他在高等教育领导工作中全面贯彻党的方针政策，积极参加各种社会活动，付出了大量的精力。但他仍以理论战线上的"老兵"自任，把研究和宣传辩证唯物论和历史唯物论，特别是毛泽东哲学思想作为崇高职责，为此奋斗到最后一息。

李达解放初期的重要哲学著作是《〈实践论〉解说》和《〈矛盾论〉解说》。

1950 年和 1951 年毛泽东的《实践论》和《矛盾论》相继重新发表时，李达立即精心撰写了两本《解说》。那时他胃溃疡严重，只能吃

---

① 韩德培：《一位少有的马克思主义法学家》，载《武汉大学学报（哲学社会科学版）》1981 年第 1 期。

② 《法理学大纲》已于 1983 年 11 月出版，韩德培教授为此书写了序言，陆定一同志题写了书名。

流汗；白天要处理行政工作，只能早起晚睡，在清晨深夜抱病加班。为力求精粹准确，写完一部分就寄请毛泽东本人审阅。毛泽东对这一工作极为重视，多次和他相互通信交换意见。在看完《〈实践论〉解说》第一、第二部分后，毛泽东于 1951 年 3 月 17 日写信给李达说："这个解说极好，对于以通俗的言语宣传唯物论有很大的作用。"并说："关于辩证唯物论的通俗宣传，过去做得太少，而这是广大工作干部和青年学生的迫切需要，希望你多多写些文章。"①

两本《解说》不是单纯注释性的读物，而是对毛泽东哲学思想进行独立研究的成果。两书不仅通俗易懂，更重要的还在于准确深刻。如果联系到以后多年来我们理论上发生的偏差和错误，就会更感到它们的可贵。例如，作者反复强调毛泽东的哲学著作是"辩证唯物论的基本原理与中国革命的具体实践的结合"，在论述中总是力求讲清毛泽东的论点的理论渊源和实践根据，讲清毛泽东怎样运用马克思列宁主义的基本原理总结中国革命的丰富经验，从而对这些原理作了"独立的光辉的补充"；反复强调"只有实践才是认识的真理性的唯一标准，除此以外再没有别的标准"，"我们是为实践而学习《实践论》，不是为学习而学习《实践论》"，等等。这些论述都是精辟切要的。两本《解说》对推动全国学习毛泽东思想的热潮起了重要作用，为哲学通俗化的工作做出了榜样，这是李达同志在新历史时期的新贡献，也是我国哲学界的新收获。

此后，李达还发表了大量的论著和讲演，阐发马克思列宁主义、毛泽东思想，批判唯心主义，受到国内外的重视和好评。他十分注重用马克思主义哲学武装群众，教育青年。1953 年他在武汉大学创办教职员工马列主义夜大学，创办马列主义教研室，亲自制订教学计划，亲自讲课并带领教员备课。1956 年他重新创办武汉大学哲学系②，提出"一体两翼"（马克思主义哲学为体，中国哲学和外国哲学

---

① 影印件载《哲学研究》1978 年第 12 期。

② 武汉大学哲学系在 1952 年全国高校院系调整时撤销，并入北京大学哲学系。1956 年李达同志重新创办。

为翼)的方针，亲自兼任系主任，带头讲课，多方延揽人才，尊重教师，团结群众，奖掖后学，爱护青年，鼓励学术研究，不遗余力。

李达主编的《唯物辩证法大纲》是他最后一部著作。

1961年8月，毛泽东在庐山会见李达时，又一次谈到《社会学大纲》是中国人自己写的第一本马列主义的哲学教科书，认为此书现在还有意义，要李达修改出版。李达在给武大哲学系副系主任余志宏的信中说："日前见到毛主席，在谈话中，主席嘱咐我把社会学大纲修改出版。我说，现在的精力不济，他说可找几个得力的助手帮忙。我表示照做。因此，我想回校后即开始这一项工作。"在同一信中，他已经谈到自己"旧病未去，新病续增"，"不能不作思想上的准备"。但他还是立即停止休养，回校带领助手开始工作。这时他的想法有所发展，认为《社会学大纲》毕竟是20多年前的旧著，没有反映毛泽东思想对马克思主义哲学的新贡献，于是决心重新主编一部《马克思主义哲学大纲》。

在4年多的时间里，李达以忘我的精神投入这一工作。他对助手要求严格，指导具体。他事先大量阅读有关材料，写出提纲，提出观点，同助手反复讨论。成稿时他亲自过目，仔细修改，或提出修改意见。遇到难点，他一连琢磨好多天。有了新的想法，他甚至半夜到研究室来同助手讨论，还请哲学系其他学科的教师一起讨论。他的手颤抖得很厉害，写字很吃力，但他仍然以"刻字"的精神一笔一画地写着。一位老同志劝他说："李老，你这么重的病，总要休息一下吧，何必自苦如此呢？"他严肃地回答说："我已经是风烛残年，来日不多了。我还能为党做什么工作呢？就靠这支笔了。我这支笔不能停。哪一天我不行了，我就掷笔而去！"1962年冬天，他患了脑溢血和心力衰竭，经抢救才脱离危险。医生对他下了"严重警告"，"命令"他到外地休养。但他稍好一点就从病榻上爬起来看书想问题，还亲笔写信对编书提出许多具体的意见。1965年秋上册脱稿，他把这本征求意见稿寄请毛主席和其他中央领导同志审阅，并广泛听取群众的意见，同时开始指导编写下册(历史唯物论)。他感慨地说："人生七十古来稀，我已经快八十岁了，要赶快做！"正在这时，一场奇灾大祸降临到了他的头上。在北京"揪"出了"三家村黑帮"后的几天，武汉大学也宣布"揪"出了一个"三家村黑帮"，"总头目"就是李达，主要罪状是反对"顶峰"论，因而是"毛泽东思想的最凶恶的敌人"！面对劈头盖脸的造谣污蔑，李达浩气凛然，坚强不屈，据理驳斥。他拄着拐杖站在研究室门口，流着悲愤的热泪，向抄家的人提出强烈抗议说："你们把我的助手赶走了，资料不能拿走！写书是毛主席交给我的任务。没有助手，我自己写！我拼了这条老命，一天写五百字，也要把书写完！"这位坚强的马克思主义理论战士在一身重病的情况下经过两个多月的残酷折磨，终于含冤去世。临终的遗言就是要求他的学生和助手把《马克思主义哲学大纲》写完，完成毛主席交给他的任务。

1974 年，党中央为李达同志平反昭雪，恢复名誉。1978 年，他主编的《唯物辩证法大纲》出版，受到全国理论界的高度评价。同年，毛泽东同志给李达同志的三封信公开发表。四卷本的《李达文集》也陆续出版。历史的真相终于大白，李达同志的杰出贡献也逐渐为人们所认识了。①

李达同志留给我们的财富不仅是他的作品，还有他的种种宝贵品质。其中最使人不能忘怀的，是实事求是的科学态度和坚持真理的无畏精神。当错误的潮流席卷而来，危害着党和人民利益的时候，当错误的东西似乎成了不容置疑的"真理"的时候，这种品质显得尤其可贵。这不是说他没有错误的东西，而是说他敢于同他认识到了的错误的东西进行不调和的斗争，而决不为了某种需要去支持或附和那些明知其为错误的东西。

1958 年浮夸风共产风盛行的时候，李达不顾个人得失，挺身而出，写了《共产主义社会的两个阶段》的论文，并在 1959 年 1 月武汉

---

① 1990 年，经党中央批准，纪念李达同志诞辰 100 周年座谈会在北京人民大会堂举行。胡乔木、胡绳等同志和李达同志 20 世纪 30 年代的学生段君毅等同志发言高度评价了李达同志的贡献。胡乔木同志指出："李达同志是我们党的发起人之一，是我们党杰出的马克思主义理论家、宣传家和教育家，是最早在中国传播马克思主义的先驱，也是我们党的早期领导人之一。""我们党完全有理由为有李达同志这样杰出的理论战士而自豪。"——本文作者 2004 年加注。

大学党员代表大会上作了专题发言，尖锐地指出："我国目前的生产力发展水平毕竟还是相当低的，社会消费品的分配还不得不适应按劳分配的原则。""要保持冷静的头脑，区别事物的真相和假象，区别有根据的要求和没有根据的要求"，反对"降低共产主义的标准"。1959年庐山会议刚结束，他在青岛闻讯后当即明确表示：现在应该反"左"，不应该反右；彭德怀等同志"反党"是"不可能"的，把他们定为"反党集团"是"党内出了怪事"。1961年8月，他在庐山向毛泽东本人披肝沥胆地痛陈"左"的危害。1962年，他抱病到零陵作农村调查，再一次明确表示"彭德怀同志的意见是正确的"，并写了详细书面意见交给零陵县委和湖南省委。

当林彪大肆歪曲马列主义、毛泽东思想的时候，李达坚决抵制。他根本拒绝写那种违反科学的文章。他在指导编书时经常提醒助手们，学习马克思主义没有"捷径"，要大家在研究室里挂一幅"登山图"，鼓励年轻人不畏劳苦，在理论上奋勇攀登。1966年3月，他看到某些报刊大肆鼓吹"顶峰"论时，愤怒地指出这是"不科学的"，是"不合乎辩证法的"。有人提醒他说："这是林副主席讲的呵！"他坚定地说："我知道。违反科学的东西不管是哪个讲的都不能同意！"

李达同志在新中国成立后也参加过一些过火的甚至错误的批判，绝不是事事正确。但是他对他认为不正确的"斗争"却采取抵制的态度。1958年以后他对"左"的错误有所觉察，坚决抵制，决不随声附和。例如他顶住了来自各方面的压力，坚决不参加对杨献珍、冯定等同志的错误批判。

我只是李达同志晚年的学生和助手之一，对他战斗生涯的大部分毕竟没有直接的感受。以我的年龄、经历和学识，是很难窥其堂奥的。但毕竟忝列门墙，承教13年之久，在同其他同志一道编辑他的文集时，又有机会求教前辈，追溯遗踪，从而知道一个梗概。念手泽未泯而音容永隔，诚不禁潸然堕泪。这篇文字不过谨申缅怀之忱而已！